国家"十二五"重点图书

国际共产主义运动历史文献

第29卷

主　编　王学东
副主编　戴隆斌（常务）童建挺

共产国际第一次代表大会文献

本卷主编　戴隆斌

中央编译出版社
CCTP　Central Compilation & Translation Press

总　序

国际共产主义运动，是由以马克思主义为指导的无产阶级政党领导的国际性的无产阶级革命运动，其宗旨是推翻资产阶级统治和一切剥削制度，建立和发展社会主义制度，进而最终实现人的彻底解放，建立共产主义社会。

国际共产主义运动迄今已有一百六十多年的历史。19 世纪 40 年代，马克思、恩格斯在创立科学社会主义理论的同时，努力把它与当时西欧无产阶级的革命实践相结合，于 1847 年 6 月创建了第一个国际性的无产阶级政党——共产主义者同盟，亲自拟定并于 1848 年 2 月公开发表了同盟纲领《共产党宣言》。这标志着国际共产主义运动的兴起。

自从共产主义者同盟建立以来，历经第一国际（国际工人协会）、第二国际、第三国际（共产国际），国际共产主义运动由小到大、由弱到强，从西方推进到东方、从欧洲扩展到全球，终于突破资本主义链条上一个又一个薄弱环节，取得了社会主义由一国到多国的胜利。二战后社会主义阵营的建立、民族解放运动的胜利进军、社会主义国家革命与建设的重大成就，为国际共产主义运动史书写了辉煌的篇章。20 世纪末，由于东欧剧变、苏联解体，国际共产主义运动遭遇了严重挫折。但是，历史并没有因此而终结。由《共产党宣言》奠基的国际共产主义运动仍在曲折中前进。各资本主义国家中的共产党、工人党仍在不断探索无产阶级取得解放的道路；中国等社会主义国家仍继续高举社会主义伟大旗帜，为完善社会主义、最终实现共产主义而不懈奋斗。

国际共产主义运动一百六十多年跌宕起伏的发展历程，积累了卷帙浩繁的文献档案，留下了丰富的历史遗产。深入发掘和充分利用这些文献档案，对于我们准确地了解和把握国际共产主义运动的发展进程及各个时期的特点，科学地研究和总结国际共产主义运动丰富且宝贵的经验教训，具有极其重要的意义。特别是无产阶级国际组织，作为国际共产主义运动的重要载体，其文献档案对于国际共产主义运动史研究更是具有特殊的重要意义。

早在 1984 年春，中国国际共产主义运动史学会就发起编辑出版《国际共产主义运动史文献》。当时由中共中央编译局、中国社会科学院马列主义毛泽东思想研究所和近代史研究所、中共中央党校和中国人民大学等单位共同组建了编辑委员会。编委会商定：这套文献主要收编共产主义者同盟、第一国际、第二国际、第三国际、共产党和工人党情报局这五个国际组织已发表的全部文献档案，包括历次代表大会、代表会议和其他重要会议的记录、决议和有关文件；收编材料力求齐全；凡外国有选编完整的版本者，根据外国版本翻译；凡文件散见于外国不同出版物者，尽力搜集完整，组织力量统一编译；文件完全按照原件翻译，译文力求准确，不作修改删节，以便读者根据完整、准确的第一手材料了解这些国际组织的历史。在当时代管全国哲学社会科学基金的中国社会科学院科研局的资助下，经过编辑委员会、编译工作者和中国人民大学出版社的共同努力，这套文献于 1986 年开始陆续出版，截至 1997 年共出版了 21 卷。

到上世纪末，文献的编辑出版工作遇到了巨大困难。首先是编委会发生了重大变故，主编林基洲、副主编王颖和校纪英相继谢世；其次是出版经费难以为继。为继续出版这套文集，中国国际共产主义运动史学会多方努力，组成以会长顾锦屏为主编的新编委会，从全国哲学社会科学规划办公室争取到一笔资助，于 1999—2001 年又出版了两卷。此后，因缺乏经费，编辑出版工作完全陷于停顿。

2010 年，在中共中央编译局和中国国际共产主义运动史学会的鼎力支持下，中央编译出版社以这套文献申报国家出版基金项目，获得立项资助。中共中央编译局对此项目高度重视，在国家出版基金资助的基础上，给予了相应的资金支持，组建了新编委会，成立了专门机构负责文献整理和编辑工作，并将这套文献纳入"中央编译局文库"出版规划。

经新编委会研究决定，这套文献定名为《国际共产主义运动历史文献》，在其前身《国际共产主义运动史文献》的基础上重新编辑出版。通过进一步广泛搜集资料和适当改变编辑方式，新《文献》的资料更详尽、收文更齐全。例如，在原《文献》的某些卷次中，对已出版的马克思主义经典著作中译本只列目录，不收正文，而新《文献》则全部依据最新的中译本收录，以方便读者查阅。此外，《国际共产主义运动历史文献》扩大了文献资料的搜集和选材范围，采用开放式结构，规模暂定 60 卷，约 2500 万字。

中共中央编译局和中国国际共产主义运动史学会对这套文献的编辑出版工作给予了强有力的支持，中央编译出版社为这套文献的立项和出版做了大量艰苦细致的工作，文献的前两任编委会和编译工作者在十分困难的条件下为这套文献奠定了良好的基础，中国人民大学出版社为这套文献的重新编辑出版提供了帮助，在此一并表示衷心感谢。

《国际共产主义运动历史文献》

编辑委员会

2011 年 12 月 20 日

编辑说明

共产国际（第三国际）第一次代表大会于 1919 年 3 月 2—6 日在莫斯科举行。出席大会的有来自 21 个国家的 35 个政党和团体的 52 名代表，其中 34 人有表决权，18 人有发言权。中国当时侨居苏俄的旅俄华工联合会负责人刘绍周（刘泽荣）和张永奎应邀列席了会议，拥有发言权。列宁主持了大会并致了开幕词和闭幕词，还提出了《关于资产阶级民主和无产阶级专政的提纲和报告》。在 3 月 2 日的第一次会议上，大会代表批准了预备会议关于会议作为国际共产主义代表会议召开的建议。在 3 月 3 日和 3 月 4 日的会议上，讨论并通过了《共产国际行动纲领》，指出：共产主义社会制度必然代替资本主义社会制度；无产阶级必须进行革命斗争以推翻资产阶级政府；要用新型的无产阶级国家替代资本主义国家，以便过渡到共产主义社会。会议讨论并通过了列宁关于资产阶级民主和无产阶级专政的提纲和报告，并一致通过了解散齐美尔瓦尔德联盟的决定。在 3 月 4 日的会议上，与会代表还讨论并批准了将此次代表会议作为共产国际第一次（成立）代表大会的决定（只有德国共产党代表阿尔伯特投了弃权票）。在 3 月 5 日的会议上，中国代表刘绍周代表中国人民向共产国际致以热烈的祝贺。3 月 6 日的会议通过了《共产国际宣言》。鉴于国际共产主义组织刚刚成立，许多国家尚未建立共产党，有些国家革命组织的代表未能参加这次大会，大会决定推迟制订和通过共产国际章程。大会决定设立两个领导机关：执行委员会和由该委员会选出的五人组成的执行局。

　　本卷收录的文献包括四个部分：（1）召开共产国际第一次代表大会的有关文件；（2）共产国际第一次代表大会会议记录；（3）共产国际第一次代表大会材料；（4）附录：共产国际"一大"前后列宁有关国际共产主义运动的文献。前三部分的文献大多译自联共（布）中央马克思恩格斯列宁研究院编辑的《共产国际代表大会记录。共产国际第一次代表大会。1919年3月》（莫斯科党的出版社1933年版）（Протоколы конгрессов коммунистического Интернационала——Первый конгресс коминтерна. март 1919 г. Партийиое издательство，Москва，1933），有一小部分选自《真理报》等。附录部分选自《列宁全集》中文第2版。书中除译者加的译者注外，未注明的脚注为原书或者原作者加的注释，本卷主编加的注释标明为编者注。需要特别说明的是，附录部分的编者注，有的是《列宁全集》中文版译者加的注释，有的是本卷主编加的注释，未作详细区分。

　　本卷是根据中国人民大学出版社1988年出版的《共产国际第一次代表大会文件》中译本进行编辑的。本卷主编依据中共中央编译局编译马克思主义经典著作的标准重新校订了人名、地名、组织机构名、报刊名等专用名，并对书中个别译文进行了重新校订。

目　录

召开共产国际第一次代表大会
的有关文件

俄共（布）中央委员会建议成立共产国际的电报

（1918 年 12 月 24 日）

　　英国工党通过阿·韩德逊向布兰亭提出建议，于 1 月 6 日在洛桑召开国际社会党代表会议。这项建议是企图恢复第二国际，但是枉然。第二国际于 1914 年 8 月初事实上就已不复存在了，当时，几乎所有社会党的多数派代表都站到帝国主义政府一边了。为恢复第二国际而开展的宣传，在整个世界大战期间，几乎在各国从未间断。恢复第二国际的企图，来自运动中的动摇不定分子，他们虽然未公开走上社会帝国主义道路，但也从未认识到必须成立革命的第三国际，以对抗合法政党的多数派，合法政党的多数派已变成帝国主义寡头政治左右工人阶级的工具。动摇分子企图把工人运动恢复到战前的状况，而这是违背合法政党的多数派所奉行的赤裸裸的帝国主义政策的。多数派生怕恢复"国际"，将使工人阶级不再顺从政府的战争政策。为对付这种企图，死心塌地的社会帝国主义者改变了原"国际"各国支部国际代表的人员构成。协约国各国支部最近几次所谓部际代表会议，就是在人员变动的基础上举行的。英国社会党的直接代表权被取消了，而由政治见解各异的分子即所谓"工党"做代表。意大利的新代表是过去未曾加入"国际"的改良主义者，而意大利社会党却没有一个代表参加。美国代表是龚帕斯，他代表工会，然而大多数工会却同社会主义毫无共同之处。死心塌地的社会帝国主义者正准备在各国支部代表变动的基础上，召开国际代表会议，而且，德国的假社会主义反革命机关报《前进报》为成立黄色国际的主张而大声叫好。

　　成立一个由叛徒和反革命分子组成的"国际"，其明显的目的是，拼凑一个营垒，以反抗迅速发展的世界无产阶级革命。为对抗这个"国际"，各国共产党人必须团结在实际上已经建立起来的革命的第三国际的周围，因为革命的第三国际无论与公开的社会帝国主义者或者不三不四分子毫无共同之处；这些不三不四分子不仅事实上为社会帝国主义者大帮其忙，而且甚至并不拒绝参加社会主义叛徒的代表会议。俄国共产党（布）决不参加打着社会主义旗号的工人阶级敌人召开的代表会议，并号召一切拥护以各国无产阶级夺取政权为宗旨的革命第三国际的人也拒绝参加。俄国共产党的这一立场得到立陶宛、白俄罗斯、乌克兰、波兰及荷兰的共产党的拥护；俄国共产党相信，德国斯巴达克联盟、德意志奥地利共产党以及前奥匈帝国的其他无产阶级革命派、瑞典社会民主党左派、挪威社会民主党、瑞士和意大利社会民主党革命派、英国的马克林派、美国的德布兹派、法国的洛里欧派，也都会拥护俄国共产党的这一立场。上述政党和革命派是领导世界革命的第三国际的集中代表。大战期间，协约国的社会帝国主义者极力赞扬李卜克内西，大骂谢德曼分子；如今，他们却与谢德曼分子同流合污，与李卜克内西一刀两断。因此，各国共产党人必须在世界革命任务这一共同基础上紧密团结起来，并把这种团结视为革命顺利发展的必要条件。当前，革命的最危险的敌人就是社会主义叛徒的黄色国际，资本主义通过黄色国际仍然左右着很大一部工人阶级分子。同蒙蔽无产阶级的骗子及社会主义叛徒进行不妥协的斗争，是无产阶级夺取政权的必由之路。

载于 1918 年 12 月 25 日《真理报》

第 281 号

共产国际第一次代表大会的邀请信

亲爱的同志们！

　　下面署名的各党派和组织认为，召开新的革命国际第一次代表大会是当务之急。在大战和革命期间，人们终于看清，不仅旧的社会党和社会民主党以及第二国际都已彻底破产，不仅旧的社会民主党骑墙派（所谓"中派"）不能采取积极的革命行动，而且**一个真正革命的国际已具有清晰的轮廓**。由于世界革命的迅速发展，不断提出新课题；由于资本主义国家在"国际联盟"这一伪善旗帜下勾结起来，反对世界革命，使世界革命有被扼杀的危险；由于背叛社会主义的政党企图联合起来，彼此"释怨"，甘当本国政府和本国资产阶级的帮凶，再度欺骗工人阶级；以及由于革命经验已经相当丰富和整个革命运动已经国际化，所以，我们责无旁贷地倡议将讨论召开各国革命无产阶级政党的国际代表大会的问题提到日程上来。

（一）　目标和策略

　　我们根据德国"斯巴达克联盟"和俄共（布）的纲领，在此提出一项行动纲领，并且认为其中所包含的论点必须成为新国际的基本理论。这些论点是：

　　1. 当今时代是整个世界资本主义体系瓦解和崩溃的时代。如果不消灭资本主义及其不可克服的矛盾，整个欧洲文明亦将随着资本主义体系而崩溃。

2. 无产阶级当前的任务是立即夺取国家政权。夺取国家政权就是打碎资产阶级国家机器，建立新的无产阶级政权机构。

3. 新的政权机构应当体现工人阶级（有的地方则是农村半无产阶级即贫农）的专政，也就是说，它始终应当成为镇压和剥夺剥削阶级的工具。不要虚伪的资产阶级民主（那是金融寡头政治统治的伪善形式）和纯粹形式上的平等，而要使劳动群众享有自由的无产阶级民主；不要议会制，而要劳动群众通过自己选举产生的机关来实行自治；不要资本主义官僚机构，而要劳动群众自己建立的、使群众可以真正参与国家管理和社会主义建设的管理机关（这才是无产阶级国家的类型）。它的具体形式就是苏维埃政权或类似机关的政权。

4. 无产阶级专政应当成为立即剥夺资本、废除生产资料私有制并将其变为全民所有制的杠杆。将大工业及其组织中心即银行公有化（公有化就是变私有制为无产阶级国家所有制，所有权受工人阶级的社会主义管理机关的支配）；没收地主土地，将资本主义的农业生产公有化；国家对大商业实行垄断；将城市和大庄园中的大型房屋收归国有，实行工人管理制度；无产阶级专政机关集中掌管经济职能——这些都是当前的重大课题。

5. 为保障社会主义革命的进行，防范内外敌人，支援别国无产阶级的斗争等，必须彻底解除资产阶级及其代理人的武装，并把全体无产阶级武装起来。

6. 当前的世界形势要求各国革命的无产阶级互相建立尽可能密切的联系，要求已经取得社会主义革命胜利的国家彼此实行大联合。

7. 斗争的主要方法是无产阶级采取群众性的行动，直至同资本主义的国家政权进行公开的武装斗争。

（二）对各社会主义政党的态度

8. 旧的"国际"已经分裂为三个主要派别：第一是公开的社会爱国主义者，他们在 1914—1918 年帝国主义战争时期始终支持本国资产阶级，并把工人阶级变为扼杀国际革命的刽子手；第二是"中派"，他们在理论上以考茨基为领袖，这是一个由毫无任何明确路线、一贯动摇不定、有时简直是变节投降分子组成的派别；第三就是革命左派。

9. 社会爱国主义者一到紧要关头就明火执仗地反对无产阶级，跟这种人只有作无情的斗争。对待"中派"的策略是，应将其坚决革命的分子分化出来，而对其领袖则应进行无情的批判和揭露。等发展到一定阶段，在组织上同中派分子划清界限是完全必要的。

10. 相反地，同工人革命运动中那些过去虽然没有加入社会主义政党，但现在彻底拥护苏维埃政权形式的无产阶级专政观点的人，首先是工人运动中的工团主义分子，则必须实行联合。

11. 最后，有些无产阶级团体和组织尽管未公开靠拢革命左派，但是正在朝此方向发展，这样的团体和组织我们必须善于发现。

12. 我们具体建议下列政党、团体和派别派代表出席这次代表大会（凡彻底拥护第三国际原则的政党，都可以取得第三国际正式成员的资格）：

（1）斯巴达克联盟（德国）；（2）俄国共产党（布尔什维克）；（3）德意志奥地利共产党；（4）匈牙利共产党；（5）波兰共产党；（6）芬兰共产党；（7）爱沙尼亚共产党；（8）拉脱维亚共产党；（9）立陶宛共产党；（10）白俄罗斯共产党；（11）乌克兰共产党；（12）捷克社会民主党革命派；（13）保加利亚社会民主党（紧密派）；（14）罗马尼亚社会民主党；（15）塞尔维亚社会民主党左翼；（16）瑞典左派社会民主

党；（17）挪威社会民主党；（18）丹麦"阶级斗争派"；（19）荷兰共产党；（20）比利时工人党革命派；（21、22）法国社会主义和工团主义运动中基本支持洛里欧同志的派别和组织；（23）瑞士社会民主党左派；（24）意大利社会党；（25）西班牙社会党左派；（26）葡萄牙社会党左派；（27）英国社会党（特别是马克林同志所代表的一派）；（28）（英格兰）社会主义工党；（29）（英格兰）世界产业工人协会；（30）不列颠产业工人组织；（31）（英格兰）工厂工长运动革命派；（32）爱尔兰工人组织中的革命派；（33）美国社会主义工人党；（34）美国社会党左派（特别是德布兹所代表的一派和社会主义宣传同盟所代表的一派）；（35）美国世界产业工人联合会；（36）（澳大利亚）世界产业工人协会；（37）（美国）国际产业工人同盟；（38）东京及横滨社会主义团体（以片山潜同志为代表）；（39）社会主义青年国际（以明岑贝格同志为代表）。

（三）组织问题及党的名称

13. 第三国际组织基础业已具备，这就是遍布欧洲各地的思想和目标一致的团体和组织，它们都有共同的行动纲领，并运用大体相同的策略。这里首先指的是德国的斯巴达克派和其他许多国家的共产党。

14. 代表大会应以选举方式建立一个战斗总部即共产国际的中心，以保持经常的联系和对运动实行有计划的领导，使各国的运动的利益服从世界革命的共同利益。至于总部的具体组织形式，以及代表权等，则由代表大会决定。

15. 代表大会应定名为共产国际第一次代表大会，而各个党则成为共产国际的支部。马克思和恩格斯早就认为，"社会民主党"这一名称在理论上是不能成立的。由于社会民主党"国际"已经可耻地破产，我们同社会民主党这一名称必须划清界限。还有一个理由，就是构成伟大运动的基本核心的党大都采用了共产党这一名称。鉴于上述各点，我们建议各兄弟党和组织，把讨论召开共产国际代表大会的问题提到日程上来。

致以同志的敬礼！

（1）俄国共产党中央委员会
　　　（列宁、托洛茨基）
（2）波兰共产主义工人党国外局
　　　（卡尔斯基）
（3）匈牙利共产党国外局
　　　（鲁德尼扬斯基）
（4）德意志奥地利共产党国外局
　　　（杜达）
（5）拉脱维亚共产党中央委员会俄国局
　　　（罗津）
（6）芬兰共产党中央委员会
　　　（西罗拉）
（7）巴尔干革命社会民主联盟执行委员会
　　　（拉柯夫斯基）
（8）美国社会主义工人党代表
　　　（雷恩施坦）

载于 1919 年 1 月 24 日《真理报》
第 16 号

讨论代表会议问题的预备会议

（1919 年 3 月 1 日）

　　代表会议定于 3 月 2 日（星期日）下午 5 时开幕。

　　代表会议只是制定行动纲领，选举执行局，号召实行联合，形式上不作为第三国际成立大会。

　　会议名称：定名国际共产主义代表会议。会议暂不公开，何时公开，另行决定。

　　在提交大会的会议参加者名单上排列第 15、16、17、22 者合成一组，取名"俄国东部各民族联合小组"，有 1 票。

　　匈牙利共产党中央委员会国外局有 3 票（表决权）。

　　鲁特格尔斯如能出席会议，则美国社会主义工人党有 3 票，社会主义宣传同盟有 2 票。现暂定社会主义工人党有 5 票。

　　巴尔干革命联盟代替罗马尼亚共产党。

　　日程：

　　1. 大会组织工作。

　　2. 听取报告。

　　3. 提出并讨论行动纲领，由阿尔伯特作有关报告，由布哈林作补充说明。

　　4. 关于资产阶级民主和无产阶级专政的提纲。建立由列宁、雷恩施坦和一位芬兰人组成的委员会。列宁作报告。

5. 选举执行局。进行"其他事项"（阿尔伯特、普拉滕和一名芬兰人）。

6. 对各社会主义政党和伯尔尼代表会议的态度（普拉滕、季诺维也夫）。

7. 协约国政策和国际形势。奥博连斯基作报告。建立有阿尔伯特参加的委员会。

8. 其他事项：关于波兰战俘和白色恐怖。建立由阿尔伯特、雷恩施坦和一名芬兰人组成的委员会。

9. 宣言（？），由季诺维也夫、布哈林、普拉滕作有关报告。

大会正式语言：德语，亦可使用俄语。

列宁致开幕词。

资格审查委员会成员：阿尔伯特、契切林、鲁德尼扬斯基、斯坦格。

俄罗斯国家社会政治史档案馆①

---

① 苏联解体前称为"苏共中央马克思恩格斯列宁研究院档案馆"。——编者注

共产国际第一次代表大会会议记录

（1919 年 3 月 2—6 日）

第一次会议

（1919 年 3 月 2 日）

会议于下午 6 时 10 分在克里姆林宫开幕。

列宁致开幕词①

我受俄国共产党中央委员会的委托，在国际共产党人第一次代表大会上致开幕词。首先请全体代表起立，为第三国际最优秀的代表卡尔·李卜克内西和罗莎·卢森堡志哀。（全体起立）

同志们！我们的会议具有伟大的世界历史意义。它证明关于资产阶级民主的一切幻想都已破灭。因为不仅在俄国，而且在欧洲最发达的资本主义国家，例如德国，国内战争都已经成为事实。

资产阶级在日益增长的无产阶级革命运动面前惊恐万状。这是可以理解的，因为我们看到，帝国主义战争以后的事变进程不可避免地促进了无产阶级的革命运动，国际世界革命在全世界已经开始并正加紧进行。

人民已经认识到目前爆发的这场斗争的伟大和意义。只是必须找出一种能使无产阶级实现自己的统治的实际形式。这种形式就是实行无产阶级专政的苏维埃制度。无产阶级专政！——在此以前，它还是一个群

---

① 中译文见《列宁全集》中文第 2 版第 35 卷第 483—484 页。——编者注

众看不懂的拉丁词。由于苏维埃制度在全世界的传播，这个拉丁词已经被译成现代各种语言。专政的实际形式已经被工人群众找到了。由于有了俄国的苏维埃政权、德国的斯巴达克联盟和其他国家的类似组织，例如英国的车间代表委员会①，这种实际形式已为广大工人群众所理解。这一切都证明，无产阶级专政的革命形式已经找到了，无产阶级现在已经能够实际运用自己的统治权了。

　　同志们！我认为，在俄国事变之后，在德国一月斗争之后，特别需要指出，无产阶级运动的最新形式也在其他国家中产生出来，并取得了统治地位。例如，今天我在一份反社会主义的报纸上看到一条电讯，说英国政府接见了伯明翰工人代表苏维埃②，并表示愿意承认苏维埃是经

---

① 车间代表委员会（Shop-Stewards Committees）即厂工会委员会（Комитеты фабрично-заводских старост）。是第一次世界大战期间英国一些工业部门的工人组织，由车间工人选举的代表组成。它们同执行"国内和平"政策的工联领袖相对立，捍卫工人群众的利益和要求，领导工人罢工，进行反战宣传。1916 年，车间代表委员会成立了全国性组织。俄国十月革命后，在外国武装干涉苏维埃共和国期间，车间代表委员会积极支持苏维埃俄国。车间代表委员会的许多活动家，包括威·加拉赫、哈·波立特等，后来加入了英国共产党。——编者注

② 列宁读的那份报纸可能有不确之处。那里说的大概不是伯明翰工人代表苏维埃，而是车间代表委员会。1919 年 3 月 3 日，英国共产主义小组代表约·法因贝格在共产国际第一次代表大会第二次会议上发言时说："在一些工业地区成立了有车间代表委员会代表参加的地方工人委员会，如克莱德工人委员会、伦敦工人委员会、设菲尔德工人委员会等。这些委员会成了各地的组织中心和相应地区的有组织的工人的代表。有一个时期，企业主和政府根本不想承认车间代表委员会，但他们终于不得不同这些'非官方的'委员会举行谈判。劳合－乔治表示同意承认伯明翰委员会为经济组织，这就证明，车间代表委员会已成为英国工人运动中经常起作用的因素。现在，车间代表委员会、工人委员会和车间代表委员会全国代表会议已经成为类似苏维埃共和国的基础的组织。"——编者注

济组织。苏维埃制度不仅在落后的俄国胜利了，而且在欧洲最发达的国家德国和最古老的资本主义国家英国也胜利了。

尽管资产阶级还在逞凶，还在杀害成千上万的工人，但胜利是属于我们的，世界共产主义革命的胜利是有保证的。

同志们！我代表俄国共产党中央委员会衷心地欢迎你们。现在我提议选举主席团。请提名。

选举主席团

契切林（俄国）：

我提议选举三名常务委员、一名常务书记为主席团成员，以后每次会议临时从各国组织中增选一名委员，组成五人主席团。我提议，选举**列宁、阿尔伯特、普拉滕**三位同志为主席团常务委员，**克林格尔**同志为常务书记。

提案一致通过。当选同志在主席台就座。

关于代表大会性质的讨论和决定

普拉滕（瑞士）：

在预备会议上，曾有人提出这次代表大会的性质问题。一种意见认为，这次代表大会就是**第三国际**成立大会。另一种意见主张宣布这次代表大会只是共产党的一次代表会议，而把成立第三国际的问题留待下次代表大会解决，认为这样更适宜，这主要是一个外国代表的意见。这种意见的理由是，代表大会从通知召开到实际召开，其间时间短促，不是所有的组织都能接到准备成立第三国际的通知。有必要指出，由于技术性的困难，许多代表不能前来莫斯科。因此才提出建议，要将这次会议只作为代表会议，其任务是于近期召开名副其实的、人数众多的代表大会，正式成立第三国际。

季诺维也夫（俄国）：

我代表俄国共产党中央委员会发表声明如下：俄国共产党认为，正式成立第三国际的时机已经完全成熟，因此，我们曾提议就在这一次即第一次代表大会上成立第三国际。但是，我们的德国朋友、德国共产党却坚持认为这次代表大会只作为一次代表会议，既然如此，我们对德国共产党人的这项建议暂时附议，这也是必要的。不过，我们要声明：我们将继续宣传、鼓动，以争取第三国际早日成为正式组织。

库西宁（芬兰）：

我们芬兰代表也认为，第三国际理应现在就成立。但是考虑到季诺维也夫同志刚才谈到的情况，我们的这项建议暂不提出。不过，我们认为，如果这次代表会议最终通过一项决议，决定以代表大会名义成立新的国际，那是皆大欢喜的事。

大会决定：会议以国际共产主义代表会议名义举行。
转入讨论资格审查委员会的问题。

选举资格审查委员会

普拉滕（瑞士）：

代表会议人员庞杂，成立资格审查委员会时，这一点必须予以考虑。主席团提议选举五位同志组成资格审查委员会，委员会工作结束后，委员应当提出工作报告。此外，委员会应当确定两类代表，即有表决权的代表和只有发言权的代表。关于资格审查委员会的人选，我们已拟定一项方案。

被提名的有**契切林、鲁德尼扬斯基、西罗拉、阿尔伯特和斯坦格**五位同志。

确定议事规则和日程

列宁（俄国）：

现在列入议事规则顺序的问题有：代表权问题、各个代表团参加表决的人数问题、表决权和发言权问题、发言的时间限制问题。

雷恩施坦（美国）：

我认为，首先应当给资格审查委员会一刻钟的时间，以便就哪些代表享有表决权问题向大会提出报告。建议休会一刻钟。

阿尔伯特（德国）：

同志们！依我看，雷恩施坦同志的建议行不通，因为审查代表证书，一刻钟无论如何也不够。因此，我提议继续开会。

雷恩施坦撤销了他的建议。

普拉滕（瑞士）：

我的意见是：用于讨论的时间，从一开始就应当加以限制，因为许多代表急于回国。既然参加讨论的人如此之多，把发言时间限制在一刻钟之内比较适宜；作报告则不受时间限制。

托洛茨基提议，第二次发言以 5 分钟为限。

普拉滕（瑞士）：

讨论程序是：赞成的一方和反对的一方各有一人发言，然后进行表决。

列宁（俄国）：

有异议吗？请就每次会议的时间发表意见。

沙杜尔提议授权代表会议必要时延长发言人的发言时间。

列宁宣布议事日程：

1. 确定报告人和报告内容。
2. 报告。
3. 《国际共产主义代表会议行动纲领》，报告人：**阿尔伯特、布哈林**。
4. 《资产阶级民主与无产阶级专政》，报告人：**列宁、拉希亚**。
5. 《伯尔尼代表会议和对各社会主义派别的态度》，报告人：**普拉滕、季诺维也夫**。
6. 《国际形势和协约国的政策》，报告人：**奥博连斯基、普拉滕**。
7. 《宣言》，报告人：**托洛茨基**。
8. 《关于白色恐怖》，报告人：**西罗拉**。
9. 选举执行局及其他事项（组织问题）。

列宁（俄国）：

我们获悉，拉柯夫斯基同志已经动身，预定明天到达。同行的还有

其他同志。报告人名单暂定如上，也许会有变动。匈牙利共产党的三名
代表在加里西亚被捕，恐怕不能出席我们的代表会议了。关于议事日程
还有其他建议吗？还有人报名发言吗？既然没有，宣布议事日程通过。

各国党的报告

列宁（俄国）：

现在请德国代表阿尔伯特同志作报告。

阿尔伯特（德国）：

尊敬的同志们！在 1918 年 11 月 8 日，独立社会民主党的拥护者们
还坚持认为，在德国永远也不会发生俄国那样的情形，即爆发革命。然
而到了 11 月 9 日，资本主义社会制度的旧大厦一下子坍塌了。在俄国
发生的、迄今一直受到人们非议的，并且被认为在德国绝对不可能发生
的事情，11 月 9 日在德国发生了。

不错，乍一看，德国的运动不过是一次兵变，是军队内部对长官的
严厉所表示的不满和厌战情绪的暴露。

但是，苏维埃制度在一天之内就建立起来了，甚至在小城镇，苏维
埃也在一天之内就成立了。可见，这已不仅仅是士兵因为厌战而起来造
反，它还说明无产阶级决心最终实现他们早就为之奋斗的新制度，即用
社会主义社会取代旧的社会制度。

当然，一天之内建立起来的工人代表苏维埃究竟如何，难下断语。
多数派社会党人即谢德曼派在组织方面比工人老练得多，他们乘机钻进
政府，窃据政府要职，并且还打入了苏维埃内部。工人本来以为，只要
撤掉原来的统治者和部长，换上几个社会民主党人，新社会就算告成。
独立社会民主党人和多数派社会党人正是利用工人的这种观念而乘机混

入德国政府的。

革命初期，工人代表苏维埃曾建议当时的斯巴达克联盟拥护者加入政府，建议李卜克内西同志出任政府阁员。头一天，李卜克内西同志即发表声明，说他在内阁只待三天，为的是签订停战协定。这项声明遭到多数派社会党人的拒绝，于是李卜克内西同志拒绝参加政府，斯巴达克派其他同志也跟着拒绝加入。我们认为，在德国建立新社会制度以取代资本主义旧制度的时机尚未到来，仅仅驱逐几个王公贵族的奴仆是不够的。关键在于摧毁旧的国家机器，建立自己的政权机构。因此，我们的主要任务是：说服工人群众首先必须建立苏维埃制度，即实现无产阶级专政。我们的同志拒绝参加政府是十分正确的，这一点，在几天之后就被政府的所作所为完全证实了。政府成员走马上任以后所颁布的头几项法令，就是旨在否认工人代表苏维埃是权力执行机构。

哈阿兹、迪特曼、巴尔特等人也加入政府。两派入阁之后，共同颁布了第一个法令。然而没过几天，它们就和中央苏维埃发生了冲突。政府把自己凌驾于苏维埃制度之上。原已解职的军官官复原职，重新掌握军权。政府认为，实现社会主义，时机尚未成熟，要留待日后解决。工人的要求遭到拒绝，理由是：敌人还在眼前，协约国也决不容许政府实施任何改革，因而旧的国家机器原封未动。

无产阶级对于现状越来越不满，工人拒绝走回头路，于是，多数派社会党人的政府便原形毕露了。

德国的情形与众不同，革命后的第三天，右派报纸就宣称：革命已成事实，无可否认；重要的是，现在政府应当关心在德国真正实现民主，使民主也成为事实。他们所谓的民主，就是资产阶级民主和召集国民议会。斯巴达克联盟当即声明，驳斥这种论调，强调必须实行无产阶级专政；并且指出：组织机构已经建立，这就是苏维埃制度；德国无产阶级既已实现革命，它就理应成为德国肩负建设新国家使命的唯一阶级。我们主张毫不留情地进行阶级斗争，直至推翻资本主义制度。对此，谢德曼和艾伯特先生大不以为然。他们拥护国民议会，并且迫不及待地提出了选举日期。这样一来，工人便恍然大悟。全国分裂成两派。一派是资本家，拥护国民议会；另一派是斯巴达克联盟，主张实行苏维埃制度和无产阶级专政。这场斗争始终是在这样的口号下进行的。关于这场斗争，已向诸位作过介绍了。

在此之前，加入斯巴达克联盟的同志一直留在独立社会民主党内。当时的情形是：战前德国只有一个社会民主党，在国外，有人把它吹得天花乱坠。战争初期，社会民主党人及其领袖成了民族主义者，同资产阶级沆瀣一气，鼓吹战争，在这种情况下，斯巴达克联盟成员认定，继续留在这个组织里已经不可能了。社会民主党内还有一派，它虽然反对战争拨款，但在涉及保卫祖国的其他问题上，却跟在谢德曼—艾伯特一伙后面亦步亦趋。这一派就是哈阿兹和累德堡派。他们既已公开采取反对派的立场，就只有退出该党，另组独立社会民主党，别无他途。

斯巴达克联盟无法工作，无法开展活动。凡属联盟成员，都被搜捕下狱或被送往前线。有人身自由、能够照常工作的人，区区可数。

独立社会民主党在哥达成立后，我们曾表示愿意与之组成一个组织。其实，我们之间的分歧在当时就已不可调和。革命初期，独立社会民主党人即加入政府，跟着别人标榜拥护资产阶级民主，妄图扼杀苏维埃制度，因此，和他们一起留在一个组织里已经不可能。我们在斯巴达克联盟柏林代表会议（1918 年 12 月 30 日至 1919 年 1 月 1 日）上成立了德国共产党。

党成立后，艾伯特—谢德曼领导的政府对共产党人实行疯狂的镇压，不惜采取旧制度下的种种暴力手段。工人抗议这种政策，无产阶级纷纷举行罢工，以表明他们不允许对无产阶级采取过去那种暴力手段。为此，艾伯特—谢德曼之流便大动干戈，首次在柏林街头架起机枪、大炮，对付无产阶级。1918 年 12 月 6 日，在柏林街头架起的机枪、大炮朝和平游行的工人开火。我们的许多优秀同志当场被打死或身负重伤。值得指出的是，他们对共产党士兵代表的镇压尤为严酷。

目前德国军队的情况如何呢？士兵已经打了四年仗，11 月 9 日举行起义，成功地推翻了旧制度，他们不愿在德国继续充当炮灰。原有的团已经解散。他们不顾谢德曼的要求，于革命爆发后即各奔东西了。

留在德国本土的军队于革命爆发后几天即被解散；若干军区司令投靠共产党，这样的军区已擅自让军队复员了。不伦瑞克共和国于革命爆发后，即确定 12 月 23 日为军队复员日。帝国政府虽表示抗议，但士兵仍被遣散。其实，政府挽留原来的士兵也是弊多利少，因为政府起用这些士兵为其效劳，已纯属幻想。在前方，原来的团不愿与外部敌人作战，他们四处逃散，对停战漠不关心。我不能不指出，在瓦解德军方面，俄国起了很大的作用。从俄国归来的战俘，个个笑逐颜开。他们无论回到何处，不消几天，就再也不想打仗了。

当然，在前方也有过一些团不听宣传鼓动，仍然听从军官指挥，但没过多久，也成了一盘散沙。

柏林驻军司令莱基将军于 1 月初表示，他所属的部队虽然仍受军官控制，但只要继续待在柏林不走，不消五六天便会一垮到底。至于政府动用自前线归来的一部分军队在柏林街头枪杀工人，那是因为这一部分军队不曾受到宣传鼓动的影响，而其所以如此，纯属偶然的缘故。1918 年 12 月 6 日的情形便是如此。当时，刚从芬兰回国的部队奉政府之命，枪杀了参加红色士兵同盟大会归来的士兵。几天之后，当水兵（他们是革命的支柱与核心，大多数是早期入党的工人）违抗政府命令，不肯离开柏林时，政府便调遣从前线归来的一个团前去镇压，向水兵投掷毒气弹。政府成员哈阿兹、巴尔特和迪特曼声明，他们没有参加决定向工人开枪的会议。后来，独立社会民主党人退出政府，其实是谢德曼之流把他们一脚踢开的。他们被赶了出来，后悔莫及。

斯巴达克联盟不能继续同他们合作。同这种人合作，毫无益处可言。成立共产党已是大势所趋。党内分裂日益加深。成立共产党势在必行。多数派政党①团结一致，而独立社会民主党处境不妙。他们的领袖各代表一派，都想自立政党。累德堡和多伊米希尤其热衷于建立德国统一党；他们的图谋一旦得逞，就将出现一个新的、既不左也不右、更不坚持极左观点即斯巴达克联盟的无产阶级专政观点的独立社会民主党。于是，我们决定立即和这群人一刀两断，从而使他们纠集乌合之众的图谋化为泡影。

共产党人同盟的任务不仅仅在于创建新型政党，更主要的是教育群众做好建立社会主义制度的准备，争取人人积极投身这项事业。然而德国工人仍然坚信，他们的任务就是撤掉几名部长，换上社会民主党人。可见，我们的任务就是向他们证明，只有采取群众性行动，才能与资产阶级决一胜负；从一开始，我们就知道，11月9日革命不过是一次破坏旧社会制度的小小尝试而已，德国的真正革命还在后头。几周来的情况恰恰表明：要改造社会制度，必有一番严重的较量，国内战争将是一场世界历史上空前残酷的战争。必须向群众说明，只有实行苏维埃制度，才能达到上述目的。我们的宣传鼓动工作方针，就是要自始至终向工人讲清这个道理，启发他们建立苏维埃。

那么，苏维埃的情形如何呢？起初，苏维埃遍地开花。在企业和工厂，工人纷纷成立工厂委员会，委员会的任务之一是改善本企业工人的劳动条件。这些工厂委员会立了一大功，把那些在德国显赫一时、同黄色工会串通一气、禁止工人罢工、阻挠工人的一切公开活动、一贯暗算工人的工会排挤了出去。11月9日以后，这些工会就不再起作用了，

①　指斯巴达克联盟。——译者注

而且，争取增加工资的活动也不再通过工会，甚至在违背工会意志的情况下进行。工人争取改善自身处境的活动，工会没有一次进行到底。一直到最近，工商职工同盟才出面领导一场公开的运动，但也只是因为同盟理事会中有共产党员坐镇的缘故。

那么，今后德国斗争的前景如何呢？从国民议会选举结果的数字来看，应当承认，德国广大群众跟着多数派社会党人走。谢德曼派获1100万张选票，独立社会民主党获200万张选票。不过，只要对运动仔细加以观察，就不难发现，工人并不像政府所断言的那样一致拥护政府。相反，实际情形是，各地工人不顾政府的呼吁，自动选择社会主义道路，自动争取改善自身的处境，他们所坚持的口号正是共产党人所提出的口号。在莱茵—威斯特伐利亚地区，矿工掀起声势浩大的运动，选举中央苏维埃来掌管全部矿场。投身企业社会主义化运动的不仅有工人，而且有官员，他们也同意甩开资本家，实行企业社会主义化，他们愿同工人一起搞好企业内部的工作，而不消极怠工。在一个国家里，仅仅有某一个部门实行社会主义化，显然是不行的。令人高兴的是，工人认识到，要废除旧的经营管理方法，唯有对所有企业和整个经济活动普遍实行社会主义化。目前，德国的全部经济活动正沿着曲线急剧下降，未来斗争前景是乐观的。

令人担忧的是，政府正加紧对付工人，但工人也不示弱。刚才我已向诸位报告，在德国一切发生冲突的地方，士兵都公开表示："我们不同工人作对。"由于士兵保持中立态度，政府无计可施，只好效仿俄国，纠集志愿团，组建自卫军。这些新编部队的任务是守卫东部边境，说什么要平息波兰人的叛乱，其实，这些波兰人历来遭受资产阶级专政的压迫，至今仍然没有翻身；还说什么要防范布尔什维克红军的进犯。在德国，红军被说成是一群烧杀抢掠的暴徒。德国政府加紧宣传，鼓动士兵反对布尔什维克。

　　但是在柏林，政府还利用士兵上街对付工人，镇压工人运动。1919年1月，工人在柏林第一次采取行动。政府撤了原警察局长的职，换上一个因过去背叛工人事业而有民愤的多数派社会党人。此人会再次采取残暴手段，这是在无产阶级意料之中的。工人不提任何口号，也未按党（斯巴达克联盟）的任何指示，就于1月19日占领几个印刷厂，《前进报》印刷厂首当其冲，工人早就对它恨之入骨。事情发生后，经过几天的斗争，多数派社会党人在政府指使下首次出动白卫军，企图恢复柏林秩序。白卫军手段之残暴，从以下事实便可一目了然：第一批使者刚刚走出《前进报》社大楼，就被士兵活活砍死七人。白卫军把这次运动镇压下去以后，便到处搜捕斯巴达克联盟成员，把他们关进监狱。我们的优秀领袖卡尔·李卜克内西和罗莎·卢森堡就这样落入了刽子手的手中，惨死在街头。有关李卜克内西企图逃遁和卢森堡同志被工人夺走的种种谣传，纯属捏造。目击者已经提供证词，证明白卫军用枪托猛击李卜克内西的头部，打成重伤，然后把他拖进汽车杀害了；罗莎·卢森堡是被他们用枪托打了两下致死的，尸首给运走了。证词已经全文公布，凶手和现场指挥军官已经有名有姓，可是，他们至今仍逍遥法外。政府根本无意把凶手交付审判。

　　和李卜克内西、卢森堡同样遭遇的斯巴达克联盟其他成员还有许许多多，他们被杀人成性的官兵杀害，尸首被掩埋。俄国的卡尔·拉狄克同志也遭逮捕，被带上沉重的镣铐，关进看守所一间潮湿、阴暗的地下牢房。你们看到，柏林已陷入一片恐怖之中，无产阶级同资产阶级作斗争，已不再像过去那样只散发传单和小册子，现在，柏林及其他城市的无产阶级在斗争中使用火药和铅弹了。资产阶级惊恐万状，除了用暴力镇压无产阶级以外，再也无计可施，已经走投无路了。

　　德国的经济每况愈下，企业纷纷倒闭。工人通过争取提高工资的斗争和罢工而增加了工资，但店东业主认为，这样一来，生意无利可图，索性停业。再则，工人不愿从业，这种现象日益普遍。这也难怪，如今工人虽然可以指使业主，但并不甘心替资本家生财赢利，不愿从业的工人日益增多。原料储备有限，原料黑市交易猖獗。凡此种种，导致企业倒闭。我离开柏林时，那里的失业人数已多达 26 万人。德国经济已处在崩溃的前夜。

交通运输十分糟糕。在德国有人曾对我说：你要是去俄国，那么一路上会大伤脑筋的。同志们！我们入境一直到莫斯科，旅途感受，较之德国有天壤之别。英国人和法国人把我们最好的机车弄走了。从柏林到莱比锡，过去只消两小时，现在往往要 9 至 10 小时；以往，特别快车每小时一趟，现在普通客车一天才有一两趟。显然，过去的那套经营方法在交通运输部门也必须改变。

粮食问题日趋严重。食品不但涨价，而且根本弄不到。配给的食品不足以糊口，只好买投机商贩的。工人家庭粮不过夜，人们起来造反。白卫军窥伺时机，企图镇压无产阶级，因此，大规模的冲突是不可避免的。

所有这一切，尤其是同协约国缔结和约一事，都将证明，无产阶级所进行的这一场斗争有指望获得成功。政府一再安慰工人说：除非同协约国签订和约，否则，政府将毫无办法。这是欺人之谈，工人阶级再也不会上当受骗了。几个月来，政府喋喋不休地对我们说：你们应当同俄国打仗，以讨好协约国。但是盟邦给了我们什么呢！它们过去什么也没给，今后也不会给。倒是给了几罐炼乳，但售价之高，只有资本家掏得起腰包，工人不敢问津。四年前，谢德曼之流赞扬和鼓励对协约国采取武力政策，如今却对协约国卑躬屈膝，祈求开恩；他们对于签订和约怕得要死。德国政府即谢德曼之流为协约国出谋划策，教它们如何订立城下之盟；有朝一日，英国人及法国人会指着布列斯特–里托夫斯克和约说：是你们教会我们如何订立和约的。和约条件果真要苛刻的话，那么罪魁祸首是协约国代表威尔逊和克列孟梭二人，他们死心塌地充当资本主义国家的奴仆，把缔结和约当做一笔交易，以便从中最大限度地渔利。要改变这种局面，决不能靠政府摇尾乞怜，谄媚讨好，而要靠无产阶级继续革命，奋斗不息。德国无产阶级必须取得英国和法国无产者的信任，以便同他们一起争取实现世界革命。

这就是共产党的见解。在德国无产阶级尚未加入共产党的地方，我们努力通过宣传工作把他们争取过来。可以断言，德国共产党和俄国一样，将继续斗争，并且完全相信：德国无产阶级取得革命的最后胜利，并与形形色色的国民议会的愿望相反，与谢德曼之流及资产阶级民族主义的愿望相反，建立无产阶级专政，已经为期不远了。我以为，我这样说，并不是盲目乐观。要做到这一点，德国无产阶级就必须和别国无产阶级并肩战斗。有感于这种需要，我才愉快地接受了你们的邀请，并且深信，我们将同所有其他国家，特别是英国和法国的无产阶级并肩战斗，进行世界革命，以期不久的将来也能实现德国革命的目标。

列宁（俄国）：

现在请瑞士代表普拉滕同志发言。

普拉滕（瑞士）：

亲爱的同志们！瑞士是一个小国，运动规模不大。作为这样一个国家的代表，我不能像其他国家的报告人那样，提出关于斗争情况的内容翔实的报告，不过，也应当说明，为了配合俄国同志，我们已尽了最大的努力。

我们没有经历过战争。我们的生活条件优越些，因而，我国工人运动的发展情况与交战国不同。不过，在政治上，瑞士也受到战争的影响。在党的运动方面，瑞士从一开始就加入齐美尔瓦尔德派。关于党内分裂问题，我只想说明，围绕齐美尔瓦尔德派所展开的一场斗争，迫使极端民族主义分子脱离了党；留下来的是一个坚持国际主义的党，它得到了迅速的发展。然而，尽管党内发生分裂，但仍有一部分右派分子没有被清除出党。这也是为维护统一而采取的必要步骤。

在简要地介绍我们党的发展情况时，我只想说明，为派代表出席齐美尔瓦尔德代表会议，我们才发现：原来在这个团结的党内不是有两派，而是足足有三派。像施图杰尔、弥勒、格雷利希这样的右派没有被选入代表团；奈恩同志倒被选入了，此人后来向右转了一百八十度，成了右翼分子。后来形成的中派和左派都派了代表，在代表会议上，这三派代表就各项问题投票表决时，各自为政，互不通气。我本人加入了齐美尔瓦尔德左派。格里姆投票反对左派，理由是：身为主席，为保持各派之间的联系，他不得不保持中立态度。后来发现，他之所以如此，是有其更深刻的政治背景的。

齐美尔瓦尔德代表会议以后党内出现的斗争，是左派联合中派共同进行的。格留特利联盟成员脱离了党，从而决定了党的道路。党急剧地向左转了，如果自我评论的话，那么根据党的历次代表大会的决议看，该党理应归入共产国际左派之列，它派代表出席这次会议是当之无愧的。只可惜，我国的国情使理论与实际严重脱节。

格里姆同志俄国之行所肩负的使命，对瑞士党的运动产生了政治影响。当我们从电报中得知他在彼得堡的表现时，苏黎世具有远见卓识的人，其中主要是左派分子，立即看出，格里姆在共产国际的表现和立场，跟他在瑞士党内一样，已经和过去大不相同。不过，许多同志仍然认为，格里姆所犯的错误只是由于他个人认识上的错误造成的。当时，我主张公开批判他的政策，但是我的主张未被采纳。他回国以后，先是宣扬虚无缥缈的激进观点，但没过多久，他就得出必然的结论。我们同他展开了针锋相对的斗争。预计在下次党代表大会上，斗争会更加激烈，因为届时党要最终确定自己的方针。是否会导致分裂，眼下我不妄加评断。

在瑞士，工会运动有着跟德国同样的问题。运动操在一批官僚手中，长此以往，工会运动永无出头之日。物价飞涨，工人朝不保夕，他们不顾中央的意愿，奋起斗争。工会组织被迫出面领导斗争。但瑞士工人很快就看出，只有撇开工会章程，甩开旧工会理事会，在自己推选出来的同志的领导下进行斗争，工人的物质状况才能得到改善。他们召开工人代表大会，成立工人委员会，并且仿照俄国革命初期的苏维埃，吸收革命派代表参加。工人委员会决心大权独揽。尽管工会理事会从中百般阻挠，但工人代表大会还是召开了，它的当务之急是，研究大规模罢工的斗争方法。工人正准备迎接战斗，并且不顾代表大会委员会的呼吁，掀起声势浩大的斗争，向瑞士工人提出了宏伟的任务。我指的是工人最近一次的行动，参加的工人超过 40 万。

中央委员会历来谨小慎微，这一次又把苏黎世作为运动的指导中心。苏黎世举行罢工两天以后，中央委员会为了挽回其每况愈下的威信，才不得不提出总罢工口号，从此，斗争遍及全国。至于工人拿起武器的问题，连想也没想。瑞士无产阶级认为，在这场斗争中用不着拿起武器，只要停止生产，并且坚持到底，就必定成功。斗争持续了四天。到了第五天，中央委员会提出停止罢工的口号，这是工人群众所未料到的。必须指出，这是对工人事业的又一次背叛。中央委员会因为有一批党内官僚混入其中而根本不称职，所以，借口继续罢工会导致一场流血的国内战争而破坏了这场斗争。这一行动引起一场激烈的争论。失败导致同盟歇业。斗争失败了。

为对付工人的这场斗争，当局曾出动装备精良的军队约 4 万人。这对于工人的勇气是一个严峻的考验，对于工人进一步认清今后斗争的性质更是极大的促进。在斗争停止后，工人讨论形势时认识到，今后的斗争不能重蹈覆辙，必须浴血奋战。

斗争失败以后，反动势力猖獗一时。我要指出，几乎所有领导同志都被传讯，听候判决。几百名铁路工人因拒绝履行职责，将受军事法庭的审判。

与此同时发生的一起重大事件是，俄国驻瑞士使团被驱逐出境。必须指出，要驱逐俄国使团的消息刚一传开，工人便怒不可遏。此后，工人在斗争中提出的要求就多种多样了。我们明白表示，我们进行斗争，就因为我们认为当局蓄意对苏维埃政府进行挑衅。俄国使团驻瑞士期间曾通过专门机构大力协助我们获得俄国的消息，以驳斥流言蜚语，因此，我们对于使团被迫回国感到格外难过。

当我们的同志再度聚到一起时，我们把几本新作交出付印，并竭尽全力继续推广有价值的读物。我们向群众普及列宁和托洛茨基的著作，工人读了这些著作，不仅振奋了革命精神，而且进一步理解了俄国无产阶级运动以及无产阶级专政的各种形式。近来，我们自编宣传材料也扩大了普及规模，宣传方式也多样化了。我们努力通过传单、小册子和集会，启发无产阶级的革命觉悟，向他们阐明运动的目标。我要特别提一提一个小组，虽然我们和它之间在某些问题上有意见分歧。在军队中开展宣传工作，多亏这个小组。如何联合各小组共同开展工作，是一个需要我们认真研究的课题。只有党立场鲜明，这一点才能做到。还有一点非常重要，必须提一下：刊物是强有力的斗争手段，决不能放弃。只要确保刊物的内容准确无误，我们就可以放心大胆地干了。

在工人代表大会之前举行党代表大会，是一个预谋，企图使我们措手不及。我的特殊身份在党代表大会上起着一定的作用。因为我身为党的书记，举足轻重。在这次代表大会上，右派发起攻势。在中派的支持下，他们把中央委员会所在地由苏黎世改为伯尔尼，企图将苏黎世激进派分子控制的中央委员会交给伯尔尼的同志，对此，我提出了抗议。中央委员会改设伯尔尼，就等于屈从中派的政策。在这次党代表大会上，格里姆同志竟然同意选他进这届中央委员会。格里姆没有当选主席，但齐美尔瓦尔德联盟前任主席却甘愿由这位社会爱国主义分子出任主席，甘愿接受他的领导。这位主席走马上任以后，得意扬扬地在议会中宣称："我不是布尔什维克，我连齐美尔瓦尔德分子也不是。"

这个露骨的机会主义分子能够登上主席宝座，全怪我们的同志。他们挖了我们极左派的墙脚，因而也在群众心目中败坏了自己的声誉。中央委员会迁址并没有达到他们预期的目的，因为下届党代表大会罢免了主席，并且证明有三分之二的同志是拥护极左派的。

关于出席沙文主义分子的伯尔尼国际代表会议的问题，被大会否决了。投票结果就很能说明问题：以伯尔尼国际代表会议实属国际无产阶级的叛徒的代表会议为理由而提出的关于反对参加会议的议案，以 198 票对 154 票的多数获得通过。大会表示支持俄国党的同志。中派和右派无一例外地投票反对我们，但投票结果，我们仍占多数。这项决议对于社会爱国主义分子选做会议东道国的瑞士，震动很大。

列宁（俄国）：

请俄国代表季诺维也夫同志发言。

季诺维也夫（俄国）：

同志们！很抱歉，我现有的大量材料只能向你们介绍一部分。我们能够在**俄国**本土举行国际代表会议，向同志们介绍有关俄国运动的大量材料，这还是第一次。我们再也不必像过去那样以侨民身份发言，再也不必在介绍俄国工人运动的情况时只谈一鳞半爪。阿尔伯特同志介绍了德国情况，其中有许许多多和我国过去的情况大同小异。他的报告使我想起克伦斯基年代里所发生的情况，即大约 1917 年 8 月我们在俄国的亲身经历。

大家知道，我们党是宣布俄国无产阶级革命的唯一政党。其余所有政党都反对十月革命，由此不难想象，俄国无产阶级的共产主义先锋队只能在毫无外援（而且要克服重重阻力）的情况下，只身挑起斗争的重担。

十月革命前，我们党约有党员 1 万名。如今，在党的第八次代表大会召开前夕，俄国国内有党员近 50 万。也许，这个数量并不可观，但是你们要明白，我们并不是向所有目前愿意加入我们党的人敞开大门的。当然，在要求入党的人员中有工人阶级的优秀分子，有优秀的青年工人，这样的人我们是乐于接受的。但是，由于我党已经是一个执政党，所以追求个人名利和政治面目不清的小资产阶级分子企图乘机混入党内的也大有人在，这是显而易见的。不过，我们党已经坚定、明确地决定，要阻止这种人入党。我们党中央委员会甚至还决定取消几类党员出席党代表大会的参选权。当然，限制党内选举权的这种做法并不多见，不过我要重复一遍，这种做法受到全党拥护，因为我们希望党坚如磐石，希望每个党员都是名副其实的共产党员。这只是针对 50 万党员而言，因为现在整个国家机器自上而下都掌握在他们手中。

党的核心是工人。知识分子在我们党内占少数。只是近来，情况起了根本变化。一部分知识分子现在愿意和我们一起在苏维埃机关共事，但他们入党并不那么容易。

我国工人组织的第二种形式是工会。其历史发展情况与德国不同。1904—1905 年，工会起了重要的革命作用，现在工会又同我们并肩参加在我国实现社会主义的斗争。目前，我国工会拥有会员 350 万。这是最近一次工会代表大会的统计数字。绝大多数会员拥护我们党的观点，工会的一切决议也都本着我们党的意图作出。工会中只有少数人坚持工会运动应保持"中立"和"独立"的主张。多数人则认为必须与共产党人密切合作。现在有一种呼声，要求工会国家化，也就是说，工会要正式成为苏维埃政府的组成部分，这种呼声还相当高。其实，工会目前所起的作用，同它作为我们国家机器的一部分并没有两样。关于工资等级，形式上是由人民委员会作出有关决定，然而决定权却掌握在工会手里。其他方面，如工人保险及工人生活的种种问题，也是如此。

工人组织的第三种形式是合作社。我国现有合作社 25000 个；城市有工人合作社，社员 200 万人；乡村有乡村合作社，社员 1000 万人；连同他们的家属在内，合作社总人数在 5000 万人以上。

不过，众所周知，苏维埃是我们的主要组织。其成员即工人和农民究竟有多少，很难说清楚。至少可以说，在我们制定我国苏维埃宪法以后，我们看到，一部分中间阶层居民也逐渐有了选举权。以彼得格勒工人代表苏维埃的选举情况为例。在彼得格勒享有选举权的约有 65 万人，参加选举的人占选民总数的 2/3 以上。9/10 以上的居民享有选举权。我想，这种情况也适用于我国所有城市，由此可以断言，在我们苏维埃共和国享有并行使选举权的共计 1 亿多人。

苏维埃的全部重任自然都落在普通工人身上。这一点，对于其他国家的同志们来说，同样重要。当初，有人动辄吓唬我们，就连工人自己也曾经认为，重任在身，怕不能胜任。现在工作中仍免不了经常失误。但是俄国工人阶级，一个世界上绝非最有知识的阶级，已经表明，在夺取政权以后，在有组织的党的领导下，这些繁重任务，它是能够完成的。

一直到最近，我们党仍是一个以城市无产阶级为主体的政党。这也是不难理解的，因为我们党的早期党员来自工厂，党组织也是在工人区诞生的。如今，我们党已是城乡劳动人民群众的政党了。我们深入农村开展工作还为时不久，看来，这项工作不如在城市得力。但是可以说，在农村工作一年来，新生力量被大量地吸收到我们共产党里来了，在农村，所有其他政党都被排挤出去了。共产党在农村中的威信很高，而且越来越高。农村青年、旧军队的士兵、城市工人，其中主要是彼得格勒和莫斯科的工人，在农村做了大量的工作。彼得格勒工人尤为突出。过去一年，彼得格勒有 28 万工人先后奔赴前线和农村。对彼得格勒来说，这当然是莫大的不幸，然而对我们的革命事业来说，却是福星高照，因为俄国工人的优秀骨干转入农村以后，可以在那里继续从事他们的有益事业。近几个月来，共产主义革命浪潮已经涌向农村。现在，俄国的贫苦农民经历着农村的十月革命，农村是一个源泉，共产主义革命可以从中吸取巨大的力量。

我们党和我国无产阶级有幸最先在一个国家里以全国的规模开展共产主义宣传。我们珍惜这种机会。但是我们的工作才刚刚开始。我们虽然已经做了许多工作，但是还有大量的工作有待我们去做。我们党有 35 种党报。全国出版百余种苏维埃报纸，供农民和士兵阅读，这才是真正的出版自由。今天，我们自己能够在小村镇出版主要由农民自己撰稿的农民报，这足以说明出版有最充分的自由，而这恰恰是工人阶级所需要的。我国的报纸发行量极为可观。苏维埃政府中央机关报《消息报》发行 40 万份。彼得格勒《红色报》发行 28 万份，仅仅由于纸张短缺，发行量才没有扩大。我们党中央机关报《真理报》发行 15 万份，发行量也是可以扩大的。我们兴办了许许多多工人大学和农民大学，它们兴旺发达，为农村输送大批具有文化的人才，他们在那里从事共产主义事业。在大城市，苏维埃成立了大的图书出版社。例如，彼得格勒苏维埃出版社近一年来出版各种小册子和图书 1150 万册。莫斯科中央出版社出版的小册子和图书就更多了。在这方面，国民教育人民委员部是值得大加赞扬的。这个人民委员部还部分地开展共产主义宣传，现在我们党已经要求它自上而下地用共产主义原则指导全部工作。现在，我来公布几个数字：国民教育人民委员部的支出，1917 年为 3 亿卢布，1918 年为 35 亿卢布，1919 年上半年已拨款 40 亿卢布。由此可以看出，国民教育人民委员部的工作何等艰巨。诸位浏览一下德国和法国的资产阶级报刊，连一些资产阶级权威也不得不承认，苏维埃政府在这方面付出了极大的心血。

现在国外对我国的经济状况议论纷纷。考茨基说俄国搞的是贫困的社会主义。的确，国家十分穷困，我们接收的时候，国家满目疮痍，我们的处境十分艰难。现在，日子也很不好过。但是一年来，我们终究取得了成就：经济部门已经掌握在我们手中了，我们已经布设了大大小小的办事机构，它虽然有待改进，但毕竟在工作。为满足最高国民经济委员会及其他经济部门的需要，明年将拨款100亿卢布。任务之艰巨，工作量之大，由此可见。

至于住宅问题，的确，还没有完全解决，但毕竟向前迈出了几大步。在大城市，特别是在彼得格勒和莫斯科，以及其他许多城市，住宅问题正在逐步解决。这是一个我们即使不能立刻根本解决，但至少可以大部分加以解决的问题。无产阶级核心即工人群众认识到，我们在这方面是尽了最大的努力的。我们没收了资产阶级的住宅，分给工人；没收了必不可少的家具，分给工人。昔日资产阶级居住的市区，如今那里整条整条的街道已经为我们所有，变成了无产阶级和共产党员的工人住宅区，那里居住着工人党员，居住着工厂的所有工人。

红军情况是一个特殊题目，我不作介绍，留给对军事比较内行的同志，比如托洛茨基同志，来作简单的介绍。

从物质上援助其他国家的工人运动，我们认为也是我们的一项崇高义务。难怪各国资产阶级因此对我们暴跳如雷。我们履行了我们应当履行的义务。支持一切以共产主义为宗旨的工人运动，今后仍然是我们的义务。

在党的第八次代表大会即将召开之际，我们党空前统一。革命初期，一些同志离开了党；在缔结布列斯特和约期间，党内争论尤其激烈。争论的焦点是：我们如果缔结布列斯特和约，就有可能使德国同志在国际上陷入困境。我们认为，此事关系重大。我们唯恐稍有失策而使德国或别国的工人陷入困境。幸而结果并非如此。我们得到了各国工人阶级的谅解，我相信，我们所采取的步骤不是削弱而是巩固了工人阶级的阵地。假如我们再次遇到这类问题，比如与协约国缔结和约，那么我认为，我们党将会一致拥护中央委员会和苏维埃政府的决定。法国、英国和美国的工人也会对我们表示理解并给予全力支持。

应当指出，我国工人殷切希望建立国际联系。这种愿望并非自今日始。革命初期，正当孟什维克掌握政权的时候，阿尔伯·托马和韩德逊等一帮老爷来我国访问，即使对这样的人，当时莫斯科和彼得格勒的工人也照样欢迎。他们一到彼得格勒，我们的工人群众立刻认真接待，其实，他们彼得格勒之行的目的是要同策烈铁里、克伦斯基等一帮老爷进行勾结。现在，我国工人阶级已经认清，他们不过是一些冒牌的社会党人。当前国际运动中出现的三个主要派别，就连彼得格勒和莫斯科的一名最普通的工人也能分辨清楚。

关于所谓红色恐怖，我还想谈一点意见。我听我们党的国外朋友说，我们遭到围攻，红色恐怖是一大罪状，就连一些朋友也往往不能在这方面对我们表示谅解。但是，在我们大家经历了德国事件之后，在我们大家确信德国国内战争远比我国的激烈之后，在我们大家经历了李卜克内西和罗莎·卢森堡被害事件之后，我认为，我们的那些长期生活在和平环境之中、对我国所发生的一切并不完全了解的朋友们终究会明白，为什么我们不得不拿起锐利武器，实行红色恐怖。一个社会主义历史学家，如果不偏不倚的话，不会指责我们恐怖手段用得太多了，倒是会责备我们有时太心慈手软。克伦斯基政府的所有部长都被我们释放，就是一个例证。他们之中有许多人逃往国外，现在跟我们作斗争。科诺瓦洛夫、马克拉科夫，总之，所有现在在巴黎大肆攻击我们的先生们，当初都是曾被我们抓获，又被我们释放的。前陆军部长维尔霍夫斯基将军过去是我们的敌人，我们把他释放了，前不久，他表示愿为我们效劳，就连 1917 年 7 月搜捕列宁、托洛茨基、季诺维也夫等同志的主谋阿列克辛斯基，也被莫斯科苏维埃释放了，现在莫斯科工作。只要是从全局着眼，你们就不会不承认，我们党采取红色恐怖手段，这是历史的必然。

大家都知道，那些自称社会党的政府曾经反对我们，攻击我们，结果一个个失败了，成了无足轻重的少数派。右派社会革命党人（立宪会议主席团）向我们党投降了。我已经向诸位介绍过彼得格勒最近一次选举的结果。在 150 名苏维埃成员中，有 8 个左派社会革命党人，五六个右派分子，十来个孟什维克，其余都是共产党员或候补共产党员，这些共产党员都按照我们党的纲领办事。选举大都采用无记名投票的方式。假如有人，比如普梯洛夫工厂工人，利用无记名投票的方式非要选举其他政党党员不可的话，那么世界上没有任何力量能够阻止他们。当然，他们并没有这样做。

工人当中也确有个别人怀有不满情绪，原因是粮食紧张，特别是面包短缺。但是，一到了选举日期和面临信任什么人的问题时，工人阶级的中坚分子、工人阶级的绝大多数就对我们党表示绝对信任。这足以证明，尽管我们困难重重，但是我们仍然履行了我们在俄国的义务。研究巴黎公社的全部活动，领会 1871 年巴黎工人给全世界的启示，在新的条件下继续从事他们的事业，这是我们的志向，也是我们从一开始就向自己提出的一项任务。不言而喻，就我们相当大的一部分工作而言，我们能够完成它，这是我们的法国工人阶级前辈的功劳。同志们！我们也许已经处在转折关头，可以松一口气了，现在有种种把握可以认为，协约国的资产阶级不会对我们下手，它无法对我们下手。何以见得？劳合-乔治对各资产阶级政党发表声明，说假如它们知道征服俄国需要多少兵力的话，它们大概就不会那么胆大包天地坚持发动战争了。他私下对他们低声说：没有百万大军不行，也许百万还不够呢！要纠集 100 万白卫分子，谈何容易，而要策动工人反对我们党，更是难上加难。当初，我们四面受敌，但是俄国共产党人的先头部队意识到，各国大多数工人将和我们同舟共济。今非昔比，目前在各国工人阶级的优秀分子看来，能够加入共产党，能够走我们所走的路，乃是无上光荣的事情。

同志们！1871 年英勇的巴黎公社留给我们的经验，是我们开展各项工作的指针。我们的伟大导师卡尔·马克思教导我们要热爱巴黎公社。巴黎公社的遗训是我们的法宝。致力于实现巴黎公社的遗训，协助国际工人阶级战胜资产阶级，是我们引以自豪的崇高事业。

普拉滕提议休会三刻钟。（通过）

复会以后，**列宁**请芬兰代表西罗拉同志报告芬兰情况。

西罗拉（芬兰）：

同志们！自从芬兰无产阶级同资产阶级刽子手进行一场你死我活的斗争以来，已经过去一年了。为了击退白匪的反革命进攻，捍卫自己的生命和自由，芬兰无产阶级奋起英勇抗敌。尽管他们在政治上、军事上都缺乏抗击敌人的充分准备，但是他们仍在前线浴血奋战达三个月之久，并且在后方大力组织社会生活与经济生活。芬兰无产阶级的这一次即第一次革命失败了。虽然参加赤卫队的男女工人无比英勇和不怕牺牲，虽然我们的俄国同志给予了极其宝贵的援助，但是他们终究未能顶住由芬兰、瑞典、德国和俄国军官指挥的国际白卫军的进攻。4 月底，德帝国主义孤注一掷，出动正规军，使白匪阻止革命的优秀有生力量按预定计划向俄国撤退的阴谋得逞。这一群嗜血成性的反革命豺狼的野蛮、残暴的报复行动是有目共睹的。一连数月，刽子手们不停地挥舞屠刀，数以百计的芬兰无产者，不分男女老少，惨遭杀害。跟芬兰无产者一起惨遭杀害的还有数以百计的俄国同志和赤卫队教官。据前不久芬兰报纸报道,遇害者总计在13000人以上,此外,报纸还经常补充报道某某团体被处死的无产者有100—300人,甚至还要多。除此之外,还有在集中营里饿死、病死和被折磨死的15500人。

上述惨绝人寰的事实绝无半点夸张,那些幻想在民主基础上同资产阶级和平共处的工人应当引以为戒。我们希望第三国际的同志把芬兰无产阶级的教训所给予人们的启示,向他们本国的工人反复说明。人们由此得出的教训,概括地说,就是:无产阶级应当尽快地从根本上明确自己的立场,立即同那些已经背叛工人和在关键时刻可能背叛工人的分子及团体决裂。是民主还是专政,这是不能含糊的,必须认清当前的革命形势。无产阶级决不能把主动权让给敌人,要相机主动出击,摧毁资产阶级的政权机构,即国家机器。

长期以来,我们受工人运动“统一”这种思想认识的束缚。革命以后才发觉,分裂是必不可免的。界限十分分明。在芬兰资产阶级专政的条件下,能让旧社会民主党极右翼获得结社和出版的“自由”,这显然是为了麻痹工人。这群叛徒千方百计要断送芬兰无产阶级去年所取得的革命成果,不遗余力地鼓吹开展以议会制为口号的工会运动和合作社工人运动。他们已经博得某些小资产阶级人士的同情,而且,在目前和今后的政治选举中无疑也将获得相当数量的选票。然而,那些饱尝饥饿、监禁和磨难之苦,对白色恐怖记忆犹新的群众,由于看到无产阶级专政已经在俄国实现,而不会听信这帮资产阶级奴仆的说教。芬兰革命无产阶级同目前在伯尔尼与全世界的社会主义叛徒称兄道弟的谢德曼、布兰亭之流毫无共同之处,芬兰革命无产阶级的革命觉悟从来没有像今天这样高。就连资产阶级报刊也不能不证实,芬兰无产阶级衷心拥护共产党成立。这有许多事实可以证明。

芬兰共产党于8月底在莫斯科举行的代表大会上由芬兰流亡者宣告

成立。说到流亡，我们现在是在一个社会主义国家里过流亡生活，这非同一般。过去，我们虽然是激进派分子或者说是左倾激进派，但是今天，读了俄国同志的理论著作，尤其是目睹俄国的共产主义组织工作，结合芬兰的革命经验，我们已经树立了共产主义信念。在我们党致列宁同志的一封公开信①中，我们已经表明了我们的观点，阐明了我们的经验教训。

我们的党中央设在彼得格勒，所以，我们从彼得格勒向侨居俄国的芬兰工人和农民进行宣传。我们已经在俄国建立了将近 25 个共产主义组织，出版了 40 余种小册子，还创办了一种报纸和两种杂志：一种是芬兰文版，另一种是瑞典文版。我们在党、政、经济、文化各方面同俄国同志密切合作。当然，军事训练也是十分重要的方面。我们的军事部门十分重视为红军训练合格的芬兰战士。我们还翻译了近 15 种军事著作，举办了训练班。

在芬兰国内有许多秘密的共产主义组织，它们出书办报，进行政治宣传，其成员以不怕坐牢、不畏拷打、视死如归的精神从事武装起义的准备工作。1 月底，在有芬兰国内代表参加的代表会议上，通过了关于当前芬兰革命任务的提纲，现将提纲一并附在后面。

我们深信，在不久的将来，我们会同芬兰国内忠于革命的同志并肩战斗。这不是一厢情愿，而是基于对芬兰当前形势的分析所得出的信念。帝国主义的影响，即腐朽没落的资本主义的影响，在小小的芬兰也随处可见。芬兰资产阶级曾经独出心裁地建立了自己的小天地。如今，腐败堕落现象触目皆是，投机倒把、营私舞弊盛行一时。饿殍日渐增多。国家预算从 1 亿元猛增到十几亿元，国家增收捐税，债台高筑。行

---

① 1918 年 9 月 3 日以芬兰共产党成立大会名义写给列宁的公开信，发表在《芬兰革命》（莫斯科国家出版社 1920 年版）论文集上。——编者注

贿成风，文化遭到亵渎。军阀势力应运而生，军官耀武扬威，却毫无真才实学，独裁者身边的侍从们应有尽有，好不威风。反动势力猖狂至极。奥兰群岛及其他地区操瑞典语的居民主张分立，说明国家已全面崩溃，而沙文主义者却还在那里异想天开，要夺取什么新胜利。当然，除以上种种，也少不了宪兵、白卫军胡作非为，革命者横遭迫害，当局动辄搜查捕人，还搬来中世纪西班牙的残酷刑法，实行严刑拷问，以企图越狱逃跑的莫须有罪名枪杀犯人等，不一而足，使社会变得暗无天日。

　　这种统治是不能长期维持下去的。现在只要有一把火，革命形势即可发生突变，而只有国际形势的变化才能点燃这把火。芬兰资产阶级冒险投靠德国而惨遭失败后，必然转向协约国，如今，协约国正期待它的这只新走狗为世界帝国主义扼杀布尔什维主义效犬马之劳。芬兰出兵爱沙尼亚，在国内纠集俄国反革命武装匪帮，就是为协约国效劳的证明；这群匪帮还做好准备，要阻止芬兰实现独立。显然，这种冒险注定要彻底失败。这预示着将有一场斗争，斗争的结局将是建立无产阶级铁的专政，而我们的忠诚可靠、英勇不屈的革命前辈——俄国无产者已经为我们提供了无产阶级专政的具体范例。我们寄希望于世界无产阶级，尤其是俄罗斯苏维埃共和国的无产阶级，相信它们会给予支持。芬兰无产阶级也将在第三国际即共产国际和世界苏维埃无产阶级共和国联盟的精神鼓舞下，奋起战斗。

［附］芬兰无产阶级革命的任务[①]

　　1919 年 1 月在彼得堡举行了有芬兰国内代表参加的芬兰共产党代表会议，

---

　　①　在俄文版中，这个文件编辑在《附录》中，原文载于库西宁《芬兰革命（自我批评）》彼得格勒 1919 年版第 61—64 页。——译者注

会议通过的关于当前芬兰社会主义革命主要任务的提纲如下：

1. 推翻剥削阶级政权，以消灭人剥削人的现象。

为此，必须打垮资产阶级的战斗力量，解除私有者阶级的武装。

必须建立无产阶级的红军，以保证工人阶级革命斗争的胜利，捍卫革命成果，防止剥削阶级重新上台。

2. 无产阶级接管一切国家政权。

必须打碎整个资产阶级国家机器，建立无产阶级的绝对统治。取消资产阶级官僚制度，建立无产阶级自治制度；取消资产阶级议会制度和资产阶级社会自治制度，由无产阶级自己选举管理机关；无产阶级直接参与行政管理，直接参与建立社会主义制度。建立自由而有组织的无产阶级民主制度，取代只有无产阶级的压迫者才能享受自由的资产阶级民主制度。

以上是全体工人、红军士兵、被压迫农民的社会主义苏维埃共和国所应具备的无产阶级政权组织形式。

3. 无产阶级应以自己的政权强迫剥削阶级绝对服从革命纪律，履行普遍劳动义务。财主的私有财产应立即没收，生产资料私有制必须彻底废除。

4. 凡是资本家不劳而获地占有无产阶级劳动成果的资本主义工业企业和其他生产部门，应一律改变为社会主义劳动公社的生产部门。

大型生产企业应由劳动协作社或劳动公社管理，并吸收苏维埃政权中央机关代表参加。管理工作应实行集中制原则和计划经济原则。

5. 不得以任何方式（不论出卖、典当或其他交易）将耕耘者耕种的土地转交给投机倒把分子或剥削者；懒汉如不自己耕种土地，而靠他人劳动致富，则应没收其耕地归全民所有，分给切实耕种土地的劳动者使用。

农业工人应加入劳动协作社，由劳动协作社管理大庄园的生产。为管理大庄园的生产，苏维埃政权应当出面建立中央主管部门，并设法为其提供必要的农业机器，配备有经验的领导人。

6. 为彻底打破资本的垄断地位，苏维埃政权应立即将所有银行收归国有。

7. 商店及其商品储备应予全部没收，并由社会组织产品分配。

8. 富裕人家的房产及其全部家具应立即没收，以满足贫苦工人居民的需要。

9. 工人苏维埃既是革命立法机关，也是革命权力执行机关。经选举产生的工人苏维埃成员必须真正符合劳动人民阶层的意旨。表决权属于工人、红军士兵和农业无产阶级；工人阶级的敌人和剥削者不得享有选举权。

10. 全国工人苏维埃代表大会可根据需要随时召开，它是处理国家一切事务的最高权力机关。代表大会选举苏维埃共和国执行委员会，执行委员会有权任命和罢免人民委员。

11. 选民有权随时召回由他们选举的，但因某种原因而失去他们信任的代表。

12. 芬兰社会主义苏维埃共和国应同其他无产阶级苏维埃共和国结成同盟。世界上所有的苏维埃共和国应建立国际总同盟。

列宁（俄国）：

请挪威代表斯坦格同志发言。

斯坦格（挪威）：

挪威工党是挪威唯一的社会主义政党，它联合了国内各个社会主义派别。挪威工党虽然是合法的议会党，但它一向认为自己是一个革命的社会民主党。

1916 年至 1917 年冬，挪威发生粮荒，燃料告急，工人闹革命的劲头很足。党中央和工会及时声明，如果政府不满足工人的要求，工人就将采取强有力的手段对付政府，并声明将立即召集党代表大会和工会代表大会。但事实上，既没有召集代表大会，也未采取其他强有力的手段，致使工人强烈不满。

1917 年至 1918 年冬，建立了第一批工人代表苏维埃与士兵代表苏维埃。1918 年春，两个苏维埃分别举行了代表大会。工人代表苏维埃代表大会发表宣言，表示苏维埃要立即满足工人的某些要求，例如实行八小时工作制，并声明要在全国实行接管。这时，党的各部门和工会就党的立场展开了热烈讨论。党中央及其机关报（维德内斯任编辑）明确表示反对工人代表苏维埃与士兵代表苏维埃，反对布尔什维主义，反对一切革命倾向。它们不要无产阶级专政，只希望进一步发扬民主。但是，它们的观点遭到党的大多数地方组织的反对。

1918年复活节期间，中央委员会中的革命少数派向党代表大会提出一项议案，一是要求宣布党是一个革命党，二是要求说明这个革命党虽然首先采用议会方法，但是衷心拥护工人代表苏维埃与士兵代表苏维埃。这项议案以159票对126票的多数获得代表大会通过。此外，决定退出第二国际，加入齐美尔瓦尔德联盟。因为右翼拒绝参加中央委员会，所以中央委员会由清一色的左翼代表组成。党的机关报《社会民主党人报》在新的中央委员会的领导下，公开表示拥护俄国布尔什维主义，拥护斯巴达克联盟及其他左派社会民主党。

由此可见，尽管挪威工党仍然是合法的议会党，但它无时不在运用革命的斗争手段。它虽然承认工人代表苏维埃与士兵代表苏维埃是革命的战斗机构，却又不反对民主议会制，也不拥护苏维埃宪法。说到苏维埃宪法，目前各报和各工会正在进行激烈的辩论。以前，工会组织完全受右翼操纵，因此，在1917年秋举行的工会代表大会上，所谓"工会反对派"提出的一切重要议案均遭到大多数人的否决。但是，自那时以来，工会的思想认识也起了重要变化，因而到1918年，"工人同盟"（矿工、建筑工人等）和"冶金工人同盟"这两大工会便转到左翼一边来了。

德国革命后，挪威工人的革命情绪也高涨起来，从而党内两派能够联合起来共同进行革命工作了。目前，党中央和工会中央的共同行动纲领是：（1）全力推进社会民主纲领的实施；（2）筹建工人代表苏维埃，但目前暂不建立；（3）立即在军队中建立士兵代表苏维埃，使之成为军队中的宣传机构。

大家看到，要不要彻底放弃民主主义路线，转而拥护无产阶级专政，即拥护苏维埃宪法，现在已经成为挪威工党所面临的关键问题。我个人相信，随着世界革命的进一步发展，党在这个问题上必将有一个明确的立场。

但是，迄今为止，党中央没有机会亮明自己的观点；而且在我离开克里斯蒂安尼亚①来此之前，党中央也并未接到出席这次代表大会的邀请书。因此，在同中央委员会的同志磋商之前，我个人不能对成立新的共产国际发表意见。但是，我将十分高兴地参加共产国际的筹备工作，并愿意向挪威工党报告我们的会议结果。我相信，既然挪威工党已经朝着革命目标迈进，那么今后它也必将为促进国际革命的胜利而努力奋斗。

列宁（俄国）：

请美国社会党代表雷恩施坦同志发言。

雷恩施坦（美国社会主义工人党）：

同志们！很抱歉，我不能像在大会上发言的一些同志那样向你们报告美国运动的近况，因为我离开美国来这里已经将近两年了。我只能概略地向诸位介绍一下美国的现况。尽管如此，但我仍然可以有把握地说，美国的社会主义运动已经迅速向左转，而自从美国参加世界大战以来，这种变化尤为明显。在人们心目中，战前的美国既是一个具有资产阶级民主传统的国家，又是一个金融与工业垄断的国家，这完全正确。在这个国家，民主制度较之其他任何国家更成熟、更发达。我相信，要说美国已经完全具备真正实现社会主义变革的客观条件，这并不过分。

---

① 现称奥斯陆。——编者注

我举几个事实向诸位说明，为什么在我看来，尽管美国工人运动就整体来说还明显落后，即拥护社会主义的人还不多，但美国和欧洲国家一样，已经具备甚至可以说是充分具备进行世界革命的条件。首先，经威尔逊总统任命、由非社会党人和反社会主义分子组成的官方委员会承认如下事实：近几十年来，美国人民急剧贫困化；将近37%的农民即农场主不久前还能自立，如今，土地已丧失殆尽，要靠租种田地维持生活；虽然其余2/3的农业人口中将近半数名义上是农场主，但农场所欠银行抵押借款压得他们喘不过气来。一句话，作为中间阶层核心的农场主，其处境近几年来迅速恶化，纷纷破产。据另外一个委员会调查，战前几年，美国有3250万男女和15岁以上的青少年靠救济或工资维持生活，可见美国人民生活水平下降速度之快。如果加上儿童和老人即"老化"的公民（在美国一些工业部门中，年过40的人就被视为无用之才），那么诸位可以看到，这3250万以工资为生的人口，竟占全国人口近2/3。这就是美国社会的现状。但是，就在广大群众日益贫困的同时，资本却在不断集中，资本集中的规模之大，是任何国家也无法比拟的。据一位经济学家统计，战前几年，股票和债券资本（不是指美国整个资产阶级，而是指目前世界上也许是最大的银行——摩根银行而言）就超过5.27亿美元。这还是老摩根尚未进入晚年的时候，即1892年的情况。从那时起，摩根银行的资本就像海绵吸水一样，把农、工、商的资本完全集中在它的手里。1912年，摩根银行的资本总额已经不是5.27亿美元，而是260多亿美元了。

　　这就是为什么我要说美国既是一个具有资产阶级民主传统的国家，又是一个金融和工业垄断的国家。我可以毫不夸张地说，由于资本集中在少数亿万富翁手里，现在，这些亿万富翁既可以让百万工人，不，岂止百万，可以让千万工人就业，也可以让他们挨饿。这些亿万富翁主宰了大批雇佣工人的命运。由以上事实可以断言，就国内社会矛盾来说，美国是整个资本主义统治中的一个火药桶。因此，即使在战前，只要美国国内爆发一次大罢工，发生一次工业危机，或大批工人失业，社会矛盾就会激化，局面就不可收拾，这种看法并非盲目乐观。然而，必须着重指出，美国资产阶级相当注重实际而又诡计多端，它为自己设置了可靠的避雷针，具体来说，就是指使龚帕斯来扩充反社会主义的庞大工会组织。我们不应当把龚帕斯看成是美国的谢德曼。固然，谢德曼是一个社会爱国主义者，但他不是真正的社会党人，虽然他过去也做了几件有利于社会主义的事。龚帕斯倒不如说是美国的祖巴托夫，他一贯坚决与社会主义世界观和社会主义目标为敌，尽管如此，但他现在仍然是美国劳联这个庞大的工人组织的代表，而美国劳联是仰赖劳资合作，瓦解工人阶级力量，阻止工人阶级同美国资本主义作有效斗争的。

另一个对无产阶级起麻醉剂作用的所谓避雷针是，美国社会党最有影响的领袖推行机会主义，他们和其他国家的机会主义领袖一样，生怕美国的社会主义运动脱离机会主义轨道，转而以真正革命的马克思主义为指针。几十年来，这两个因素阻碍了美国无产阶级联合起来进行有效的革命斗争。

好在今天我们可以依据事实，依据社会主义运动及整个工人运动内部最近的发展情况，满怀信心地说，资本主义制度的这两根避雷针已渐渐地失灵了，而且越来越不灵了。纵然那些为资本家和教会所控制的反社会主义工会领导人煞费苦心，但近几年来美国工会内部仍然动荡不定。这种动荡和向左转早在 1916 年就已有苗头了。美国四大铁路员工（司机、司炉、列车长和列车员）组织决定联名提出铁路员工八小时工作制的要求，而在此之前，它们各自分立，从不愿意采取一致的行动。这四大组织态度十分坚决，断然拒绝用调解手段解决这场纠纷。它们坚决表示，除非立即满足要求，否则就要停止铁路运输。政府无奈，只得优先处理此事，华盛顿的政府机构上上下下一连几天夜以继日地研究对策，防止工人罢工。在四大铁路工会的压力下，政府不得不立即颁布铁路员工八小时工作制法。但是人们也看出，美国资产阶级民主制的一套政府机构设置得何等巧妙。八小时工作制法虽然颁布了，但是还要由美国最高法院就这项法律是否符合宪法作出裁决。最高法院裁决这项法律符合宪法，但又补充说明，今后，铁路工人无权罢工，无权阻碍列车运行。这就剥夺了铁路工人罢工的权利。这个事例说明，在一切资本主义发达的国家里，资产阶级"民主"不仅徒有其名，而且直接危害工人的利益。此外，这四大铁路工人组织一改过去"温良恭俭让"的作风，毅然采取坚决斗争的方法，这也清楚地表明，即使在保守的工会内部也有一股新生力量崛起，他们在斗争中逐步学会了运用革命武器。但是，还必须从政治角度和工会角度对工人运动切实加以改组。美国政府把国家拖入战火之中，这对改组工人运动起了促进作用。美国革命社会党人的影响正在不断扩大，这的确是一种新气象。美国一经宣战，人们就立刻看出，战争不得人心，群众毫无热情可言。当然，资本主义报刊千方百计激发人们的爱国热情，但是从产业无产阶级（少数人除外）身上丝毫也感觉不到对战争的热情。由于战争日益不得人心，社会党和工会的许多原来深孚众望的机会主义领袖也随之威信扫地。近 18—20 个月以来，美国社会主义运动和工人运动已经明显地向左转了。号称世界产业工人联合会的组织在几年以前还坚持无政府工团主义观点，并往往听命于无政府主义者，现在也变得明智起来，不再死心塌地信奉无政府主义了。它们坚决反战，坚决反军国主义，坚决反社会爱国主义，坚决反整个资本主义雇佣制度。三年以前几乎完全由社会爱国主义或纯粹议会派领袖控制的美国社会党内部，也出现了向左转的变化。1917 年在圣路易举行的党的非常代表大会期间，这个党第一次有了真正革命的要求，而且，革命要求之强烈，竟使得许多原来的领袖要么被赶下台，要么受到孤立，威信一落千丈。希尔奎特一类的领袖为维护自己的威信，不得不唱起革命高调。他们随机应变，见风转舵，足见其老奸巨猾。其他许多人没有照此办理，结果一败涂地。党的一大批好样的基层领导人甚至在战争问题上表现得十分英勇、刚强，所以直到最近，党的革命立场仍然保持不变。党内在组织上逐渐形成了派系。美国有名望的宣传家德布兹，在美国社会党内的影响越来越大。至于社会工党，它从战争爆发的第一天起直到现在，在纲领和策略上始终坚持马克思主义理论观点。从目前美国工会组织及政治团体的情况看，人们有理由指望，在不久的将来，它们必将发生变化，社会党的各种革命分子终将联合起来，共同反对那些为了维护资本主义民主制度而甘当所谓避雷针的分子。人们可以相信，到那时，只要世界社会主义革命的钟声一响，美国无产阶级就将走上岗位，履行自己的职责。

我坚信，在这场世界无产阶级反对世界资本主义的斗争中，美国无产阶级必将为促进世界无产阶级的胜利而发挥决定性的作用，正如美国资本在反对中欧各国的帝国主义战争中起过决定性的作用一样。

毋庸置疑，俄国革命曾对广大美国无产者产生过巨大的影响，苏维埃政权，特别是布尔什维克的威望，在迅速觉醒的美国群众心目中与日俱增。因此，我可以断言，目前美国无产阶级也对美国政府产生了很大的影响。

大家看到，几个月来，威尔逊的调子变了，对俄国革命及俄国政府的态度变了，这无疑是下面即正在觉醒的广大美国无产者施加强大压力的结果。

最后，我要指出，我们大家在这次代表会议上所采取的步骤，必将为创建第三国际即共产国际和苏维埃国际奠定基础。毫无疑问，它的建立不仅会受到我党党员的拥护和一致赞许，而且我们大家也会受到千百万群众的热烈称赞。我们可以满怀信心地指望，不久，美国大多数无产者也将在我们的第三国际即共产国际的旗帜下进行战斗。

列宁（俄国）：

请匈牙利共产党代表鲁德尼扬斯基同志发言。

鲁德尼扬斯基（匈牙利）：

由于匈牙利共产党代表在途中被扣留，不能出席代表大会，因而，关于匈牙利共产主义运动发展情况的报告，便由我们党设在这里的执行部根据 2 月 15 日以前从国内收到的消息写成。

11 月底，由一批从俄国回去的共产党人即极左分子和一小批左倾激进知识分子组成的匈牙利共产党退出了社会民主党。共产党人最早依靠的群众是冶金工人。共产党成立的时候，国内总的形势对无产阶级革命运动有利。

11 月 16 日，匈牙利共和国宣告成立。但政权实际上仍掌握在当年由约瑟夫大公建立起来的政府手中。所不同的只是国务总理卡罗伊伯爵及其追随者自称他们的政府是"人民政府"，并受国民会议管辖。国民会议的职权就是从前议会所行使的职权，其成员是独立社会民主党的拥护者、激进派分子及社会民主党人。国民会议预定行使职权直到有立法权的国民大会选出时为止。

不过，在共和国刚刚成立几个星期以后，人们就立刻预见到今后革命的发展趋势。农民盼望新成立的"人民政府"分给他们土地；无产阶级希望摆脱剥削；广大士兵纷纷逃离日趋瓦解的军队，返回家乡，要求就业和给予照顾。政府满足不了以上种种要求，致使群众益发不满。

恰在这时，从俄国回去的共产党人立即行动起来。最初，社会民主党不把共产主义运动放在眼里，但是没过多久，它就看出，群众不是跟着入阁的社会党人跑，而是拥护共产党人。共产党人很快就取得成就，但是在刚刚取得几项成就以后，社会民主党便对共产主义运动进行疯狂的镇压。

共产党人反复向无产阶级说明，社会民主党人同资产阶级联合，不可能实现真正的变革；共产党人还天天强调，"革命的"社会民主党只能维护私有制，只能对抗工人群众的利益；而社会民主党则一口咬定说，一旦共产党人在匈牙利站稳脚跟，匈牙利无产阶级的统一就将完蛋。社会民主党的论据只此一端。这种反宣传尽管收效不大，却也为社会民主党在某些工会组织的默许下残酷地迫害共产主义运动提供了方便。

共产主义运动在城市工人群众中成效最大。在许多工厂，工人上下一起投身到运动中来。在士兵，主要是特种兵当中，共产主义思想也十分活跃。

共产主义运动在农民当中的发展与众不同，也就是说，那里的共产主义组织完全是贫农自动建立起来的。在社会民主党土地改革法公布以后，农民，主要是被俄国俘获遣返回去的农民，纷纷建立共产主义组织，并表示愿意为共产党效力。类似的现象在苏维埃也有。不过，总的来看，匈牙利的苏维埃运动还开展得不力。城市无产阶级受社会民主党人和共产党人的双重影响，因此，一小部分原在社会民主党人领导下建立起来的工人代表苏维埃，现在几乎完全为社会民主党所控制，共产党人只能将这些组织作为战场。

至于士兵代表苏维埃，就不存在这种斗争，因为共产党人已经在士兵代表苏维埃中居多数。农民代表苏维埃虽然不很强，数量也不多，但完全由共产党人掌握。

由于共产党发展、壮大，由于共产党人在苏维埃中的影响不断扩大，我们现在可以预言，共产主义也必将在匈牙利发挥决定性的作用。

列宁（俄国）：

请瑞士共产主义小组代表卡谢尔同志发言。

卡谢尔（瑞士）：

同志们！在瑞士，除了社会党和社会主义青年团以外，也有共产主义运动，其规模虽然不大，但目标明确。

瑞士共产主义运动是随着齐美尔瓦尔德左派产生而产生的，并受到他们的栽培。齐美尔瓦尔德左派的思想也在我们瑞士传播开来。

我们向齐美尔瓦尔德左派学习，收获是什么呢？收获就是：认识到必须采取群众性行动，而且，这种群众性行动不是要等将来采取，而是必须立即就采取。我必须承认，当时齐美尔瓦尔德左派并没有为我们提供十分明确的原则和明确的纲领。我们自己曾设想制定一部明确的共产主义纲领，但一来没有时间，二来没有文献可资参考，我们本身也缺乏政治传统。1917 年，伊奇内同志和其他同志一起在瑞士创办了《呼声报》，对党提出了尖锐的批评，并向工人大力宣传共产主义纲领。1917年夏，赫尔佐格同志成立了士兵组织。该组织的宗旨是向军队的士兵宣传社会主义，为日后开展革命运动做准备。青年团中央委员会和普拉滕同志则极力利用这个士兵组织来首先改善士兵生活，对此，共产党人进行了抵制。士兵组织保持了它的真正革命性，获得了非常迅速的发展。

十月革命的时候，瑞士共产党人曾公开上街采取行动。俄国苏维埃政府后来所实施的纲领，其大部分要点，我们的传单都谈到了；在俄国苏维埃政权建立初期，我们就向群众提出在瑞士建立工人代表苏维埃的口号。想必同志们已经从报上获悉，我们发动这场运动，其结局十分不妙。枪声两天持续不断；在自由的瑞士出现了在俄国只有 1905 年才出现过的那种场面。反动派用机枪扫射。枪声过后，反动当局又是戒严，又是大肆搜捕，无所不用其极。我们不断改换名称出版的报纸也被查封了。

这一次，共产党人的收获是，瑞士工人阶级忿于物价飞涨和因不满现实，走投无路，在俄国革命运动熏陶、鼓舞下，表示完全支持俄国革命。只是还缺乏一个明确的纲领。共产主义运动吸取这一次教训，改变了方针。我们认识到，夺取政权才是目标。但是，瑞士工人阶级不满足于这种总的提法，希望提出明确的口号，他们历来讲求实际，总想知道斗争的目的是什么。群众最关心的问题首先是八小时工作制，其次是物价昂贵，他们对待遇也非常不满。于是我们提出两个口号，一是征集食品，二是在工人阶级监督下不是按财产而是按需要进行食品分配。在我们看来，这两个口号相当激进，最容易为瑞士工人所接受，并且也和过去的口号确有不同。这两个口号特别是第二个口号，具有社会主义色彩，实现这两个口号，就等于是同资本主义制度作斗争。

这项积极的工作在 1918 年也未曾间断。这时，工会也开始同情共产党人。瑞士工会和别国工会并无任何区别。一些彼此要好的共产党员在冶金工会内部建立了党小组；党小组行动纲领的要点就是建立工人代表苏维埃。

1918 年夏，在奥尔滕举行了共产主义小组和士兵组织全国代表大会。全国 13 个州有 26 名代表出席大会。召开代表大会的原因是，当时普遍有一种呼声，主张坚决退出社会党，另立共产党。代表大会决定，暂时留在党内，充当党内反对派。党内两派领袖的影响非常大。代表大会提出的主要任务和过去一样，就是要全力以赴，建立工人代表苏维埃。

我们加倍努力建立工人代表苏维埃，并以此抵制在工人当中普遍出现的另外一种倾向，即鼓吹党和工会联合，受联合委员会的领导。这个口号是党的左翼炮制出来的。在奥尔滕搞的这个委员会必然要惨败，这是在我们意料之中的，因而从一开始，我们就极力加以反对。大部分工人跟着我们走。同时，我们还向工人说明，议会制早已过时，不要再对这个资产阶级机构存任何幻想。

党报将我们拒之门外，《民权报》就连我们的开会通知书也拒绝刊登。我们只好手写，并亲自到工厂分发开会通知。士兵组织也横遭迫害。密探跟踪监视，我们只得转入地下。

在各党小组内，要求脱离社会党的呼声越来越强烈。两党分离的时机终于成熟了。那是 1918 年 10 月，苏黎世银行职员罢工结束以后。苏黎世工人曾为声援银行职员而团结一致地举行了罢工。工人罢工的目的不仅在于对几个银行家施加压力（其实这几个银行家并不是不肯，而是没有来得及书面答应工人的要求），还在于自发地缓和几个月以来因准备在全州举行以争取八小时工作制为口号的总罢工而在苏黎世一直存在的紧张气氛。苏黎世工会和工人罢工领导人普拉滕同志及金同志则不然，他们趁机要拉银行职员加入他们的组织（他们没有成功，银行职员没有参加总罢工）。

工人群情激昂，一致拥护赫尔佐格同志关于在争取八小时工作制口号下坚持罢工的动议，但是，由于临时召开的代表会议和工会坚决反对，罢工于次日便停止了。《呼声报》领导人因擅自行动而受到公开谴责，赫尔佐格等同志被开除出党，各党小组也受到严厉的申斥。

社会党各级组织所采取的这种立场表明，继续与他们共事已经不可能。于是举行了有广泛代表参加的公开会议，决定成立共产党。不久，当局便大肆搜捕，组织完全遭到破坏。共产党只好转入地下，并由此而引起了总罢工。罢工的第二天，我们就预料到罢工的结局。罢工领导人竟然要求工人"保持绝对镇静"，他们不敢游行，害怕集会，致使资产阶级得以严密部署警察，安然渡过罢工难关。纯属经济性质的罢工绝难奏效，工人只有采取革命行动才能达到目的，但无论是党的领导人还是党本身，都把采取革命行动视为畏途。奥尔滕委员会的叛卖行为是这场运动整个发展过程的必然结局。和以往大多数情形一样，这次运动不是由群众自己掌握，而是由少数几个领袖一手操纵的，对这些领袖来说，短暂的"和平"总罢工不过是一个必不可少的安全阀，如此而已。

群众得知罢工领导人的叛卖行为（叛卖行为所造成的后果出人意料

地暴露出来了），便异口同声地大声疾呼："我们要工人代表苏维埃，共产党人有理。"可见，群众已经认识到，由于他们一味信赖几个人，没有利用工人代表苏维埃亲自领导罢工，以致酿成这种结局。在这次罢工以后，冶金工人代表率先建立了苏维埃。其他产业部门的工人不甘落后，不久，苏黎世工人代表苏维埃便宣告成立，但因为有警察严密监视，所以，它一时还不能公开活动。

这次罢工结束以后，当局采取了严厉措施。政府出动了大批军队，借口是防范共产党人随时举行武装暴动。总之，共产党成了替罪羊，难怪共产党人受迫害最深、最烈。在一次人数众多的工人代表大会上，办事审慎的领袖又一次给受压制的工人以机会，让他们发泄心中的不满。我们在代表大会上提出要求：撤销奥尔滕委员会，撤销所有委员会；立即在全国举行工人代表苏维埃选举；建立士兵代表苏维埃（在总罢工期间，士兵组织已建立起士兵代表苏维埃）；武装工人，而首先是在近期内举行革命武装总罢工，罢工口号是：实行八小时工作制，实行工人监督生产、监督分配的制度。此外，我们还要求改变农民政策。我们的口号和要求得到工人的拥护。数万份宣言散发一空，工人对宣言展开了热烈的讨论。资产阶级报刊暴跳如雷，连篇累牍地攻击宣言；幸存的少数同志也以叛国罪被逮捕，当局增派了军队。只有党报和党的最高机关继续推行不闻不问的政策，对于紧迫的问题，避而不谈。工人代表苏维埃宣布共产主义纲领为自己的行动纲领，冶金工人共产主义小组向大会提出了建立工人代表苏维埃的议案。但是，在左翼（普拉滕同志和吕格同志）提出的关于选举新委员会的议案被否决之后，冶金工人的提案就根本没有提交大会表决。后来，在为专门研究冶金工人提案一事而举行的冶金工人代表大会上，该小组因主张建立工人代表苏维埃而受到申斥，说它闹分立；代表大会还警告苏维埃代表说，如有"违背会章"的行为，定将开除工会会籍。

　　争取建立士兵代表苏维埃的运动继续向前发展着，同时，我们为武装士兵和工人也做了许多工作。

　　最后，还有必要就我们对党内左派的态度简单地说几句。关于武装工人与士兵的问题，以及反对议会制的问题，左派同志的看法最近已经变了，开始赞成我们的观点。俄国党的共产主义纲领在理论上受到左派的一致推崇，左派同志在报刊和口头上都极力维护布尔什维克及其政策。左派同我们的关系与全党同我们的联系一样。但从目前他们向左转的变化看，我们有理由相信，这一派终将退出原来的党，走上在瑞士实行真正共产主义政策的道路。到那个时候，也只有到那个时候，我们才能够和现在的共产党人联合起来，经过长期的努力和斗争，建立起坚强有力的瑞士共产党。

　　阿尔伯特提议听取关于俄国共产党，特别是关于红军的补充报告。（一致赞同）

托洛茨基（俄国）：

　　阿尔伯特同志说，红军问题在德国已经成为人们挂在嘴边上的话题，我听这意思是说，我国红军就要入侵东普鲁士了，害得艾伯特先生和谢德曼先生心惊肉跳，彻夜难眠。关于这一点，阿尔伯特同志可以转告德国当今执政者，请他们放心。入侵与否，目前无暇顾及，这究竟是福是祸，见解自然各有不同。至于我国遭到进攻的危险，至少可以说，现在我们的处境比当初缔结布列斯特-里托夫斯克和约时要好上千百倍。这无须赘述。当时，无论在建设红军方面，无论在建设整个苏维埃政府方面，我们都还处在幼年时期。红军当时叫做赤卫队，现在，这个名称早就不用了。第一批游击队、临时组建的革命工人队伍，最初都叫赤卫队，队员们出于高度革命热情，把无产阶级革命从彼得格勒和莫斯科推向全国。这个时期一直持续到赤卫队首次同德国正规军交战时为止。这次交战明显地暴露出这些临时组建的队伍虽然可以打败俄国反革命势力，却对付不了训练有素的军队，当然也就不能有效地保卫革命的社会主义共和国。

从此，工人群众对军队另眼相看，建军的老一套办法也随之废除了。迫于形势，我们着手建设一支组织严密和具有阶级觉悟的军队。我们的纲领本来有"民警部队"的提法。然而，在一个其政权形式为无产阶级专政的国家里，"民警部队"的提法不能成立，那是民主派的政治主张，这是因为，军队和政权性质历来是密切相关的。老克劳塞维茨说过，战争是政治通过另一种手段的继续。军队是战争工具，因而军队必须与政治相适应。既然政府是无产阶级政府，那么军队就其社会成分而言，也必须是无产阶级军队。

因此，我们实行了入伍资格审查制度。自去年5月份起，我们把志愿军和赤卫队一律改编为义务兵役制的军队，但入伍者仅限于无产者或不剥削他人劳动的农民。

我们说，"民警部队"这种体制不合俄国国情，其另外一个重要理由是，在昔日的沙皇帝国里至今还保存着几支敌对阶级的军队。在顿河一带甚至还有保皇军队，为首的是哥萨克军官，下属都是资产阶级分子和哥萨克富翁。其次，在伏尔加河流域和乌拉尔地区有立宪会议派军队。这支军队也美其名曰"民军"，不过，这支军队很快就瓦解了。立宪会议的老爷们落得两手空空，万般无奈，只好把伏尔加河流域和乌拉尔地区让给"民主派"，自己则投奔我们苏维埃政府了。高尔察克上将不客气地逮捕了立宪会议政府成员，军队也随之变成保皇军队。由此可见，在发生国内战争的国家里，建设军队的原则只能是阶级原则。我们照此办理，结果成功了。

指挥人员问题确是一个难办的问题。我们当然优先从工人和文化程度高的青年农民当中培养军官。我们从一开始就着手这项工作；大家在这里，即在这幢楼门口就可以看见不少红军准尉，他们不久将以红军军官身份跨入苏维埃军队行列。他们的数量相当可观。我不想说出具体数字，因为军事秘密永远是军事秘密。再说一遍，他们的数量相当可观，但是我们不能坐等年轻的红军准尉慢慢成长为红军将领，敌人不给我们这种喘息的机会。我们还不得不求助于旧军队的指挥人员，从这支后备力量中选拔许多确有真才实学的人，这项工作也取得了成功。当然，我们物色军官，绝不是挑选那些过去耀武扬威的宫廷侍卫，而是选择那些朴实、有才干的人，现在他们协助我们对付那一帮旧军官。我们红军指挥人员的来源：一是旧军官团中的优秀与正直分子，并为他们配备精干的共产党员做政治委员；二是士兵、工人和农民当中的优秀分子，让他们担任下级指挥人员。

苏维埃共和国在俄国诞生以来，就被迫进行战争直到现在。我们的战线长达 8000 公里以上，南、北、东、西四面都有武装敌人向我们进犯，我们只有奋起自卫。不错，考茨基甚至指责我们发展了军国主义。但我认为，既然要保住工人政权，我们就只有认真地进行自卫。要自卫，就必须教会工人使用他们亲手制造的武器。我们是从解除资产阶级的武装和武装工人入手的。如果这也算做军国主义，那就是我们创立了一种社会主义的军国主义，我们决不放弃它。

去年 8 月，我们的处境极端艰难。在我们周围不仅形成了一个包围圈，而且这个包围圈越缩越小，离莫斯科越来越近了。从那时起，我们奋力将包围圈向外张，越张越大，6 个月来，红军为苏维埃共和国夺取了至少 70 万平方公里的土地，在这块土地上有人口大约 4200 万、16 个省份、16 个省会。这 16 个省会的工人始终坚持不懈地进行斗争。今天，你们如果在地图上从莫斯科往任何一个方向画一条直线的话，就可以发现，在这个寒冷的夜晚，各个战场上都有俄国农民和俄国工人紧握手中枪，守卫着社会主义共和国。我可以向诸位保证，作为这支军队真正核心的工人党员意识到，他们不仅是俄罗斯社会主义共和国的红军，也是第三国际的红军。此时此地，我们能够盛情接待这次共产主义代表会议的代表，并以此报答西欧各兄弟组织多年来的周到接待，这也多亏红军作出努力和牺牲。红军吸收了工人出身的优秀党员，他们有的充当普通士兵，有的担任军官或政治委员。政治委员是我党和苏维埃政权派驻军队的直接代表，他们遍布各团、各师，把握政治方向，进行思想教育，以身作则教导红军士兵如何为社会主义奋斗以至牺牲。他们不是空口说白话，而是身先士卒，身体力行。我们已经在斗争中失去了成百上千个优秀社会主义工人。我认为，他们牺牲，不仅是为了苏维埃共和国，也是为了第三国际。

此时此刻，我们毫无入侵东普鲁士的野心，相反地，如果艾伯特先生和谢德曼先生不来打扰我们，我们就心满意足了。然而有一点是肯定的，即一旦时机到来，我们的西欧兄弟向我们求援，我们就回答他们说："我们来了，我们不失时机地学会了运用武器，我们为世界革命而奋斗和牺牲，在所不辞！"

鲁特格尔斯借托洛茨基同志最后一席话，介绍了美国工人听了赞扬俄国红军的宣传之后所表露出来的兴奋心情。当时在各地宣传集会上，妇女们当场捐献了自己的首饰戒指，以表示对红军的支持。

列宁（俄国）：

请荷兰共产党代表鲁特格尔斯同志作报告。

鲁特格尔斯（荷兰）：

在介绍荷兰的情况时，必须指出：早在十几年以前，在荷兰，第二国际同第三国际新主张之间就已经发生过形式上的决裂。

荷兰革命运动产生于俄国革命，其历史可以追溯到 1905 年浴血奋战时期。那时，我们创办了党报《论坛报》，并因为在《论坛报》上进行宣传而被开除出原来的社会民主工党。好一个"出版自由"！从那时起，我们就一直同俄国同志保持密切的接触。那时，我们就盼望俄国的斗争方法克服障碍，经俄国传入西欧。柏林的大规模示威游行增强了我们的这种信心，但是，有一群党阀在考茨基的指挥下极力诋毁群众运动策略，致使这种策略完全变成防御性的策略。形势逆转了，不是朝着革命，而是朝着世界大战方向发展。显然，德国反动势力的胜利也对荷兰产生了影响。

固然，年轻的党（当时叫社会民主党，现在叫共产党）尽管避免犯方向性的错误，但还不可能掀起以党为中心的较大规模的群众运动。

不过，荷兰革命运动从理论和实践上使人们进一步认清了帝国主义之间的关系和共产党今后的策略。《论坛报》向读者介绍了列宁、季诺维也夫、加米涅夫的文章和言论。至于荷兰的罗兰-霍尔斯特、哥尔特、潘涅库克、万·拉维斯泰因、怀恩科普等同志，他们都是许多俄国共产党人的老朋友了。

在国内，荷兰年轻的革命党不得不同特鲁尔斯特拉为首的机会主义分子进行顽强的斗争，甚至不得不一次又一次地硬把党的主席怀恩科普赶出会场。码头工人当中的工团主义分子出来保护我们，并派了几个身高 6 英尺的大汉子为我们做保镖。

在思想上，我们同荷兰工人运动中的工团主义分子关系较密切，世界大战爆发后，我们党就同一个无政府主义小组及工团主义分子联合组成革命委员会，要求复员军队，并抗议政府推行掠夺性的粮食政策。我们党在群众中的威信逐渐提高了，因而当群众迫于饥饿和贫困而奋起斗争时，我们党就能够把群众斗争引导到革命轨道上来。

　　大家知道，在荷兰曾多次举行反饥饿反贫困的大规模示威游行，而且示威群众在和军队发生冲突时均有伤亡。妇女为纪念俄国革命一周年而举行的游行被警察驱散了，罗兰-霍尔斯特同志还受了伤。

　　德国第一次革命爆发后，在荷兰举行了示威游行，每次游行都有人伤亡。当时，资产阶级已经魂不附体，在公共建筑物周围垒起沙袋，到了夜晚，军队枕戈以待。起初以为，特鲁尔斯特拉的党也拥护我们的主张，但社会主义叛徒匆匆召开的非常代表大会竟然认为，各项改良用和平手段照样可以实施。革命运动也就一度停顿下来。

　　然而当时已经可以看出，有些军队拒绝向工人开枪，军队也未必就忠于资本家。于是，共产党就在各种部队里建立了秘密的士兵代表苏维埃。

　　不过，目前荷兰处境艰难，它已完全变成英国的附庸。荷兰资产阶级为进一步掠夺殖民地，原先依靠德国。但自从德国丧失帝国主义国家地位以后，荷兰资本家就只有指靠英国，即向英国暗送秋波，好让约翰·布尔反过来求助于荷兰资本家，请他们去掠夺殖民地，并从中分到一份好处。至于大部分好处，今后当然要归英国资本家所有。令人担心的是，荷兰资本家为保住自己的一份好处而甘当马前卒。由此看来，荷兰必将进入反动黑暗的统治时期。芬兰和波兰曾受别国唆使而反对俄国无产阶级，荷兰也一样，它将受别人指使而反对东方无产者。再者，今后它要处处依附英国和协约国，因而有朝一日，难免要成为进攻革命德国的一个跳板。

　　荷兰无产阶级的任务十分艰巨，我们共产党对于今后的困难有充分的估计。我们亟需国际援助，我们衷心拥护首届共产主义代表会议。各革命国家所发生的事件就是我们最生动的宣传资料，因此，我们首先要保持国际上的联系。

　　同时，我们迫切希望这次代表会议就斗争方式问题作出具体决定，因为我们要同殖民地黑色和黄色人种的无产阶级并肩战斗。我们在殖民地的任务也十分艰巨，需要大量人力，只有群策群力，才有希望在目前取得胜利。

列宁（俄国）：

还有其他补充意见吗？

普拉滕（瑞士）：

我提一项建议：以 1919 年 3 月 2 日在莫斯科召开的共产国际代表大会名义向红军发致敬电。① 这将证明我们即使在会议期间也念念不忘红军的丰功伟绩。（与会者热烈拥护）

季诺维也夫（俄国）：

有一个问题，就是现在是否向报界透露有关会议的消息。部分同志议论过这个问题，认为会议暂不公开，因而不向报界或某些同志个人透露任何有关的消息，而让主席团相机公布会议结果。

列宁（俄国）：

刚才接到消息说，拉柯夫斯基同志及瑞典代表正在途中。现在需要作出决定，明天的会议几点钟举行。哪一位有建议？有人建议下午 5 时。不过，斯坦格同志下午 7 时就要退席。还有其他建议吗？有人建议中午 12 时。

克林格尔建议会议下午 5 时开始，理由是还有其他同志要出席，同时安排上也有困难，因为主席团需要做准备。至于挪威同志要动身回

———————————

① 见本卷收录的《代表大会给红军的致敬电》。——编者注

国，那只是两三个小时之差。5 时开会最为适宜，这对秘书处尤其
合适。

列宁（俄国）：

必须说明，拉柯夫斯基同志只逗留一天。因此，明天中午 12 时开
会最为妥当。

托洛茨基（俄国）：

我认为，现在不必把时间定下来，授权主席团根据情况确定开会时
间。（建议被通过）

（午夜 12 时闭会）

第二次会议

（1919 年 3 月 3 日中午 12 时）

普拉滕（瑞士）：

会议预定听取下列报告：乌克兰代表拉柯夫斯基的报告，也许还有德意志奥地利的报告。以上是今天上午会议的内容。

契切林作资格审查委员会的报告

委员会的报告只是初步意见，因为到昨天晚上，甚至到今天为止，代表还没有到齐。委员会还就几项原则问题作出了决定。委员会除审查有表决权代表的代表证外，还审查了有发言权代表的代表证。有发言权代表是指：仅与本国保持联系而并不直接代表本国的各侨民小组的代表；专程前来参加会议而并无会议代表证的代表；在本国革命运动中享有地位、在道义上有权代表革命运动在会上发言但无代表证的代表。

关于有表决权代表的代表证审查，涉及表决票分配比例这样一个颇为复杂的问题，委员会经研究，现在向大会提出以下建议。

鉴于国家有大小之分，为区别起见，并且为避免沿用第二国际的一套繁琐的等级制度，资格审查委员会提议采取简便易行的解决办法。按照这种解决办法，首先就要看国家所起作用的大小，而不问其政党是大党还是小党。衡量政党也一样，即使一个政党现有党员数量不多，但它确实代表本国革命无产阶级，那就应当视为革命党。委员会主张依据国家所起作用的大小来确定表决票分配比例。委员会提议将各国按大、中、小划分三类：大国5票，中等国3票，小国1票。德国、俄国、美国属于大国。意大利代表如果到会的话，意大利也列为大国，拥有5票。法国也是这样。拥有3票的中等国家是：乌克兰、芬兰、波兰、挪威、瑞典、瑞士和原属奥匈帝国版图的地区（其中只有匈牙利已经到会）。其余国家各有1票，它们是：立陶宛和白俄罗斯（现已合并，成立立陶宛—白俄罗斯共产党）、拉脱维亚、爱沙尼亚、伏尔加河流域德意志人侨居区（各侨居区已构成紧密的实体）、亚美尼亚，还有俄国东部的鞑靼、巴什基尔、吉尔吉斯和高加索山民5个少数民族（它们的文化彼此相近，居住集中，并且各自都已开展了共产主义运动）。这5个少数民族列为1国，拥有1票。巴尔干国家问题留做悬案，因为到昨天为止，拉柯夫斯基同志尚未报到。

经这样划分，表决票分配的结果是：有5票的国家3个，有3票的国家4个，有1票的国家6个，共计13个国家。预计尚有5个国家的代表将要报到；有的则刚刚报到，其余的还要稍候。截至昨天为止，有发言权的国家共有12个，尚有3个国家的代表未报到，但大会已接到通知，说他们已经到达。据昨日统计，有发言权的国家有：波希米亚（即侨居俄国的捷克小组）、保加利亚、南斯拉夫小组和南斯洛文尼亚小组（包括塞尔维亚、克罗地亚和斯洛文尼亚）、荷兰、法国小组、美国社会主义宣传同盟、瑞士共产党人，以及土耳其斯坦、土耳其、格鲁吉亚、阿塞拜疆和波斯。委员会今天才收到出席会议的英国小组交来的代表证。中国和朝鲜，即侨居俄国的中国工人小组及朝鲜工人小组，也要派代表出席会议。

据昨晚统计，拥有表决权的代表共计26人，分别代表13个国家；另外，拥有发言权的代表共13人。审查代表证不能不考虑一个事实，即代表会议是在非常情况下召开的：一是会议必须对外保密，因而代表不能公开选举，开会通知书也不能公开下达；二是旅途诸多不便。大家知道，匈牙利代表已在途中被捕。类似的困难其他代表也有，他们交不出书面代表证，因而其代表资格只能依据证人的证词来检验。在俄国及其邻近各苏维埃共和国境内活动的政党，即属于前一种情况，也就是说，它们必须对外保密。因此，许多代表要交也只能交中央组织签发的代表证。东部各民族代表则必须交验俄国东部各民族中央常务局签发的代表证。西欧各国代表更应照此办理。在拥有发言权国家的临时名单[①]上还列有日本社会党小组，但是委员会在听取了鲁特格尔斯同志的报告以后认为，该小组不能列名。鲁特格尔斯同志代表荷兰，拥有发言权，他没有代表证，但可以代表党发言。他还有权代表美国社会主义宣传同盟，但只有发言权。关于他代表日本，因为他只是从日本路过，作短暂停留，根本不是日本革命运动的知名人士，所以不能做它的有发言权的代表。因此，委员会认定日本小组不能列入名单。罗马尼亚代表问题，只有在资格审查委员会同拉柯夫斯基同志磋商以后才能解决。

以上是资格审查委员会关于前一阶段工作情况的报告。[②] 待其余代表证审查完毕，委员会即向大会提交全体代表的最后名单。[③]

列宁（俄国）：

关于资格审查问题，请各位发表意见。没有人发表意见。宣布代表证审查通过。现在继续作报告。请拉柯夫斯基同志发言。

---

① 这里所谓的临时名单，系指预备会议通过的出席代表会议的各政党名单。——编者注
② 资格审查委员会共开了五次会议，见本卷收录的《共产国际第一次代表大会资格审查委员会会议记录》。——编者注
③ 最终确定的名单见本卷收录的《共产国际第一次代表大会代表名单》。——编者注

各国党的报告

拉柯夫斯基（巴尔干革命社会民主联盟）：

巴尔干联盟成立于 1915 年，成员有罗马尼亚党、塞尔维亚党、希腊党和保加利亚党的紧密派。现在，我代表联盟作若干补充说明。

巴尔干联盟在齐美尔瓦尔德代表会议之前刚一成立时，即明确表示反对战争。其后，它为此而做了坚持不懈的努力。罗马尼亚党逐渐发展成为共产主义的政党，取名为共产党。当前，罗马尼亚国内形势正朝着有利于革命的方向发展；今后形势如何，主要取决于红军的战果，因为红军所到之处，革命运动必有迅猛的发展。其实，就在目前，尤其是近几个星期以来，已有几起重大事件发生，如士兵拒绝参加保皇派的示威游行，以致酿成武装冲突。现在，即使不能确切地预见革命爆发的时间，但罗马尼亚的国内事态无疑也是明显地朝着革命方向发展的。

至于保加利亚党，即取名"紧密派"的革命派，自大战爆发以来，就始终坚持国际主义的阶级观点，它通过开展宣传鼓动工作而为战胜德帝国主义作出自己的贡献，其影响也由于国内经济状况而越发扩大。

遗憾的是，塞尔维亚党背弃了它在大战初期所坚持的阶级观点。当初，在表决战争拨款时，塞尔维亚党代表毅然拒绝投票；在紧急关头，塞尔维亚党发表了正气凛然的声明，并以此声明为自己的行动准则。塞尔维亚党的这种种勇敢、坚定的表现，大家记忆犹新。人们也不会忘记卡茨列罗维奇同志在昆塔尔所坚持过的立场。但是后来，卡茨列罗维奇和波波维奇这两位党的正式领导人却逐渐滑向社会爱国主义，特别是在斯德哥尔摩之行以后。一个在大战初期立场如此坚定而又光明磊落的政党，竟然与社会爱国主义同流合污，这不能不令人感到惋惜。

米尔基奇请求发言，以纠正上述意见。①

拉柯夫斯基宣读了伯尔尼代表会议上的反对派代表自伯尔尼给他发来的一系列贺电。从中可以看出，动摇派已经向左跨了一大步，这个转变令人相信，现在，就连动摇派也要洗心革面了。要么和第二国际彻底决裂，要么与工人阶级为敌，对于动摇派来说，也没有中间道路可走了。

斯克雷普尼克（乌克兰）：

我作为乌克兰共产党代表在这里发言，首先要声明，关于我们党的详细情况，恐怕用三言两语是难以说明的，何况目前我们仍在进行武装斗争。我们党的第三次代表大会正在举行。现有党员将近 3 万名。应当说明，我们党的方针历来是限制不十分可靠的分子入党的。在沦陷区，党员数量大大少于解放区，这是因为党处在秘密情况下，工作极端艰难。省、县两级苏维埃正陆续召开代表大会，这也充分说明我们党的影响在日益扩大。哈尔科夫省、波尔塔瓦省、叶卡捷琳诺斯拉夫省和基辅省已先后举行省苏维埃代表大会。至于县苏维埃代表大会，各地已经普遍举行。在省、县代表大会上，共产党代表占代表总数的 75%—90%，其他政党代表则占 25% 或 10%。

当前，我们党的主要工作是扩大影响和开办党校。在各省城及县城，党校已经先后成立了。

我们现在出版 8—10 种党报，还有 20 或 20 多种苏维埃报纸。苏维

---

① 记录原稿并未记载米尔基奇的发言，后来《共产国际》杂志刊载了他的报告，内容是反驳拉柯夫斯基的意见。见本卷收录的《米尔基奇的报告》。——译者注

埃报纸也由共产党人主管。

党还进行一项重要工作，即在红军中普遍实行政治委员制。围绕军队建设问题，各地正大力开展革命宣传工作与实际组织工作。在沦陷区，还向外国占领军开展宣传。在敖德萨，一个共产党小组在法国占领军士兵的参与下，出版法文版和英文版报纸，发行量多达 1 万份。

在尼古拉耶夫，党在斯巴达克团同志的积极参与下对德国占领军一支 2 万人的留守部队也展开了强大的宣传攻势。

当然，党的主要任务是建立苏维埃和在军队中开展组织工作。早在乌克兰从占领军手中解放出来以前，我们党就建立了两个起义师，其中大部分驻守在分界线附近。在我们宣布武装起义以后，起义师就于 8 月越过分界线发动进攻。德国革命爆发后，起义师扩大了作战范围，先是对付盖特曼伪政权，后来对付督政府。

至于军队内部组织，我们建立了各级革命军事委员会，其成员大都是我们党的干部，受党中央委员会建立的中央革命军事委员会领导。尽管敖德萨省革命委员会遭到敌人破坏，尽管我们的许多同志在基辅以及其他许多地方惨遭敌人枪杀，但建立革命军事委员会的工作一刻也没有停止。被敌人杀害的同志有：克洛奇科、格鲁斯曼和贝尔格（叶卡捷琳诺斯拉夫）、伊萨克·克雷茨贝尔格（波尔塔瓦）、弗卢勃列夫斯基、加里娅·季莫费耶娃和其他许多同志（基辅）以及其他城市的许多同志。但是，资产阶级和社会主义叛徒无论采取何种血腥镇压手段，都无法阻止我们党的影响日益深入人心。为笼络政治上不成熟的群众，以督政府为首的各机会主义政党就只有把自己装扮成布尔什维克。还在盖特曼伪政权时期，温尼琴科就在文尼察正式声明：乌克兰社会民主党拥护苏维埃政权。但是，乌克兰社会民主党上台以后，这群社会主义叛徒就对共产党、对刚刚认清自己真正目标的无产者和贫农实行了残酷的镇压。

在各地为反对盖特曼和督政府而公开采取革命行动以后，我们的起义部队就在全国展开了英勇的斗争，他们的斗争得到全乌克兰广大劳动群众的热烈支持。我们把军队主力即两个起义师改编为拥有将近 18 万人的强大红军。在此，我可以放心大胆地说出这个数字，因为实际上这个数字已经有人引用多次了。我军英勇作战，取得辉煌战果，这已是人所共知，无须我来介绍。我只想说明，我们开展军队工作，其主导思想是：既要整顿我们的起义部队，也要整顿陆续向我方投诚的佩特留拉军队，以便建立一支纪律严明的红军以取代松松垮垮的部队。在这方面，我们已有典范，这就是我们自己的军队，它纪律严明，有单一的指挥系统，行动有严格的计划。

看我们党的影响，不能只看党员数量多少，或者只看由党员组成并受党中央领导的政府工作成绩大小。要知道，正是在共产党的影响下，乌克兰其他政党才发生了深刻变化。

以前，乌克兰社会革命党开展斗争，是打着民族主义的旗号，而在同我们一道开展斗争时，则受我们的推动，受人心向背这个因素的支配，并且受我们宣传的影响。现在，它已完全站在我们一边了，承认社会革命，承认无产阶级专政，承认必须无条件地加入我们的共产党。乌克兰社会革命党的绝大多数党员及其人数不多的地方组织，一股脑加入了我们党。崩得也何尝不是如此。目前，崩得和我们步调一致了。崩得已经在认真考虑要不要彻底转向共产主义了。从前，左派社会革命党人（大家知道，这个党脱离乌克兰社会革命党而单独行动）在俄国推行敌视和危害苏维埃政府及社会革命的政策，如今，他们在我们党内已经威信扫地。左派社会革命党人设在俄国的中央委员会曾派代表团去乌克兰，企图把他们在俄国所推行的政策也搬到乌克兰来，结果彻底失败。督政府的几个头子，以及温尼琴科和佩特留拉都是乌克兰社会民主党成员，虽然如此，但是现在这个党也免不了要受共产党的冲击。不但如此，在共产党人的冲击之下，一个独立社会民主派脱离该党，分道扬镳。这个独立社会民主派虽然同共产党有着本质的区别，但目前同我们党的步调却完全一致，并且加入了苏维埃。

右派社会革命党人也是如此，他们现在也加入了苏维埃，并表示决不同协约国缔结任何协议。

还有，施韦茨和安德列耶夫斯基都是乌克兰社会民主党右翼分子，可是如今这个党的右翼也有了新动向，内部出现分化和自决的趋势。

乌克兰社会民主党右翼开始分裂，其表现是：温尼琴科等人退出政府，佩特留拉、施韦茨等人退出该党。因此，以十足的保皇派、前沙皇将领格列科夫为首的军人上台，实行纯粹军人独裁。我们现在是同军人独裁政府打交道。督政府一败涂地，在群众心目中威信扫地，拥护它的只有一群乌克兰军官和加里西亚民族民主派，因为他们和社会主义格格不入。

我们的共产党政府发表了明确宣言，指出乌克兰群众拥护社会革命，并奉劝督政府放弃无谓的流血牺牲，因为这只对工人阶级的敌人有利。即使督政府置我们的劝告于不顾，我们采取这种举动也会深得人心，因为群众已逐渐倒向我们一边，他们不仅不愿与我们作对，而且经常起来造统治者的反。

在结束这篇发言时，我还要强调一下乌克兰革命运动的国际性质。乌克兰尽管遭到德国蹂躏，但乌克兰工农并没有因此而掀起民族主义运动。为防范国际资本实行白色恐怖，乌克兰工农实行了红色恐怖，但其矛头所向并不是德国或法国的士兵，而是他们的军官。我们的方针是：联合德国、法国、希腊和罗马尼亚的士兵，联合工农，同他们一起反对各国资产阶级，反对国际资本。我们的革命运动久经考验，尽管有来自南部和来自克拉斯诺夫和协约国军队的威胁，但是定于明日召开的乌克兰苏维埃代表大会将表明：聚集在共产党红色旗帜下的乌克兰工农是不可战胜的！

　　因为剩下的发言时间不多，关于党的工作就不作详细介绍了。我只概括地说明一点：去年，在乌克兰工人、农民举行起义之后，革命浪潮即已越过原俄罗斯帝国疆界，一直涌向加里西亚，以至斯坦尼斯拉夫。现在，在经历了德国和法国的蹂躏、加里西亚军投靠俄国之后，上述外国士兵经我们宣传与鼓动，已经逐渐有了和我们一样的目标，因而不难设想，乌克兰革命运动将会更迅猛地向前发展。它将席卷整个加里西亚，成为沟通俄国与匈牙利的桥梁，从而在朝着世界革命的征途中迈出新的、重要的一步。

沙杜尔（法国）：

　　同志们！十分抱歉。季诺维也夫同志刚说，德语是国际社会主义语言，可是我不会讲德语；明天，俄语就要变成国际共产主义语言，可是我也不会讲俄语。我只能讲一口流利的法语，但遗憾的是，法语充其量只能算做昔日革命的语言，至少此时此刻是如此。

　　列宁同志希望我向诸位谈谈法国政局。在谈法国政局之前，我先回答几位外国同志向我提出的一个问题，即身为一名法国军官，我对俄国红军的观感如何。

　　同志们！几个星期以前，我曾有机会到北部前线，这是目前使浴血奋战的年轻苏维埃共和国最感焦虑的一个前线。今天，我很高兴能有机会在国际共产主义第一次代表会议上向全世界公开表达每一个真正革命者受世界革命火炬——伟大俄国共产党熏陶而发自内心的深切感受。俄国共产党克服重重障碍，以巨大的勇气创建了无坚不摧的红军。现在，我荣幸地在红军中供职。

　　五个多月以前，协约国出于对俄国革命的刻骨仇恨，曾夸下海口：只要出动两个捷克师，加上英法联军一个支队的支援，即可推翻苏维埃政府，征服俄国。头几个星期，从事态发展看，协约国的狂言也许真的要应验，因为那时敌人开始以闪电般的速度加强其在白海地区和伏尔加河流域的攻势。在此生死存亡关头，人们踊跃参军，革命军队以惊人的速度发展壮大。现在，连协约国自己也不能不承认，"不起眼的"红军突然壮大起来，以致能抗击以罪恶的方式入侵俄国攻打布尔什维主义堡垒的敌军。协约国已经承认这支军队的优势、它的组织性和军事上的分量。一句话，它们害怕红军了。协约国接二连三发表虚伪声明，但丝毫也掩盖不住它们企图扼杀俄国革命的野心，因为俄国革命始终是整个欧洲的革命威胁；协约国无时无刻不在想扶植一个新沙皇上台，帮助资产阶级恢复其经济统治地位。但慑于红军威力，协约国不得不放弃一年多以来一直在肆无忌惮地威胁着苏维埃政府的武装干涉。

协约国凭自己的力量未能实现的目标，现在正由反对俄国的高尔察克、邓尼金、克拉斯诺夫、佩特留拉、曼纳海姆和帕杰列夫斯基的白卫军企图实现。

然而，协约国把一场新的战争强加于俄国红军，也就等于为红军再传捷报提供机会，因为无论在彼得格勒城下，无论在伏尔加河流域、乌拉尔地区、南部和西部地区，苏维埃军队必将百战百胜。

因此，我呼吁共产主义代表会议向第一支国际主义军队致谢，感谢它彻底粉碎协约国所策划的围剿，感谢它促成俄国革命事业的成功，从而使西欧无产阶级能够组织起来和做好斗争准备。

同志们！我离开法国已经 18 个半月了，没有亲眼见到那里最近所发生的事情。但是，对于一个深知自己同胞心理的积极政治战士来说，只要细心阅读法国报纸，就能对政治事件作出正确的判断，就能首先看清法国赫赫有名的两大组织即社会党和劳动总联合会发挥作用如何。考察一下法国群众情绪的演变，也至为重要。

1917 年 9 月即十月革命爆发前几个星期我离开巴黎时，法国舆论把布尔什维主义说成是对社会主义的粗暴讽刺，把布尔什维克领导人看成是暴徒或疯子。布尔什维克军队被形容为由几千名狂热病患者或亡命之徒组成的乌合之众。

这就是当时法国人的普遍见解。我感到惭愧的是，我必须承认，有十分之九的社会党人，其中包括多数派和少数派，也都持这种见解。如果有什么理由来为自己辩解的话，那就是：一、对俄国的情形一无所知；二、法国各派报纸依据捏造的事实和伪造的材料而极力宣扬布尔什维克残忍、不道德和不仁义。

"一群暴徒"上台的消息，使法国舆论为之哗然。造谣中伤，使人们不能认清俄国共产主义的本来面目，而在缔结布列斯特和约之后，造谣中伤更是有增无减。在此期间，反布尔什维主义宣传可谓登峰造极。

尽管如此，但过了一个时期，关于俄国政局的一些公正报道仍然辗转传到法国来。我们有些人逐渐领悟到：一个政党单靠恐怖手段就能排除前进道路上的重重障碍，这简直是完全不可能的；他们很快就清楚了，这个党是得到俄国绝大多数人的支持的，而现在，它已经受到全国人民的拥护与爱戴。

资产阶级报刊不肯善罢甘休，继续造谣中伤。固然，社会爱国主义者的报纸不再跟着谩骂了，但转而对布尔什维克领袖大张挞伐，说这些领袖的主张纯粹是空想。在社会爱国主义者看来，这种空想必将断送俄国革命，必然损害世界革命的声誉。社会党中派（龙格派）报纸所表示的不满和蔑视，倒是没有如此露骨。它们甚至开始揭露协约国资产阶级政府的阴谋，并且抗议协约国武装干涉俄国；不过，中派报纸采取这种策略并非出于声援社会主义的目的，而只不过是认为各国人民有权自己决定自己的命运罢了。这些犹豫不决、畏首畏尾的"正统派"继续回避，不肯从社会主义的角度对布尔什维克纲领的重要意义发表任何评论。他们被苏维埃政权毅然决然实行的带有根本性的深刻社会变革吓破了胆，茫然不知所措，只是注视着这场闪电般的革命，却并不理解它的必要性，更看不到它的威力。他们也没有胆量谴责这场革命。他们遇事犹豫不决，同有产者突然遇到革新主张而胆战心惊并没有两样，这恰恰是社会党人优柔寡断本性的大暴露。其实，我不便苛求于他们，因为曾几何时，我也是其中的一员，若不是在此经俄国共产主义的熏陶，也许今天我仍然和过去一样，是一个睁眼瞎。

1918 年 10 月，在法国社会党全国代表会议上，有人第一次对俄国革命表示同情和给予兄弟般的声援。在龙格就武装干涉问题发表演说时，会场突然爆发"苏维埃共和国万岁"的欢呼声。这使多数派和少数派的大部分人深感意外，也使在这次代表会议上当选为社会党领袖的龙格本人为之愕然。这是一些默默无闻的有识之士对他们的领袖发出的第一次警告。

必须指出，从此，这些有识之士比过去明显地加快了向左转的步伐。近六个月来，这种转变的过程虽然缓慢，却从未停止。从这时起，人们也可以清楚地看出，群众向左转的速度比他们的领袖快得多。无产阶级对物质和对现实的直接关注，无产阶级的灵敏的政治嗅觉，以及法国人民所固有的深邃、健全的本能，将使无产阶级自然而然地作出明智的决定；换句话说，法国无产阶级虽然缺乏社会主义的科学依据，但其所作决定必能符合共产主义精神。我们虽然没有可靠根据，却仍然可以推断，这种自发倾向是在某种程度上受了工团主义的影响。我不想在此评论法国劳动总联合会两位正式领袖，例如茹奥如何讨好军国主义政府，以及梅尔黑姆的革命活动为何大不如前。我更乐于谈谈工团主义战士的情况，当然，他们的名气小得多，因而受分化的影响也就小得多；他们不曾受到成立这样那样议会委员会这股思潮的影响，也未曾受到动辄同政府代表举行谈判这股歪风的影响，因而保留了工团主义原有的生气与活力。他们对布尔什维克的共产主义所知甚少，但是出于本能而能够认识它的真正力量和生命力。这些人在社会舞台上大都是无名小卒，有的人文化水平也不太高，但他们的意志却坚不可摧；有朝一日，当历史的发展要求法国人民起来革命和夺取政权的时候，他们必将站在斗争的最前列。

同志们！平心而论，目前在法国社会党内我没有发现有谁是革命领袖。社会党领导人大都是一些和广大人民群众没有内在联系的官僚，他们被资产阶级议会制所腐蚀而变得神志不清。国民议会腐败不堪，辩论时，个个冠冕堂皇，背地里却尔虞我诈，这已经十分突出，十分严重。就连那些有胆有识、其政治信仰无懈可击的老同志，如加香、拉方，以及——我说出来，诸位大概会感到惊讶——列诺得尔，在国民议会只待了几个月，便已陷入机会主义的泥潭。当然，其中有许多人会醒悟过来，但要靠他们亲手点燃革命火焰为时已晚。其中有许多人在革命爆发后不出 24 小时大概就会跑来参加革命；反之，在革命爆发前即使 24 小时，他们也无法预见革命的到来，这是因为他们的头脑缺乏分析能力、行动缺乏勇气和决心的缘故。我不敢断言，他们是否会企图阻止革命发生，或者企图用暴力压制革命。我也不敢断言，他们就有这种企图。但愿这种事情不致发生，因为无产阶级如能把他们争取过来，并加以监督，这些人就能够成为有用的人。

法国革命未能造就出自己的列宁。看来，大自然也并不随便就造就一位时代伟人。其实，只要世界革命拥有这样几位英明领袖，法国无产阶级就完全能够把政权夺到手。任务虽然艰巨，但这些领袖完全能胜任。过去，他们已经指明了道路，今后，他们还将开辟新道路。有朝一日，当法国革命有求于俄国领袖的时候，想来你们决不会拒绝让这些领袖来法国一趟，待上几个星期。同志们，难道不是这样吗？至少在目前，我们法国不仅没有一位共产主义运动总司令，而且，连像样的革命运动将领也不具备。可是，俄国却拥有一大批。就其本质而言，他们真正是俄国的象征，他们在气候多样、国土辽阔的俄国土生土长，是纯粹的俄国人；他们在沙皇的监牢里和多年的流放中历经磨难，百炼成钢，赴汤蹈火，在所不辞。

法国社会党左翼领袖龙格及其好友崇拜改良主义和机会主义，他们不会做出革命英雄主义业绩。我绝不是说，他们到时候就不能表现英勇精神，但是，他们决没有勇气主动争取使这一天早日来临。

布尔什维克领袖是名副其实的英雄。他们领导人民沿着历史所指引的道路走向革命。在人民群众心目中，他们是照耀前进道路的指路明灯。至于我们法国领袖，恐怕至多是俄国人的学生，如此而已。

当然，法国无产阶级可以独自迈出第一步，它将不得不单枪匹马投入第一场战斗。我们把希望完全寄托在无产阶级身上。长期以来，法国无产阶级因自己的革命前辈扬名天下而沾沾自喜，幸而现在它开始觉悟了。它逐渐认识到，它的前途无可限量。它那粗笨而有力的双手恨不能一把抓住政权不放。六个月以前，在法国社会党全国代表会议上首次发出的欢呼声，如今已响彻法国各地。

近来，大多数公开举行的集会在结束时，总要高呼新的口号："列宁万岁！""无产阶级专政万岁！""苏维埃万岁！"资产阶级当局为之恼怒，资产阶级报刊为之咬牙切齿。遗憾的是，无产阶级因缺少革命领袖而吃尽了苦头；无产阶级也没有一个联合组织，致使个别地区偶尔爆发的革命运动竟被暴力轻而易举地镇压下去了。

然而，总的来说，事态发展于革命有利。资本主义制度正走向灭亡；无论是和平问题，还是战争问题，资本主义制度一个也解决不了；它幻想实行这样那样的妥协，但徒劳无功；它与人民群众不共戴天；凡此种种，只会更加激起群众的愤怒和反抗。同资产阶级妥协的主张早已声名狼藉，现在，这个主张愈加遭到工人的反对。社会爱国主义者是一群同资产阶级实行罪恶妥协的狂热鼓吹者，工人群众早就对他们嗤之以鼻，把他们一脚踢开了。社会党的中派领袖惯于自吹自擂，信誉丧失殆尽，他们仓促炮制的决议未必能打动哪一个人的心。

此外，俄国事件的来龙去脉，人们了解得越来越清楚了。与德国第一次革命时期模糊不清的概念相比，布尔什维克真诚、坦率的策略更合乎法国人的禀性。

同志们，我坚信，在不久的将来，俄国共产党纲领只要结合法国国情，具体地说，结合法国土地问题，而稍加修改，就将被法国无产阶级愉快地采纳。要实现这一目标，唯一的办法就是：宣传再宣传。宣传条件完全具备。请看：军队迟迟不复员，以致引起公愤；资本主义寡头统治整个共和国犹嫌不足，另有帝国主义企图；资产阶级大反俄国革命与德国革命；政治腐败；经济凋敝；危机四伏；工人失业；食品短缺。凡此种种，无不加速剥削制度的灭亡。

那么，解放运动究竟何时开始呢？事态的发展总是难以预料的。往往眼看就要发生的事情，由于遇到严重障碍而不得不暂时延缓。

对此，法国统治阶级早在协约国资本家实行"国联"互助以前，就已胸有成竹。法国资产阶级利用有色人种和黑人即印度教徒和塞内加尔人，及时建立了特种部队，将其派往各个工业中心，随时镇压工人群众，从而为自己设置了一道屏障。

此外，政府用经济封锁即中断美国粮食进口，断绝人民食粮，来威胁将要发生的革命。

对此，我们必须认真对待，不可等闲视之。

尽管如此，但是我深信，一旦数百万士兵复员回国，造成失业和粮食危机，无产阶级运动就将乘机兴起，其形式无疑就是建立苏维埃。这场无产阶级运动必将向共产党靠拢。

因此，我们仍须努力，争取幸福时刻来临。那时，德国、法国和俄国将建立起革命神圣联盟，从而，世界社会革命就将所向披靡。

　　我的发言到此结束。

　　下面，请允许我向大会宣读左翼社会党两位活动家韦弗伊和洛里欧的声明。从中我们可以深刻了解法国社会党内那些真正富有生命力的和无产阶级必须加以珍视的人所具有的思想境界。

劳尔·韦弗伊的信①

　　法国国际社会党人决定参加伯尔尼代表会议的目的是，要在大会上谴责狂热的沙文主义行径，捍卫阿姆斯特丹代表大会所确认的阶级斗争原则。同时，我们还期望代表会议声援俄国工人革命，因为俄国工人革命现在受到协约国帝国主义的威胁，正如同过去受到德国帝国主义的威胁一样。

　　但是，因为俄国、意大利、瑞士、罗马尼亚和塞尔维亚的同志没有参加会议，我们的目的才没有达到。我们只是做到没有让大会正式指责苏维埃政权。尽管这一成就微不足道，但在我看来，它还是重要的。那些原来根本不打算或者因某种原因而未能去伯尔尼的同志，现在如能出席将要召开的国际代表大会，那将是我们的一次真正的胜利。我恳请他们出席这次大会。

　　建议国际不妨采取我们法国支部所采取的策略；"多数派"的统治一定要推翻，一定要把国际的领导权从他们手中夺过来。惟其如此，国际的活力才能恢复，它以往的革命性才能重新具备，而这些正是它目前所缺少的。

　　谨向为自身的彻底解放而斗争的俄国无产阶级致以衷心的敬意，殷切希望他们取得胜利，因为，俄国无产阶级的胜利也就是各国工人阶级的胜利。

劳·韦弗伊
1919 年 2 月 10 日于伯尔尼

---

　　①　在俄文版中，这封信编辑在《附录》中。原信载于《共产国际》1919 年 5 月 1 日第 1 期。——译者注

洛里欧致伯尔尼黄色“国际”的信①

公民代表们!

资产阶级外交家为了试图根据他们的阶级利益摆布各国人民的命运而正在巴黎开会,你们中的大多数人现在则汇集伯尔尼,目的不是以社会主义的方法来解决人类因资本主义暴行而面临的迫切问题,而是用国际名义来为好战的新社会主义——执政党的、民族主义的和沙文主义的新社会主义辩护,这种新社会主义是于宣战后第二天即在真正社会主义的废墟上兴盛起来的。

你们在此聚会并不是为了重申忠于战前曾被我们大家看做是共同宪章的阿姆斯特丹代表大会决议,也不是向残暴的反动势力表达自己实现社会主义的意志,完全不是,你们聚会的目的是为了装模作样地改变“国际”的意志,使之适应那一位与美国亿万富翁一个鼻孔出气的资产阶级民主派威尔逊所推行的政策。你们代表大会的首要目的(在这一点上你们是完全一致的)是,谴责无产阶级自我解放的革命风暴,这种革命风暴是在俄国掀起的,目前正以不可阻挡之势席卷整个欧洲,并向西方各国逼近。你们还打算用这种观点对杀害卡尔·李卜克内西和罗莎·卢森堡的背叛行径作出评价,打算使反动派对德国斯巴达克运动的残酷镇压合法化,打算诋毁和阻挠法国、英国和意大利无产阶级的革命行动。

这种反社会主义、反革命的活动,我们既不想积极参加,也不想受它的蒙蔽和欺骗。企图恢复第二国际的活力,这是痴心妄想。第二国际已遭受资本主义战争的致命打击,而作为一个阶级组织,它早已被社会民族主义者所推行的政策葬入坟墓了。企图恢复第二国际业已丧失的作用,是枉费心机。社会主义的历史不是代表大会所能写出来的,它是由无产者一天一天、一页一页写成的,而在目前,以自己有觉悟的革命先锋队为代表的无产阶级已经不在你们一边了。

---

① 在俄文版中,这封信编辑在《附录》中。原信载于《共产国际》1919 年 5 月 1 日第 1 期。——译者注

无产阶级从切身经验中体会到，资本主义无政府状态对普遍和平、对劳动成果的信心构成严重的危险。无产阶级深知执政的资产阶级所谓的让步意味着什么，因此，无产阶级认为自己的出路就在于用革命手段建立以消灭私有制为基础的新制度，即社会主义制度。破产和饥饿的农民与工人对伯尔尼代表会议不屑一顾。倒是有资本主义政府在静观你们的一举一动，等待着你们做出必要的姿态。要知道，你们的使命本来是要推翻资本主义政府，而你们非但不推翻它，反而同它相依为命。

我们知道，你们当中确有真诚的、具有光荣革命历史的社会主义者，但是他们不肯同其他人割断联系，因而不能不承担相当大的责任。历史将严厉谴责他们。我们这些同社会主义、同阶级斗争和革命的光荣传统紧密联系在一起的同志，谨向正在为反对全世界敌对的资产阶级和冒牌社会主义者而斗争的俄国共产主义共和国致以兄弟般的敬礼，并保证给予它以积极的支持。我们痛斥杀害李卜克内西和卢森堡的凶手，痛斥冒牌"社会主义"政府，正是这个冒牌"社会主义"政府假帝国将军之手而把杀人凶器交给了凶手。我们期望德国和其他各国的革命无产阶级取得彻底、完全的胜利，这一胜利将是全世界无产阶级的胜利。

洛里欧

同志们！在结束发言时，我要重复一遍：自从法国社会党多数人高喊"打倒布尔什维克"到今天不过才五个多月。现在，社会党人却高呼"苏维埃共和国万岁"。党的官方报纸和党的温和派报纸已经在议论法国实现无产阶级专政的可能性。难道对这种事实还要多加解释和说明吗？难道就不能说成功已经指日可待吗？

法因贝格（英国）：

各革命国家正满怀希望注视着英国。近两个月来，英国事态的发展进一步增强了各革命国家的这种信心。现在，罢工运动遍及全国，工业部门无一不受其影响。军队纪律涣散，这在别国就是革命的先兆。英国罢工运动并非战后才开始，它在大战期间就从未间断。战前，尤其是1911年至1912年，罢工就已颇具规模了。当时，罢工此伏彼起，铁路、造船厂和船坞普遍受到罢工的冲击。政府因铁路工人大罢工而吓破了胆，急忙派兵把守铁路，还出动军队镇压利物浦的起义。群众遭到枪杀，死伤多人。

至于大战期间，必须指出，协约国一有捷报传来，罢工运动就有起色；反之，协约国一吃败仗，罢工运动就随之低落下去。尽管如此，但有好几次，社会党人认定英国已处在革命前夜了。

我们共产党人最注重运动的形式和性质；细心观察，可以发现，英国工人运动在此期间发生了根本变化。大战爆发时，英国工人运动同别国工人运动一样，受沙文主义的侵袭异常严重。工联放弃了经多年奋斗得来的果实，由工联总理事会出面，缔结了国内和约。然而局面并未因此而有所改观，剥削日甚一日，食品继续涨价，工人只得奋起自卫，反对资本家利用国内和约从事剥削勾当。工人迫不得已要求增加工资，并举行罢工以实现增加工资的目的。工联总理事会和以前的工人运动领袖向政府许诺，要对工人严加管束，并且百般阻挠罢工运动，拒不承认罢工。但工人坚持罢工，而不问"上面承认"与否。政府软硬兼施，先是通过报刊及政府官员呼吁工人遵守纪律和遵从领袖，继而采取恫吓手段，严厉制裁每一个参加罢工和鼓动罢工的工人。尽管如此，罢工仍然此起彼伏。要开展并指导罢工运动，自然要有一个组织，这个组织就是车间代表委员会。这个委员会成立由来已久。在工厂，它代表工联，监督工厂实施工联所提出的条件，并负责同厂方进行谈判。大工厂因为车间较多，所以每个车间均设车间代表委员会。由于工联现有组织形式的缘故，工联派驻各厂的代表往往重叠。随着产业部门生产管理方式的改变，工人运动中的青年先进分子认为，继续按照行业成立工会，已不能适应阶级斗争需要，遂主张在同一产业部门中各工会实行联合。在英国，这种运动被看做是工业主义乌托邦，遭到工联执委会和前工会领袖的坚决反对。车间代表委员会不顾舆论和别人的反对，仍然联合了起来。每当工人提出要求时，充当政府工具的工联执委会便极力反对，因此，车间代表委员会就把运动的领导权夺了过来。

在一些工业地区成立了有车间代表委员会代表参加的地方工人委员会，如克莱德工人委员会、伦敦工人委员会、设菲尔德工人委员会等。这些委员会成了各地的组织中心和相应地区的有组织的工人的代表。有一个时期，企业主和政府根本不想承认车间代表委员会，但他们终于不得不同这些"非官方的"委员会举行谈判。劳合-乔治表示同意承认伯明翰委员会为经济组织，这就证明，车间代表委员会已成为英国工人运动中经常起作用的因素。现在，车间代表委员会、工人委员会和车间代表委员会全国代表会议已经成为类似苏维埃共和国的基础的组织。在英国，这种组织的产生绝不是人为地传播新思想的结果，而是工人运动发展的必然产物；它又一次证明，共产党的原则是正确的。自从这个组织成立以来，英国工人运动从形式到结构都起了根本变化，人们有理由认为，它在今后工人运动的发展中必将发挥了不起的作用。由于工业生产方式的改变，工人特别是冶金工人看出，他们的处境十分不妙。从前，生产讲求技术和要领，如今，没有经验的男女和少年都可以胜任了。保守的老工人认为，这只是战时的现象，青年人则不然，他们认为历史不会倒退，也不希望历史倒退。工人特别是冶金工人坚决要求监督生产。对此，政府不能不予以重视，成立了专门委员会，调查工人不满的原因。为笼络人心，该委员会主张给工人以部分监督生产的权利。但贯彻这项主张的结果是，工人不但未达到监督生产的目的，相反，纪律较前更严了，并且新设立了仲裁法庭。《惠特利报告》①　未能打动工人的心。工人坚持要求监督生产，而且态度越来越坚决。

俄国革命无疑对英国工人运动产生了巨大的影响。但是大战期间，英国工人运动也和其他国家工人运动一样，分成多数派与少数派，只是由于工党召集代表会议的方式与众不同，少数派才没有像大陆其他国家那样形成一支可观的力量。国际社会党也就因此而对少数派未加重视。但是俄国革命爆发后，我们集中全力对付多数派。1917 年 6 月，我们在利兹召开了所有和我们一起反对战争、拥护国际主义的组织或派别参加的代表会议。会议的目的主要是弄清工人阶级对俄国革命的态度。出乎我们意料，会议取得了极大的成功。到会代表 1200 多名，其中大都是车间代表委员会成员。会议上洋溢的热烈气氛和真正的革命激情非同寻常。我们的朋友和敌人一致认为，继宪章运动会议之后，这次代表会议在英国影响最大，在国民中留下的印象最深。会议决定成立全国和地方士兵代表苏维埃和工人代表苏维埃，并开展反战的革命宣传。会后，为成立地方士兵代表苏维埃与工人代表苏维埃，采取了相应的步骤。地方工联组织纷纷表示要加入苏维埃。最令人高兴的是，我们收到来自部队的大量呼吁书，要求由我们出面建立士兵代表苏维埃。政府深感恐慌，虽然没有追究我们的法律责任，却也采取了相应对策，指使暴徒及喝醉酒的士兵破坏我们的集会，这种对策无疑是从它的盟友沙皇那里学来的。

---

①　《惠特利报告》系指 1916 年大战期间由政府成立的委员会所提出的一项报
　　告。委员会由工人代表、企业主和工人问题专家组成，下院副议长惠特利
　　任主席。委员会先后公布了六篇报告，主张由企业主和工人派同等数量的
　　代表组成联合机构，实行"阶级和平合作"。见《惠特利报告集》（1917 年
　　3 月 8 日，1917 年 10 月 18 日，1918 年 1 月 31 日，1918 年 6 月 7 日，1918
　　年 7 月 1 日）。

　　建立士兵代表苏维埃与工人代表苏维埃，这对英国工人运动来说并不是什么新主张，工人运动组织形式的自然发展趋势就是证明。车间代表委员会所代表的那一部分英国工人运动，承认俄国革命特别是十月革命的意义，认为苏维埃共和国是它应当努力实现的理想。在战后开展的声势浩大的罢工运动中，车间代表委员会发挥了主要的作用。与此同时，军队也不顾纪律处分，开始反对政府。本来，士兵运动的主要要求是遣送士兵回归家园，但在士兵察觉俄国又有遭到入侵的威胁之后，士兵运动的革命倾向就立刻表露出来了。士兵上街游行，高呼"军队立即复员"的口号，而在英国最大军营阿奥尔德肖特，士兵则列队上街，高呼："反对出兵俄国！"大战爆发以来，士兵一再表示："大战一结束，就决不再当兵受罪！"无疑，这是上街游行士兵的肺腑之声。罢工运动的主要目的是争取缩短工作日，在尚未实行八小时工作制的工业部门，工人要求实行八小时工作制，而在已经实行八小时工作制的部门，工人则要求每周工作 40 小时，以使复员士兵有机会就业，而又不使现有工矿企业的工人失业。此外，英国国内还开展了反对干涉俄国的强大运动，产生这一运动的原因有二：一是纯粹厌战，希望早日结束战争；二是工人认识到，协约国进攻俄国就等于进攻全世界工人阶级。

　　迄今为止，还不能说车间代表委员会运动对其宗旨已有明确的认识。委员会一再要求监督生产，就足以说明它还不清楚，只要工业仍然操在资本家手中，监督生产就只能是一句空话。现在，它的认识提高了一步，这有事实为证：一些大的工联已经提出铁路、矿山、土地等国有化的要求。虽然运动尚未达到足以要求政权转归车间代表委员会的地步，但是，劳合-乔治被迫承认伯明翰车间代表委员会代表会议，这也说明运动所取得的成就已经相当可观。

　　战争引起的大量社会问题和经济问题，将迫使英国工人阶级探求解决这些问题的根本办法。即使工作日缩短了，失业现象仍然不能根除，况且，为了维持军费，工人必然要遭受更大的剥削，其结果，工人的革命愿望将愈加强烈，其次，爱尔兰的形势也将促使革命力量进一步联合。所有这一切必然导致一场革命。爱尔兰工人运动也必将有助于英国工人群众革命化。

新芬党运动是纯粹民族主义运动，或者说是革命民族主义运动。爱尔兰工人阶级受其影响。爱尔兰工人运动，尤其是运输工人总同盟（爱尔兰最大的工联）则不同，它代表革命运动和国际主义运动。正是以康诺利为首的这个总同盟，领导了 1915 年都柏林起义。康诺利虽然去世了，但他对爱尔兰工人运动的影响还在，爱尔兰工人热情赞扬俄国布尔什维克革命就是证明。目前，新芬党运动深受爱尔兰工人运动的影响，因此，只要政府今后压制新芬党，就必然更加激起工人对爱尔兰人的斗争的深切同情。此外，工人原想从议会活动中得到实际好处，但选举结果却使他们大失所望。俄国苏维埃政府在制定其策略时，虽然不能指望英国立即发生革命，不过仍然应当相信，形势正朝着有利于革命的方向发展，一些组织正在建立起来，工人阶级依靠这些组织能够夺取政权，能够建立无产阶级专政。

阿尔伯特（德国）：

同志们！作报告的时间应当限制，否则，午前不能听完所有的报告。建议只作简要的介绍，至于报告，改用书面形式，以节省口头报告的时间。

季诺维也夫（俄国）：

我建议其余报告均采取书面形式，由大会记录，只有从瑞典专程赶来的格里姆隆德同志例外。如不加快速度，我们的会议就不能如期结

束。（一致通过）①

下午 3 时半休会，下午 5 时复会。

关于共产国际行动纲领的说明

列宁（俄国）：

按照顺序，下面应当听取瑞典的报告。瑞典同志缺席。我们建议个人的报告就到此结束。瑞典的报告改用书面形式，同志们是否同意？下一个议事日程是：阿尔伯特和布哈林同志就国际共产主义代表会议行动纲领作报告，请阿尔伯特同志发言。

阿尔伯特（德国）：

尊敬的同志们！根据俄国代表和芬兰代表昨天的谈话，人们似乎得出这样的印象：德国同志并不赞成成立第三国际。不，德国同志毫无这种意思，不过，他们仍然认为，既要成立新国际，就不能不适当考虑工人特别是西方国家工人的情绪，因为工人对诸如此类的创举已渐渐产生了疑虑。正因为如此，德国同志才发表声明，表示不希望现在就成立新国际，而希望首先在预备性代表会议上对现有力量进行估量，讨论大家可以共同接受的政治行动纲领。凡是了解前一国际历史的人，都应当承认，西方国家工人对于成立这种联合组织持怀疑态度是不无道理的。谁不知道，以往，国际代表大会唱过多少高调，通过多少果敢的决议，拟定过多少庞大的行动计划，然而临到要将这一切付诸行动的时候，即临到考验的时刻，它们就可耻地背弃自己的全部决议，断送国际的整个事

---

① 提交的书面报告见本卷收录的第三部分。——编者注

业。决议一概遭到践踏，所作所为完全背离代表大会的决定。工人之所以产生怀疑，原因即在于此。他们不希望第三国际也由几个偶然凑在一起的人捏合起来，因为我们在此聚会一次谈何容易。大家看到，出席这次会议的各国各个组织的代表为数很少。工人不希望这一次成立组织又是只有隆重的仪式而无实际的作用，不希望这次会议又是只通过决议而不付诸行动。他们首先想知道，哪些人拥护他们，哪些人拥护我们；他们想知道，在当前斗争中他们可以指靠什么人。这也是不难理解的，因为我们都清楚，第三国际的活动在性质上应当有别于前一个国际。现在的问题已经不在于举行代表会议来讨论什么是社会主义，不在于下达战斗动员令、制订方案和起草决议，而在于率领全世界无产阶级进攻。当前各国工人求解放的斗争已经开始了，这不是发表宣言、小册子和演说的问题，而是生死存亡的问题。既然如此，工人就想知道，即将成立的第三国际是否有力量支持他们的斗争，以及这种力量来自何处。基于此种原因，工人始终认为，首先必须弄清我们的宗旨以及今后斗争的基础如何，然后他们才能表示是否愿意成立、是否愿意加入新国际。这才是最简便易行的方法，惟其如此，我们大家为之奋斗的目标才能实现。可以明确地说，德国工人并不反对成立第三国际，他们只是希望这个国际从一开始就坚强有力，否则，它无法支持各国无产阶级的斗争。在我们看来，作为第一步，必须向全世界宣布我们的行动纲领，指明无产阶级的任务、目标和途径；必须树立起能够指引人们同资产阶级作斗争的旗帜。而要达到这一目的，我们从一开始就必须亮明观点，表明决心。和过去不同，现在的问题不是夸夸其谈，也不是招兵买马，滥竽充数，装点门面。我们务必联合志同道合者，防止那些不可信赖的意志薄弱者和不坚定分子混入我们的队伍里来。

　　我和布哈林同志已为上述行动纲领起草了提纲，并将它提交诸位审议。提纲只是作简要说明，而你们则需要表明态度，即是否同意提纲的内容，是否肯于承担下述义务：设法使我们的决议付诸实行；设法使我们的组织遵循这些提纲；以及设法使无产阶级根据这些提纲自己决定是否加入第三国际。

提纲的前半部分是引言。引言对资产阶级和资本主义作了论述，揭露了资本主义向帝国主义发展的趋势，概述了资本主义如何使一些国家变成掠夺成性的国家；介绍了资本主义为不断追求新的市场、原料产地和新的殖民地而推行的政策，以及资本主义国家彼此之间是如何瓜分整个世界的。引言指出，虽然资本主义国家已将世界瓜分殆尽，但资本主义的帝国主义发展趋势并没有消失，资产阶级的扩张欲望和贪婪本性有增无减，一些国家为掠夺销售市场，不惜互相厮杀。引言揭露了资本主义的本性，即不顾各国工人阶级的需求，贪得无厌，一味追求增加利润和财富，从而使各国人民互相对立。资本主义出于利己目的，总是企图笼络工人；在一些国家里，资本主义企图克服社会结构的矛盾，挑动一国工人反对邻国工人，使资产阶级从中渔利；还有一些国家利用工人来推行其殖民地政策。引言指出，在一些国家里，工人受资本主义和资产阶级影响，竟然拥护劳资合作，接受资产阶级的"祖国"概念，进而受资产阶级的指使，进攻邻邦。引言还就所谓国内和平作了论述。

资本主义向帝国主义发展的趋势导致世界大战，导致资本主义大国彼此对抗，誓不两立。一些工人心甘情愿屈从统治阶级的愿望和利益，从而背弃了自己的切身利益，做了统治阶级的马前卒。大批工人之所以受资本主义倾向的影响，原因就在于前一国际即第二国际彻底破产。第二国际最后一次代表大会曾作出决定：一旦战争爆发，无产者就要极力加以阻止。可是，战争爆发后，他们却推波助澜。曾经参加前几次代表大会的领袖利用自己的一切力量和影响，向工人灌输阶级斗争已经停止、工人必须同统治阶级合作的思想。他们运用自己的影响驱使无产阶级投入一场大屠杀。在国内和平期间及战争期间，事实充分表明，统治阶级给无产阶级指出的目标纯属欺人之谈，是不可能实现的。事实是，无产阶级参加战争，其处境变得反而更糟。大家看到，在战争期间，国内和平不仅没有使无产阶级的生活条件得到改善，反而使无产阶级普遍遭到杀戮；无产阶级更加贫困、悲惨，并且进一步沦为奴隶；国内和平不仅没有使无产阶级改善境遇，反而使它饱尝了世界性饥荒的痛苦。战争结束后，工人阶级才对这一点认识得越来越清楚，觉得自己伙同资产阶级进攻邻国工人，是干了一件天大的蠢事；而且，工人阶级发现，国内和平理论已经彻底破产。从此，帝国主义战争在各国转变成国内战争。我们看到，在各个大国相继爆发了革命；俄国及其他国家的工人掉转枪口，反对真正的敌人——本国资本家。我们看到，这些行动波及其他国家，也波及迄今仍深受资本主义国家剥削的殖民地民族；在一些国家里，工人纷纷起义；国内和平结束以后，劳资矛盾愈加尖锐，阶级对抗进一步加剧。目前在许多国家，斗争手段再也不是小册子、传单和集会，而是机关枪和毒气弹。资产阶级对此束手无策。资产阶级把我们一步步引上绝路，资产阶级使欧洲文明国家变成了废墟，但它没有本领在此基础上建立新的社会制度。人们不难看出，倘若最终不发生变革，欧洲文明必将彻底毁灭。工人进退维谷，只得另寻出路。扪心自问：统治阶级能否重建被破坏的社会？回答是：不能，它也没有能力做到这一点。资本主义社会本身表明，它的统治再也不能继续下去了，它再也不能继续主宰人类的命运了。因此，只有无产阶级这个最基本的生产者阶级最终夺取政权，舍此别无出路。

这一点，一些国家已经做到了。我们看到，在俄国，最后的、决定性的斗争已经开始了，路程有一大半已经顺利地走完了；在德国，资产阶级和无产阶级正摩拳擦掌，准备进行最后的、决定性的、激烈的战斗，统治阶级为此而使出浑身解数。国际联盟要花招也好，组织白卫军和实行白色恐怖也好，无产阶级都不会因此而退出战斗，也不应当因此而退出战斗。为了如实地揭露矛盾，擦亮工人的眼睛和向工人讲清当前的形势，我们在提纲中对上述情况作了说明。

当然，我们在提纲中还应当指出通过什么途径才可以达到这个目的。我们应当向工人指出他们必须做的事情，向他们说明选择什么道路才能达到目的，才能完成社会主义革命，才能建立新社会制度。这项工作当然非常艰巨，因为各国的斗争条件不同，在社会主义革命道路上，一些国家已经远远跑在别国的前面；今天我们向你们提出的要求，对一些国家来说，早已不在话下，而在另一些国家看来却望尘莫及。也许，那些在社会主义革命道路上跑得最快的国家会说："你们所要争取的目标，大部分我们已经实现了。"别的国家却会说："我们距离你们的要求还差得远呢！不知几时才能实现，我们还没有发展到这一步。"

然而无论如何，终究要寻求一条共同的途径；终究要确定一条能使我们彼此联合起来的某种中间路线。先行的国家要用自己的经验和活动大力支持后进国家，这是必不可少的，也是至关重要的。我们必须联合，因此，对我们的提纲可能产生的疑问，我希望经过讨论而加以消除。此外，我们要求无产阶级着手夺取政权，着手恢复国际工人的大团结。

无产阶级要夺取政权，就必须毫不留情地向资产阶级发动进攻，摧毁它的政权，而决不能像中派所想的那样，先修复旧政权，然后才着手实现社会主义。当前，资产阶级政权已经摇摇欲坠，我们要不失时机地在各个国家全力以赴夺取政权，粉碎资产阶级。若只将几个王公及其走狗赶下台，换上几个别的人，就像德国那样，进行所谓的革命，那是不行的。只推翻皇帝，让一个艾伯特之类的人物上台，是无济于事的。无产阶级不仅必须撤换政府官员，而且必须粉碎资本主义国家的整个国家机器（不是消灭人，而是消灭制度），建立社会主义制度以取代资本主义制度。在德国，我们在革命初期就曾要求解除整个资产阶级和所有军官的武装。工人不应当再为资产阶级卖命，而要为无产阶级效力，应当解除敌对阶级分子的武装，取消原有国家权力机关、官吏、法官、国民教育官员，而由那些能够重建维护社会主义利益和符合社会主义性质的国家机器的人员和组织来代替。有些问题，布哈林同志还要作详细说明。

打碎资产阶级和统治阶级的国家机器，是无产阶级及其组织在取得政权以后必须采取的首要步骤。要么保留资产阶级民主制，要么实行无产阶级专政，问题的提法只能是这样。同统治阶级一道实现社会主义目标，这只能是一句空话。在发生革命的国家里，如果资产阶级首先提出"你们举行了革命，你们的任务是维护民主制"这样的口号，我们就应当回答："无产阶级从来就不需要这种民主制。"无产阶级信仰社会主义，历来坚持阶级斗争观点，一贯主张无产阶级要同资产阶级进行毫不留情的阶级斗争，因此，无产阶级即使在取得政权以后，也决不能放弃阶级斗争。无产阶级只有通过阶级斗争，才能彻底消灭旧社会制度。但是，无产阶级只有抛弃资产阶级民主制，拒绝同资产阶级一道建设新社会，拒绝保留旧的国家机器，以及不顾资产阶级哀号，坚持斗争，并宣布实行无产阶级专政，才能做到这一点。为此，必须以无产阶级群众组织的新制度即苏维埃制度取代旧的国家机器。

与会代表必须向各自国家的无产阶级提出的一个极其重要的问题是：你们是承认资产阶级民主制，还是拥护无产阶级专政观点即建立苏维埃制度？我们不能和那些一贯拥护资产阶级民主制、不肯按照苏维埃制度的要求同我们联合的人一起成立第三国际。换句话说，就连旧国际的左翼我们也不能联合，因为它从一开始就热衷于维护资产阶级民主制，从而压制了苏维埃制度的发展。我们不能把那些紧紧揪住资产阶级的后襟不放、认为唯有保存资产阶级才有前途，并以此压制苏维埃制度和使资产阶级重新上台的分子作为自己的同路人。

现在，他们哭丧着脸说，他们也拥护苏维埃制度。他们企图在资产阶级民主制和无产阶级专政之间搞某种折中，使议会与苏维埃制度融为一体。我们不能，也不应当同这种犹豫不决和意志薄弱的人联合。对于我们来说，他们不仅不能起加强无产阶级战线的作用，反而会成为我们在无产阶级斗争道路上前进的绊脚石。今后，基本任务之一是：各国要努力清除这类分子；各地的共产党人要自强自立，承认无产阶级专政和苏维埃制度，团结那些坚决拥护无产阶级专政和阶级斗争的人；在某些国家里，要发动工人着手取缔旧式的组织，代之以工人群众组织。资产阶级民主制恰恰能使无产阶级的政权得而复失，因此，群众必须与之斗争。群众的任务是掌握政权，并借助苏维埃制度实行自治。关于这个问题，布哈林同志还要作详细说明。

我们既然要带领无产阶级为实现无产阶级专政而斗争，就必须向工人说明如何夺取政权。我指的是，在政治上实行专政的同时，还必须在经济上实行专政；无产阶级应当立即着手剥夺资产阶级，实行生产社会化。我过去讲过，在一些国家里，要使生产恢复正常，已经不可能。战争期间，一部分工人的工资有了较大幅度的增加；大企业主不愿继续生产，因为在他们看来，由于工人争取提高工资的斗争获得胜利，生产无利可图。此外，不愿从业的现象日趋严重，工人不愿为资本家发财致富卖命，他们希望改变生产方式，以便从劳动中得到实惠。所以，在无产阶级取得政权的国家，无产阶级必须剥夺大资本家和地主；为了实现生产社会化，首先要打断资产阶级的脊梁骨，打掉它的反攻倒算的念头，使它永远不能恢复以前的统治。这一点十分必要，这和考茨基分子的愿望针锋相对，考茨基分子希望把社会主义的实现推到遥远的将来，希望在治愈战争创伤以前，先恢复原有的生产方式。

其次，我们必须对工人说明如何实现生产社会化；工人往往幻想实现普遍分配，这种念头必须打消。工人决不可以认为，只要把资本家赶走，将其财产进行分配，就像德国有些地区所做的那样，生产社会化即大功告成。我们应当向工人讲清，这种做法不妥，工人实现生产社会化不是为了个人，而是为了整体。我们要剥夺资本家的财产，宣布原来的国家债务和战争贷款无效，没收房主的房产，将其分给工人。在这方面，俄国是我们的榜样，我们看到，在俄国，大资本家已被赶出他们的豪华宅第，真正的房主——工人搬了进去。其实，只有造福社会的人，才有权享受优良的居住条件。

最后，我们应当并且能够向工人指出，通过什么途径可以实现我们在这里提出的各项目标。我们要指给他们胜利的道路，并且要指出，无产阶级的斗争手段主要是采取群众行动。同资产阶级斗争，再也不能靠娓娓动听的演说，也决不能联合那些意志薄弱和犹豫不决的分子。同资本的代理人实行决裂，是我们在这里应当提出的要求。无产阶级再也不应当误入歧途，再也不应当让黄色国际牵着鼻子走。

以上是我们必须在这里陈述的意见，这些意见对于成立第三国际的筹备工作具有决定性的意义。今后，我们应当同伯尔尼黄色国际代表一刀两断。今后，我们不仅要同资产阶级、资本家，而且要同无产阶级的一切叛徒、各国的谢德曼分子以及遍布各地的意志薄弱和畏首畏尾的人作殊死斗争。只有这样，我们才能理直气壮地说，第三国际即共产国际赋予我们的历史使命是一定能够完成的。

布哈林（俄国）：

同志们！关于我们提出的提纲内容，我来加以说明。

提纲内容总的来说比较抽象，但也只能如此，因为我们在此提出的原则，不仅要适合个别国家，而且要适合所有加入第三国际的国家。此外，提纲还要吸收那些运动比较发达的国家的全部经验，尤其是俄国共产主义工人革命的丰富经验。提纲本文，想来同志们已经看过了。提纲的前半部分是引言，专门从理论上作了阐述。引言从特殊角度即资本主义崩溃的角度，对当今整个时代作了评述。以往，写这一类引言，总是对资本主义制度作泛泛的描述。今天看来，这样描述已经不够了。引言不仅要全面评述资本主义和帝国主义体系，而且要反映出这个体系瓦解和崩溃的过程。**这是一点。另外一点是，**我们对资本主义制度不应当只是抽象地看待，而应当具体地把它看做是**世界**资本主义，而世界资本主义是一个整体，是一个经济整体。如果从世界资本主义经济体系**崩溃**的角度来看待它，人们就不禁会问：它怎么会发生崩溃呢？这就需要首先分析资本主义制度的矛盾。

　　资本主义制度有两大矛盾：一是生产的无政府状态；二是社会结构的无政府状态。摆在我们面前的首先是纯经济矛盾，其次才是社会矛盾。引言并没有对这种矛盾从其一般表现形式进行分析，而是紧紧抓住这种矛盾在目前的具体表现形式。引言的第一部分指出，资本主义制度的经济矛盾根源于制度本身所固有的无政府性质。资本为资本主义的生产组织过程普遍地奠定了局部的基础。众所周知，分散的、无组织的资本，即原有形式的资本几乎消失不见了。这个过程早在战前就已经开始，战争期间又大大加快了。战争起了重要的组织作用。战争迫使金融资本主义转变为更高形式的资本主义，即国家资本主义，从而在某些国家里，原来无组织的资本主义就为有组织的资本主义形式——国家资本主义所代替。各派资产阶级学者断言，马克思主义者关于无政府状态是资本主义制度所固有的弊端之说，纯属无稽之谈；马克思主义者从资本主义无政府状态出发所得出的一切结论，也是无稽之谈。可惜，这些善良的资产阶级学者忽略了事物发展的另一面，即世界生产力发展过程本身虽然使经济矛盾逐渐消失，虽然使某些国家的分散的资本主义逐渐转变为有组织的资本主义，但与此同时，也使**世界**经济无政府状态极度严重化。这是资本主义发展的普遍规律，也就是说，竞争是资本主义体系无政府状态的具体表现。这种竞争反复出现，范围也越来越广。资产阶级学者没有看到，目前，资本主义制度所固有的无政府性质已经太暴露，即在整个资本主义世界经济领域内暴露出来。而资本主义本身的内在矛盾，导致它彻底崩溃。此其一。

资本主义**社会**的社会无政府状态也是如此。资本主义何尝不想扭转这种局面。靠什么来扭转呢？不靠别的，就靠帝国主义政策。真是咄咄怪事。最发达国家的资本主义企图掠夺别国和依靠掠夺殖民地居民的办法积累超额利润，以此来达到这一目的。资本家想从超额利润中拿出微小的一部分分给大陆工人，以此来实现持久的国内和平。现在，人人都清楚，对殖民地居民的掠夺，反而激发了工人，特别是从超额利润中得益最多的那部分熟练工人的爱国心。所以，由于实现国内和平的手段恰恰是帝国主义手段，因而这种手段本身也就走向自己的反面了。这种手段固然导致了国内和平，但也不可避免地引起掠夺成性的国家的资本主义势力彼此激烈的对抗。此外，资本主义借以克服资本主义社会的**社会**结构内在矛盾的这种手段，到头来出人意料地加剧了社会矛盾，从而导致国内战争，导致某些国家面临崩溃。引言的理论部分对此作了阐述。

引言的理论部分还就资本主义国家为克服上述矛盾而采取的最后一招，即成立国际联盟，作了必要的阐述，指出：这是世界资本为克服自身的矛盾而进行的最后挣扎。然而时代不同了，资本主义采取这种手段，也丝毫不能阻挡社会动荡和共产主义革命的进程。以上就是我们的整个纲领即我们的提纲草案的理论背景。

同志们！下面我想就提纲的几点内容作一粗略的分析。第一点：**夺取政权问题**。我们应当公开声明：在这个问题上，我们还是回到原来的马克思主义学说上来。众所周知，自称马克思主义政党的旧社会民主党，几乎在所有问题上都对马克思主义进行阉割。马克思的国家学说认为，国家是一种压迫工具；到了共产主义社会，因为阶级和阶级组织不存在了，所以，国家政权也就根本不存在了。我们的提法是：在无产阶级夺取政权以及彻底消灭作为无产阶级对立面的阶级——资产阶级以后，国家本身连同阶级和一切阶级组织就应当"自行消亡"。在这里，我们使用了马克思和恩格斯在说明这个过程时经常使用的字眼。因此，尊敬的同志们，关于夺取政权问题，提纲就不能不详加论述。旧社会民主党对夺取政权的实际含义一窍不通，他们把政权看成是某种中立的东西。如此看待国家政权，是大错特错的。从来就没有抽象的国家政权，一切政权都是具体的。资产阶级掌权，国家就必定是资产阶级的；但是，无产阶级一旦夺取国家政权，就不能接收原来的国家政权，而要建立本阶级的政权；同时，在这个过程中，必须打碎旧的国家机器。现在有了俄国革命和德国革命的先例，这一点是显而易见的。举旧国家的支柱——军队为例。如果不瓦解帝国主义军队，无产阶级能够取得政权吗？当然不能。夺取国家政权和瓦解帝国主义军队，二者是联系在一起的。要打碎整个国家机器，也是如此。无产阶级通过夺取政权、掌握政权来打碎资产阶级国家机器。这是真理，是革命真理，共产主义学说创始人马克思和恩格斯正是掌握了这个真理。这个基本思想只是到了和平发展时期的后期才被人们完全遗忘。现在，我们又回到了这个久经考验的马克思主义学说上来，所以，我们的观点是：首先，在共产主义社会根本不存在任何国家；其次，无产阶级夺取政权，必然同时打碎旧国家机器。这就是我们对夺取政权的基本观点。

另一点是：资产阶级民主制还是无产阶级专政？这一点我不准备详细论述，倒不是因为它不重要，而是由于议事日程上安排了专门的讨论，列宁同志要作专题发言。我只说明一下提纲中的几个基本思想。首先说一下提纲的结构。提纲采用了对比的手法。在论述资产阶级民主制还是无产阶级专政这个问题时，不能不抓住要害：第一，说穿了，资产阶级民主制就是资产阶级专政；第二，它所凭借的纯粹是虚构的东西，即所谓"民意"。这种虚构的"民意"成了一切政党的口号。随便拿一张旧社会民主党的传单，尽管上面空话连篇，但"民意"这类神圣字眼却屡见不鲜。其实，它们所谓的"民意"是无稽之谈。资本主义社会绝不是铁板一块。资本主义社会所包含的不是一个，而是两个社会。少数剥削者的意志同大多数被剥削者的意志水火不相容，因而，反映各个阶级的统一的"民意"也就无从谈起。岂能说有什么各个阶级的合成意志？合成意志之所以不可能存在，是因为一个阶级总要借助各种暴力手段或意识形态欺骗手段，把自己的意志强加于别的阶级。事实上，占领统治地位的只有一种意志，因此，资产阶级民主制打出虚构的"民意"旗号，绝非偶然。人们清楚地看到，在推行资产阶级民主制的国家中，只有资产阶级的意志才能实现，而无产阶级的意志非但不能实现，相反地，百般遭到压制。

提纲的第二个基本思想是，将资产阶级民主制的**形式上的**自由同无产阶级专政所实现的**实际上的**自由加以对比。前者高喊给全民（自然也包括劳动群众）以种种自由，然而只要物质基础仍然掌握在资产阶级手中，工人就休想得到这种自由。这和美国的所谓出版自由相类似。在美国，书刊检查机关并不禁止无产阶级的报纸出版，但是无产阶级的报纸要经邮局发行却不准。就是说，这种形式上的出版自由，实际上对无产阶级毫无用处。资产阶级民主制所鼓吹的种种自由无不如此。由于企业、纸张、印刷厂，总之，所有一切都归资产阶级所有，所以，无产阶级尽管形式上可以享有种种自由，但一个也不能实现。在无产阶级专政下，情形恰恰相反。实现了无产阶级专政，也就无须侈谈各种自由了，因为我们剥夺了资产阶级的资本主义社会物质基础——财产和物质资料，将其交给工人和贫苦农民即真正的人民，也就保证了这些自由的实现。

第三，提纲还将无产阶级专政同资产阶级专政作了对比，因为这涉及参加国家管理的问题。资产阶级民主制极力标榜人民自我管理（"民主"和"民权"是同义词），但是只要实行资产阶级民主制，真正的人民，首先是无产阶级，就完全被排斥在国家机构之外。在瑞士或美国这样一些资产阶级民主共和国，所谓无产阶级"参加"国家管理，无非是每四年一次往投票箱里投一张纸片，就算是履行了自己的公民"义务"。议员包揽一切，而议员十有八九是资产阶级，至于议员究竟"搞些什么"，工人不得而知。工人根本不能过问国家大事。在无产阶级专政下，情形截然不同。无产阶级不仅参加选举，而且本身还是庞大国家管理机构的积极成员，他们掌握着支配全国生活的一整套国家机构。在无产阶级专政下，无产阶级的一切群众组织变成无产阶级国家政权的重要辅助机关，因而能够始终参加国家管理。

同志们！下面谈谈剥夺资产阶级，即无产阶级在经济上实行专政的问题。无产阶级实行经济专政，这与夺取政权具有同等重要的意义。对于我们来说，实行政治专政，即实行无产阶级专政，不过是实行经济变革的手段而已。变资本主义社会为共产主义社会的基础是，改变当今社会的经济结构，因此，改变生产关系就是无产阶级专政的主要目的。关于这一点，我们首先不能不同我们的政敌展开论战。大家知道，他们反驳我们说，战后民不聊生，搞社会主义改革，岂不幼稚?！谢德曼分子、我国的孟什维克和考茨基，总之，所有口头上标榜社会主义的分子断言，社会主义虽好，但眼前生产力因遭战争破坏，水平低下，工人阶级和整个社会极度贫困，现在提出走社会主义道路，荒唐可笑。考茨基甚至说，现在让德国社会主义化，就等于把整个国家变成一个疯人院。我们的提纲针锋相对，明确指出：认为在现有阶级关系和生产力水平的情况下可以恢复资本主义的观点，不仅是错误的，而且是脱离实际的。资本主义制度崩溃在即。举经济为例。固然，一切都遭到破坏，但要在原有基础上将其修复，绝无可能。再看工人和资本家之间的关系。以前，资本主义社会要求"雇主"和工人之间保持特殊关系。那是以国内持久和平为前提的，这不仅出于政治考虑，而且另有其他种种打算。那时，要求各工厂维持国内和平局面，以使资本主义生产能够正常进行。然而，资本家和工人之间的这种关系一经中断，要想在原有基础上使之重新有机地恢复，那是不可能的了。目前，以增加工资为目的的工人运动势不可当，今后还将一浪高过一浪。但是，这样一来，资产阶级从生产部门中就无利可图了，资本家就会暗中破坏，以致关闭企业，如同俄国一样。无论哪里，资本主义关系要取得进一步的发展，是决然不可能了。除非乌托邦主义者才会提出这种要求。考茨基分子关于帝国主义以及关于无产阶级今后斗争问题的回答，足以说明他们是一群乌托邦主义者。现在，他们力图恢复资本主义关系，这又一次表明他们是乌托邦主义者。出路只有两条：要么彻底打乱全部经济生活，要么进行社会主义生产。恢复资本主义关系，就等于让旧社会作垂死挣扎，就等于使解体过程越拉越长，就等于使无政府状态长期维持下去，从而也阻碍在新的基础上重建经济生活。

由此便产生一个问题。跟着考茨基一唱一和的俄国社会党人和德国社会党人一口咬定，说我们在这里实行的是一种奇特的共产主义，搞的不是生产共产主义，而是别出心裁的流氓共产主义，即和工人阶级的真正任务毫无共同之处的分配共产主义。对此，我们必须加以驳斥。应当指出，这些社会党人忘记了马克思学说的根本原理。按照马克思的观点，资本主义社会最重要的生产力就是社会劳动力。从纯经济观点看，**无产阶级**是全社会最重要的生产力。今天，经过一场战争的巨大破坏，一切向往社会进步的人都要责无旁贷地保存这支最重要的生产力即工人阶级。但是，战争的全部重担、战争所造成的种种破坏的后果，却异常沉重地压在工人阶级身上，致使这支生产力有消失的危险。一位资产阶级经济学家一针见血地指出，即使物质财富全部毁灭，但只要劳动力尚存，就有希望，就有把握，完全可以借助这支劳动力重新创造物质财富。但如果连劳动力也不复存在的话，如果连无产阶级本身也被消灭的话，那么人类社会继续存在的最后一线希望也就将随之破灭。因此，一切有理智的人都懂得，要千方百计保存这支力量。可见，我们实行的所谓"消费共产主义"、"分配共产主义"，即把从前资本家掌握的东西交给无产阶级，是使工人免遭彻底毁灭的唯一手段，它真正能使生产力和生产共产主义继续向前发展。

如此看来，问题大致可以解决了，只是途径完全不同罢了。采取这种途径，归根结底，将能促进社会生产力的发展。对于这种想法，我们不仅从理论上作了阐述，而且从实践上加以验证。

至于我们提出的具体步骤，同志们都已经知道了。激进派分子的纲领，战争期间荷兰论坛派的纲领，小册子《斯巴达克联盟的目的何在》①，以及共产党的出版物，已将这些步骤几乎全部写了进去。不过，我要指出，有几点我们的提纲着重强调了一下，以引起人们的重视。第一，关于最发达国家中各种国家资本主义机构的问题。有人说，银行、大企业应当没收，辛迪加等应当公有化。然而他们忽略了一点，即国家资本主义本身也创立了新型机构，这些机构可以为我们所用。我指的是各种市级分配机构，以及大战期间主要在德国、英国、美国和法国大量出现的国家资本主义机构。这种机构因为同国家有着密切的联系，所以，在一场革命中也许难以保存下来，不过，我们仍然可以从我们的需要出发，有选择地加以利用。我们之所以强调这一点，其意义即在于此。第二，提纲专门谈了小资产阶级和小农问题。这个问题只能一般论述一下，因为各国的土地关系千差万别，无从制定任何具体方案。不过，基本方针不能没有：一、工人阶级决不应剥夺小资产阶级和小农；二、要经过

---

① 《斯巴达克联盟的目的何在》柏林红旗出版社1919年版。

缓慢的过程，采取和平方式，把这两个阶级吸引到共同的社会主义组织中来；三、无产阶级不仅不能反对这两个阶级，甚至还要给它们一些好处，例如让它们摆脱高利贷盘剥，摆脱沉重的赋税和国家债务。这后一个问题虽属财政问题，但它和废除国家债务密切相关，所以不可轻视。

假如提纲的对象是俄国的话，我们就不免要涉及工会在革命改造过程中的作用。但是从德国共产党人的经验来看，这样做是不行的，因为德国同志对我们说，德国工会的立场同俄国工会的立场截然不同。在俄国，工会在实际工作中发挥着主要作用，工会是苏维埃政权的依靠。而在德国，情形相反。看来，这是因为德国工会由列金之流和黄色工会领袖把持的缘故。他们的所作所为，完全违背了德国无产阶级的利益。迄今为止，他们依然如故，迫使无产阶级奋起取缔旧工会。在德国，取代旧工会的是新型组织——工厂委员会，其宗旨是接管生产管理权。在德国，工会不再起任何积极作用。提纲提不出任何具体方针，所以只能笼统地提出：为管理企业起见，应当设立无产阶级足以信赖的机构，即密切联系生产、与生产紧密结合的组织。譬如，英国拥有同生产过程紧密相连的车间代表委员会之类的组织，俄国拥有工会，德国有工厂委员会，它们都将成为社会主义社会管理的基础。

还有两个问题需要谈一谈。第一，合作社问题；第二，技术人员和专家问题。俄国革命已经证明，合作社问题十分重要。就拿建立分配机构来说，我们可以肯定地说，在俄国离开这些合作社，我们几乎寸步难行。因此，我们必须重视它们，为了实现我们的目标，应当充分利用它们。在同阿尔伯特同志交谈中，我没有发现有哪一个论据足以驳倒俄国在合作社方面的经验，因而我们把俄国的这个经验写进了提纲，供别国采纳。关于技术人员和专家问题，各位知道，目前，他们在俄国起着相当大的作用。现在，他们无一例外地表示愿意同我们合作。我们清楚地知道，其中有敌对分子，但技术人员和专家有着在旧社会从事业务的实际经验，我们在经济技术方面不能没有他们。在德国、英国，尤其在美国，在初期阶段，同这些力量的斗争将会比俄国激烈得多。**在俄国，这个阶段已经过去了。**提纲的这一节提出两个基本思想：一、只要这一阶层公开或暗中反对我们，我们就决不能等闲视之；二、一旦这些阶层及整个资产阶级的反抗被粉碎，我们就要充分利用这些技术力量，并逐渐使他们转化。

提纲的结尾部分题为"胜利之路"。在这一部分，我们提出：为了革命目标，可以利用资产阶级议会制。我们并且把这一点写进了提纲，因为，革命者绝对不许进入任何议会之说，在理论上是不能成立的。抵制资产阶级民主制议会的问题，是一个纯策略性问题，完全取决于当时的情况，即阶级力量对比、无产阶级的力量、无产阶级的成熟程度和夺取最后胜利的斗争决心。但有一点还必须说明：我们主张武装起义，武装起义是革命群众斗争的最高形式，至于何时起义，决一死战，其具体日期要取决于当时的形势和阶级力量的对比。我们认为，我们的紧迫任务是：不是强行加速历史的发展，而是首先组织我们的力量，甚至利用资产阶级的议会组织，然后，有组织地以千军万马之势发起总攻。

至于机会主义者和考茨基分子，他们已经被我们批判得体无完肤了。

在提纲的结尾部分，我们表达了这样一种思想，即国际无产阶级不是进攻的一方，而是防御的一方。这种提法具有极大的宣传价值。资产阶级叫嚷说，现在我们成了和平破坏者，我们是赤色帝国主义代理人，是进攻的一方。这完全违背事实。目前，在俄国和德国所发生的，乃是一场革命。我们知道，白色恐怖已成事实，资产阶级采取野蛮手段对付无产阶级。我们也完全知道国际联盟是什么货色，它恰恰是资本主义为了同国际无产阶级决一死战而采取的预备手段。无产阶级必须奋起自卫，它确实是防御的一方。不过无产阶级在自卫的过程中，也就应当适当地予以反击。

提纲内容就介绍到这里，希望大多数同志参加提纲的讨论。各位已经看到，有关无产阶级当前任务的问题，有关无产阶级所面临的并且需要努力争取解决的问题，提纲几乎全部涉及了。情况就是如此。当然，议事日程上还有若干问题需要我们讨论，但总的来说，提纲可以成为我们的纲领，可以成为第三国际即共产国际纲领的基础。假如提纲能引起同志们的浓厚兴趣，我和阿尔伯特同志也就算是尽了自己的职责，我们将因此而感到欣慰。

休会 5 分钟。

讨　　论

列宁（俄国）：

继续开会。请鲁特格尔斯同志发言。每个人的发言时间限 15 分钟。

鲁特格尔斯（荷兰）：

我要谈一个带有普遍性的问题，即关于中间阶层、知识分子和高工资工人的问题。关于这个问题，提纲讲得还不够透彻。提纲指出，在帝国主义国家中，工资水平是靠牺牲殖民地民族的利益来提高的，但并未指出，有一些人，特别是官吏、知识分子和高工资工人，他们的优厚待遇是靠牺牲广大群众利益确立起来的，他们的地位特殊，这在美国尤为明显。这种情况能使金融资本获得足够的辅助力量。同志们！我们现在看到，极力不赞成我们的就是中间阶层。因此，我们还应当弄清楚，我们一旦接管生产，他们的反映将会如何。无产阶级尚未成熟，需要别人支持。工人所担负的任务，只有当工人能亲自支配全部经济生活时，才能胜任。因此，进一步强调这项实际任务对无产阶级夺取最后胜利的重要性，看来确有必要。

关于这一点，提纲现在的提法是："无产阶级专政在经济领域中的任务能否完成，完全取决于……"可是有人主张在经济领域只搞局部管理。这是行不通的。除非工人全部接管，亲自支配，否则，就要受制于其他阶层。显而易见，不实行工人监督，目标就不能实现。这一点应当大力强调。

关于殖民地问题，也谈一点意见。我希望提纲关于殖民地政策讲得更透彻一些、明确一些，以便殖民地民族能清楚地了解：我们愿意同他们一起采取积极的行动，而不问这些民族是否有自己的意识形态和自己的宗教信仰；我们决心在反抗帝国主义的斗争中和他们携起手来；我们认为，假如英属印度爆发起义，那也是对我们的莫大支援。因此，我要提一条具体建议，即在第 8 页最末一行和第 9 页"以促进世界帝国主义体系彻底崩溃……"这一句的前面，加上"共同采取积极的行动……"字样，以区别于黄色国际。

我对第 9 页上的措辞有点疑问。上面写道："但是，德国帝国主义很快就原形毕露了……如今，协约国也暴露出它们是世界范围的掠夺者……"这种提法会使殖民地民族感到难以理解。殖民地民族遭受掠夺和压迫已有若干世纪，而提纲却提出这些国家现在才暴露出它们是世界范围的掠夺者。这种提法欠妥，显然有修改的必要。提纲过多地描写殖民地士兵如何野蛮，也没有必要。凡是熟悉战前荷兰等国对我们的深肤色弟兄所采取的殖民主义冒险行径的人，都不会指责殖民地士兵野蛮。我建议修改如下：第 9 页第 5 行"掠夺本性"一词，改为"现在，连协约国也暴露了它们的本性，即它们是世界范围的掠夺者和屠杀无产阶级的刽子手。现在，它们勾结德国资产阶级，用过去对付殖民地民族的残酷手段，把俄国和德国的工人推入饥饿的深渊"。①

最后，再提一点意见。第5页第3条写道：消费品及其他物品价格的自动上涨，使生活不能改善。我看，"自动"二字可以删掉。物价上涨，致使生活不能改善，这无疑是事实，但"自动"二字，我认为会引起思想上的混乱。

库西宁（芬兰）：

亲爱的同志们！我们芬兰代表团同意提纲草案的基本精神。同志们在大会上宣读的提纲，是经过革命实践检验的，因此，我认为，即使修改，也只可从措辞上加以修改。当然，这种文件要措辞得当，并非轻而易举，不过我确信，依靠大会的努力，可以把文件写得更严谨、更确切。我要提请各位注意，有若干处，文件的提法在我们看来值得商榷。仅举第4页末尾关于革命工会和合作社的提法为例。现在我们芬兰一无革命工会，二无合作社，这种组织今后在我国是否有必要建立，我们深表怀疑。就这种工会和组织的性质，结合我国国情而言，我们深信，在革命胜利之后实施新秩序，与其借助这种工会，莫如不借助；即使非成立工会不可，其宗旨也必须改变。想来，别国也是如此。

草案结尾关于防御立场的提法和布哈林同志就此特别强调的一点，我们认为也并不成功。我们在芬兰曾经进行过一次防御性革命，我们决不想再来第二次，这种提法我们看是错误的，就宣传价值而言，如能促使无产阶级更注重无产阶级革命的进攻性质，倒更为适宜。我要特别强调指出，草案包含了新的、十分有价值的思想，不过，其中一个指导思想似乎应当写得更突出、更具体。草案的最后一章，即论述"胜利之

---

① 参见本卷收录的《共产国际行动纲领》结尾部分，正式文本行文有改动。——编者注

路"的那一章指出：各国爆发的革命运动，以及近来发生的一系列其他事件，将导致真正革命的和真正无产阶级的共产国际的成立。德国同志刚才发言，对国际运动是否已经发展到足以作出这一决定的地步，表示怀疑。按照这种观点，成立新国际的决定，自然是无法通过的了，但是在我看来，成立真正革命的无产阶级国际，是目前历史发展的趋势，也许，不等我们的代表会议结束，就能见分晓。依我看，德国同志对于作出这项决定所表示的疑虑是没有根据的。好在，我们刚才听完他的发言，松了一口气，因为昨天当他表示他的疑虑时，我们还以为他反对成立新国际也许有正当理由。今天才知道，并非如此。他只不过是推断，怕现在工人对成立这种国际有某种保留。我看，这种顾虑多余。像第二国际那样的国际，因为纸上谈兵，人们是不会信任它的。在这方面，第三国际将迥然不同。它将是一个行动的国际，即采取革命行动、进行斗争的国际，而不是纸上谈兵的国际。不瞒同志们说，我们认为，假如大会不作出任何其他决定或任何其他决议，只是为起草提纲而起草提纲，那么，这跟以往第二国际只有决议而不见行动就不无相似之处了。就内容而言，提纲是好的，是革命的，是共产主义性质的，但是，大会应当从中得出实际的结论，因为国际革命运动现在迫切需要第三国际。目前，这个问题已经到了非解决不可的时候了。反对这种主张的唯一的、稍微站得住脚的理由是：目前，伟大的革命俄国其实就是第三国际，因而没有必要成立新国际。不错，同志们，一年多来，革命的俄国确实起了新国际的作用，为国际革命无产阶级运动立下了汗马功劳，但绝不像资产阶级所断言的那样，是靠直接的宣传。不，它靠的是间接力量，靠伟大榜样的力量，靠伟大社会革命榜样的力量。尽管如此，但是从斗争的实际需要出发，成立新国际仍属必要。德国同志还表示，限于出席会议的人数不足，这项决定也难于作出。对，但是要知道，这不是欧洲也不是美洲革命工人党的过错。依我看，半个世纪以前，成立第一国际

时，出席成立大会的代表人数并不比出席这次会议的人数多多少。出席
那次会议的各国代表人数也是相当有限的。出席那次会议的有威望的革
命思想家没有几个，多数人是"半路出家"，也许，这一点倒是和本次
会议有相同之处。然而，马克思和他的同志们在当时的情况下，并没有
对成立第一国际抱怀疑态度；德国代表威廉·李卜克内西当时对成立新
国际也未表示丝毫怀疑。我深信，假如他的伟大儿子卡尔·李卜克内西
此刻在场的话，他也不会有丝毫怀疑。我认为，新国际的力量将代表革
命无产阶级的力量，而不是代表这次小小会议的力量。有人曾表示，这
次会议不能决定成立新国际，可是，我今天和昨天一样，仍然希望在我
们的代表会议结束之前能作出这项决定。时机已经成熟，国际革命已经
开始，因此，革命国际应当立即成立。第三国际的决议应当提出方针，
以指引世界工人运动务必选择斗争的道路。要么站在斗争中的无产阶级
一边，要么站在杀戮无产阶级的刽子手一边，二者必居其一。总之，成
立第三国际是当务之急，我吁请同志们把这一重要主张也写进草案结尾
中去。

各国党的报告（续）

格鲁贝尔（德意志奥地利）：

　　亲爱的同志们！我们德意志奥地利代表能与诸位千里来相会，感到
无比高兴，我们的欢快心情难以用语言表达。经过 17 天长途跋涉，历
尽千辛万苦，终于在一小时以前来到了这里。我们谨代表德意志奥地利
革命同志向你们致敬，并转致最热诚的问候。我们向全体同志致敬，而
首先向我们的俄国同志致敬，因为一年多以前，正是他们以自己的伟大
革命有力地促进了奥地利革命力量的发展。今天，德意志奥地利能有年
轻而坚强的共产党，这完全归功于俄国同志。历史将给俄国同志建立起

不朽的丰碑，以纪念他们开创世界革命的伟绩。

现在，我来向诸位报告导致德意志奥地利共产党成立的事件，以及党的发展过程。

正当布列斯特-里托夫斯克和约酝酿之际，奥地利国内一片饥荒，军阀专横跋扈，黑暗统治达于极点。无产阶级坚持不懈地强烈要求奥地利最终退出世界大战。但是罪恶的政府许下诺言，以此来束缚无产阶级的手脚。政府答应说，和约就要缔结了。但结果并非如此。无产阶级知道自己再次受骗。生活条件急剧恶化，一场声势浩大的运动终于在1918年1月爆发。这场运动从维也纳以南的工业中心开始，几个小时以后，便蔓延到维也纳。全部机器停止运转。社会主义叛徒的党在议会中的代表默不作声。无产阶级同工会领袖及社会民主党彻底划清了界限。

运动持续了几天，扩展到所有工业部门。工会领袖和党的官老爷们一看大事不妙，便力图转移运动的方向。于是运动的声势一落千丈。社会民主党的老爷塞茨、伦纳、莱特纳尔，以及工会的托姆希克、多梅斯等人上台执政，他们答应要维护工人利益，但又说，奥地利无权退出交战国行列，因为退出战争，无产阶级的经济状况反而会更加悲惨。工人又一次上了他们的政治代表和工会代表的当。这些代表采取了介乎政府与工人之间的立场。他们提出了貌似激进的要求，并串通政府发表一纸宣言。于是，工人纷纷罢工，罢工只坚持不到一周。

要发生的事情终于发生了。政府已经看出，工人代表不过是它手中的驯服工具而已。政府根本不想实现它答应过的要求，就连许下的不制裁运动领导人的诺言，也忘得一干二净。运动领导人不是被派往前线，就是在狱中遭到杀害，被埋在监狱的围墙外面。以左倾激进社会民主党人身份参加运动的同志，被党的领袖斥为国事犯；许多领导同志被开除出党。

意大利和保加利亚在军事上的惨败、奥地利的国内饥荒、食品配给机构的垮台、大批士兵从前线逃回国内，所有这一切，最终加速了奥匈君主政体的解体。由于风俗文化不同，形成了几个不同的国家：捷克斯洛伐克共和国和匈牙利共和国。南斯拉夫、意大利和罗马尼亚等民族分别归附各自的国家；昔日"堂堂的帝国"荡然无存，剩下的只是拥有近900万人口的小小德意志奥地利。只是到了万不得已的时候，德意志奥地利社会民主党才出来领导"革命"，宣布德意志奥地利为共和国。

不可一世的社会民主党的英雄们至今仍在炫耀奥地利革命。其实，这场革命是根本不存在的。无产阶级本来有机会不经过斗争便把政权夺过来，可就在这时，社会民主党人出来保护资产阶级，声称："现在不是夺取政权的时候，我们应当同资产阶级联合。"一个由死心塌地的神父、德国民族主义分子和社会民主党人组成的三人主席团成立了。"三巨头"一上台，奥地利革命无产阶级便转攻为守。"工人代表"制度的黑暗统治较施图尔克时代的反动统治，有过之而无不及。伦纳博士登上了总理的宝座，鲍威尔这个昔日的激进分子做了外交国务秘书，捷依奇把持了军事大权，其余各部由社会民主党人和资产阶级平分秋色。

1918年5月，左倾激进派和各种反对派彼此发生联系，开始寻求共同行动纲领。就在这时，在奥地利成立共产党的计划第一次产生。当时我们并不了解，俄国同志也将取名共产党人；我们并不了解，我们的德国同志也要将斯巴达克联盟称做共产党。我们这个人数不多的小组仅仅产生这么一个念头，想把它付诸实现，想开创奥地利革命工人运动的新时代。

斗争开始时，我们的人少得可怜，许多优秀同志被关在狱中，只靠十几个人做骨干。我们创办了共产主义周报，取名《呐喊报》。"共产主义"几个大字首次出现在我们的旗帜上面。但是，报纸被没收一空。我们原定向庆祝五一节的工人群众散发《呐喊报》的计划也因此落空了。奥地利在军事上的惨败，使奥地利国内资产阶级自由稍有恢复，我们的英勇不屈的同志经过九个月监禁也被释放出来，我们有了新的、更加坚实的基础。1918 年 11 月 3 日，正式成立了"德意志奥地利共产党"。《呐喊报》成了党的机关报。

1918 年 11 月 12 日是公开宣布共和国成立的日子。我们决定在这一天向无产阶级发表共产主义演说，因为我们知道，无产阶级强烈要求革命。工人举着无数面红旗，上面写着："要社会主义共和国！"几个同志登上议会大厦的高台阶，当众宣布共产主义原则。随后，我们推选几名共产党员进议会大厦同政府交涉，说明无产阶级要的是社会主义共和国，而不是资产阶级共和国。谁知，他们刚要进门，大门就砰然关上了。我们的赤卫队员用枪托砸门，执意要进。大家知道，事情闹到开枪的地步。议会大厦里开枪射击，赤卫队员和民兵开枪还击，议会大厦一度被无产阶级攻占。一个好不热闹的资产阶级共和国喜庆日就这样收场了。

大地主出身的议员图谋报复，非要将共产党员中的主谋处死不可。他们并且以断绝维也纳的一切食品供应来要挟。社会民主党代表虽然表示议员的要求过分，但仍主张严厉制裁肇事者。这样，施泰因哈特（格鲁贝尔）和弗里德兰德二位同志就以采取公开暴力行为的罪名被逮捕，但过了两个星期又被释放，这主要是民兵委员会施加压力的结果。几位俄国朋友也遭搜查，并被驱逐出境。对于政府采取上述镇压手段，在政府任职的社会民主党人不仅表示赞成，而且他们是这种手段的策划者之一。

共产主义运动危在旦夕，革命力量横遭国家政权的迫害。为对付政府里的社会民主党人，我们不得不进行艰苦斗争。在维也纳市区没有我们开会的地方，我们就在维也纳周围一些地区，以共产党名义举行会议。但是我们的会场竟被抢占，其目的就在于使我们的活动陷于瘫痪。

至于外地，那些加入政府的社会民主党人更是有恃无恐。在斯提尔的工业中心格拉茨，我们一连四个星期都不能举行会议。那里的驻军首脑、社会民主党人雷塞尔竟对共产党人下毒手。

只有在我们毅然决然走上街头，举行露天集会之后，我们才有了开会的可能。如今，我们在任何场所都可以举行会议了。现在，在北斯提尔各地普遍建立了共产党组织，工人找上门来，和我们交谈，对我们的行动纲领表示赞成。现在，我们举行会议和建立组织，谁也不敢出来阻挠了。

我们的目的就这样达到了。至于社会民主党企图以暴力和卑鄙手段扼杀我们的运动，这将成为它永远洗刷不掉的历史罪行。

在宣传活动中，我们从来不说那些追随社会民主党的工人是我们的敌人，我们只是说，他们被引入歧途。我们的方针是，要把革命工人争取过来。结果，到处都有左倾激进分子加入我们的行列。

今年 2 月 9 日，德意志奥地利全国范围的运动终于形成。1918 年 11 月 3 日举行第一次会议时，与会同志屈指可数，然而到了 1919 年 2 月 9 日，德意志奥地利各地都有代表出席会议。我们采取了坚定、明确的共产主义立场。关于国民议会，我们明确表示：国民议会选举同我们毫不相干，因为国民议会是假冒革命名义的欺骗工具。而在社会民主党看来，这次议会选举是它的政治生活中的头等大事。针对国民议会选举，我们提出无产阶级专政的主张，要求建立工兵代表苏维埃。

以上介绍的就是我们离开德意志奥地利时的情况。我们从事组织工作不过才四个月光景。我们并不认为登记的党员越多就越好。可贵的是，在我们现有党员身上体现了革命意志，行动的意志；可贵的是，我们已经有了一支革命队伍，这支革命队伍必能在关键时刻起来捍卫自己的事业。

由此可见，德意志奥地利共产党既是一个坚强而又充满斗争决心的党，又是一个横遭政府迫害并为社会民主党人所敌视的党。遗憾的是，弗里茨·阿德勒叛离了我们的队伍。在他枪杀了施图尔克首相之后，奥地利全体工人一致坚决要求释放他，因为当时他是我们革命的象征。然而，弗里茨·阿德勒出狱之后又如何呢？那些曾经拥护他的人，不惜为他牺牲一切的人，他竟然一个不认，不再承认他们是他的朋友，不仅如此，他还成了他们的敌人，投靠了社会民主党。在社会民主党内，他屡遭攻击，要不是他的父亲是一个非同寻常的人物，他被开除出党是肯定无疑的。他做了国民议会代表，并和反动的工人领袖一起，蒙骗许多工人，驱使他们给议会投赞成票。

他反对一切"分裂"工人运动的企图，尤其是反对共产党的活动。

我们的运动是群众运动。不是天天有人在讲吗："你们算哪一号共产党人，连一个好样的领袖也没有；看人家俄国共产党人，有列宁，有托洛茨基，有布哈林，他们有共产主义思想，有为无产阶级专政长期奋斗的经历，可是你们连一个闻名天下的好样的领袖也没有。"尽管如此，但工人仍然看得起我们，因为他们体验到，关键并不仅仅在于名望。

有人对我们德意志奥地利工人说，俄国破败不堪，到处是杀人越货，人们消极怠工，不要多久，布尔什维克事业就将完蛋。然而我们看到的是，事业越来越兴旺，世界历史新纪元经俄国共产党奋斗，已经出现了。虽然过去莫斯科是反动势力的中心，但今天它却是共产主义运动的中心，这一点永远不能忘记。正因为如此，现在德意志奥地利工人对俄国同志所进行的运动充满着爱戴之情，因为他们懂得，假如东方的共产主义制度被消灭，西方的共产主义建设不知要等到哪一天才能进行。

第二国际伯尔尼代表会议是行将灭亡的时代的一次垂死挣扎，我们的这次代表大会则是革命无产阶级为了统一行动而举行的第一次代表大会。

因此，我们向你们致敬，并且希望这次代表大会开创一个新时代。

从维也纳到莫斯科，我们走了 17 天，一路上，我们活像走江湖的艺人，搭过煤水车，爬过火车头，扒过客车，钻过载运牲畜的车厢，偷越过乌克兰和波兰匪帮的控制区，时刻冒着生命危险，但我们始终充满了强烈的愿望，心中只有一个念头，就是："我们要去莫斯科！我们一定要去莫斯科，不到莫斯科誓不罢休！"

我们的目的达到了。同志们！我们终于跟大家相会了。我们的共同目标是建立世界共产主义联邦共和国，我希望这个共同目标能在不久的将来得到实现。

第三次会议

（1919 年 3 月 4 日）

列宁于中午 12 时宣布开会。

阿尔伯特（德国）：

同志们，鉴于我们在这里举行会议已经不能继续保密，大会主席团提议，自今日起，会议将公开举行。主席团并且通知各位，其余代表也已经到会。（提案一致通过）

会议继续就行动纲领问题进行讨论。由雷恩施坦发言。

讨论国际共产主义代表会议行动纲领

雷恩施坦（美国社会主义工人党）：

我要指出两点，并希望把这两点写入原则宣言，或者进一步地加以强调。第一点是，在涉及军国主义或战争问题上，第三国际必须坚决摒弃保卫祖国的主张。在第二国际中，来自世界各国的工人运动代表曾经提出议案，主张反对军国主义，不支持本国政府表决军费贷款等。但是，第二国际的多数代表却坚持说，如果本国不是一个进攻国，而是自卫国，即进行"护国战争"的话，那么，无产阶级以及整个工人运动和社会主义运动就不仅有权利而且有义务支持本国政府。其结果如何呢，各国无产阶级是十分清楚的。因此，我认为，第三国际必须明确地指出：在当今时代，一切战争的根源就在于资本主义竞争。只要资本主义社会存在，争夺销售市场的战争就不会停止。基于这种纯商业性的战争，无产阶级就不仅没有义务，而且也没有任何权利支持本国政府，即使是"护国战争"也罢。只有一种战争是无产阶级必须支持的，那就是社会战争，即社会革命。

行动纲领还有一种提法我认为是不当的，那就是如何看待经济组织即工会运动的作用。在这个问题上，我们美国人的立场与昨天芬兰同志所持立场截然不同。我们从来不认为工会运动的作用是微不足道的，是可有可无的。美国是一个资本主义高度发达的国家，就我们在美国所取得的成就而言，我们的结论与众不尽相同。社会主义工人党全体党员、德布兹领导的社会党多数党员、加入世界产业工人联合会及其他产业工会的工人，都认为产业工会是了不起的组织，认为产业工会在这场斗争中不仅应当发挥重要的而且应当发挥实际上是决定性的作用。因此，我们认为，第三国际应当强调工会运动必须革命化，强调工会运动必须改造。我们根据切身的经验，有理由认为，现在，那些扛着大旗、领导有组织的无产阶级分子的工会领袖，例如美国的龚帕斯、德国的卡尔·列金、英国的韩德逊等，手中握有足以左右大局的钥匙，他们的影响是不容忽视的。这一群资本主义走狗对工会运动的影响后患无穷，工会运动必须设法摆脱这种影响。

所谓改造工会运动，我的意思是，各国共产党人必须努力使工会不仅在口头上而且也在行动上不折不扣地坚持阶级斗争的观点；必须努力使工会的组织形式适应当前斗争的需要。我完全明白，我的主张会遭到普遍的非议。人们会说，这谈何容易，要完成这项工作，非一日之功。是的，我也承认，批评资本主义领袖或社会爱国主义领袖容易，而批评工会领袖或工会本身所追求的目标、它的斗争方式及其现状难。这项任务无疑艰巨而复杂，但是非完成不可。解救国际工会运动、使它摆脱混在工会运动领袖之中的那一群资本主义走狗的影响势在必行。因此，我提议授权起草委员会对本文件的措辞略加修改，不再把工会视为次要组织。必须以第三国际名义，并借助第三国际的威望，号召全世界无产者加倍努力，力求使工会运动名副其实。如能以第三国际名义发出这种号召，我就敢断言，无论工会运动还是政治运动的革命分子都必将得到精神上的支持，从而我们的工作将更富有成效，并将有助于抵消叛卖分子的影响，至少在美国是如此。反之，如果第三国际认为工会运动虽然可取，但终究是可有可无，那就无异于为虎作伥，帮龚帕斯和韩德逊的忙。现在，龚帕斯和韩德逊之流已经在筹办黄色国际工会运动，而其宗旨就是起国际避雷针的作用。这是我们必须加以阻止的。

卡谢尔（瑞士共产党①）：

同志们，我完全同意刚才这一位发言者的意见。的确，我也认为，将由第三国际向全世界发表的这份宣言草案应当使无产阶级从中受到某种启发，获得某种益处；在无产阶级同资产阶级以及社会爱国主义分子和形形色色的中派分子的艰苦斗争中，宣言应当成为他们的精神支柱。我认为，宣言草案中论述革命成功途径的段落在这方面尚有不足之处，这方面的论述应当有别于迄今所发表的一切草案和宣言，应当借鉴俄国和德国的革命经验。有关段落目前只是向国际工人明确提出两项要求，即开展群众斗争和创建共产党。除此之外，我在有关段落中看不到有任何其他积极的内容。我希望将国际无产阶级的任务写得更为明确些。先谈两点，第一点关于苏维埃制度问题。对此，提纲虽有论述，但其含义却一般化，仅指业已执政的苏维埃。我的意见是，要提倡建立苏维埃制

---

① 应为瑞士共产主义小组。——译者注

度，这种制度不但不意味着革命的终结，而且即使在无产阶级尚未执政的一切国家中，也应当争取立即建立，具体地说，就是建立工人代表苏维埃。令人不解的是，提纲关于建立苏维埃只字未提，而苏维埃实际上正在到处建立。也许，起草人认为，这是不言而喻的，因为这种苏维埃正在世界各国自发地建立起来。但是，同志们，在尚未爆发革命的国家里，那些为建立苏维埃而进行斗争的人，不但要同沙文主义分子作斗争，而且还要同激进派周旋，因为激进派以原则为理由，拒不赞成现在就建立工人代表苏维埃。我们如果确有鼓励这种革命志向和支持无产阶级同社会爱国主义分子作斗争的愿望，就应当以第三国际名义在行动纲领中指出，现在就应当努力探索成功的途径，现在就应当建立工人代表苏维埃。

我要说的第二点，也是作为成功因素的一点是，我们应当明确提出工人监督生产的主张。这一点可以归入宣言草案的第三部分，即论述公有化的部分。在尚未爆发革命的国家中，人民群众把国有化和社会公有化这一主张视为洪水猛兽，他们立刻就联想到所谓"俄国浩劫"，因此，在这些国家中，拥护这一主张的工人必然要同企图阻挠贯彻这一主张的各派领袖及派别（其中也包括激进派）展开斗争。我认为，我们在这方面也应当提出口号，这个口号的提出，将标志着实现社会公有化的一个发展阶段；这个口号就是：由工人对生产和消费实行监督。我们不应当忘记，厂主店东早就有此主张，并且以此来欺骗无产阶级。我们深知他们包藏的祸心。现在，无产阶级自己提出这样的口号，就等于让厂主店东搬起石头砸自己的脚。

我要强调指出的第三点是，要做好夺取经济权力的准备。我知道，现在恐怕没有哪一位同志能向工人讲清什么是接管生产和经济的权力，讲清应当如何对付罢工，如何管理和指导农村及工厂。

我请求会议及行动纲领草案的各位起草人将上述问题提交讨论。如果第三国际的所作所为不能真正符合革命的实际，不能促使协约国无产阶级积极行动，我们的代表会议就不能达到预期的目的。最后，我要强调指出，我也认为建立第三国际刻不容缓。世界各国、各地都在期待着它，各地已经有了规模不大的团体，它们亟需国际这样一个中心。德国无产阶级也无条件地期待着第三国际的建立。

决议起草委员会的通知

普拉滕（瑞士）：

同志们，决议起草委员会①审议了一系列提案，对宣言草案作了若干修改。鲁特格尔斯同志的建议，决议起草委员会认为应予采纳，因此，提议修改如下："今天，就连最落后的居民阶层也都认清了协约国列强是一伙世界强盗，是一伙屠杀无产阶级的刽子手。"经修改，增加了"就连最落后的居民阶层"这样一句话。鲁特格尔斯同志提出的修改案涉及的范围较广，决议起草委员会认为，加上这一句插入语也就够了，其理由是：在战前以至战争期间，协约国所推行的无疑也是掠夺政策，而对协约国产生错觉，以为它们真正是为自由、人权等而战的，也无非就是最落后的群众。现在加上这么一句，含意也就清楚明白了。

列宁提议，对宣言草案作任何修改，都必须由双方，即赞成的一方和反对的一方来发表意见。（提案通过）没有人发表意见。

① 指第一次代表大会编辑委员会。

阿尔伯特关于共产国际行动纲领的总结发言

同志们！当初，我和布哈林同志着手起草行动纲领时，不曾料到大家就各项问题达成协议竟会如此顺利，因为不难预料，各国的发展情况，特别是在目前，大不相同。因此，产生分歧和矛盾是在所难免的。我们感到欣喜的是，这种情形并未发生，行动纲领为大会一致通过。制定一部行动纲领，首先就要对各国革命发展的不同阶段加以综合，然后将其归纳为一个整体。任务之艰巨，可想而知。这是因为，有一些国家，其革命已发展到较高阶段，它们的要求自然就高；还有落后国家，它们难免不说，我们的发展阶段还不能适应你们的提纲所提出的要求，即便将来照此要求办理，那也是遥遥无期的事情。现在，代表们对大会所提出的各项议案都表示赞成。为审议代表对行动纲领所提出的修正案，起草委员会于昨晚再次举行会议，两位起草人也出席了会议。会议取得了一致的意见。今天，普拉滕同志以起草委员会主席的身份向各位代表所报告的修改意见，是征得了起草人同意的。所作若干修改均属文字方面，未作实质性的修改。必须说明，提纲内容本来可以广泛得多，但是从一开始，我们就决定抓住要害，以便使更广泛的阶层和更多的团体能在提纲的基础上联合起来。

下面我来谈谈提纲未予阐述的一个重要问题，即工会运动问题。这个问题我们研究了很久。我们研究了各国代表关于工会运动的意见，不能不指出，鉴于各国无产阶级的情况千差万别，目前在提纲中就这个问题提出观点实属不当。我们没有就这个问题作出任何可供工会参照执行的统一决定。据说，在俄国，工会运动因为遵循革命方针，而在苏维埃制度中发挥着重要的作用；苏维埃政权在食品分配和企业管理方面也部分地依靠工会。因此，就俄国而言，需要研究的课题是，革命的无产阶级如何进一步地推动工会运动的发展。芬兰的情况则恰恰相反，芬兰同志表示，利用工会从事革命活动是不现实的。在英国，工会的作用也截然不同。在德国，革命伊始，工会实际上就完全被排斥在外，历次经济斗争不但没有工会参加，而且工会还成了攻击的对象。"你们必须把工会变成革命的工会，你们必须以革命分子取代工会的黄色头目"，这说起来容易，但做到很难。因为现在各工会的组织形式无不适应旧的国家制度，而苏维埃制度并不是联合各个行业就能建立起来的。在德国，我们将经济运动的领导权交给了工厂委员会。革命一开始，工厂委员会就把工作全部承担起来了；在德国，工会其实是一种互助组织。今后，工厂委员会向何处发展，能否将其革命化，能否将其变成产业工会，目前都难以预料。鉴于工会的作用在各国不尽相同，我们认为，确定工人必须遵循的明确规范是不现实的，因而在目前解决这个问题也是不可能的；关于这个问题，我们只能让各国的组织自己确定自己的立场。正因为如此，我们的提法必须简单明了，即凡是条件具备的地方，都应当发动革命工会从事斗争。

有的代表要求进一步地阐明"祖国"这个概念，以便向工人说明：作为共产党人，捍卫祖国并不是我们的利益所在。这里要加上一条，即应当说：捍卫**资产阶级的**祖国并不是我们的利益所在；因为，捍卫社会主义祖国就另当别论。同志们，大家看到，俄国工人对于捍卫他们的祖国何其热心。我们的提纲所持的出发点是，必须打碎资产阶级国家机器，既然如此，随着资产阶级社会制度的垮台，资产阶级祖国的概念也必然消失，这是不言而喻的。所以，我请各位代表不要在此问题上继续坚持自己的意见了。

卡谢尔同志提议把苏维埃制度写得更详细些。我要说明，这个问题还有待研究，并要就此问题单独作出决定。

最后，我请求会议通过决议起草委员会提出的修正案以及整个行动纲领。我们如能照此办理，并且行动纲领也如能尽可能一致通过，那么，我们面对全世界就可以心安理得，就可以对全世界无产者说："下一步就要看你们了，看你们能否把组织建立起来。"这些组织将在各国开展无情的斗争，并终将结成统一的、新型的、伟大的"第三国际"。我以为，只有到了那时候，第三国际才能成立。目前，关于各国共产党人的想法及主张，众说纷纭，说法也千奇百怪（这倒不完全是因为资产阶级恶意诽谤的缘故），因而要将别国兄弟共产党的想法及做法通报那些已经靠拢共产主义的工人团体，实属困难。

雷恩施坦的修正案

普拉滕（瑞士）：

讨论到此结束。新的提案不再讨论。不过，雷恩施坦同志提出了一项具体议案：

"第三国际即共产国际号召全世界革命无产者加倍努力，发扬坚韧不拔的精神，将本国工会运动纳入真正革命的轨道，对本国工会运动的组织形式、目标、策略和精神进行改造，使之符合共产主义的革命目标。"

雷恩施坦同志的这项提案是否提交决议起草委员会斟酌采纳，我认为最好在今天的会议上加以表决。

阿尔伯特（德国）：

我认为，雷恩施坦同志的这项提案不宜于同行动纲领扯在一起。每个代表都有提出专门议案的权利，但是提出的议案只能排在议事日程的最后来讨论，并且必须和总决议一起通过，而不能将提案和行动纲领搅在一起。因此，我提议在讨论"其他"项目时对雷恩施坦同志的提案进行表决。

雷恩施坦本人则要求立即交付表决。

列宁（俄国）：

按照议事日程，会议就这项议案进行表决。阿尔伯特同志的提案有16 票赞成，11 票反对。既然没有提出其他修改意见，下面就对整个草案进行表决。

表决并通过共产国际行动纲领

克林格尔（俄国）：

对草案表示完全赞成的，请回答"赞成"。

德国共产党	赞成
俄国共产党	赞成
德意志奥地利共产党	赞成
匈牙利共产党	赞成
瑞典左派社会民主党	赞成
挪威社会民主党	弃权
瑞士社会民主党（反对派）	赞成
美国社会主义工人党（有条件地）	赞成
巴尔干革命社会民主联盟	赞成
波兰共产党	赞成
芬兰共产党	赞成
乌克兰共产党	赞成
拉脱维亚共产党	赞成
立陶宛和白俄罗斯共产党	赞成
爱沙尼亚共产党	赞成

      亚美尼亚共产党   赞成

      旅俄德意志人侨居区共产党   赞成

阿尔伯特（德国）：

    提纲获得通过，1 票弃权。

    雷恩施坦表示，他所以投票赞成行动纲领，是因为他相信草案的欠缺部分（即强调必须致力于工会运动革命化）将通过采纳他所提出的有关议案而得到充实，并且要求将这种表示记入大会记录。

关于资产阶级民主与无产阶级专政议题的讨论

阿尔伯特（德国）：

    大会进行下一个议题："资产阶级民主与无产阶级专政"。

列宁（俄国）：

    关于这个问题的提纲已经拟好了。在座各位已经有德文和俄文两种文字的文本。稍后，英国和法国的同志将得到英文和法文两种文字的译本，因此，在大会上再来宣读提纲，我看就没有必要了。

阿尔伯特（德国）：

    有代表提议，提纲不必宣读，把它发给大家就行了。

雷恩施坦（美国社会主义工人党）：

    我提议会议进行下一个议题，至于提纲，先让同志们阅读一遍，然后再讨论。

普拉滕（瑞士）：

我们的讨论要依照原定议事日程进行。决议起草委员会对提纲作过认真的研究，认为提纲的内容无须仔细讨论，只是需要就提纲的打印和分发问题征求意见。因此，不妨将提纲宣读一遍，但不对细节发表评论。

阿尔伯特（德国）：

我赞成。对此，大家还有其他建议吗？有人提议，不等打印出来，先继续讨论，并宣读提纲。有反对意见吗？

宣读提纲的议案以 1 票反对，其余全部赞成获得通过。

列宁宣读提纲（略）①。

同志们！我还想对最后两点作些补充。我想，要给我们作关于伯尔尼代表会议的报告的同志，是会把问题讲得更详细的。

在整个伯尔尼代表会议期间，关于苏维埃政权的意义只字未提。这个问题在我们俄国已经讨论了两年。1917 年 4 月，我们在党的代表会议上已经从理论上和政治上提出这个问题："什么是苏维埃政权？它的内容是什么？它的历史意义何在？"这个问题我们已经讨论了将近两年，我们党的代表大会还就这个问题通过了一项决议。

2 月 11 日，柏林《自由报》刊载了一篇告德国无产阶级的宣言，在上面签名的不仅有德国独立社会民主党的领袖，而且有独立党人党团的全体成员。1918 年 8 月，独立党人赫赫有名的理论家考茨基写了一本小册子《无产阶级专政》，他说：他是民主和苏维埃机关的拥护者；

———————

①　提纲全文见本卷收录的《关于资产阶级民主和无产阶级专政的提纲》。——编者注

但苏维埃只应当具有经济意义，决不能看做国家组织。在 11 月 11 日和 1 月 12 日的《自由报》上，考茨基又重申了这一点。2 月 9 日，刊登了鲁道夫·希法亭的文章，他也是第二国际赫赫有名的权威理论家之一，他建议通过法律，通过国家立法，把苏维埃制度同国民会议结合起来。这是 2 月 9 日的事情。11 日，这个建议经独立党全党通过，以宣言的形式发表出来。

尽管国民会议已经存在，甚至"纯粹民主"已经变为现实，独立社会民主党最著名的理论家们已经宣称苏维埃组织不应当成为国家组织，尽管这样，还是发生了动摇！这就证明，这帮老爷确实是一点也不理解新的运动及其斗争条件。它还证明，这种动摇一定有它产生的条件和原因！在这一切事件之后，在俄国革命取得胜利将近两年之后，我们看到伯尔尼代表会议竟通过了那样的决议，只字不提苏维埃及其意义，会议上也没有一个代表在哪一次发言中有一句话谈到这一点，因此，我们完全可以肯定，这帮老爷作为社会党人和理论家，对于我们来说已经死亡了。

但是，同志们，从实践上看，从政治上看，这是群众发生了巨大变化的明证，因为这些一向在理论上和原则上反对苏维埃国家组织的独立党人，忽然愚蠢地提出把国民会议同苏维埃制度"和平地"结合起来，就是说，把资产阶级专政同无产阶级专政结合起来。我们看到，独立党人在社会主义和理论方面已经破产，群众则发生了巨大的变化。德国无产阶级中的落后群众正转到我们方面来，他们已经转过来了！因此，从理论和社会主义的角度来看，伯尔尼代表会议的优秀成员德国独立社会民主党的作用已经等于零了；但是它仍具有某种意义，这种意义就在于这些动摇分子使我们看到了无产阶级落后部分的情绪。我深信，这次代表会议最大的历史意义就在这里。在我国革命中，我们也曾经历过类似的情况。我国孟什维克走过的发展道路几乎同德国独立党的理论家们一模一样。起初，他们在苏维埃中占多数，他们是拥护苏维埃的。当时只听到他们喊："苏维埃万岁！""拥护苏维埃！""苏维埃是革命的民主！"等到我们布尔什维克在苏维埃中获得了多数，他们的调子就变了，说什么苏维埃不应当与立宪会议并存。形形色色的孟什维克理论家也提出几乎完全一样的建议，如把苏维埃制度同立宪会议结合起来，把苏维埃并入国家组织之类。这里又一次表明，无产阶级革命总的进程在全世界都是一样的。最初是自发地成立苏维埃，然后是苏维埃得到推行和发展，接着是在实践上提出：究竟要苏维埃，还是要国民会议，要立宪会议，要资产阶级议会制；首领们惶惶不可终日，最后是无产阶级革命。但是我认为，在革命进行了将近两年的今天，我们不应当这样提问题，而应当通过具体的决议，因为苏维埃制度的推行对于我们，特别是对于大多数西欧国家，是一个极其重要的任务。

在这里我只想举出孟什维克的一个决议。我曾请奥博连斯基同志把它译成德文。他答应了，但可惜他现在不在这里。我尽量凭记忆把它转述出来，因为我手头没有这个决议的全文。

一个对布尔什维主义毫无所知的外国人，对于我们所争论的问题很难表示自己的意见。凡是布尔什维克肯定的，孟什维克都反对，反过来也一样。当然在斗争期间也只能是这样，因此，1918 年 12 月孟什维克党最近一次代表会议通过了一项很长很详细的决议就十分重要了。这项决议的全文曾刊登在孟什维克的《印刷工人报》上。在这项决议中，孟什维克简要地叙述了阶级斗争和国内战争的历史。决议中说，他们谴责自己党内那些在乌拉尔、在南方、在克里木和格鲁吉亚（决议列举了所有这些地区）同有产阶级结成联盟的集团。孟什维克党内那些同有产阶级联合起来反对苏维埃政权的集团在决议中受到了谴责，但决议的最后一条把那些转到共产主义者方面的人也谴责了一通。由此可见，孟什维克不能不承认，他们党内是不一致的，有些人站在资产阶级方面，有些人站在无产阶级方面。大部分孟什维克已经转到资产阶级方面去了，并且在国内战争中反对我们。我们当然要究办孟什维克，而且如果他们同我们作战，同我们的红军作战，枪杀我们红军指挥员，我们甚至还要枪毙他们。我们用无产阶级的战争来回敬资产阶级的战争，——别的出路是不可能有的。因此，从政治上看，这一切纯粹是孟什维克的欺人之谈。从历史的角度看，令人不能理解的是：有些并没有被确诊为精神失常的人，在伯尔尼代表会议上按孟什维克和社会革命党人的委托大谈布尔什维克如何反对他们的同时，怎么能闭口不谈他们如何同资产阶级联合起来反对无产阶级。

他们全都拼命反对我们，因为我们究办他们。这是事实。但是我想，他们只字不提他们自己在国内战争中究竟干了些什么勾当！我应该为大会记录弄到一份决议全文，并提请外国同志们予以注意，因为这个决议作为一个历史文件，正确地提出了问题，并且为评价俄国各"社会主义"派别之间的争论提供了很好的材料。在无产阶级和资产阶级之间，还存在着一个时而倒向这一边、时而倒向那一边的阶级；在任何时候，在任何革命中，情况都是这样的。在由无产阶级和资产阶级组成两个敌对营垒的资本主义社会中，在这两个阶级之间绝对不可能不存在中间阶层。这些动摇分子的存在是历史的必然，遗憾得很，这些连自己都不知道明天将站在哪一边去进行斗争的分子还要存在相当长一段时间。

我想提出一个具体建议，就是我们通过一项决议，专门讲以下三点。

第一，西欧各国的同志们的最重要的一项任务，就是向群众讲清苏维埃制度的意义、重要性和必然性。可以看出，人们对这个问题还不够了解。考茨基和希法亭作为理论家已经破产了，但《自由报》最近发表的一些文章毕竟证明，他们正确地反映了德国无产阶级落后部分的情绪。我国也发生过同样的情形：在俄国革命的头八个月，关于苏维埃组织的问题讨论得很多，当时工人们不明白新制度到底怎么回事，不明白苏维埃是否能够成为国家机构。在我国革命中，我们不是通过理论而是通过实践前进的。例如，关于立宪会议的问题，我们以前在理论上并没有提出来，没有说过不承认立宪会议。只是后来，苏维埃组织已经遍及全国并且掌握了政权，只是在那时我们才决定解散立宪会议。现在我们看到，在匈牙利和瑞士，这个问题要尖锐得多。从一方面来说，这是大好事，因为它使我们坚信西欧各国革命会进展得更加迅速，会取得更大的胜利。从另一方面来说，这里包含着一定的危险，就是斗争会来得很猛，工人群众的认识会跟不上这种发展。有政治教养的德国广大工人群众至今还不明白苏维埃制度的意义，因为他们是用议会制思想和资产阶级偏见熏陶出来的。

　　第二，关于苏维埃制度的推行。当我们听到苏维埃的思想在德国甚至在英国迅速传播的时候，我们认为这有力地证明了无产阶级革命一定会胜利。要阻止住它的进程，只能得逞于一时。至于阿尔伯特同志和普拉滕同志对我们说，在他们的农村中，在农业工人和小农中间几乎没有苏维埃，那是另一回事。我在《红旗报》上看到一篇文章反对农民苏维埃，但它完全正确地赞成贫雇农苏维埃。资产阶级及其走狗，如谢德曼之流，已经提出了农民苏维埃的口号。但是我们需要的只是贫雇农苏维埃。遗憾得很，我们从阿尔伯特、普拉滕等等同志的报告中看到，除匈牙利外，在农村中推行苏维埃制度的工作还做得很少。也许这里还包含着阻碍德国无产阶级取得可靠胜利的相当大的实际危险。只有在城市工人和农村无产者都组织起来，并且不是像从前那样组织成工会和合作社，而是组织成苏维埃的时候，才能认为胜利有了保障。我们的胜利得来比较容易，因为 1917 年 10 月我们是同农民，同全体农民一起前进的。在这个意义上说，当时我们的革命是资产阶级革命。我们无产阶级政府的第一个步骤就是：在 1917 年 10 月 26 日（旧历），即革命后第二

天，我们政府就颁布法令，承认了还在克伦斯基时代农民苏维埃和农民
大会就表达过的全体农民的夙愿。这就是我们的力量所在，因此，我们
才这样容易地赢得了压倒多数。当时对农村来说，我们的革命仍然是资
产阶级革命，只是后来，过了半年以后，我们才不得不在国家组织的范
围内，在农村中开始了阶级斗争，在每个村庄建立起贫苦农民即半无产
者的委员会，有步骤地同农村资产阶级进行斗争。由于俄国落后，这种
情况在我国是不可避免的。西欧的情况将会不同，因此我们应当着重指
出，用适合那里的也许是新的形式在农村居民中推行苏维埃制度是绝对
必要的。

　　第三，我们应当指出，在苏维埃政权尚未取得胜利的一切国家，主
要任务是争取共产党人在苏维埃中占多数。昨天我们的决议起草委员会
讨论了这个问题。也许其他同志还要对这个问题发表意见，但是我想提
议把这三点作为一个专门决议来通过。当然，我们不能事先规定发展的
道路。很可能西欧许多国家的革命很快就会到来，但是，作为工人阶级
有组织的部队，作为政党，我们力争并且应当力争在苏维埃中占多数。
那样我们的胜利就有了保证，而任何力量都阻挡不了共产主义革命。不
然的话，就不大容易取得胜利，胜利了也难以持久。因此，我想建议把
这三点作为一个专门决议来通过。①

阿尔伯特（德国）：

　　列宁同志提到的决议，下午就可以公布。② 下面就请各位就提纲发

---

①　中译文见《列宁全集》中文第 2 版第 35 卷第 485—501 页。——编者注
②　大会记录除记载由列宁所宣读并由大会所通过的提纲之外，并未记载大会
　　就列宁的报告所通过的专门决议。列宁论述三点内容的决议刊登在《共产
　　国际》1919 年 5 月 1 日第 1 期上，是以提纲补充内容的形式发表的。见本
　　卷收录的《关于资产阶级民主和无产阶级专政的提纲的决议》。——编者注

表意见。究竟还要不要讨论？还是直接把提纲交执行局发表？要不要进行辩论？将提纲交执行局散发，大家是否赞成？

季诺维也夫（俄国）：

决议起草委员会已经作出具体的决定。也就是说，起草委员会一致决定不但要把提纲移交执行局，而且要以代表会议名义对提纲表示赞成。

阿尔伯特（德国）：

说得明白些，就是要执行局以大会名义将提纲交付打印，并向各国散发。

普拉滕（瑞士）：

同志们！主席团提议，今天晚上讨论以下问题：第一，大会收到两份关于提纲的声明，即雷恩施坦同志的声明和卡谢尔同志的声明。第二，有代表提议，讨论成立第三国际问题。曾经出席齐美尔瓦尔德代表会议和昆塔尔代表会议的同志还要就此事发表声明。第三，如果我们的代表会议变成正式的代表大会，那就还要解决那些不能以自己党的名义正式发表意见的代表的表决权问题。接着，要听取关于伯尔尼代表会议的报告，我们如能现在就确定报告人，会议就转入讨论关于"协约国政策"的报告。有反对的意见没有？有疑问没有？

宣读卡谢尔同志的声明："我觉得，我对于《行动纲领》的态度被人曲解了，别人的理解违背我的本意。我不能不声明：《行动纲领》的内容及其各项原则，我完全、彻底拥护。我只是认为，有关革命成功的途径这个极其重要的一点有必要加以充实，即有必要借鉴俄国和德国的革命经验。这就是我不投票赞成《行动纲领》的理由。因为，在我看来，其内容尚不充分。"

宣读雷恩施坦同志就共产国际《行动纲领》提出的修正案："第三国际即共产国际号召全世界革命无产者加倍努力，发扬坚韧不拔的精神，将本国工会运动纳入真正革命的轨道，对本国工会运动的组织形式、目标、策略和精神进行改造，使之符合共产主义的革命目标。"

关于成立第三国际的提案

普拉滕（瑞士）：

现在我来宣读拉柯夫斯基、格鲁贝尔、格里姆隆德和鲁德尼扬斯基四位代表的提案：

"德意志奥地利共产党、瑞典左派社会民主党、巴尔干革命社会民主联盟和匈牙利共产党代表建议成立共产国际。

1. 要为实现无产阶级专政而斗争，就必须建立一个由拥护《行动纲领》的共产主义者所组成的统一而团结的国际组织。

2. 成立第三国际在当前尤为迫切，因为，目前在伯尔尼，以后还可能在其他地方，有人企图恢复旧的、社会主义国际，并纠集无产阶级队伍中一切认识不清和意志薄弱的分子。因此，无产阶级革命分子必须同社会党叛卖分子划清界限。

3. 如果在莫斯科举行的代表会议不成立第三国际，就会造成一种印象，似乎各国共产党并不团结一致，这将削弱我们的地位，并使各国无产阶级队伍中动摇不定的分子思想更加混乱。

4. 因此，成立第三国际是历史提出的必然要求，这种要求，正在莫斯科举行的国际共产主义代表会议必须使之实现。"

提案提出了一个前提，就是要重新讨论我们在这里举行的会议究竟是代表会议还是代表大会。提案建议成立第三国际。现在，讨论就开始。

讨论成立第三国际问题

阿尔伯特（德国）：

同志们！究竟是把这次代表会议变成代表大会，进而成立第三国际，还是为成立第三国际而采取预备性措施，这个问题，我们从代表会议一开始，就辩论了很久。鉴于德国代表团奉本党的指示，不能投票赞成现在就成立第三国际，我们根据德国代表团的提议，决定：这次代表会议只作为成立第三国际的预备会议，以后再正式成立第三国际。但是，今天一些代表不顾已经作出的决定，再次提出无论如何也要在这次会议上成立第三国际，因此，我只好扼要地说明理由，为什么我们不主张你们立即成立第三国际。

会上有人说，成立第三国际势在必行。依我们看，这种说法未必成立。还有人说，无产阶级进行斗争，亟需一个思想中心。我们的回答是，这样的思想中心已经有了；所有在苏维埃制度的基础上联合起来的分子，正在脱离工人阶级队伍中一切尚在留恋资产阶级民主的分子，大家到处可以看到，他们二者之间的决裂不可避免，并且有的已经和正在决裂。但是，第三国际不能仅仅成为一个思想中心，一个供理论家彼此激烈辩论的机关，它还必须成为一个坚强组织的基础。如果我们希望第三国际成为得心应手的武器，希望使这个国际成为斗争手段，就不能不具备先决条件。因此，我们认为，这个问题不能仅仅从思想这个角度去观察和议论，还必须从实际出发，看是否具备组织基础。由此，我不由得想到，一些同志之所以如此坚持，是因为他们深受目前第二国际内部事态发展的影响；是因为在伯尔尼代表会议之后，他们恨不能另起炉灶，以便与之抗争。这一点，我们觉得倒无关紧要。还有人说：总要是非分明吧，不然，可疑分子就会统统投奔黄色国际。对此，我的回答是，即使成立第三国际，也阻挡不住这些分子，因为，今天仍然有人在继续叛逃。这种人叛逃倒也好，常言道：物以类聚，人以群分！我们要成立第三国际，一个关键的问题是，首先要明确我们的宗旨是什么，我们赖以联合的基础是什么。从来自各个不同国家的同志所作的报告看来，他们对于我们的实践观点，对于我们为达到既定目标而要采取的具体途径的观点并不了解；再者，各国代表来此聚会，也绝不是为了参与成立第三国际，他们的任务是，先将情况通报给各自的组织。会议邀请书也正是这样写的，翻开邀请信，首页上即写道：鉴于以上种种情况，"所以，我们责无旁贷地倡议将讨论召开各国革命无产阶级政党的国际代表大会的问题提到日程上来"①。由此可见，邀请信的意思是，我们在这里首先要研究有无可能把同志们请来举行成立大会。龙格同志是一位政治上活跃的人，属于核心人物，但是，他在来信中却表示，我们参加伯尔尼代表会议也未尝不可，可见某些党对于我们的途径、我们的目标竟无知到了何种地步。我们在德国国内并不了解各党之间的意见分歧究竟有多大，所以我在动身来这里的时候，料定在各种问题上必有一番激烈的争论。现在我可以断定，我们在大多数问题上是一致的。这是我们当初所不曾料到的。我们既然要着手成立第三国际，就首先应当向全世界宣告我们的宗旨，就应当预先阐明我们打算靠哪一种途径来实现联合，以及靠哪一种途径才能实现联合。有人说，第三国际已经在齐美尔瓦尔德建立起来了，其实不然。齐美尔瓦尔德联盟早就解体了，其中能够同我们继续合作的只有为数很少的左派分子。以上种种，足以说明：现在成立第三国际是不适宜的；而且，现在成立第三国际，在组织上也存在问题。我们的现状如何呢？真正的共产党只是在少数几个国家才有，多数共产党成立不过才几个星期；在许多国家中，虽然有了共产党

---

① 见本卷收录的《共产国际第一次代表大会的邀请信》。——编者注

人，但是他们并无任何组织可言。我感到惊讶的是，瑞典代表一方面建议成立第三国际，另一方面却又承认，瑞典尚无纯粹的共产主义组织，只是在社会民主党内有一个人数较多的共产主义小组。大家知道，无论瑞士，无论其他国家，都还没有真正的党，都还有待建立真正的党，正因为如此，出席会议的同志就只能代表各自的小组。究竟有多少个党赞成我们这样做，你们今天说得上来吗？有芬兰、俄国、瑞典、奥匈帝国。至于巴尔干联盟，恐怕也并不完全赞成你们这样做（希腊和塞尔维亚代表就不承认拉柯夫斯基是他们的代表）。你们代表不了整个西欧，因为，比利时和意大利未派代表出席会议；瑞士代表代表不了该党；法国、英国、西班牙和葡萄牙没有派代表来；恐怕就连美国人也说不清到底会有哪些党赞成我们这样做。既要成立第三国际，可是参与成立的组织竟少得如此可怜，如何能取得合法的资格呢？所以，在成立国际之前，应当先向全世界宣布我们的行动纲领，邀请各个共产主义组织，请它们表明态度，看它们是否愿意同我们一道成立共产国际。

当前必须加紧成立共产主义组织，因为，继续同考茨基和谢德曼之流共事已经不可能。我要进一句忠言：切切不可立即成立第三国际，不可草率从事，而要争取尽快召开代表大会，由代表大会成立新的国际。只有这样的国际才能脚踏实地，才能有坚实的基础。

我所代表的组织之所以反对立即成立第三国际，其理由就在于此。基础过于薄弱，马上成立国际是否可行，请诸位三思。

季诺维也夫（俄国）：

同志们！大家知道，会议一开始，我们党就发表主张，要求立即成立第三国际。我们曾以党中央名义声明，我们赞成成立第三国际，俄国无产阶级以及国际工人阶级的利益也迫切要求成立第三国际。同时，我们也告诉了大家，我们的德国朋友坚决主张推迟成立。会议一开始，我们也曾经表示同意将这次会议定为代表会议。只是到后来，奥地利、巴尔干国家及瑞典的同志赶到，说如果迟迟不成立第三国际，必将损害他们本国的革命运动。其实，他们的这种表示，早在我们意料之中。昨天，决议起草委员会经过认真研究，一致决定，建议会议将本次会议确定为第三国际成立大会。阿尔伯特同志可能要问：你们如此坚持，道理何在？立即成立第三国际，有何必要？我们倒要反问一句，请他说明，为什么工人国际主义者现在应当推迟成立第三国际呢？我们的无产阶级革命已经在一个大国获得成功；一场伟大的革命也正在另外两个国家中走向胜利；难道我们还要说"自己过于软弱"吗？我们的口号是建立一个国际苏维埃共和国，谁也不能说这是乌托邦。我们坚信，这在最近的将来就能实现；难道我们还不敢成立第三国际，以此作为建立国际苏维埃共和国的一种手段吗？谁也不否认成立第三国际必将受到世界各国广大工人群众的热烈欢迎。相反，如果我们迟疑不决，人们就会感到莫名其妙。

依照你们的主张，世界各国先要把共产党正式建立起来，是吗？你们德国已经胜利地进行了革命，这比正式建党更有价值。你们德国有一个就要取得政权的党，而且再过几个月，它要建立一个无产阶级的政府。我们还有什么理由拖延呢？这是谁也不能理解的。在龙格看来，新的国际还是先不成立为好，等全体可尊可敬的代表都来出席代表大会再说。殊不知，这种立场正是共产党人所要坚决反对的。我要提醒诸位，理论上的是非，早在1915年齐美尔瓦尔德代表会议上就已经开始清楚了。今天，不是要探讨理论上的是非，而是要实际着手组织工作。当初，这项活动现在的德国共产党是积极参加了的。我还要提醒诸位，齐美尔瓦尔德左派制定行动纲领时，德国共产党也是有人参加了的。行动纲领的基础也就是当初"国际派"所拟定的纲领。三年过去了，我们再次会面，这一次就要实际着手组织工作。因此，我认为我们没有理由不这样办。我们确信，德国工人会说："你们做得对。"现在，我们要克服妄自菲薄的心理，树立坚定的自信心，坚信未来属于第三国际。我们一旦有了这样的自信心，就再也不会动摇不定，就会向前迈出这非迈不可的一步。因此，我们党经过深思熟虑，提议现在就成立第三国际。这样做，可以向全世界表明，我们不光是有思想上的武装，而且也有自己的组织。请看一下伯尔尼代表会议吧！真是一群懦夫！我们必须反其道而行之，必须表明我们的必胜信心。在伯尔尼代表会议的决议中，字里行间都暴露出他们在思想上理论上的贫乏。他们竟然没有勇气亮明自己的观点。我们则不同，我们可以大胆说出我们的一切主张和目标。

巴拉巴诺娃（齐美尔瓦尔德委员会）：

我要借此机会履行我的义务，向与会者转达加入齐美尔瓦尔德联盟的大多数政党、团体以及所有拥护这个联盟旗帜的人士的最热烈的问候。就凭道义上的权利，我敢断言，如果上述各政党代表不受政治上、技术上的阻碍而亲自到会的话，他们就绝不会只是空口说白话，表示一番同情便了事，而一定会欢迎，一定会举手赞成成立第三国际。因此，关于阿尔伯特同志所表示的反对意见，我想说几句话。他的议论，听起来头头是道，可惜他忽略了最重要的一点，即早在第二国际，特别是在它的后期，就曾有人发表言论，一再强调理论与实践是两回事情。但是，现在正处在理论要变成行动、不及时表达主张就会妨碍行动这样一个历史关头。目前，不仅无产阶级，而且所有的公众，所有具有政治头脑的人，都已经认识到，当前的问题是资产阶级政权与无产阶级政权展开一场殊死的斗争。我本人曾有幸高举齐美尔瓦尔德联盟的旗帜，一直高举到德国爆发革命和被协约国的胜利冲昏头脑的疯狂的反动派倒行逆施时止，所有这些都没有打破任何国际组织的界限；我本人曾在政治形势所允许的范围内，尽可能地与各有关组织保持了联系；因此，我觉得我在这里也同样可以理直气壮地说，自俄国爆发第二次即无产阶级革命以来，革命的、具有阶级觉悟的公众已经完全转到俄国苏维埃政权一边了，完全拥护苏维埃政权所体现的基本主张。至于齐美尔瓦尔德联盟，我必须强调指出，它是一个临时组织，是一个抵御帝国主义战争、抵制社会爱国主义多数派可耻行为的防御性组织，其宗旨并不是要建立新的国际中心。大家知道，随着政治生活恢复正常，具有阶级觉悟的无产阶级、无产阶级的革命先锋队，必将毫不迟疑地清算那些在困难而又关键的时刻无耻地叛卖无产阶级的分子；但是，就那些始终忠于社会主义的各国人士而言，重要的是，他们无论在理论或者在实践方面都应当彼此建立联系，从科学社会主义的角度向群众阐明重大事件，并从中得出相应的理论结论。

同志们！现在有人硬说震撼世界的俄国事件和德国事件都是齐美尔瓦尔德联盟一手策划的，这纯粹是无稽之谈；同样，说那些加入齐美尔瓦尔德联盟的政党和少数派偏离正确的轨道，是齐美尔瓦尔德联盟的过错，这也是不公平的。当初，在俄国爆发无产阶级起义的第二天，齐美尔瓦尔德联盟各组织的领袖，不问这次起义是否会立即遭到镇压，是否会被淹没在血泊中，就毅然决然地声明支持起义，发表呼吁书，按照齐美尔瓦尔德联盟第三次代表会议的决议，号召有阶级觉悟的工人群众举行国际大罢工，全力支援俄国无产阶级的斗争；今天也一样，我以高度的责任感，责无旁贷地在此郑重声明：加入齐美尔瓦尔德联盟的多数政党主张立即成立第三国际。我在一项准备提交今天会议的决议案中已经宣读过：建议齐美尔瓦尔德委员会执行委员会将其全部文件移交给新成立的国际。说到这里，我要说明一点：撇开我作为国际社会党委员会书记，按照我的职权，是否有权不经委员会磋商便擅自处理某项具体事务不谈；尽管我本人因经济及治安方面的原因而被勒令离开瑞士，不能随身携带文件，不能亲自实现上述要求，但是，我要表示我的信念，即如果不是警方极力阻挠广大国际革命社会党人和广大群众参与这次会议，我们就不但能够把齐美尔瓦尔德联盟的物质遗产移交给正在这里成立的国际，而且能够代表千百万无产阶级分子，给予新的国际以最有效的支持，能够进行积极合作，并转达他们的最良好的祝愿。

格里姆隆德（瑞典）：

我要向阿尔伯特同志说明，我的意思被他误解了。我是瑞典左派社会民主党的代表，我们党已经脱离社会爱国主义政党，坚决维护齐美尔瓦尔德联盟及俄国无产阶级革命的观点。固然，党还没有实现完全统一，党内还有人不完全赞成上述观点；但是，毫无疑问，我们党一经召开第一次代表大会，就将正式加入共产党。我感到惊奇的是，阿尔伯特作为一名来自德国的同志，竟然怀疑、不愿意或者说不理解这一点，即唯有成立共产国际，无产阶级才能脚踏实地。我为第三国际而欢呼，我认为，第三国际应当而且必须立即成立。

拉希亚（芬兰）：

同志们！阿尔伯特同志刚刚提到的那个预备会议，芬兰共产党的代表也参加了。在这里，我就是代表芬兰共产党的。在预备会议上，当提出在这次代表会议上成立第三国际是否可能、是否适宜的问题时，我们党的代表团便决定将一份声明递交代表会议全体会议，现在我来宣读这项声明：

芬兰共产党代表团的声明

"我们受党的派遣，前来参加第三国际成立大会，我们的目的十分明确，有鉴于此，我们特向大会发表简短声明如下：

芬兰共产党认为，成立第三国际的问题迫在眉睫。为适应当前总的国际形势，适应国际无产阶级革命运动的各项任务，我们也必须成立第三国际。

世界大战一开始，第二国际领袖便背叛了无产阶级事业，现在，革命的无产阶级认为，第二国际已经名存实亡，它在今后工人阶级求解放的斗争中已经不能成为联络环节。

社会爱国主义分子的伯尔尼代表会议的基本宗旨是，复活早已过时的公式，建立中心，以便在被压迫阶级争取解放的幌子下，纠集第二国际的社会爱国主义分子和动摇分子。尤其不能忽视的是，伯尔尼代表会议竟然得出结论，认为第二国际**依然继续**存在。

由于缺少一个国际范围的、思想上组织上坚强的共产主义组织，国际骗子才得以在国际团结的幌子下，在第二国际的旗号下，继续从事他们的勾当，并且干得比过去更为顺手。

在一系列重要的国家中，与社会党叛徒及社会爱国主义分子决裂，已经成为事实。

俄国、德国、意大利、英国、奥匈帝国、美国、法国、瑞典及其他许多国家的革命无产阶级，在同帝国主义资产阶级作斗争的同时，也同打着第二国际旗号继续从事叛卖勾当的社会党叛徒和社会爱国主义分子作斗争。

一旦第三国际成立，许多国家的现有政党和小组就将面临一个具体问题：究竟加入哪一个国际，加入的目的何在？由此势必产生一个分水岭，各个派别相互之间的联系就将分明，从而全世界的革命力量就能够在最短期间内实现联合，这是毫无疑问的。

我们党认为，如果这次代表会议能制定一个在理论上无可争议的、在实践中行之有效的行动纲领，那么，成立第三国际的问题即告解决；反之，正式否决成立第三国际，势必削弱国际无产阶级的力量，不利于同资本主义及其支柱——社会爱国主义的黄色国际进行斗争。"

这项声明是实际上是我党代表和斯巴达克派代表双方在预备会议上交换意见之后写成的。在预备会议上，我党代表团表示欢迎成立第三国际的时候，阿尔伯特同志提出了几条反对的意见，现在，我要就这几条反对的意见再说几句。阿尔伯特同志说，要成立第三国际，必须预先了解我们的目标是什么。恕我直言，我要反问阿尔伯特同志：德国无产阶级不仅同帝国主义资产阶级，而且同谢德曼、诺斯克进行英勇不屈、前赴后继的斗争，他们不知道他们是为什么而战吗？我坚信，虽然目前德国无产阶级遭受挫折，但是，不论这次会议成立第三国际与否，他们的斗争绝不会停止，斗争的口号绝不会改变。就全世界而言，当前的问题不在于宣传或建立教育群众的机构；世界各国的问题是，两种专政即资产阶级专政与无产阶级专政正在展开斗争。迄今为止，没有任何统一的国际中心来领导这场斗争，斗争是分散进行的。阿尔伯特同志说，各国各党对于成立第三国际的态度如何，我们还不得而知。在我们看来，也就是芬兰共产党看来，当前在全世界兴起的声势浩大的革命运动已经对这个问题作出了回答，明白无误地说明了无产阶级所追求的目标是什么。西方无产阶级这场革命运动清楚地说明，如果世界无产阶级有一个类似国际这样的联络中心，他们的斗争就会容易得多，顺利得多。阿尔伯特声称，德国革命无产阶级原则上丝毫也不反对成立第三国际，问题只在于纯粹方式方法，借口纯粹方式方法问题，借口某某代表的代表资格问题或某某国家的无产阶级因故不能派代表出席会议，就推迟成立第三国际，这是本末倒置。这次会议代表之所以缺额，其原因是显而易见的。成立第三国际，其重大意义还在于：它将成为国际革命工人运动的中心，成为全世界无产阶级革命运动的策略与战略中心，而这是非同小可的事情。如此看来，这样一个中心就非成立不可。这件事情，今天、昨天、一个星期以前、一个月以前就应当办理。毫无疑问，因为缺少这样一个中心，无产阶级的革命运动正在蒙受损失。可以断言，假如这样一个中心在昨天、在一个星期以前、在一个月以前就成立起来，那么，各国革命无产阶级目前所进行的艰苦卓绝的斗争就一定比现在更富有成效，斗争的方略也更正确。第三国际成立的消息一旦传播出去，全世界将为之欢欣鼓舞，并且我深信，世界各地的革命无产阶级都将集合在无产阶级自己的旗帜下，满怀必胜的信心去战斗，并终将赢得斗争的胜利。

拉柯夫斯基（巴尔干革命社会民主联盟）提请与会代表注意，在表决战争拨款问题上，现在的德国共产党代表的立场与累德堡同志的立场颇为相近；累德堡同志声称，他反对战争拨款，但不受反对战争拨款决定的约束，因为，那样一来，有人就会说这个决定是在外国的压力下作出的。这种偏见，这种顾虑，怕公众散布关于外国压力的闲话，在第二国际是司空见惯的。现在确实到了克服这种偏见的时候了。

必须立即成立第三国际，也还有其他理由。如果现在不成立第三国际，那就会使人们产生怀疑，似乎各国共产党人并不团结一致。不仅如此，人们还会有充分的理由认为，这是对俄罗斯苏维埃共和国的一种不信任，果真要如此，则道义上和政治上的后果将不堪设想。

至于实际问题，即所谓这次会议并不代表各政党，必须指出，当初成立具有历史意义的第一国际的时候，情形也并不比现在强；各代表所代表的党，也并不比现在广泛。当前需要办的事情就是：为国际制定一部行动纲领，而在阶级斗争和立即剥夺土地及资本这个根本问题上，大家的意见完全一致，因此，借口方式方法而拒绝现在成立第三国际，是说不过去的。

鲁德尼扬斯基（匈牙利）：

同志们！匈牙利共产党人一致提议，要在这次会议上把第三国际从形式上也建立起来，因为实际上它早已存在。它在俄国无产阶级同俄国资产阶级的斗争中就已经诞生了。这是匈牙利共产党的坚定不移的观点。只是千百遍地重复说第二国际已经死亡，伯尔尼会议已经丧失号召力，出席这次莫斯科会议的人都是富有生命力的、在斗争中诞生的新国际的成员，是无济于事的。不在这次会议上正式批准成立第三国际，我们是不答应的，因为，第三国际实际上是俄国无产阶级在斗争中争取来的。德国无产阶级先进分子也投入了这场斗争；在斗争的过程中，革命意志日益坚定的匈牙利无产阶级先进分子也行动起来了。同志们，正像季诺维也夫同志所建议的那样，我们希望这次代表会议成为第三国际代表大会，希望把第三国际从形式上也建立起来。

沙杜尔（法国，他的发言由巴拉巴诺娃翻译）。沙杜尔同志表示，他只想说明几点，以反驳阿尔伯特同志的论据。首先，阿尔伯特指出，出席这次会议的代表人数不够，那么究竟多少才算够呢？人们总不该忘记，许多国家的政党在国内面临着种种政治难关，它们的代表不能按时赶来出席这次会议。

其次，沙杜尔同志提请人们注意，成立第三国际的尝试一旦失败，各国的民族党将何以自处。他认为，如果不建立中心，矛盾势必加深。反之，建立起这样一个中心，有了一个在俄国设立常驻代表机构的紧密团结的组织，就可以对各国的运动进行指导。沙杜尔同志吁请阿尔伯特同志以国际团结为重，改变自己的观点。

他说，除非有国际中心来领导，否则，各国的斗争要取得胜利是不可能的。

格鲁贝尔（德意志奥地利）：

同志们，作为提案①发起人之一，我想就这项提案作些补充说明。运动一开始，奥地利共产党人就有过成立新国际的设想。不过，当时我们并不了解，在别的国家，一些政党在《共产党宣言》、在无产阶级专

---

① 指《关于成立第三国际的提案》。——编者注

政的基础上也相继建立起来了。现在，我们感到惊讶的是，德国共产党代表竟然声称，出于方式方法方面的考虑，不能对这项提案表示赞成。大家知道，巴黎正在拼凑神圣同盟一类的组织，目的就是要彻底取消国际无产阶级的一切革命运动；与此同时，伯尔尼也在建立一个组织，目的是要消磨无产阶级的革命意志。伯尔尼已经选出一个委员会，要赴俄国考察布尔什维主义。但愿鲍威尔、伦纳、阿德勒、考茨基诸位先生来到莫斯科，不仅能发现新的行动纲领，而且能发现国际无产阶级的新型组织。但愿他们能亲眼看到，我们并不是在观望布尔什维克国内的情形将如何演变，而是放眼未来，比这些科学社会主义预言家看得更远，目光更远大。因此，我要请求阿尔伯特同志改变他的不赞成的态度。我们正处于内战接连不断的时代。为了与资产阶级同盟相抗衡，我们务必现在就建立革命无产阶级的坚强联盟，以消除这个联盟个别支部中尚未克服的种种疑虑。我敢发誓，假如我到慕尼黑、不来梅或别的地方，直截了当地提出："同志们，我们在莫斯科成立了国际，你们反对吗？"他们一定回答说："你们做得对！"即使在座各位代表有谁奉命不参与表决成立国际，但是，他们所参与的这个事业毕竟比他们似乎应当遵守的这种形式上的纪律伟大得多，重要得多。我们是共产党人，讲求工作效率，不希望白白地消磨精力和时光，而要做到这一点，就唯有借助于中心，这个中心有权向所有支部发布一定的指令。如果还设立执行局的话，它就必须代表无产阶级的各支部，必须同各支部保持接触。阿尔伯特同志表示，在表决成立国际之前，他要向他的党的同志提出报告。但是，再过几个月，我们能否再次聚会，就难预料了。因此，我们主张现在就成立国际，俄国爆发革命以来，俄国就是全世界共产主义运动的思想中心，但是，还必须建立一个物质中心。要做到这一点，就必须组织起来。的确，这次会议缺少一些国家的代表，但这不是我们的过错。其实，第三国际的首要任务就是要协助那些目前尚未建立任何共产主义组织的国家早日把这样的组织建立起来。

我还可以举出种种理由，说明国际必须现在就成立。最后，我请求各位代表对提案一致表示赞成！提案如能一致通过，莫斯科代表会议就将比成立第一国际和第二国际更能体现革命无产阶级的斗争意志和必胜信心。

普拉滕通知大会，说还有四人报名发言，他提议停止报名发言。（通过）

法因贝格（英国，他的发言由雷恩施坦翻译）。法因贝格表示不赞成阿尔伯特同志为反对立即成立国际而提出的理由。法因贝格说，虽然他在这次会议上只代表一个地方组织，无权以英国社会党名义讲话，但是，从英国运动以往的情况和现状出发，他毕竟有资格推断，英国工人肯定拥护成立第三国际。他强调指出，英国社会党虽然未能派代表常驻齐美尔瓦尔德联盟，但它仍然是该联盟的成员。他认为，对于那些因故未能派代表出席这次会议的政党，也应该这样看待。他指出，英国社会党早就同第二国际断绝来往，早就同它一刀两断。英国社会党拥护成立第三国际是毫无疑问的。

表决并通过关于成立共产国际的提案

普拉滕（瑞士）：

有人提议停止讨论。对这项提议，谁赞成，谁反对？通过。宣布讨论到此结束，进行表决。现在，就拉柯夫斯基、格鲁贝尔、格里姆隆德和鲁德尼扬斯基签署的提案①进行表决。（宣读提案）

——————————

① 即本卷收录的《关于成立第三国际的提案》。——编者注

表决这项提案的目的就是要决定是否现在就成立第三国际。

赞成的，请说"赞成"，反对的，请说"反对"。

有表决权的党：

        德国共产党   弃权

        俄国共产党   赞成

        德意志奥地利共产党   赞成

        匈牙利共产党   赞成

        瑞典左派社会民主党   赞成

        挪威社会民主党   赞成

        瑞士社会民主党（反对派）   赞成

        美国社会主义工人党   赞成

        巴尔干革命社会民主联盟   赞成

        波兰共产党   赞成

        芬兰共产党   赞成

        乌克兰共产党   赞成

        立陶宛和白俄罗斯共产党   赞成

        拉脱维亚共产党   赞成

        爱沙尼亚共产党   赞成

        亚美尼亚共产党   赞成

        俄国境内德意志人侨居区共产党 赞成

        俄国东部各民族联合小组   赞成

有发言权的党：

        捷克共产主义小组   赞成

        保加利亚共产主义小组   赞成

        南斯拉夫共产主义小组   赞成

        英国共产主义小组   赞成

法国共产主义小组	赞成
荷兰社会主义小组	赞成
美国社会主义宣传同盟	赞成
瑞士共产主义小组	赞成
东部各民族中央常务局土耳其斯坦支部	赞成
东部各民族中央常务局土耳其支部	赞成
东部各民族中央常务局格鲁吉亚支部	赞成
东部各民族中央常务局阿塞拜疆支部	赞成
东部各民族中央常务局波斯支部	赞成
中国社会主义工人党	赞成
朝鲜工人同盟	赞成

表决结果；有表决权的有 5 票弃权①，其余赞成，有发言权的一致赞成。

（暴风雨般的掌声，代表们高唱《国际歌》）

致乌克兰苏维埃第三次代表大会的贺词

普拉滕（瑞士）：

同志们！我们的大会已经变成"共产国际代表大会"了。下面继续进行大会讨论。首先，必须确定哪些代表有表决权。会议代表，有些是出于当时的情况而被邀请出席会议的，现在，提案已获得通过，情况已发生变化，所以提出这些代表是否享有表决权，自然是必要的。决议

---

① 按第二次会议规定，大国拥有 5 票表决票数，德国属于大国，所以德国共产党弃权为 5 票弃权。——译者注

起草委员会一致提议，继续保留这些同志的表决权。有反对的意见吗？看来没有。那也就是说，大家的意见是，表决权的比例不变。乌克兰代表就要退席返回本地，参加乌克兰苏维埃代表大会。有人提议，请乌克兰代表向他们的同志转达大会的问候。贺词是这样的：

> "共产国际代表大会谨向出席乌克兰苏维埃第三次代表大会的乌克兰同志致以衷心的敬意。乌克兰同志终于战胜了本地区的敌人，并向那些为协约国干涉乌克兰事务而叫好的分子表明，乌克兰工人和贫农决不为任何资产阶级的统治，而为苏维埃共和国的彻底胜利而斗争。
>
> 无产阶级专政万岁！
>
> 社会革命万岁！"

赞成这一份贺词的，请举手。我们将这份贺词转交给乌克兰同志。

阿尔伯特同志要求发表声明。

阿尔伯特的声明

同志们！我受本党委托，并且出于个人的信念，曾竭力设法推迟成立第三国际。尽管如此，但是第三国际还是成立了。平心而论，一想到国际尚不具备我们所期望的那种力量，那种坚实的基础，我就忐忑不安。但是，我要声明，返回德国以后，我要竭力说服我的同志们尽快发表声明，承认他们也是第三国际的成员。

普拉滕（瑞士）：

时间已经不早了，可是还有一个问题，不能不占用片刻时间，其余的时间则留给决议起草委员会支配。以巴拉巴诺娃、季诺维也夫、列宁、托洛茨基、普拉滕等同志为代表出席这次会议的齐美尔瓦尔德联盟的同志递交了一份声明，声明如下：

　　"齐美尔瓦尔德代表会议和昆塔尔代表会议曾经起过它们应当起的作用，因为，当时必须将所有决心以不同的方式反对帝国主义战争的无产阶级分子联合起来。但是，加入齐美尔瓦尔德联盟的，除了坚定的共产主义分子以外，还有'中派'分子、和平主义分子及动摇分子。伯尔尼代表会议证明，现在，'中派'分子已经跟社会爱国主义分子同流合污，共同对付革命无产阶级，这样，他们就利用齐美尔瓦尔德联盟来为反动派效力。

　　与此同时，共产主义派别在许多国家中发展壮大，因此，同阻挠社会革命发展的'中派'分子作斗争，已成为当前革命无产阶级的一项极其重要的任务。

　　齐美尔瓦尔德联盟业已完成使命。齐美尔瓦尔德联盟的一切真正革命的分子转而加入共产国际。

　　在本声明上署名的齐美尔瓦尔德联盟成员谨声明：齐美尔瓦尔德联盟业已撤销，并建议齐美尔瓦尔德代表会议执行局将其全部文件移交给第三国际执行委员会。

克·拉柯夫斯基

尼·列宁

格·季诺维也夫

列·托洛茨基

弗里茨·普拉滕"

关于齐美尔瓦尔德联盟的决定

普拉滕（瑞士）：

　　布哈林同志递交一项决议案，决议案写道："共产国际第一次代表大会听取了齐美尔瓦尔德国际社会委员会书记巴拉巴诺娃同志的报告和齐美尔瓦尔德联盟成员拉柯夫斯基、普拉滕、列宁、托洛茨基、季诺维也夫同志的声明，兹决定：

'齐美尔瓦尔德联盟就此解散。'"

（决议案一致通过）

普拉滕于 9 时半宣布闭会。

第四次会议

（1919 年 3 月 5 日）

列宁于 12 时半宣布开会，并请普拉滕同志发言。议程是："伯尔尼代表会议和对各社会主义派别的态度"。

伯尔尼代表会议和对各社会主义派别的态度

普拉滕（瑞士）：

同志们！大战爆发后，第二国际便成为社会民主党人的一个帮会，社会民主党人不仅把以往所做的决定一概抛到九霄云外，而且不愿从事无产阶级的任何革命活动。常务局及其追随者投靠社会爱国主义分子的营垒，这些社会爱国主义分子虽然是胆怯地却也卖力地利用其影响来左右工人组织，使之迎合各自国家政府的意图。大战期间，我们一再向这些人发出呼吁，希望他们不忘自己的国际主义义务，最终回到斯图加特决议上来，采取实际步骤，以解除国际资产阶级的武装。可是，常务局对于我们的呼吁，对于我们的要求置之不理。一直到欧战结束，常务局不曾向全世界无产者发出任何战斗号召。它一心追求的就是协助统治阶级打赢这场为进一步掠夺财富而进行的战争。

混入常务局的一群社会党叛徒谎话说尽，坏事做绝。我们十分清楚，作为社会主义革命派的社会党人，我们同这群卖身投靠本国政府的分子只有一刀两断。对于我们来说，第二国际已经死亡。这一群人为挽回自己的威信，为让本国政府看出他们还有活动的能量，便甘愿继续充当工人阶级的叛徒；他们竟然还要举行代表大会；但无论如何，要恢复旧国际，那是痴心妄想！

我向诸位介绍一下伯尔尼代表会议召开的经过，目的是要说明，为迫使我们的齐美尔瓦尔德联盟的同志抵制伯尔尼代表会议，我们不知花费了多少心血。显然，他们举行代表会议，目的就是要证明无产阶级的国际依然存在。如果要追究更深的背景的话，那就是协约国的决策人物希望协约国的政策获得"社会主义国际"的某种认可。这一群人作为各自政府的忠实走狗，自然是能够不受阻挠地聚到一起的，他们果然也扮演了协约国列强的资产阶级奴仆的角色。举行代表会议的另一个目的是，第二国际一旦复活，革命战线就将被突破，原来的齐美尔瓦尔德联盟就将瓦解，并且还可以最大限度地孤立革命的共产党人。说到这里，不能不承认，齐美尔瓦尔德联盟作为一个兼容不同派别的政治联盟，确实谈不上是一个思想一致和行动一致的国际。齐美尔瓦尔德代表会议虽然曾组成一个决心反对继续进行战争的各政党联盟，可是它一接触群众革命化的问题，一接触暴力革命的问题，联盟各成员之间的深刻分歧就立刻暴露出来了。的确，为召开伯尔尼代表会议，社会爱国主义分子到处游说，终于说服了某些以前曾加入齐美尔瓦尔德联盟的同志答应参加代表会议，从而表明革命思想在齐美尔瓦尔德派的一部分同志身上是多么不牢固。我们是瑞士革命国际主义者，能够充当西欧国家与主要列强相互联络的环节，所以，我们肩负着一项艰巨的使命，即首先要设法阻止瑞士党参加伯尔尼代表会议。不难想象，如果瑞士党决定参加的话，就势必有人乘机大做文章，因而，作为瑞士党苏黎世执行委员会，我们竭力避免这种事情发生。

还必须提醒一点，在法国，龙格同志托我转告俄国同志，说法国党已决定派代表参加代表会议，并欢迎俄国同志也来参加。我把这份电报交给了沃罗夫斯基同志。我们满以为：由我们向当局交涉，俄国同志获准来瑞士未尝不可能，因为，一来我们听说，限于技术上的原因，俄国同志不能前往伯尔尼，二来我们也确实知道，他们并不想以反对派的身份参加社会爱国主义分子的代表会议。以过去曾加入齐美尔瓦尔德联盟这样一种身份来参加代表会议的各党，当然都属于极右派，其成员也都怀有一种信念，即相信他们终究能说服旧国际的代表人物打出革命国际的旗号。除了洛里欧、弗罗萨尔以外，几乎全体法国人都认为，瑞士人也好，俄国人也好，斯巴达克派也好，他们不来伯尔尼是大错特错，其理由是，他们本来可以在这次代表会议上把右派分子打个落花流水。不瞒大家说，在我们作出正确的判断之后，我们就立刻为法国同志竟然要出席代表会议，不肯立即同死心塌地的社会爱国主义分子划清界限而感到惋惜。

就我们本身而言，为帮助人们认清过去曾加入齐美尔瓦尔德联盟的各党参加这次代表会议的立场，我和几位同志临时想到马上邀集一些同志举行一次会议。我向到会的同志解释了瑞士党、意大利同志及俄国同志的立场，并就我所了解的情况，还解释了别国同志的立场。我们这样做的目的是设法就抵制代表会议、拒绝同社会党叛徒共同开会达成一项协议。应邀参加这次会议的有不少同志，其中也包括阿德勒、彼得罗夫、福尔、弗罗萨尔、洛里欧、莫尔加利、拉波波特、赫茨菲尔德、韦弗伊、布里安、舍弗罗、贝斯泰罗、贝特里托斯、马尔努斯等同志。我们建议这些同志正式声明拒绝前往伯尔尼参加代表会议，并且答应，假如他们发表声明，我们就将跟他们一道举行专门会议，共同商讨在国际内部组成新派别的问题，从而，也许还能同我们举行的这次会议发生某种关系，而这对于我们来说是至关重要的。但是，我们很快就发现，除洛里欧和莫尔加利以外，所有的人都借口手续问题，表示他们接到明确指示，非参加代表会议不可，并且要在代表会议上组成反对派。

　　既然他们作出这种表示，我们就只好助他们一臂之力，至少帮助他们组成反对派。我们指出，"既然你们保证只以反对派的身份参加代表会议，你们的步调就必须保持一致"，并且建议他们组成左派。我们主张，只要是常务局就某一个问题向代表会议提出决议案，他们就应当针锋相对，提出自己的决议案，并且要一一揭露常务局的所有企图，指出常务局推行的是迎合资产阶级利益的政策。我们还指出，他们作为过去的齐美尔瓦尔德派，有责任说明：他们同社会爱国主义分子在观点上有原则的分歧；他们必须坚持齐美尔瓦尔德派的宣言，反对常务局的决议案。在这一方面，尽管我们做了大量的说服工作，但他们却表示不希望自己的代表团闹分裂，相反地，还要显示他们各自国家的党派的团结。因此，要他们采取有组织的行动便不可能，这些同志也就仿佛成了一条无法掌舵的木船，只好在滔滔的江水中随波逐流。

　　代表会议一讨论战犯问题，人们就立刻看出，齐美尔瓦尔德派代表极力要在委员会会议上通过一项能为与会者所一致接受的决议案。不难想象，列诺得尔也好，德国社会爱国主义分子文德尔特别是格鲁姆巴赫及胡斯曼也好，他们的政策绝难与过去的齐美尔瓦尔德派的观点相吻合，因此，即使决议案获得一致通过，也并不表明它是行得通的。矛盾迟早要暴露出来。

　　由此可见，参加代表会议的同志陷入了一片混乱；每个人都随意与有关国家的代表相配合，见机行事。处理领土问题是如此，解决国联的问题也是如此。看着各派同志，其中包括奥地利的阿德勒同志在内，煞费苦心想寻求一个为极右派、中派和左派都能接受的共同基础，真是难为情。

　　在代表会议上，一些代表坚持要通过一项有关苏俄的决议，致使会议陷入微妙的境地。提出这项动议的不可告人的目的是，要强烈谴责苏维埃政府的布尔什维克政策，而其最终目的并不是通过这种谴责来表达某个党的某种政治观点，在我看来，是要以社会爱国主义分子的代表会议为名，对协约国阴谋干涉苏俄表示认可。显而易见，如果这项决议获得通过的话，就等于正式声明：社会爱国主义分子间接委托各自的政府出兵俄国，以"收拾残局"。这才是他们的根本动机所在。另外一个动机是，如果这项决议获得通过，就可以在别国工人心目中大大败坏俄国党和俄国革命的声誉。由于反对派即过去的齐美尔瓦尔德派的阻挠，这些人的阴谋没得逞。这项决议案由格鲁姆巴赫一类人物在会议的第三天就提出来了。多亏阿德勒同志，会议才决定不讨论这个问题。阿德勒同志阐述的理由是，大家对俄国的情况还不甚了解，有关布尔什维克政策的材料还不充分，因此，这样的决议暂时不通过为好，应当先由专门委员会对俄国苏维埃政府的政策作出评价；为此，这个专门委员会要对俄国的情况进行直接调查。又过了两天，格鲁姆巴赫再次发动进攻。法国的列诺得尔带头声称，如果代表会议在如此重大问题上不表明相应的态度，他们回法国就难以交代。他们并且声称，谴责布尔什维克政策，就等于筑起一道堤坝，设置一个屏障，可以阻止西欧各国工人对俄国革命者日益广泛的同情继续蔓延。的确，俄国革命运动的问题现在几乎成了西欧工人运动关心的重点。西欧几乎各个国家的工人都不理睬社会爱国主义分子在伯尔尼举行的为期八天的会议，就是一个很能说明问题的迹象。关于这次会议，资产阶级作了大量的报道；资产阶级费尽心机，极力证明会议开得严肃、认真，伟大的政治家在会议上找到了就连资产阶级也能接受的途径。相反地，工人却认为出席会议的没有一个是真正革命的代表，只有阿德勒出席会议，弄得他们一时摸不着头脑。这一次，一些同志确实表现得不错，其所作所为，的确是对我们的一种莫大的支持。以意大利的莫尔加利同志为例。他明确声明，他将不参加代表会议，他来到会场，主要是作为意大利报界的人；他极力说服各左派分子对代表会议采取抵制的态度。洛里欧同志发表声明①，揭露了伯尔尼代表会议的真面目。还应当指出，挪威同志也递交了一份声明，表明他们尽管参加了代表会议，但那是因为他们奉到明确指示，而并不十分了解代表会议的性质，所以他们弃权，不参加表决，完全是列席旁听。他们表示，他们将不承担任何义务，也不受会议决定的任何约束；他们回国后，将向自己的党介绍代表会议的真正性质。这些代表说，他们要力促自己的党彻底断绝与第二国际的联系，并建议自己的党加入第三国际。

接着，瑞士同志就在前来伯尔尼的代表中尽量找人交谈，了解各国的情况。我来向诸位介绍一下同志们的一些议论，虽然诸位听了不免会感到扫兴。

先是意大利同志向我们详细地通报了情况。莫尔加利说，在他看来，革命时机在意大利还不成熟，因为政府有意拖延，不复员军队。目前，意大利军队还在国外，除非军队复员完毕，形势发生变化，复员士兵失业挨饿，并激起广大群众对当局的不满，无产阶级才能发出革命的信号。关于革命爆发的日期，莫尔加利的估计比意大利的其他同志更悲观。不过，令人欣慰的是，他们还报告说，意大利党和工会都倾向于革命国际内部各个最极端的派别；他们并且说，意大利党提出了建立无产阶级专政的主张。这也毫不奇怪，因为大家知道，就意大利的情形而言，只要无产阶级举行起义，它就会坚持到底，非把无产阶级专政建立起来不可。综上所述，我们的意大利同志的见解是，意大利必然发生革命运动，而且，这场革命运动将与俄国革命颇为相近。

我们从洛里欧同志的报告中得知，在法国有五分之四的工人坚决反

---

① 见本卷收录的《洛里欧致伯尔尼黄色"国际"的信》，见本卷第82—83页。——编者注

对出兵干涉俄国。据他说，如果法国政府出兵干涉俄国，法国工人就绝不会袖手旁观，他们会掀起革命斗争。要出兵干涉俄国，只有借助殖民地土著，今后要派本国士兵，是绝难办到的。尽管由于军队复员，群众的革命情绪高涨起来，特别是从前线归来的士兵普遍不满，大有造反之势，但是，群众的革命情绪一时还不能达到在政治上有所作为的地步。据洛里欧说，怀有这种激烈革命情绪的主要是塞纳省的工人，洛里欧表示，虽然目前拥护他的人并不多，没有成千上万的党员跟着他走，可是他对工人阶级的影响之大，却绝非他所代表的党的党员人数所能比拟的。在伯尔尼代表会议之后，宣传的内容更加充实了，因为，代表会议并没有给社会爱国主义分子带来什么益处，法国党的内部矛盾必然激化。

我们同来自工会的同志交换过意见，从中了解到，法国工会会员已经采取坚决反对社会爱国主义分子的立场；据洛里欧估计，入阁的社会党人及其拥护者最近就要被彻底清除出党。现在，因为书刊检查放松了，工团主义派开展革命宣传的范围也比过去大得多了。从洛里欧到龙格，全体法国同志一致表示，他们要保护俄国同志，因为，即使东方的革命运动有错误，但它仍然不失为真正无产阶级的运动，并且，西欧的同志决不干攻击俄国同志这种事情。

至于英国同志，我们从他们那里了解到的情况甚少。据我们所知，英国各党已经达成一项协议，今后派谁作代表赴国外参加会议，一概由各工人党代表参加的代表会议根据多数人的意见来决定。英国代表承认，英国工人也极为活跃，许多工人反对派代表出席社会爱国主义分子的代表会议，并表示同情俄国革命同志。固然，他们说英国工人的斗争还没有提出实行社会主义变革的革命要求，它仅仅是一种声势浩大的经济运动而已。尽管如此，但是，我们仍然有理由推断，不要多久，英国工人的经济运动将会发展成为名副其实的革命运动。

奥地利的阿德勒同志是我们调查其本国情况的最后一个人。经交流，我们完全了解到他对德意志奥地利共产党的态度。据他说，他先要有一段时间来观察政治形势，并要想方设法再次取得合法地位。当他被问到为什么不愿领导共产党人的时候，他说，他不能出面参加运动，因为，他要在党内组成强有力的左派，以便率领全奥地利的所有无产阶级同资产阶级作斗争。经进一步了解奥地利的情况和阿德勒对维也纳工人的态度，我们认为，他害怕局势会更加混乱。他表示愿意参加国内的恢复事业，他直截了当地说，如果共产党人的政策占了上风，维也纳居民就必然要饿死，因为农民同城市之间的阶级斗争将导致城市食品供应中断。这种考虑不可轻视，由此也就不难理解，为什么他们要采取如此不坚定的立场。

大家从报告中可以看出，这些同志为维护我们的立场所作的努力并没有取得明显的成功。有一点是我坚信不疑的，这就是：世界各国的运动终将使他们某些人猛醒，从而促使他们断绝同社会爱国主义的第二国际的来往，而加入第三国际即共产国际。"是联合工人，还是反对工人？"——这是工人领袖的良心所面临的问题。有觉悟的工人必然会加入新的共产国际，只是在他们加入的时候会有两种可能，一种是跟随他们现在的领袖加入，另一种是甩开他们的领袖而单独加入。

列宁（俄国）：

现在，请另一位报告人，也就是季诺维也夫同志发言。

季诺维也夫（俄国）：

同志们！我们要讨论两个问题：一是我们对社会爱国主义分子伯尔尼代表会议的态度；二是我们对目前工人运动内部各主要派别的态度。关于第一个问题，我的主要材料来源就是颇有影响的资产阶级报纸《新苏黎世报》。该报对伯尔尼代表会议颇有好感，连续登载有关会议的报道，报道之详细，简直可以说是与会议记录相差无几。会议开幕时的情况非同寻常。布兰亭致会议开幕词，他首先回顾了国际成立的经过，赞扬了国际的领导人饶勒斯，全体与会者起立，并向饶勒斯默哀。会议报道说，接着，布兰亭先生提议大会向另一位伟人致意，这个人就是依然在世的威尔逊先生。同志们，你们看，会议主席一上来所说的这番话就意味深长：左边是我们的已故饶勒斯，右边是还活着的威尔逊！……明眼人一看也就心领神会了。

接着，法国前陆军部长阿尔伯·托马先生发言。他一发言，冷冷清清的会场顿时就活跃起来了。托马说："召开代表会议的目的在于通过几项决议，但是决议通过之后又将如何呢？国际在战前就成立了，今天，它的成员再次集会，可是成员的观点、态度变了没有呢？他们相互之间还是否信赖呢？这就是问题之所在，也是比利时拒绝出席代表会议的原因所在！"

托马先生是出席这次代表会议的重要人物之一，他道出了真情实况。他的话恰如一句俗话所说："人而无信，不知其可。"托马的话说穿了就是：四年以来，你们靠说谎度日，难道今天还会有人相信你们吗？托马先生以此来影射德国社会爱国主义分子，但是，德国社会爱国主义分子也照样可以回敬托马先生：**彼此彼此，五十步笑百步。**

在第二次会议上，第二国际最有影响的领袖之一韩德逊先生提出以下议案："代表会议决定：为了第二国际成员国工人阶级和社会主义运动的利益，会议的下一个目标是要竭力对巴黎和会施加影响。"

这句话概括了伯尔尼代表会议的主要任务。后来，韩德逊也罢，其他人也罢，都一再重复这句话；他们认定会议的唯一宗旨就是最大限度地对巴黎和会施加影响。这也就是伯尔尼代表会议的政治任务。韩德逊提出的议案接着指出：

"代表会议还承认，在战争问题上，大战引起了误会和严重的分歧。"

这意思就是说，四年半以来，工人阶级内部只不过是发生了一些小小的"误会"而已。怪哉！韩德逊提出的议案并没有超出当初维博和考茨基所提出的要求的范围，即：国联问题不应当由政府代表而应当由议会代表来解决，换句话说，不应当由工人和士兵代表而应当由资产阶级分子的代表来解决，因为，政府和资产阶级分子实质上是一丘之貉。尽管威尔逊先生并没有出席代表会议，但是他的幽灵却在会场的上空游荡。在代表会议的第四次会议上，胡斯曼提出一项成立委员会的议案，其成员包括韩德逊、布兰亭、胡斯曼以及每个成员国的两名代表，目的是最大限度地对巴黎和会施加影响，并监督巴黎和会各项决议的执行情况。一名中派分子在会上说了几句反对威尔逊的话，米利奥便站起来表示，如果威尔逊的政策不能得到赞同，他就将退出会议以示抗议。于是胡斯曼赶紧发言，百般安慰，意思是说：放心就是了，威尔逊的政策绝不会得不到赞同。

代表会议讨论的第一个问题是战犯问题。这个问题与领土问题密切相关。在讨论战犯问题时，他们对资产阶级政府的各有关部长在战前的所作所为逐一进行剖析。其中的奥妙就在于他们避实就虚，不想让无产阶级看出战犯就是金融资本和社会爱国主义分子本身。

在领土问题和国联问题上，伯尔尼代表会议要尽了两面派手法，尽管如此，托马先生和韩德逊先生为资产阶级利益效劳的嘴脸还是暴露得一清二楚。他们决定通过全民投票来实现所谓民族自决权，但是，代表会议依照领土问题的决议第 2 条却要求：

> "关于有争议的地区，其归属问题应由国联监督举行全民投票来解决，并由国联作终审裁决。"

由此可见，在这个问题上，国联的监督是起决定性作用的，而国联是一个由资产阶级帝国主义分子所组成的联盟！

他们还顺便讨论了殖民地问题，但是未敢详细讨论。德国社会爱国主义分子百般央求代表会议将德国的殖民地保留下来，也就是说，让这些殖民地继续受德国资本的盘剥。对于他们的要求，代表会议未作正面的答复。不言而喻，法国人和英国人认为殖民地应当改由法国资本和英国资本来控制。代表会议依照领土问题的决议第5条，要求：

> "在附属地区、殖民地和被保护国，其居民应由国联负责保护；国联应当积极创造条件，使当地居民早日实现国家自决。"

国联将如何保护殖民地，人们可想而知。可见，决议只字不提彻底改变殖民地的奴隶地位，只字不提考茨基曾经发表过的主张——"不许干涉殖民地，消除殖民地剥削！"决议一味地掩盖资产阶级的这种殖民地政策。伯尔尼代表会议多数派的政策大体上就是如此。

后来，会议上又形成一个以维博、考茨基和伯恩施坦为首、由前中派拥护者及和平主义者组成的小小派别。这帮老爷只知道用漂亮动听的言辞来掩饰多数派的帝国主义政策。例如，维博就提出了这样的决议案：

> "各国人民实行大联合，这从一开始就是社会主义国际的最崇高的理想之一。实行大联合，这个理想符合全世界无产阶级的团结精神，也符合社会主义的终极目的。"

但是，人们不禁要问：联合到哪里去？难道是联合到国联中去吗？国联从来也不是社会主义国际的理想！他们废话连篇，说什么这种大联合可以阻止新战争的爆发，但其中的道理却难以说清。荷兰社会爱国主义分子领袖特鲁尔斯特拉也以和平主义者自居，竟指责我们俄国布尔什维克，说大战没能在1917年初结束是我们的过错；勃鲁西洛夫攻击为布尔什维主义开了绿灯；假如当初斯德哥尔摩会议能够召开的话，俄国的事态也就不致演变成今天的样子；当前，务必使巴黎设法阻止布尔什维主义，使其不在德国人为地蔓延。我以为，我们可以回答他们说：无论你们采取什么步骤，到头来都只能促使布尔什维主义在德国及其他各国向前发展。这是历史的必然，是他们所无法阻挡的。

在伯尔尼代表会议上，一个最重要的问题，就是如何估计俄国的形势，或者说讨论布尔什维主义。在这方面，我们可以满意地指出，我们的许多法国同志有力地驳斥了多数派，因此，我们应当代表我们党向这些法国同志表示感谢。他们履行了自己的无产阶级义务，参加了这次代表会议，虽然他们从一开始就失策。保尔·福尔和洛里欧是敢于当着社会爱国主义老爷们的面讲真情实话的仅有的两个人。最妙的是中派领袖考茨基的发言，他认为，不能把布尔什维主义与俄国革命混为一谈，因此，仅仅就这一点来说，布尔什维主义也是必须加以反对的。想来，他把俄国革命与孟什维克即反革命势力等量齐观。考茨基认为，让贫困的人类重新得到温饱和恢复生产是当务之急。可是，在什么样的基础上恢复生产，他却不闻不问，而是一味强调要改善人类生活，恢复资本主义生产。他并且认为，**唯有做到这两点**，才能开展实现社会主义的斗争。接着，考茨基攻击布尔什维克一年来的活动，他说："俄国革命毁了大工业，毁了无产阶级组织，迫使幸存下来的工人重新回到农村。布尔什维克一心要实现社会主义，可是他们唯一的明显收获就是建立了新的军国主义。"他的话引起了一阵掌声。显然，这一群老爷看不惯我们的红军，因而，凡是有种种理由担心在他们各自国家中也有可能产生红军的人，自然要对他报以掌声。考茨基接着说："为了不失信于群众，我们对布尔什维主义的态度绝不能含糊。"我们不妨回敬他一句：对于一个从未取得过群众信任的人来说，失信二字从何谈起?!……这帮老爷既然对布尔什维主义采取明确的即反革命的立场，他们要取得也只能取得帝国主义老爷的信任。对考茨基的发言，福尔同志和洛里欧同志进行了反驳。洛里欧说，"还是让我们先来研究资产阶级专政的问题吧"，他接着指出，就实行资产阶级专政而言，资产阶级共和国与君主制国家并无二致。这就给了伯恩施坦当头一棒，因为，伯恩施坦明目张胆地恶毒攻击布尔什维主义。

大家知道，代表会议到底也没能通过任何一项谴责布尔什维主义的决议。会议上形成的小小的反对派所取得的收获是，代表会议未能得出任何结论。我们认为，这并不是某一派的外交胜利，而是一个有力的证明，证明西欧广大的无产阶级非但不谴责我们，反而对我们表示同情。这次代表会议干脆回避了目前广大的工人阶级群众所关心的重大问题。代表会议未敢就工人代表苏维埃制度的问题表明它的明确主张。正如列宁同志昨天所指出的那样，这暴露出他们思想上的空虚和理论上的破产。关于我们的成就，他们绝口不谈。其实，他们何尝不想指责一番，只是那样一来，他们至少就要暴露出对我们的真正态度。不过他们也拿不出什么东西来，他们的所作所为，使我想起 1918 年 12 月 9 日举行的瑞士冶金工人工会代表大会。这次代表大会预定讨论工人代表苏维埃问题，因为有大量的冶金工人要求各自的工会提出成立工人代表苏维埃的口号。于是工会官僚经过策划，通过一项反对工人代表苏维埃的决议，其理由是工人代表苏维埃及其活动是和工会的中央组织唱对台戏的，而最根本的一条理由是，成立这种苏维埃是与工会章程背道而驰的！关于这场合乎历史发展的运动，这群社会爱国主义运动的老牌领袖除了说它是与章程背道而驰以外，别无任何遁词。这是他们思想空虚的一次大暴露。

以上就是这次代表会议的情况。代表会议结束后，一个代表团前往巴黎，并且受到现代资产阶级最反动的代表人物克列孟梭先生的接见。克列孟梭先生表示，伯尔尼代表会议所走过的道路与巴黎和会大致相同，他建议代表团参加巴黎和会的各有关委员会，从而公开证实，伯尔尼代表会议不过是帝国主义分子巴黎和会的货真价实的工具而已。自然，这也就决定了代表会议的性质。我相信，世界各国工人阶级的绝大多数也会和我们一样，判明代表会议的实质。关于保卫祖国这个弥天大谎，工人早已看穿了。巴黎授意伯尔尼代表会议要完成的首要任务，就在于说服工人群众接受资产阶级目前所提出的消除战争的手段，即把债务和税收的全部重担转嫁到工人群众身上，原封不动地保留军队的现有组织形式，反对苏维埃，反对无产阶级专政。

　　同志们！我认为，只要仔细剖析伯尔尼代表会议的始末，我们就不难得出结论：这次代表会议是战前和战争期间第二国际内部事态发展过程的自然结果。早在战前，人们就不难看出，第二国际内部已经形成一个派别即多数派，它所坚持的观点是资产阶级沙文主义即社会爱国主义观点，而不是马克思和恩格斯的观点。大家不妨回顾一下斯图加特代表大会上的讨论情况；不妨回顾一下以伯恩施坦和荷兰人万科尔为首的修正主义老爷曾经如何公开主张第二国际承认殖民地政策，所不同的是，他们希望推行殖民地政策的方式能够较为人道一些。大家还可以回顾一下，修正主义者的这一主张虽然为有关委员会所拒绝，但是在委员会内部表示赞成这一主张的人也为数并不少。即便在那时，第二国际各主要派别在殖民地政策问题即帝国主义问题上的观点就已经是资产阶级的观点。我还要提请诸位重温斯图加特代表会议所通过的决议，其中最主要的一条是："战争一旦爆发，社会党人就有责任争取尽快结束战争，并千方百计利用战争所引起的经济危机和政治危机来发动群众，以便早日结束资本主义的统治。"这一条是左派领袖列宁和卢森堡提出来，并且完全是在左派压力之下通过的。可见，第二国际的主要特点早在大战爆发前七年就在斯图加特表现出来了。当年全体一致通过的巴塞尔决议①

---

　　①　这里指的是第二国际第九次（巴塞尔）（非常）代表大会（1912 年 11 月 24—25 日）通过的宣言。参见《国际共产主义运动历史文献》第 26 卷。——编者注

是人所共知的。因此，我请大家回忆一下马赛尔·桑巴在巴塞尔代表大会之后几个月写的一句话，他称这个政策是"巴塞尔节目大会演"。决议虽然通过了，但是没有人执行，这一点，他早在战前就预料到了。事实也是如此。

还有，我提醒诸位回忆一下参加伯尔尼代表会议的各党在大战前所采取的立场，哪怕是口头上所表示的立场也罢。可以说，这群老爷在1914年离宣战只差24小时所说过的话，同他们今天所说的话有天壤之别。维也纳有一位名叫卡尔·格律恩贝尔格的教授出了一本书，该书搜集了有关大战爆发前后几周的情况的材料。① 这本书是对第二国际的强有力的控诉书，今天，这本书确有广泛加以利用的必要。大战爆发前24小时，法国党中央机关报《人道报》即声称，这是一场帝国主义战争，是为资产阶级的利益而进行的战争，谢德曼分子的中央机关报《前进报》、意大利党报以及全世界几乎所有国家的党报也都持这种观点。但是，枪炮声一响，上述各报就立刻改口，到8月4日便把8月2日叫做黑的东西说成是白的了。

这种演变并不是突如其来的，而是事物发展的必然结果。25年来，和平运动的发展为第二国际的破产渐渐打下了基础。所谓三个主要派别并不是一朝一夕而是经年累月形成起来的。三个主要派别中的第一个就是社会爱国主义分子，他们在战前、战争期间和战后一贯推行的路线就是帝国主义和资产阶级民主的路线。第二个是中派。战前，这一派的主要代表是考茨基集团；中派所推行的政策与社会爱国主义分子的政策并无二致，只是推行政策的具体情况不同罢了。战前，他们反对左翼激进派，并称左翼激进派为无政府主义者；大战爆发后，考茨基出了一本小册子，提出了人所共知的公式："为和平而斗争"，"在和平时期开展阶

---

① 卡尔·格律恩贝尔格《国际与世界大战资料集》（格·季诺维也夫为该书作序）国家出版社1919年版。

级斗争"，也就是说，战争期间不得进行任何阶级斗争。后来，他鼓吹与社会爱国主义老爷保持一致，而杀害卡尔·李卜克内西和罗莎·卢森堡的刽子手恰恰是社会爱国主义分子，他们不仅是从精神上而且也是从肉体上杀害李卜克内西和卢森堡的刽子手。同是一个考茨基，当初在伯尔尼代表会议上提议与会者起立为李卜克内西和卢森堡默哀，今天却转而鼓吹与杀害李卜克内西和卢森堡的刽子手保持一致。考茨基和伯尔尼代表会议的一部分代表主张中派与社会爱国主义分子彼此释怨，这已是由来已久，大战一开始，中派就鼓吹过这个主张。早在 1915 年，考茨基就为彼此释怨而搞出一套理论。1919 年大战结束和无产阶级革命开始以后，这群相依为命的老爷们彼此释怨当然不足为奇了。但是，无产阶级能够对此保持沉默吗？不能，今天，无产阶级决不允许抹杀第二国际破产的问题。无产阶级要讨论和解决这个重大问题，因为，它导致了1914—1918 年的世界大战。我们务必使每个普通工人都关心这个问题，研究和理解当代社会主义的这一主要问题，即为什么第二国际成了国际资产阶级的工具，是什么原因促使第二国际破产，以及为什么我们必须建立第三国际。

现在，伯尔尼黄色国际与我们昨天创建的红色国际彼此正在决战。毫无疑问，红色国际必将战胜黄色国际，而且为期不会太远了。

列宁（俄国）：

有人要进行辩论吗？

关于这个问题的决议案，我们将转交给决议起草委员会。

季诺维也夫宣读决议案。①

---

① 见本卷收录的《关于对各"社会主义"派别和对伯尔尼代表会议的态度的决议》。——编者注

列宁（俄国）：

这项决议案的文本大家已经有了。再有就是关于策略的决议案①和沙杜尔同志提出的决议草案，这项草案正在译成德文，我们提议将这三项决议案都转交给决议起草委员会。有不同的意见没有？宣布通过。这项议程就到此结束。下面，请中国代表发言。

刘绍周（中国）：

他的发言先是用汉语，后改用俄语。②

列宁（俄国）：

下面进行第七项议程："国际形势和协约国的政策"，由奥博连斯基同志作报告。③

---

① 大会记录原稿并未提及关于策略的特别决议，这里可能指的是列宁在其报告中所说的三点决议案。见本卷收录的《关于资产阶级民主和无产阶级专政的提纲的决议》。——编者注

② 大会记录未记载中国代表刘绍周的发言。但 1919 年 3 月 6 日《真理报》第 51 号刊载了中国代表致大会的贺词。见本卷收录的《中国代表的祝词》。刘绍周，又名刘泽荣，1882 年出生于广州，幼年到俄国。1917 年俄国二月革命后，从事华工工作。1918 年 12 月华工联合会成立，刘绍周任主席。1920 年底回国，1956 年加入中国共产党，1970 年在北京逝世。——译者注

③ 共产国际大会记录第 1 版并未收录奥博连斯基（奥新斯基）的报告，虽然他的报告速记记录以及就报告所通过的决议早在 1919 年即以单行本公开发表（瓦·奥博连斯基［恩·奥新斯基］《国际形势和协约国的政策。报告速记记录及代表大会决议》莫斯科共产国际执行委员会出版社 1919 年版）。编入本卷的这份报告是依照单行本刊印的，并根据苏共中央马克思恩格斯列宁研究院收藏的速记记录作了订正。

奥博连斯基作关于国际形势和协约国的政策的报告

世界大战前几十年间，世界各国帝国主义一贯致力于控制工人阶级，并为达到这一目的而不惜采用种种物质上和意识形态上的手段。对工人阶级队伍中技术熟练的工人，帝国主义百般加以收买，妄图以此将工人拉下水。对于广大无产阶级分子，帝国主义则采用意识形态手段和直接暴力手段（如出动军警等），二者交替使用。

这种状况一直发展到世界大战前夕，而世界大战之所以爆发，是因为工人阶级在精神上物质上从属于资产阶级；同时，世界大战本身也成了进一步奴役工人阶级的手段。不过，这场帝国主义战争也标志着整个资本主义社会陷入危机。这场战争反映了经济、政治以至军事的全面、集中的危机。马克思在其著作中早就指出，经济的发展、繁荣和破产这三种时期不断交替出现，构成一连串经济周期，这种经济周期必然引起深刻的危机，进而导致资本主义社会的灭亡。现在，我们看到，这种经济周期恰恰引起了危机，不过，将资本主义社会引向灭亡的这场危机已经不单纯是经济危机，而是无所不包的全面危机，全面破产。

自帝国主义大战爆发之日起，由于各种矛盾日益激化，帝国主义资产阶级对广大无产阶级分子的控制也较战前显得越来越无力了。经济矛盾促使无产阶级决心摆脱资本的压迫；同时，无产阶级在意识形态方面也正在获得彻底解放，因为，帝国主义老爷们的言行不一已将资产阶级意识形态的虚伪暴露无遗。就这个意义来说，首先是帝国主义大战的经验本身就给工人阶级上了生动的一课。策划以至进行帝国主义大战的方式方法本身，使工人阶级彻底看穿了国际资产阶级发动这场战争时所标榜的"神圣原则"是多么虚伪。战争断送了无数工人的性命。可是，当初发动战争时，其口号却是要巩固以广大群众为基础的民主制度。战争期间，无产阶级极端贫困化，中间阶层相继破产，而资产阶级，更确切地说，资产阶级上层却大发战争横财。在政治上，帝国主义极端反动势力居于绝对统治地位。

凡此种种，使工人阶级队伍中对所谓国防、国内和平和对资产阶级民主的幻想开始破灭。

但是，在工人阶级心目中全面揭露帝国主义，帝国主义大战只能说是开了一个头，而彻底揭露帝国主义的则是帝国主义者所推行的"和平政策"。这种"和平政策"先后把交战双方都揭露了出来。

德国帝国主义在缔结布列斯特和约期间就自我暴露出来了。这种自我暴露在当时还并不充分，因为，被迫与德国帝国主义缔结和约的只有一个战败国，整个敌对营垒却还依然保存着实力。为了对付协约国，"争取自由的战争"还要继续打下去。所以，德国帝国主义一面对俄国进行掠夺，迫使俄国就范，一面不得不以花言巧语来掩饰其强盗行径，为的是驱使无产阶级去进行战争。尽管如此，但是缔结布列斯特-里托夫斯克和约和布加勒斯特条约这个事实本身，却十分明显地揭露了德国帝国主义的真正本质。德国帝国主义迫使无力自卫的俄国割地赔款，而它自己却得意扬扬地宣称拒不割地赔款。此外，德国帝国主义所极力标榜的民族自决原则，也因缔结布列斯特-里托夫斯克和约而遭到彻底践踏。民族自决原则成了帝国主义兼并政策的遮羞布；在俄国，经德国进行所谓的"自决"，产生了几个仆从国，这些仆从国成了德国实行殖民掠夺和镇压劳动群众的工具。仅举斯柯罗帕茨基的盖特曼傀儡政府为例，就足以说明问题，这个政府既帮助德国帝国主义掠夺乌克兰的粮食和原料，又压制乌克兰的革命工人和农民。尽管如此，但是德国帝国主义在国际斗争中毕竟还没有取得最后胜利，因而不得不同革命的苏维埃俄国勉强和平相处，避免公然对俄国发动进攻，并且只得用伪善的言辞来掩盖其反革命政策。

　　然而，协约国列强在国际斗争中取得胜利以后，情况就迥然不同了。伪善的言辞统统被抛弃了，协约国列强作为协约国帝国主义和世界帝国主义的真面目彻底暴露出来了。

　　那么，协约国帝国主义倚仗其胜利果实而推行的政策究竟是什么呢？我已经说过，自协约国列强获胜以来，自缔结和约以来，作为交战另一方的协约国帝国主义就开始自我暴露了。它的所谓"和平政策"，撇开协约国彼此之间的摩擦和分歧暂且不谈，概括地说来，大体上有以下几个特点。

　　首先，不论协约国列强如何标榜它的民主外交政策，甚至把推行这一政策说成是进行战争的目的之一，但就缔结和约而言，这种政策也只能表明秘密外交的一次成功。德国帝国主义就因为不能像协约国帝国主义那样为所欲为，所以，为了同苏俄缔结和约，才不得不同社会主义的苏俄公开进行和平谈判。协约国列强则根本无此必要，它们的和平政策真可谓秘密外交的样板；世界的命运是由列强的金融托拉斯代理人通过交易来决定的，这些代理人实际上也就是列强政府的代表人物。就算是议员老爷代表人民，但在巴黎和会上决定问题的并不是议员，而是清一色的内阁成员，一切重大问题都由五大强国委员会来决定，这个委员会就在皮雄办公室里举行绝密会议。这个由十人组成的委员会在金融寡头办公室里，在只有五大强国的部长参加而没有战败国或中立国代表甚至没有仆从国代表参加的情况下，靠牺牲各国人民的利益并背着各国的千百万劳动人民来决定世界的命运。

　　帝国主义和平政策的第二个特点是，蛮横地公开要求割地赔款。劳合-乔治、克列孟梭、索里诺直言不讳地提出了这项原则，并宣称这项原则是合情合理的。劳合-乔治在一次演说中公开提出一个在协约国列强来说是颇为新颖的原则。他说：由败诉人承担诉讼费用，自古以来就是一条诉讼规矩。这条规矩也同样适用于协约国列强与欧洲大国之间的这场世界性的争讼。欧洲大国必须缴纳诉讼费用，也就是说，必须缴纳战争费用。

其次，它们不顾以前所说的花言巧语，现在公开鼓吹必须进一步扩充军备。协约国在发动战争时，曾一再宣称：打仗是为了实现普遍裁军。如今，它们却又直言不讳地宣传必须进一步扩充军备，必须坚持军国主义。最有力的证据就是，它们提出了保持英国海上霸权的口号，说这是"保卫海上自由"所必需的。关于常规陆军，协约国列强也有一套雄心勃勃的计划。例如，规定在欧洲大陆保持90万人的英国军队。美国和法国也打算派驻同等数量的庞大军队。维持军备，甚至**扩充军备**，使之超过战前水平，这已成为公开的口号。

协约国所高喊的民族自决原则已遭公开践踏，而代替这一原则的，则是占统治地位的国家及其仆从国对有争议地区的瓜分。没有征求当地居民的意见，阿尔萨斯-洛林就并入了法国。爱尔兰、印度和埃及也被剥夺了民族自决权。爱尔兰议会在都柏林开会，向协约国列强提出了爱尔兰成立独立共和国的问题。协约国对此未置可否，只有威尔逊总统发表一项声明，声称爱尔兰问题应由爱尔兰和英国协商解决。换句话说，威尔逊把爱尔兰民族的命运交给英国政府去支配，实际上是拒绝爱尔兰的民族自决权。

至于印度和埃及问题，协约国报刊也罢，五大强国委员会开会也罢，连提也不提。

再者，诸如南斯拉夫和捷克斯洛伐克共和国这一类新兴国家，也并不是根据民族自决原则建立起来的，因为，按照民族自决原则，必须预先征求当地居民的意见，这是帝国主义者自己也表示了的观点。这两个国家是用武力建立起来的。说到横跨欧亚两洲的土耳其，和会在瓜分它的问题上正吵得不可开交；不但英、法两个大国对土耳其领土有野心，而且连希腊这样的小国也想从中捞一把。民族自决的主张已被彻底践踏，预先瓜分土耳其的活动正在进行之中。预先瓜分德国殖民地的活动也已经开始；事实上，如何瓜分，大国早已拍板定案。

大战爆发时，它们曾宣称不应索取赔款。我说过，现在，赔款原则已经公开提出，而且步步加紧，达到掠夺以至洗劫战败国的地步，这是德意志统治阶级无论在 1871 年还是在 1918 年（在布列斯特）都未曾敢干过的。战败国不仅被迫支付几十亿单位的货币账单（单是小小的比利时就要拿出 10 亿单位），不仅被夺走了全部军用物资，而且还被协约国公开抢走了机车、铁路货车、轮船、农具及其他生产资料。耐人寻味的是，若仅把协约国列强所开列的货币账单加在一起，则其总额肯定大于战前对德国全民财富所作的最乐观的统计数额。仅此一端，即足以说明协约国列强的掠夺政策已达到肆无忌惮的地步。但是，协约国除了提出战败国显然是无力照付的货币账单以外，还向战败国索要物质财富，以抵偿账单所开列的货币。不仅如此，目前被关押在法国的德国战俘还要沦为战胜国的服劳役的苦力。协约国列强不但要迫使德国在财政上处于被奴役的地位，不但要剥夺德国的物质生产资料，而且要使德国这个战败国的工人沦为奴隶。为达到这一目的，它们正在制定德国工人实物贡赋的方案，也就是说，强迫德国工人到比利时和法国去劳动，重建被破坏的城市和地区。

协约国帝国主义政策的一个总的特点是，对民族对人类极端仇视，其具体表现是，一而再、再而三地鱼肉战败国的人民。断粮便是鱼肉战败国人民的方式之一；由于断粮，德国和奥地利人民实际上濒于被饿死的边缘。在波兰德语区和波希米亚，德意志人惨遭协约国仆从国的迫害；协约国的波兰、捷克和乌克兰仆从也不甘落后，它们对犹太人横加蹂躏，其手段之残忍，比沙皇时代极端野蛮的沙文主义有过之无不及。就以利沃夫大屠杀为例，在那次大屠杀中，被杀害的犹太人数以千计，他们的房屋不但被焚烧，而且被机枪大炮夷为平地。

最后，就是协约国的那些标榜"为自由而战"的所谓"民主"国家，它们自大战爆发以来就在国内实行反动统治，这种反动统治现在达到了无以复加的地步。如今，法国成了世界反动势力的主要策源地。美英两国的情况则稍有不同。

在协约国列强支配下的整个资本主义世界中，列强到处推行反动政策。协约国在战败国中扼杀革命；在中立国和仆从国中一贯支持反动政策。例如在波兰，反动的民族主义者帕杰列夫斯基就在协约国列强的直接压力下排挤了社会民族主义者皮尔苏茨基，因为帕杰列夫斯基是美国资本的直接走狗。协约国列强教唆战败国、中立国和仆从国的反动势力去反对革命的俄国，甚至要求战败的德国出兵干涉俄国苏维埃共和国。

协约国列强的政策大体说来就是如此。

统治整个世界的这些资本主义列强，尽管在推行帝国主义政策方面的基本方针是一致的，但是它们彼此之间也存在着深刻的矛盾。

矛盾的焦点就是美国金融资本的一个和平纲领，所谓"威尔逊的几点方案"代表了这个纲领。纲领的要点是所谓的"海上自由"、"国际联盟"和"殖民地国际化"。

"海上自由"的口号，如果揭去其伪善的外衣，事实上就是要取消个别大国，当然首先是英国的海上霸权，使所有航线对美国的贸易开放。"国际联盟"的口号，如果就其实质而言，就意味着剥夺欧洲大国，首先是法国直接兼并弱小国家和弱小民族的权利。"殖民地国际化"也意味着不准上述大国单独吞并殖民地。

炮制这个纲领的背景是，美国资本尚不具备世界第一流的商船队，不能在欧洲直接推行兼并政策；目前，兼并政策的范围只限于美洲（如古巴、墨西哥、南美）。因此，它就力图借助于贸易和资本输出来剥削欧洲的弱小国家。美国资本想迫使它的竞争对手建立一个由大国组成的国际辛迪加（"国际联盟"），以便"公平地"分享剥削世界的权益，从而把大国在欧洲、非洲和亚洲的斗争变成纯粹的经济斗争。在这场经济斗争中，高度发达的美国金融资本怀有必胜的信心，也就是说，它认为必能取得霸主地位，进而夺取世界经济和政治的霸权。

"海上自由"同英国和日本两个海上强国的利益有极其尖锐的矛盾；同意大利的利益也有一定的矛盾，因为，意大利的地理位置容易使帝国主义产生向海外推行扩张政策的野心。"国际联盟"则与法国的利益有极其严重的冲突，与其他帝国主义列强的利益也有一定的矛盾。不消说，"殖民地国际化"必然会引起各殖民帝国的抗议。法帝国主义由于其金融资本主要是放高利贷（发行国债券），工业相对说来不发达，生产力又被战争彻底破坏，所以，它目前的政策方针是不择手段地维持资本主义制度。因此，它对德国进行野蛮的掠夺，对其他战败国和仆从国进行绝对的控制和残酷的剥削。值得提出的是，法国炮制了一个以捷克斯洛伐克共和国为首的多瑙河联盟方案，以便以这个联盟为中间环节，把法国同黑海沿岸联结起来，并且使法国得以将其魔爪伸向俄国。成立南斯拉夫国家，其目的也是让法国通过巴尔干国家而将其势力扩展到亚洲东部。法帝国主义还从俄国人民身上以武力强索沙俄过去所欠法国的债款利息，以此来为自己奄奄一息的躯体输入他人的新鲜血液。

在这种情况下，法帝国主义就不能不千方百计地反对威尔逊关于"国际联盟"和"殖民地国际化"的几点方案。

协约国的欧洲列强及日本除了同美国金融资本的纲领有上述利害冲突以外，它们彼此之间也有利害冲突。例如，英法两国就有相当的利害冲突。英国唯恐法国在中欧和巴尔干半岛强盛起来，而这一点正是克列孟梭和皮雄所极力鼓吹的。在小亚细亚和非洲，英国和法国也有所谓领土争端。意大利在巴尔干半岛和的黎波里的利益同法国相冲突。日本则为太平洋岛屿与澳大利亚（其实是同英国）公开争执等。

协约国内部所有这些利害冲突使大国之间产生了各种集团。

到目前为止，已经出现两个主要集团。一个是针对美国和意大利的法英日集团，一个是针对其他列强的英美集团。

在第一个集团中，就欧洲而言，法国居于统治地位；该集团大约存在到 1919 年 1 月初，因为，这时威尔逊总统实际上放弃了要求取消英国海上霸权的主张。威尔逊的这个意图在伦敦会谈期间明确地表示出来了，于是建立第二个集团即英美集团便有了可能。促成建立英美集团的另一个原因是，英国国内的士兵革命运动和工人革命运动有了发展，从而迫使英美帝国主义者彼此妥协，放弃对俄国的好战政策，加速缔结和约。第二个集团即英美集团自 1919 年 1 月便开始居于统治地位。美英既已联合起来，便剥夺了法国掠夺德国的优先权；反对协约国"过分苛刻"的掠夺；对法、意、日三国那种过分的兼并主义要求施加了某些限制；不让仆从国直接从属于这三国。在俄国问题上，英美集团较 1918 年秋居统治地位的法英日集团表现出比较和缓的倾向。这个集团的如意算盘是，暂时甩下俄国不管，腾出手来先对付欧洲革命，然后再镇压俄国革命。

由于有了这样两个集团，在世界各国便形成了两个派别，即极端兼并派和较温和派。

以上是协约国列强内部的情况。

如前所述，协约国列强和平纲领的要点之一，是美国总统威尔逊所提出的"国际联盟"口号。由于协约国内部利益冲突的缘故，我们可以有把握地说，这个"国际联盟"是成立不起来的，充其量是纸上谈兵。但是，即便纸上谈兵，这样一个口号对工人阶级来说也是极端危险的。虚构一个"国际联盟"所能起的作用，无非是建立协约国军国主义中心和使各国资本家为镇压工人革命而结成同盟。同时，宣传"国际联盟"，这却是扰乱工人阶级革命思想的阴险手段。取消工人共和国国际联合口号，而代之以虚伪的民主国家国际联合口号，这可以说是在国际政治中实行妥协的典范。"国际联盟"纯属骗人的口号，其作用与过去所谓"国防"口号、"为民主而战"的口号完全一样。社会主义叛徒奉国际资本的旨意，利用这个口号来分裂无产阶级队伍，为帝国主义反革命势力为虎作伥。因此，全世界无产者必须向成立国际联盟这种主张展开坚决的斗争，并作为一种策略手段，要坚决反对本国加入这个具有掠夺、剥削和帝国主义反革命性质的联盟。

协约国帝国主义的掠夺性、残酷性和反动性在对苏俄的关系上表现得最为明显。

十月革命伊始，协约国列强就站在俄国各反革命政党一边。它们在资产阶级反革命势力的支持下，兼并了西伯利亚、乌拉尔、高加索和土耳其斯坦等的一部分俄国领土，大肆进行掠夺，与俄国帝国主义曾经掠夺乌克兰没有两样。它们一贯以金钱及其他方式援助苏维埃共和国国内外的俄国反革命分子。

就在不久以前，协约国借克列孟梭和皮雄之口，公开宣布了对俄国苏维埃共和国实行经济封锁的原则，即饿死这个共和国的原则；它们还答应给反动将领以"技术援助"。协约国始终拒绝苏维埃共和国一再提出的和平建议。1月23日，协约国列强眼看它们中间的温和派势力日益加强，遂向苏维埃共和国提出建议，请它派代表到普林杰沃群岛开会。这项建议无疑带有挑衅的成分，因为，这项建议本身就是威尔逊—劳合-乔治观点与克列孟梭观点彼此妥协的产物。显然，提出这项建议的那篇宣言的结尾部分是出自克列孟梭的手笔，因为，这一部分竟然要求苏维埃政府放下武器，跟反动派一道出席会议。尽管协约国发出这一邀请有其明显的挑衅目的，但苏维埃共和国于2月4日仍对协约国作出肯定的答复，表示愿意就领土割让、赔款和租让问题作出较大的让步，以使俄国摆脱强加在它头上的战争。协约国虽然接到俄国的肯定答复，但是至今也不按它们自己提出的建议行事。这实质上证明，在协约国列强内部，极端兼并主义派还占有很大的优势，可以阻挠各种温和主张的实施。由此可见，它们今后有可能对苏维埃共和国发动新的进攻，并提出新的兼并主义的要求。

协约国的政策彻底揭露了世界帝国主义的本质，使人们不仅认清了协约国帝国主义，而且也认清了各帝国主义的本质。这种政策表明，各帝国主义政府是无法建立持久而公正的和平的，虽然它们高喊这种和平已有四个月之久，但并不采取任何实际步骤。这种政策也表明，资本主义制度无法恢复被破坏的经济；金融资本主义继续统治下去，不是导致文明社会的彻底毁灭，就是导致最黑暗的反动政治统治，更进一步的扩军、更大程度的剥削，最终导致新的战争。

因此，当前无产阶级的任务是要积极采取措施，阻止帝国主义发动野蛮的、掠夺性的、反动的进攻。在这场斗争中，协约国的无产阶级必须发挥重大而基本的作用，因为，目前协约国是猖狂一时的帝国主义反动派的策源地。协约国共产党组织的一项最迫切的任务是，彻底打消对威尔逊主义的幻想，因为，在这些国家中，不但抱有这种幻想的大有人在，而且这种幻想有碍无产阶级反对帝国主义反动派的斗争深入开展。在打消这种幻想的同时，还必须同社会主义分子队伍中的帝国主义代理人，即同那些向工人阶级散布这种幻想的社会主义叛徒一刀两断。

至于德国革命无产阶级，他们当前在国际政治中的一项特殊任务是，反对谢德曼政府所奉行的复活帝国主义和充当反动走狗的政策，这是因为，随着目前白匪势力日益嚣张，随着协约国内部的瓦解日趋明显，德国资产阶级妥协主义政府正加紧恢复对外政策中的帝国主义倾向。其具体表现不妨顺便提一下，那就是：德国政府已经要求将原德属殖民地归还德国，并且还打算在缔结和约时提出吸收德国加入"国际联盟"。这就再一次表明，德国政府是不甘心放弃大国主义野心的。德国无产阶级在同谢德曼政府斗争时，必须要求政府彻底放弃大国主义的野心，尤其是要反对德国加入具有掠夺性的辛迪加即"国际联盟"，反对收回殖民地。不仅如此，德国无产阶级还必须要求政府停止奉行屈从协约国和为协约国效劳的反动政策，而推行一心一意维护工人革命免遭帝国主义暗算和联络别国革命无产阶级的政策。推进德国国内的革命，是加强无产阶级革命团结的一种最好办法。

协约国仆从国革命无产阶级的一项专门任务是，揭露协约国出于反对工人革命的目的而鼓吹的民族沙文主义，并努力实现无产阶级的国际团结。

中立国无产阶级则必须全力反对中立国充当协约国进行掠夺的帮凶。

世界各国无产阶级都起来进行革命斗争，这对那些已经取得革命胜利或将要取得革命胜利的国家，将是一种最有力的支援。首先，这将是对革命的工农俄国的最有力的支援，因为，革命的工农俄国的当前任务是：将国内革命斗争进行到底，打败国内反革命势力，继而腾出手来全力从事新社会制度的建设。新社会制度一旦巩固起来，它就将成为鼓舞人心的榜样，可以激励各国无产阶级奋起夺取政权。

普拉滕（瑞士）：

同志们，我们的会议只好暂时中断，因为能够将俄语译成德语的人现在不在了。建议休会。责成决议起草委员会详细审议奥博连斯基同志起草的关于"协约国政策"的提纲，提出修改意见，并以书面形式向大会报告。明天，我们还要讨论关于白色恐怖、宣言最后文本、执行局选举的问题以及组织问题。主席团提议明天的会议于上午 11 时开始，下午 3 时结束。希望会议开得紧凑、有效，因为下午还要在大剧院举行公开会议。① 不知大家是否同意？看来，明天上午 11 时开会这件事就这样定了。希望大家准时出席，因为列宁同志刚才指出，不论与会者到齐与否，会议于 11 时准时开始。

① 这里指的是全俄中央执行委员会、莫斯科苏维埃、俄共（布）莫斯科委员会、全俄工会中央理事会、莫斯科工会和工厂委员会为庆祝成立共产国际于 1919 年 3 月 6 日举行的联席会议。有关这次会议的报道，载于 1919 年 3 月 7 日《真理报》第 52 号和全俄中央执行委员会出版社出版的小册子《全俄中央执行委员会、莫斯科苏维埃、俄共（布）莫斯科委员会、全俄工会理事会、莫斯科工会和工厂委员会为庆祝共产国际成立而隆重举行联席会议》。

第五次会议

（1919 年 3 月 6 日）

列宁于上午 11 时半宣布开会。契切林同志代表资格审查委员会发言。

契切林作资格审查委员会的工作报告

资格审查委员会研究了吉尔波同志的代表资格问题。吉尔波同志是法国齐美尔瓦尔德左派的忠实代表，具体地说，是齐美尔瓦尔德联盟中洛里欧的拥护者。法国齐美尔瓦尔德左派并不认为齐美尔瓦尔德代表会议只是一个临时联盟，而认为它是第三国际的胚胎。既然如此，本届代表大会就应当确认他的代表资格有效。他始终同国内保持联系，不久以前还通过妻子与洛里欧通信，是洛里欧派的名副其实的代表。因此，资格审查委员会认为，他作为法国齐美尔瓦尔德左派代表应当享有表决权，并且，鉴于齐美尔瓦尔德左派是法国无产阶级革命分子的唯一代表，还决定法国的 5 票由他一人支配。如果会议对此表示赞成，就请持有会议参加者名单的同志在名单上作相应的补充。

这样，派代表出席会议的国家就由 18 个增加到 19 个，出席代表大会的有表决权的代表也由 32 名增加到 33① 名。借此机会，还请同志们对编号为 32② 的党派名称作一小小的更正，将"中国工人同盟"改为"中国社会主义工人党"，将朝鲜组织的名称改为"朝鲜工人同盟"。中国组织的代表是刘绍周和张永奎③同志，朝鲜工人同盟的代表是凯恩（音）同志。

　　资格审查委员会还同意巴拉巴诺娃同志以齐美尔瓦尔德委员会代表身份参加本届代表大会，但只有发言权。这样，出席大会的有发言权的代表共有 18 名了。

共产国际对全世界无产者的宣言

列宁（俄国）：

　　下面进行议事日程第 8 项——大会宣言。我提议只把宣言读一遍。

普拉滕（瑞士）：

　　同志们！我提议，请托洛茨基同志宣读。宣言是他起草的，由他本人宣读，人们的印象一定会非常深刻。

---

① 实际上，有表决权的代表为 34 名，见本卷收录的《共产国际第一次代表大会代表名单》。——编者注
② 实际上，中国党派的编号是 33，见本卷收录的《共产国际第一次代表大会代表名单》。——编者注
③ 张永奎，早年丧母，流浪哈尔滨街头，后为一个俄国医生收养，被带到俄国，取俄文名字为"瓦西里·亚历山大洛维奇"。1918 年任华工联合会莫斯科分会主席，1921 年初回到中国，1977 年逝世前为甘肃师范大学教授。——编者注

托洛茨基（俄国）：

（宣读宣言①）

西罗拉关于白色恐怖的报告

普拉滕（瑞士）：

各项决议案留待后期进行表决。先讨论白色恐怖问题。这项决议案是芬兰同志提交的。请西罗拉同志发言。

西罗拉（芬兰）②：

同志们！现在，"文明世界"活跃异常，这是耐人寻味的。官吏以及不甘落后的社会民主党走狗打着"文明"和"人道"的旗号唆使各国人民反对国际布尔什维主义，特别是反对俄国苏维埃政权，他们的借口是：布尔什维主义挑起内战，实行红色恐怖等，不一而足。

这是弥天大谎！为了继续蒙蔽各国人民，他们极尽造谣诬蔑之能事。但是，无产阶级再也不会受骗上当了。无产阶级一天比一天看得更清楚，他们从切身的经验中也知道，资本一来到世间，就"从头到脚每个毛孔都滴着血和肮脏的东西"，后来，它一年比一年变得更是血迹斑斑了。关于万恶的资本主义制度的种种表现，我无须向诸位多作介绍。世界大战即人类大屠杀，本应使国际无产阶级增长见识，认清资本主义制度和工人阶级二者之间只有一种关系，那就是你死我活的斗争。遗憾的是，他们的这种认识还极不深刻，甚至到了战后，大国的工人阶级仍

---

① 宣言全文见本卷收录的《共产国际对全世界无产者的宣言》。——编者注

② 大会记录第 1 版未收录西罗拉的发言，这篇发言始见于 1919 年 9 月 24 日芬兰文版《自由报》。本文是从芬兰文翻译过来的。

有动摇表现。这多半是因为人们经过一场血腥大屠杀而对和平的追求到了难以克制的地步。

但是，资本并不要和平，它统治一天就一天也不希望太平；它并且认为，资本主义制度的本性也无须掩饰，白色恐怖即是它的一种形象表现。

其实，这种手法并不新奇。自奴隶起义领袖斯巴达克牺牲，数以千计幸免于难的奴隶被活活钉在从卡普亚到罗马的大道旁的十字架上，供一群被胜利冲昏头脑的暴君寻欢作乐这一远古时代起，至巴黎 1848 年 6 月，再至英雄的巴黎公社社员惨遭枪杀，直至 1906 年沙皇围剿时止，多少世纪以来，大小惨案层出不穷，犹如一条长长的锁链，寄生成性的强盗们就用这条锁链来压制被压迫者的反抗。

然而，当今白色恐怖有了新特点，其中一个主要特点就是这种恐怖到处蔓延。这也完全符合资本主义的帝国主义发展阶段。如今，世界人口分为两部分，一部分是倚仗白色恐怖而维持其统治，另一部分是白色恐怖的对象。这听来是奇谈怪论，然而却是事实。

试问：有哪一国的统治阶级不应对白色恐怖负责？举大国政府及其集团为例。它们的罪行已被揭露，对它们的判决也已作出。它们的同伙谢德曼之流也不例外，他们在工人阶级心目中已永远信誉扫地。西方列强的政府集团又如何呢？请看四面八方吧！摩尔曼、阿尔汉格尔斯克、乌拉尔、高加索、克里米亚、乌克兰、罗马尼亚、保加利亚、匈牙利、德国、爱尔兰、印度到底如何呢？吓破了胆的资本即资产阶级，为了维持其万恶的吃人的资本主义制度，到处实行恐怖。

协约国的工人必须从他们国内的现状得出结论，他们必须认清，反动势力在工人纵容姑息之下一旦强大起来，反过来就会骑在工人的头上。要派往乌克兰的黑人士兵，不是照样可以用来在伦敦对付工人阶级吗？今天，如果俄国和英国军官可以跑到别国去杀害工人苏维埃成员，明天，他们就可以在本国杀害英国工人苏维埃成员。今天，如果他们在乌克兰迫害和绞杀罢工工人，明天，他们也必定会迫害协约国的罢工工人。其实，协约国的罢工工人现在何尝没有受到迫害，他们遭受迫害由来已久了。从伦敦流血星期日到残酷镇压罢工工人和拒绝服兵役的人，从美国审判"无政府主义者"到镇压罢工工人，继而用私刑杀害世界产业协会会员和其他"叛乱者"，判处他们 20 年监禁，凡此种种，都是无可辩驳的证明。

诸如此类的暴行，芬兰无产阶级对那些"自由"、"民主"国家的工人说也说不完。沙皇的哥萨克和德国的"匈奴"，他们的杀人手段与"文明"的有产者和"自由"的地主不同，他们在芬兰干脆用机枪向工人阶级的优秀分子扫射；他们不经审判，就任意枪杀赤卫队的妇女战士，就连担任救护工作的妇女也不能幸免。不但如此，他们在枪杀之前，还强迫女战士为自己掘墓。至于知识分子，即标榜"爱好自由"和"忠于文明"的知识分子，竟然为这种暴行大唱赞歌。

芬兰的资产阶级、地主及其知识分子这一群野兽其实并不是什么与众不同的异种野兽，虽然往往有人不免会这样猜想。绝对不是。有朝一日，当全世界资产阶级不得不起来维护其浸透鲜血和肮脏东西的制度时，其野蛮残暴的行径同芬兰资产阶级、地主一年多以来在芬兰所犯下的野蛮罪行绝不会有什么两样。有觉悟的工人为敌人杀害斯巴达克联盟成员及其领袖、我们所尊敬的卡尔·李卜克内西和罗莎·卢森堡同志而满腔怒火。我深信，德国工人切齿痛恨杀人凶手——"白色"军官流氓和谢德曼分子。我也相信，复仇即革命阶级的复仇二字，无论对德国工人还是对芬兰工人来说都同样是神圣的。

毫无疑问，要复仇，就应该并且只能实行红色恐怖。难道舍此还有别的办法吗？那些残酷杀害我们的兄弟姐妹（例如杀害沃格达尔斯基和乌里茨基）的武装凶手，那些把枪口对准人类最高尚、最勇敢、最贤良的人的罪犯及其同伙，是一群疯狗，工人阶级只有把他们枪决。

俄国工人同芬兰、德国和其他国家的工人一样，过去对这一群人心慈手软，这是出于天真和考虑不周。今后绝不能这样做了。任何一个头脑健全的人都懂得，我绝不是鼓吹大屠杀和灭绝人类，因为那是工人阶级的良知所不允许的。但是，这一群杀人不眨眼的走狗、爪牙应该懂得：工人阶级必将以眼还眼，以牙还牙。

同志们！我原想顺便向诸位提供有关白色恐怖的统计资料，但由于时间关系而只得作罢。不过，我希望第三国际发表几篇措辞强硬的抗议书，抗议万恶的资本主义制度，特别是抗议白色恐怖，并以此作为第三国际的首要宣传任务之一。这样，大会汇集的资料也就有用了。下面，我把委员会就这个问题起草的决议案提交大会。

西罗拉宣读决议案。①

列宁（俄国）：

建议全体起立，为白色恐怖遇难者致哀。

全体起立。

普拉滕关于决议起草委员会的工作汇报

列宁（俄国）：

请决议起草委员会报告人普拉滕发言。

----

①　见本卷收录的《关于白色恐怖的决议》。——编者注

普拉滕（瑞士）：

同志们！大会已经听取了所有的报告，现在提请大会今天就批准所有的决议案。因为还有一系列问题有待处理，我们要求将讨论的时间尽可能缩短。我向诸位保证，为了仔细审议和尽可能重视所有的提案，委员会真是夜以继日地工作：关于决议案的内容和形式，委员会也进行了认真的讨论。

下一个议题是行动纲领。（宣读共产国际行动纲领①）

普拉滕（瑞士）：

作为"其他事项"，雷恩施坦同志交来一份先前已被大会否决的议案。② 这是因为，当初，在雷恩施坦同志因决议案被否决而发表声明以后，大会曾告知他有权将自己的建议作为"其他事项"再次提出来。委员会的意见是，必须把这项决议案转交执行局。不能不承认，这项决议案对某些国家具有重要意义，但我们认为，执行局自然会对这个问题作出妥善的处理。

其次，**鲁特格尔斯**同志还交来一份决议案，即早已见报的日本社会党关于反对日本出兵俄国的声明。③

鲁特格尔斯宣读的决议案如下：

致俄国同志

俄国革命爆发后，我们就满怀喜悦和敬佩之情，注视着你们英勇豪迈的事

---

① 见本卷收录的《共产国际行动纲领》。——编者注
② 这里指的雷恩施坦在第三次会议上提交的《雷恩施坦的修正案》。——编者注
③ 日本社会党的决议载于 1918 年 9 月 27 日《真理报》第 208 号。本书按《真理报》全文刊印。——译者注

业。你们的事业在我们人民心里产生了巨大的影响。

此刻，**我们对于日本政府**无论以何种借口**出兵西伯利亚都表示强烈的愤慨**。日本出兵西伯利亚，无疑会妨碍俄国革命的自由发展。我们为无力阻止日本帝国主义政府给你们造成危险而深感遗憾。

由于日本政府对我们实行残酷迫害，我们几乎是无能为力的。

但是，你们可以完全相信，**在不久的将来，革命红旗必将在日本列岛上空高高飘扬**。

随信附上 1917 年 5 月 1 日我们的一次群众大会所通过的决议副本。

东京和横滨社会党小组执行委员会致以革命的敬礼。

日本社会党的决议

1917 年 5 月 1 日，我们日本社会党人在东京集会，对俄国革命深表赞许和敬佩。

我们确认，俄国革命既是资产阶级反抗中世纪专制制度的政治革命，也是无产阶级反抗现代资本主义的革命。

变俄国革命为世界社会革命，这不仅是俄国社会党人，也是全世界社会党人的使命。

资本主义制度已经普遍发展到最高阶段。资本帝国主义最终形成的阶段已经来临。

各国社会党人只要不愿受帝国主义思想家的欺骗，就必须坚持国际主义观点。国际无产阶级必须全力以赴，反对我们的共同敌人——国际资本主义。只有这样，无产阶级才能完成自己的历史使命。

俄国和各国的社会党人应竭尽全力结束战争，帮助交战国的无产阶级把目前对准阶级兄弟的枪口，掉转过来瞄准战壕的另一边，即瞄准本国的统治阶级。

我们对俄国社会党人和全世界所有同志的英勇豪迈的精神深信无疑。

我们真诚相信，革命精神必将发扬光大。

东京社会党小组执行委员会

普拉滕（瑞士）：

主席团建议大会对这项决议表示赞许，因为，这会有助于日本同志摆脱目前的困境，继续从事革命工作。

其次，柯伦泰同志递交一项提案，主张必须吸收无产阶级妇女参加共产党。请允许我来宣读提案。（宣读提案①）

主席团建议大会通过这项提案。我们对提案所提出的各项意见表示完全赞成。

我还要通知各位，委员会收到沙杜尔同志交来的一项书面提案，他准备将这项提案作为法国代表团的宣言转交执行局。提案的内容想来同志们还不了解，因此，主席团希望沙杜尔同志向大会作介绍。

列宁（俄国）：

请沙杜尔同志发言。提案德文本共有 10 份，等一下由秘书同志发给大家。

沙杜尔宣读提案。②

列宁（瑞士）：

还需要读法文或德文的吗？请提意见。没有。现在就请吉尔波同志

---

① 见本卷收录的《关于吸收女工参加社会主义斗争的决议》。——编者注

② 见本卷收录的《告世界工人书》。——编者注

发言。

吉尔波（法国，他的发言由柯伦泰翻译）：

吉尔波首先指出，他同几位要动身离开瑞士的俄国同志话别时，曾经说过：下次在俄国再会。这句话果然应验了。现在，吉尔波同志正赶上成立第三国际即真正国际这一划时代的事件。第二国际错就错在它是一个资产阶级的和机会主义的国际。1914 年，机会主义分子转到资产阶级政党一边，并同资产阶级政党结成联盟。杀害卡尔·李卜克内西和罗莎·卢森堡的刽子手在不久以前举行的伯尔尼代表会议上支持一个不知杀害了多少万士兵的刽子手托马，支持的理由，就是因为他拥护战争。幸好，这一群人现在都已被排斥在新成立的共产国际之外。然而，像考茨基和龙格这样的动摇分子却给新的共产国际带来极大的危险，这些人既表示拥护列宁和托洛茨基，标榜自己是新兴运动的朋友，又向威尔逊频送秋波。出席伯尔尼代表会议的法国代表洛里欧在他的发言中确认，现在齐美尔瓦尔德派已不复存在，目前世界上只有资产阶级和共产党两个阵营。吉尔波同志代表法国齐美尔瓦尔德派表示，他也承认齐美尔瓦尔德派已不复存在，并拥护朝气蓬勃、充满活力的新的国际，认为它必将取得更加辉煌的胜利。

表决并通过有关决议和大会宣言

列宁（俄国）：

现在请普拉滕同志代表决议起草委员会发言。

普拉滕（瑞士）：

下一个议题是"伯尔尼代表会议"。

这项决议已由季诺维也夫同志向诸位宣读过了。经审议，没有提出修改意见。

委员会提议通过。①

列宁（俄国）：

有不同意见吗？没有。宣布通过。

普拉滕（瑞士）：

关于《国际形势的提纲》这一项，委员会经过认真讨论，认为提纲中论述国际无产阶级任务的一段即最末一段文字，可以删去，理由是，关于无产阶级的政治任务，议事日程的其余事项都已作了详尽的论述，没有重复的必要。委员会提议删去最后一段。

列宁（俄国）：

有不同意见吗？哪一位发言？没有。宣布通过。②

普拉滕（瑞士）：

现在轮到大会宣言了。宣言内容各位已经了解。整整一个晚上，会议就宣言内容进行了长时间的讨论，不用说，现在执行局该立即着手广为散发了，因此，建议大会予以批准。

---

① 这里指的是本卷收录的《关于对各"社会主义"派别和对伯尔尼代表会议的态度的决议》。——编者注

② 这里指的是本卷收录的《关于国际形势与协约国政策的提纲》。——编者注

列宁（俄国）：

关于这个问题，哪一位要发表意见？没有。

普拉滕（瑞士）：

委员会还决定，宣言应该署名发表，即出席代表大会的组织和代表都应该在宣言上署名。这是一些外国代表提议的。即使对此有表示反对的，那也一定是外国代表，因为，他们有一个保密问题。因此，只要求所有出席大会有表决权的代表署名。[1]

下面是关于白色恐怖的决议案。这项决议案西罗拉同志今天已向诸位宣读过了。委员会未作修改，批准了决议案。[2]

列宁（俄国）：

对此，有意见吗？没有。下面讨论组织问题。

普拉滕（瑞士）：

关于组织问题，委员会进行了长时间的研究，力求找到一种形式，以便能尽快成立严密的组织。委员会主张建立执行委员会和执行局两个领导机构。在讨论执行委员会问题时，有人主张所有加入共产国际的国家都派代表参加执行委员会，会址设在莫斯科，并授权执行局和执委会必要时可以变更地址。在座的各位都是代表，会后都要回国向党汇报，敦促党执行代表大会的决议并派代表来莫斯科，常驻执行委员会。在常驻代表到达之前，这一段时间之内，繁重的工作由谁来承担，是一个问题。我们想出一个解决办法，并写成书面提案，现在以委员会名义向各

---

① 这里指的是本卷收录的《共产国际对全世界无产者的宣言》。——编者注
② 这里指的是本卷收录的《关于白色恐怖的决议》。——编者注

位提出。提案文字不多，以后经过修改，还要写成章程。这项提案如下：（略）①

按照讨论程序，还有人请求发言吗？没有。宣布提案通过。我们的会议就到此结束。

列宁致闭幕词②

我们之所以能够冲破警察的一切阻挠和迫害到这里集会，之所以能够在没有重大分歧的情况下在短时间内就目前革命时期的所有迫切问题作出重要决定，是因为全世界无产阶级群众已经用自己的行动把所有这些问题实际地提上了议事日程，并且开始实际地加以解决。

我们在这里只是把群众在革命斗争中已经争取到的东西记载下来。

不仅在东欧各国，而且在西欧各国，不仅在战败国，而且在战胜国（例如在英国），苏维埃运动都在日益广泛地展开，这个运动无非是以建立新式民主即无产阶级民主为目的的运动，这个运动是向无产阶级专政、向共产主义的完全胜利迈出的最重要的一步。

尽管全世界的资产阶级继续肆意横行，尽管他们驱逐、监禁甚至杀害斯巴达克派和布尔什维克，但这一切都无济于事。这只能使群众受到教育，使他们摆脱旧的资产阶级民主的偏见，使他们在斗争中得到锻炼。全世界无产阶级革命的胜利是有保证的。国际苏维埃共和国的建立已经为期不远了。（热烈鼓掌）

［闭会。］

---

① 这里指的是本卷收录的《关于组织问题的决议》。——编者注
② 中译文见《列宁全集》中文第 2 版第 35 卷第 503 页。——编者注

共产国际第一次代表大会材料

一、 给代表大会的报告

德国代表团的报告

1918 年 11 月 9 日，德国爆发革命，看起来，这似乎是一次兵变，但是士兵的行动立即得到工人阶级的一致响应，顷刻间，全国到处涌现出工兵代表苏维埃。事实证明，工人和士兵的革命目的绝不仅仅是要结束战争，而且要实现无产阶级的各项要求，即实现社会主义。

有各社会主义派别参加的工人代表苏维埃建议我们也加入重新组织的政府。但遭到斯巴达克联盟的拒绝，因为，社会党多数派不肯接受联盟提出的实行真正社会主义政策的条件。李卜克内西不加入政府，引起工人对艾伯特—谢德曼—哈阿兹新政府的极端不信任。

不久即已证实，我们的立场是完全正确的。政府在其颁布的首批法令中就宣布私有财产不受侵犯。工兵代表苏维埃不被承认为权力执行机关。政府宣布自己凌驾于苏维埃之上，而只授予苏维埃以某种监督权。生产社会化遭到否决。为安抚愤懑的工人，成立了虚有其名的生产社会化筹备委员会，其成员除瓦尔特·拉特瑙和蒂森以外，还有考茨基。该委员会现已名存实亡。接着，政府恢复了军官的指挥权。政府不但不立即恢复反而断绝同革命俄国的一切交往。结果，现在政府在协约国资本主义代表面前卑躬屈膝，唯命是从。

革命爆发后，资产阶级的所有报刊，从《德意志日报》到《柏林日报》，立即要求实行资产阶级民主制，立即召开国民议会。艾伯特—谢德曼—哈阿兹不满足我们为实行无产阶级专政而进行社会改造的要求，却心甘情愿地满足资产阶级的要求，并决定举行国民议会选举。

加入斯巴达克联盟的同志，当初是独立社会民主党党员，由于哈阿兹—考茨基之流以及独立社会民主党领袖拥护资产阶级民主制，不赞成无产阶级专政，而且由于该党对其领袖的意见不表异议，加上独立社会民主党领袖也主张举行国民议会选举，从而拒绝苏维埃制度，所以，他们继续留在社会民主党内已毫无意义了。以累德堡和多伊米希为首的独立社会民主党左翼分子虽然并不完全赞同哈阿兹—考茨基的政策，但对斯巴达克联盟的政策也无充分的认识，因此，他们要另立统一工人党。为对付篡改无产阶级政策的这一新阴谋，我们就只有同社会民主党人实行彻底决裂。1919 年 1 月 3 日，我们成立了独立的德国共产党（斯巴达克联盟）。党的临时纲领已由《斯巴达克联盟的目的何在》这本小册子作了介绍。

资产阶级在其代理人艾伯特—谢德曼领导下，立即对新成立的党进行围剿。我们党建立的士兵部——"红色士兵联盟"成员在举行第一次和平会议以后就在大街上遭到机枪扫射。一个水兵师（其实，该师只有一部分官兵赞成我党纲领）遭到围困，被强令解散，但它拒不自动解散，于是就遭到机枪和窒息性毒气弹的袭击。事件发生后，独立社会民主党人终于提出该党在政府中的代表哈阿兹、迪特曼、巴尔特等人退出政府。但是，艾伯特—谢德曼岂能轻易放过，他们将这些"社会党人"又整了一下，才允许他们退出政府。

现在，政府把消灭共产主义运动作为自己的主旨，它受资产阶级主子的指使，有恃无恐，手段残忍。但是，政府却不敢动用现有军队。留在国内的军队受布尔什维克精神和斯巴达克精神熏陶，无论在何处都不肯同工人交手。至于从前线归来的军队，尽管仍受军官的严密控制，但是用柏林驻军司令莱基将军的话说，只要在大城市待上五六天，要想驱使他们打一场内战，就难上难了。政府只得搜罗军官、少数现役士兵、资产阶级子弟、学生等等，以及流氓无产阶级，拼凑白匪军。拼凑白匪志愿军的借口，一是保卫东部边境免遭波兰入侵，再一个是阻止布尔什维克红军的干涉。不过，到目前为止，白匪军只能应付国内战争，在各个城市之间频繁调动，镇压工人，解除工人武装，企图使工人再次受资本家的剥削。但是，除了杀害李卜克内西、卢森堡和其他斯巴达克联盟成员以外，他们并无多大收获。工人对他们除了仇恨还是仇恨。迄今德国所发生的工人武装暴动，都是这群白匪进行挑衅以及社会民主党多数派报刊进行无耻攻击的必然结果。这当中，《前进报》充当了带头羊，它所发表的攻击性文章，以其数量而言，居各报之首。

结果，德国陷入一场国内战争。一边是资产阶级代理人艾伯特—谢德曼领导下的整个资产阶级，另一边是共产党领导的无产阶级。艾伯特—谢德曼之流妄图在资产阶级民主口号下保存旧的资本主义社会；而无产阶级则不顾种种迫害，为争取建立苏维埃制度，进而建立无产阶级专政，进行不屈不挠的斗争。处于中间的是独立社会民主党、哈阿兹—考茨基之流，他们同无脊椎软体动物一样，今天摆向这边，明天又摆向那边。现在，广大的无产阶级分子究竟趋向哪一派，是不能用数字来说明的。国民议会选举并不反映真实情况。事实是，在共产党人开展社会主义活动的一切地方，所有的工人，不论属于何种党派，都跟共产党人走，就以莱茵—威斯特伐利亚矿区为例，那里的工人不顾政府意愿，着手实行矿井社会化，我们的同志得到了全体工人的支持。

如果这一切迹象不是虚假的话，那么德国无产阶级已经面临着决定胜负的最后战斗了。无论这场战斗如何困难，共产主义的前景总是光明的。

德国经济陷于瘫痪。通过罢工，工人的工资虽然增加了，但企业主嫌利润减少了，遂纷纷宣布企业倒闭，原料短缺，加上工人不愿为资本家卖命，使倒闭的企业日渐增多。食品价格天天上涨，投机倒把猖獗，粮食定量不够吃，失业大军达到前所未有的规模。铁路交通中断，因为可用的机车大都调给协约国了。至于政府借口怕得罪协约国，而不实行社会的社会化，说如果实行社会化，协约国就要拒绝同我国缔结和约，这纯粹是骗人的鬼话。这套骗人的鬼话天天被戳穿，因为尽管政府摇尾乞怜，但协约国却一次比一次蛮横，提出的停战条件一次比一次苛刻。资本主义剥削者要想知道该如何订立城下之盟，威尔逊、劳合-乔治及其一伙确实可以到布列斯特-里托夫斯克拜谢德曼之流为其祖师爷了。

以强凌弱的屈辱性和约降临到德国头上来了，解救德国无产阶级的唯一办法就是让德国无产阶级以铁拳回击资本主义战胜者。然而现在由于埃尔茨贝格尔—谢德曼之流的无能和奸计，德国无产阶级将不得不付出代价。

但是，没有那么容易。德国无产阶级在共产党领导下，将推进国内革命，进行反对本国资本家的阶级斗争，直至战胜资产阶级。德国无产阶级将在争取建立无产阶级专政的征途中建立起苏维埃制度，从而把德国革命进行到最后胜利，并以此加速不可避免的世界革命。

俄罗斯国家社会政治史档案馆

克·佩京的报告

（奥地利）

德意志奥地利共产党第一次代表大会于2月9日在维也纳举行。出席会议的有各地代表，以及捷克斯洛伐克和匈牙利共产党代表。来自基层的报告表明，在维也纳，党依靠区工人小组以及维也纳的一部分卫成部队（民兵），这一部分卫成部队建立了士兵代表苏维埃，并且拥护共产党。

在地方党组织中，施泰尔马克地区的党组织最为巩固，那里的党组织遍布各地。当初，社会民主党曾力图扼杀当地的共产主义运动，连开会的自由也给剥夺了。在萨尔茨堡，党在贫苦山区居民中获得强有力的支持。1月底，在上奥地利，粮食危机引起一场严重骚乱，商业、饮食业停业三天。在林茨，工兵苏维埃已由共产党人接管，共产党人只是出于策略上的考虑而没有立即夺取政权。在维也纳郊外的特尔尼茨工业区，工人群众在1918年1月罢工期间占了上风，官方政党曾力图把工人拉到自己一边，但是没有得逞。在德意志奥地利，原先，具有民族主义情绪的农民，受宗教界影响，一心站在反动政党一边，现在，雇农和贫农逐渐倒向革命一边了。革命的传播者主要是从俄国遣返归来的德意志战俘，他们向贫苦农民传播消灭大地主私有制的主张。

在下奥地利某些地方，农民曾尝试单独没收地主土地，但很快就遭到政府镇压。社会民主党自然把共产主义运动视为眼中钉，咬牙切齿地把我们的同志赶出工厂。有许多工人为保住饭碗而未敢加入我们的党。

在维也纳，党出版《社会革命报》，每周三期。此外，还有周刊：《红色士兵》、《革命无产者》、《共产主义青年》和通俗理论刊物《共产党人》。

以"社会民主党"委员为头子的警察局对我们的报刊横加摧残，制造种种借口，没收我们的报纸，禁止公开出售，并公开宣称我们没有出版自由。

党代表大会讨论了参加国民议会选举问题，并以多数票通过关于拒绝参加选举的决定。

党报党刊讨了成立第三国际问题，党代表大会也对这个问题进行了讨论。

可以断言，在德意志奥地利共产党人看来，成立第三国际势在必行，他们期待着莫斯科国际会议作出成立第三国际的决定。

载于 1919 年 3 月 6 日《消息报》
第 51 号（总第 603 号）

弗·普拉滕关于瑞士革命运动的报告

概　况

瑞士是一个在各方面都依附于大国的国家，是一个实行小资产阶级民主制的国家。瑞士工人阶级具有革命积极性，他们屡次通过各种决议以至实际行动表明，他们不愿继续留在旧国际。在持续不断的革命宣传影响下，工人在党代表大会和工会代表大会上已经宣布，他们愿意作为革命国际的一员，为推进世界革命而努力。

党的发展

瑞士党业已加入齐美尔瓦尔德联盟，但是加入齐美尔瓦尔德右派还是左派的问题，党代表大会所通过的决议并未预先解决。普拉滕无论在齐美尔瓦尔德还是在昆塔尔都站在左派一边；格里姆、奈恩、格拉贝属于中派，他们极力阻挠党的左派发展。

由于这些派别继续存在，党内斗争也就日趋尖锐。无疑，左派获得了新的阵地。格里姆同志的彼得格勒之行，对他今后在瑞士的活动产生了影响。这位富有才干的同志越来越右倾。积极从事党的工作的同志感到，一场危机迫在眉睫，斗争将要激化。同党的日益发展一样，工会也正在发展。

工会运动

我国工会运动由一群秘书、职员一类人物指导，一度出现过严重的官僚主义倾向。只是由于工人不堪忍受哄抬物价，自发地起来斗争，才破坏了多年建立起来的工会纪律。工会首领与工会会员之间争夺领导权的斗争以工人的胜利而告终，这是因为，规定今后工会要采取任何群众性行动，都只能由工人代表大会来决定。工人代表大会的特点是，发扬真正无产阶级精神，各项决议贯彻革命原则。尽管如此，但由于工会各派首领推行阳奉阴违的政策，工人仍难免受骗。工人既已走上自发地进行斗争的道路，就不可避免地要采取群众性行动。果然，在一些地方经过几次大的较量以后，就在俄国革命周年纪念日爆发了瑞士有史以来最大的一次罢工。尽管条件艰苦，又遭受军事、政治的双重压迫，但罢工仍坚持了3—5天。工会领导机关故技重演，早早地卷起红色战旗，过早地提出停止罢工的口号，使无产阶级痛苦地感到他们又一次被出卖了。

反动势力

军人政党猖狂至极，白色恐怖笼罩全国，4000余名铁路职工跟领导同志一起受到审判，这是我们失败的必然结果。但是，经过这次严重的较量，一个重要的收获是，工人开了眼界，他们猛然领悟到，今后开展斗争，只能开展武装斗争。

驱逐俄国使节

俄国大使馆也成了反动势力的牺牲品。驱逐使节，对于我们来说，是个沉重的打击，从此，同俄国的一切联系暂告中断，而在俄国情报局关闭以后，我们失去了革命宣传中心。我们设法尽快弥补损失，办法是利用我国出版的材料，终于取得成功。

自己搞宣传

近来，我们通过发行小册子、散发传单、指南等，加紧开展宣传。有人搞议会宣传倒也不错，因为只要是我们的人作报告，表示坚决拥护俄国布尔什维克，资产阶级报刊就迫不及待地发动猛烈攻击，这恰恰有利于我们党刊进行论战。军队中的宣传工作也开始了，现在，部队中分化瓦解的苗头已经出现。不能不说我们的同志干得出色，尽管我们同这些同志在其他问题上常常产生分歧。

党中央迁址

瑞士党的领导权掌握在苏黎世具有革命情绪的同志手中，这很久以来就是党内右派分子的一个心病；他们以阴险的手段，利用出席党代表大会的代表不够法定人数的机会，强行决定把党中央所在地迁往伯尔尼。我本人宁肯书记不当，表示拒不服从，目的在于把事情闹大。当然，这样一来，我身为党的书记，辞职是不可避免的了。于是右派欣喜若狂，以为党内左派专政从此便宣告结束。党的主席弥勒竟然声称，党中央迁址意义重大。我还不能不补充一句，格里姆同志附和弥勒。

党的非常代表大会

为解决瑞士社会民主党是否派代表出席伯尔尼社会爱国主义者代表大会问题，召开了党的非常代表大会。代表大会清算了中央的背叛行径，左派不顾中央代表的抗议，提出一项议案，这项议案不仅解决了参加伯尔尼社会爱国主义者代表大会问题，而且提出了同旧国际断绝关系的问题。代表大会以 198 票对 154 票的多数通过普拉滕的决议案，右派和中派联盟只获得 154 票。

结　论

左派将坚定不移地同国际共产党人保持一致，并将尽其所能贡献自己的一份微薄的力量。我们坚信无产阶级革命终将取得胜利。在东方，我们的俄国战友已经夺取政权，我们遥望东方，感到无比兴奋。

载于《共产国际》1919 年第 1 期，
红旗出版社，柏林 1919 年 8 月

法国共产主义小组的报告

法国共产主义小组谨向俄国革命人民致敬。俄国人民有计划、有步骤地艰苦创业，经过努力，创建了社会主义国家，我们谨以法国工人阶级有觉悟分子的名义向俄国人民表示钦佩和感谢。

共产主义小组特别向工农红军致敬，工农红军被迫同协约国政府的帝国主义掠夺政策作斗争，给予它以成功的回击。

共产主义小组拥护社会革命先锋队，即布尔什维克共产党，拥护1919年2月25日、26日和27日公布的俄共（布）纲领第1—19节。

这个纲领中具体的政治、经济和社会目标，符合法国革命形势，因此，共产主义小组也表示同意。

关于夺取政权，共产主义小组决心说服法国人民相信，以苏维埃取代现在的资产阶级民主国家形式，势在必行。

在宣传方面，共产主义小组强调资产阶级民主制根本不能解决当代现实所提出的迫切问题，从而阐明无论法国还是别国的资产阶级民主制必定要破产。

在政治上，资产阶级民主制已经彻底破产，这有事实为证，请看：

资产阶级虽然搞普选，实行形式上的平等，但资产阶级特权依然保留，它倚仗这些特权而维持其统治。资产阶级事实上拥有建立资产阶级政权的一切手段：生产工具、积聚的资本、政治经验和现有地位。另一方面，资产阶级拥有控制劳动人民的一切手段：威胁人民的武装力量，以及麻醉人民的学校和报刊。因此，只有资产阶级选民拿了选票才有用，而把选票给了无产阶级，纯属骗局。近50年来，法国的选举权是一种欺骗和假象，是公开的和秘密的营私舞弊。

这样，资产阶级无论在政治或者经济方面就成了主宰。

表面上的平等给工人阶级和农民阶级带来的仅仅是表面上的好处。

然而，由于资产阶级民主制标榜的是全民自由与平等，而实际利用绝大多数人民的顺从和俯首听命，干的是营私舞弊的勾当，所以，它的谎言就不攻自破了。资产阶级民主纯粹是欺人之谈。实际上，在阶级社会中，这也只能是欺人之谈，因为，一方在台上执政，而另一方处于下风，仅在理论上享有自由，仅在理论上享有平等。可见，资产阶级自由只能给后者带来危害，给统治者带来好处。

再者，随着资本主义统治的发展，代表少数人的阶级对占人口大多数的劳动人民的压迫就越来越深，生产资料就愈来愈集中，这一切，导致资产阶级政权向着工业寡头和金融寡头政治转化。

工人阶级以为自己有了选票就似乎掌握了一部分国家主权，其实，这是受骗上当；资产阶级也是如此，它以统治者自居，其实，全国的经济、政治大权都已掌握在几个金融大王和工业大王手中。他们的不可告人的野心和自私自利，往往把国家拖入掠夺殖民地的冒险之中；为侵占摩洛哥，他们险些引起欧洲大战，他们同德国对手的竞争，是 1914 年爆发战争的主要原因之一。他们违背人民的意愿，极力拖延战争，鼓吹举行巴黎和会，以缔结符合于他们自己利益的和约。

在这种具有双重作用的过程中，所谓资产阶级民主制就必然退化，进而不可避免地转变成国内寡头政治一统天下的制度。原先，法国资产阶级民主制是一个阶级实行秘密独裁，如今却变成一小撮人实行独裁。

既然社会主义政党的目标是以真正的政治平等和社会平等取代阶级特权，它就应当首先抛弃普选权这尊偶像，以暴力推翻当今统治者的统治，把政权只交给无产阶级。

现在，法国资产阶级议会制已经自行崩溃，因而在法国进行革命的时机已经到来。

1914 年的战争证明，从属于资本主义寡头政治的资产阶级民主制必须抛弃它的原则。自以为是掌握政权的资产阶级同无产阶级一样，不希望进行这场战争。但金融寡头和工业寡头以种种阴谋手段不知不觉地导致战争爆发。于是，曾经宣称要捍卫人权与自由的法国人民突然被卷入帝国主义挑起的世界大战。这场大战是大企业主出于本身利益而一手挑起的，目的在于夺取萨尔和布里埃矿区，置德国竞争者于死地。

因此，除非德国爆发革命，否则法国人民要想摆脱这场迫于资产阶级专政而不得不继续进行的反对德国人民的无谓的斗争，是绝然不可能的。

两国谁也不敢率先作出让步，唯恐成为另一国民族主义狂热偏见的牺牲品，因为两国受各自首领利己目的的愚弄而彼此充满仇恨。多亏德国革命带来了和平。但是，受帝国主义资本奴役的"法国民主制"出于它的本性，自然而然地要播下新冲突的种子。它事先不征询民意就并吞了阿尔萨斯-洛林地区，从而抛弃了它原来的主张。它要把德意志人居住的莱茵河左岸各州据为己有。它如此强行占领，引起德国的极大仇恨。它还要把魔爪伸向亚洲领土。

它明知道伴随这种仇恨而来的危险，却一意孤行，认为消除危险的唯一办法是，压迫对手拿出更多的赔款，将德国工业彻底压垮，使它永远不能恢复。它用这种方法不仅准备再次进行复仇，即发动一场要自食其果的战争，而且还同过去的盟友即新的竞争对手发生冲突。

资产阶级民主制的这种无可挽救的退化，即一而再、再而三地抛弃它原来的原则，表明它是俄国革命的不共戴天的敌人。既然如此，它就要支持并策划反革命阴谋，唆使协约国所有国家反对苏维埃政权。只可惜，这些国家的"民主"制度使工人阶级和农民阶级不能有效地反对这种反动的帝国主义政策。

这也不足为奇。按照法国议会法，议员在其任职期间享有不受监督和不可剥夺的权力，而"握有主权的人民"却不能享有真正的主权。

历时 50 个月之久的战争打过了；停战协定签订了；可是外交家们并未征求过人民群众的意见，人民群众虽然享有普选权，却不能对可怕的世界大战，不能对一场世界范围的浩劫发表自己的主张。这次战争夺去了近 200 万人的生命，使国家蒙受一场灾难。

选入议会的所谓代表不受选民的约束，这种规定使政权能通过暴力而继续存在，但政权的体制却决定了这种政权只能起空头作用，因为它实际上受国民议会所通过的各项决定的约束，而这些决定无一不是由工业康采恩的不负责任的首领授意通过的。

战争在社会经济方面的需求，一方面使相当一部分小工业遭到毁灭，另一方面，使工人阶级遭受的剥削更深，但与此同时，战争使资本主义工业集中了。军火商通过剥削工人阶级和向国家出售军火这种双管齐下的手段而大发横财，他们所得到的利润达到了前所未闻的数额。

由于统治阶级的势力倚仗现行制度并日益增强，工人阶级经过50年艰苦奋斗得来的权利被剥夺了。

言论自由、出版自由、集会自由以及关于劳动保护、企业卫生、工作日、妇女和儿童的雇佣等大多数法律被取消了。工人阶级因工厂军事化而完全处于从属地位，他们被剥夺了在国防工业部门中举行罢工的权利，实际上，被剥夺了在所有工业部门中举行罢工的权利，因为工业部门无一不受国家的监督。

总之，资产阶级民主制的破产已是既成事实。它在国际范围内破产了，它在政治上破产了，它在社会方面也破产了。

民主设施的发展虽然增强了资产阶级寡头政治独裁，但也使阶级对抗激化，从而为工人起义做好了准备。

法国资产阶级民主制，即金融—工业寡头政治，打了一场战争，使国家的财力物力消耗殆尽，如今它又在进行帝国主义掠夺以弥补战争的损失，由此与盟友发生了严重的利害冲突；它臆想同那些也有巨大牺牲的盟友一起成立国际联盟。这个联盟不会成为国际联盟，相反，它将是几个享有特权的国家反对其他国家的联盟，将是一个同和平与谅解毫无共同之处的战争机构。法国资产阶级民主制妄想以此而使虚构的民主社会大厦大功告成，以便日后借此来消除内部弊端和困难所造成的后果，但到头来只能更加暴露这个社会已经腐朽不堪。彼此竞争的寡头们不反对在巴黎就消除必不可免的、你死我活的激烈竞争达成一项协议。但他们彼此竞争，就是引发一次又一次的战争，这是不依他们自己的意志为转移的规律；此外，为争夺市场，他们将弱小国家加以划分，借口解放这些弱小国家而对它们分别加以控制；其次，他们不得不借助国联（他们就是国联的主人）雇佣军来镇压各国的劳动阶级，而这一群寡头得以生存，全靠这些劳动阶级。

资产阶级民主主义者为防止威胁他们的灾难而选择的这条道路的三重性质，必将导致相互竞争的大国之间的世界大战，必将导致被剥削的弱小民族的民族起义和被压迫的无产阶级的起义。

资产阶级民主制为免于灭亡而采取的这个最后解救办法已从上述三个方面彻底、永远失败，这也是划分资产阶级民主制与世界社会革命的最后阶段。

法国同其他各国一样，随着国联的产生而必然跨入无产阶级专政时代，从而标志着资产阶级专政作垂死挣扎的一切尝试归于失败。只有所向披靡而又不怀偏见的无产阶级专政才能解决新的课题。

法国共产主义小组的目的在于帮助法国工人阶级认清这一过程，帮助工人阶级做好夺取政权的准备。

本报告经法国共产主义小组 1919 年 3 月 1 日会议一致通过。

载于《共产国际》1919 年第 1 期，
红旗出版社，柏林 1919 年 8 月

奥·格里姆隆德的报告

（瑞典）

鉴于布兰亭领导的旧社会民主党偏离社会主义原则越来越远，大约在两年以前，在所有青年工人组织的积极协助下，产生了瑞典左派社会党。同时应当指出，过去的党受尽了党执行委员会和各地方党委会恐怖手段的迫害，党内少数派的意志受到粗暴的压制，反对派没有立足之地，换句话说，一切从原则上维护党纲或党的策略的言行一律受到压制。

新党直接向在大战期间联合一切革命基层组织和仍忠于国际的少数派小组的那个组织靠拢，即加入了齐美尔瓦尔德委员会，瑞典党一向属于该委员会的左翼。党始终坚持明确的革命观点，经常在报刊和小册子中毫不妥协地揭露、批判社会爱国主义，其中包括它在瑞典的变种。党的宣传方针主要是发动工人阶级开展阶级斗争，采取革命行动。应当指出，宣传工作卓有成效。党员人数逐月增加，支部约有 200 个，各青年工人组织拥护党的革命纲领。那些一直具有社会爱国主义和反动性质的许多工会组织已开始向我们靠拢。

党成立之初，只有 1 种报纸，每周出版 3 期；现在，党的机关报《政治报》每天出 8 版，颇受工人的欢迎。同时，我们在地方创办的报纸已不下 12 种，其中 3 种为周报，其余的每周出版 3 期。青年组织出版自己的《警钟报》，也非常普及。

俄国十月革命以后，党的宣传和组织活动经受了严重考验。党充分地意识到作为一个阶级政党所肩负的职责，因此，从一开始就表示拥护俄国革命。我们党的所有报纸，尤其是机关报《政治报》，每天都要同斯德哥尔摩和赫尔辛基的反革命中央机关报蓄意进行的欺骗和诽谤宣传进行激烈斗争。布兰亭的《社会民主党人报》是攻击俄国革命最卖力的机关报。因此，我们党认为有责任向工人强调指出我们同社会爱国主义者在观点上的明显差别。我们拿俄国同志的实践活动作为我们理论观点的例证；另一方面，我们用无数事例生动地向工人证明，瑞典的社会爱国主义者、俄国的孟什维克和德国的谢德曼分子三者在观点上极其相似。尽管我们党年轻，党员不多，但为使群众接受并树立革命观点，党尽了它的努力。芬兰革命的悲惨结局同样为我们提供了有力地开展反对资产阶级和社会爱国主义者的宣传机会。

出于团结革命力量的迫切需要，党联络无产阶级左派组织，例如工团主义者和反议会制度的青年社会党人，以及工人和士兵联合会，这个联合会是一个以建立士兵和工人兄弟情谊为宗旨的组织。党和上述组织共同提出口号，印发传单，进行宣传，并做了一些组织方面必要的筹备工作。

但是党内也有一些人的想法并不完全符合党的路线。这些都是那些因不满旧党而加入我们党、但本身又缺乏明确观点的人。这突出地表现在他们的首领林德哈根反对无产阶级专政和反对革命暴力的屡次发言中；他们大唱反调，鼓吹“人道主义”及“和平主义”。每个党员都清楚，下一次党代表大会应当彻底清算这种资产阶级幻想。

我们党委会为能应邀出席第三国际成立大会而感到高兴，认为第三国际是齐美尔瓦尔德运动合乎逻辑的发展。至于邀请信中所阐述的各项基本原则，不用说，我们党是完全赞同的。党委会成员仅对其中涉及具体步骤的一些个别条款有所保留。我被授权投票赞成成立第三国际。至于正式加入第三国际，当然要等下一次党代表大会开过以后。

载于《共产国际》1919 年第 3 期

米尔基奇的报告

（塞尔维亚）

同志们！我在关于塞尔维亚工人运动的报告中，将扼要说明塞尔维亚无产阶级的立场。拉柯夫斯基同志在他今天所作的关于巴尔干局势和巴尔干国家各社会党立场的报告①中令人遗憾地断定，大战期间，塞尔维亚社会党背弃了它原来的革命立场和国际主义立场，转而采取了民族主义立场。为使出席这次历史性会议的同志们在散会时不至于对塞尔维亚无产阶级产生不良的也是不应有的印象起见，我在今天会议上不能不向诸位加以说明。18 年以来，即从我们党成立之日起，我始终置身于塞尔维亚工人运动，担任过只有无产阶级政党成员才配担任的所有光荣职务，想到这里，我更感到作出说明是我义不容辞的责任。

说塞尔维亚社会党背弃了它以往的革命立场，这是不对的。卡茨列罗维奇和波波维奇两位同志在斯德哥尔摩所表示的意见既不代表我党的意见，也不代表我们工人阶级的意见。只要说一说这两位同志是怎样来到斯德哥尔摩的，诸位就可以明白了。

1915 年秋，塞尔维亚被奥地利和保加利亚占领之后，不仅一般党员，而且中央委员都分散到欧洲、亚洲和非洲一些受中立国政府和交战国政府管辖的国家中去了，我们党作为一个组织已不复存在了。从那时起，一直到党恢复以前，一直到我们的同志返回以前，任何人也不能被正式授权代表党发表讲话，其道理十分简单，即没有任何一个机关能授予这个权力。

卡茨列罗维奇和波波维奇两位同志是由当时在贝尔格莱德的两位同志即两位党委委员派往斯德哥尔摩的。但我必须指出，这两位委员后来声明，他们对卡茨列罗维奇和波波维奇两位同志在斯德哥尔摩所采取的立场表示不满和不以为然。

为了向诸位证明这不仅是我个人的意见，幸好，我还可以举出一个证人，这位证人大概比我更能博得大家的信任，这位证人也是托洛茨基同志和拉柯夫斯基同志一向所称道的。这位证人就是德拉基沙·拉普切

---

① 见本卷第 69 页拉柯夫斯基的发言。——编者注

维奇同志。

拉普切维奇同志对国际、对我们党、对卡茨列罗维奇和波波维奇两位同志的态度究竟见解如何,他在历次的来信中均有所表述。1917 年 4 月 22 日,他从贝尔格莱德写信给我说:

"我感到高兴的是,你能证实我历来的见解,确实,这一群老爷(社会党人)在欧洲比资产阶级还要坏。"

他在 1917 年 11 月 5 日给我的明信片中写道:

"我不参加任何会议,其理由很简单:我们的党组织已不复存在,不然的话,党组织会作出有关决定,会提出参加会议的指示方针,会监督出席会议的我党代表,会听取出席会议代表的总结报告。"

他在 1918 年 5 月 12 日的来信中谈道:

"卡茨列罗维奇和波波维奇去斯德哥尔摩是莫大失策,假如他们不去,或者不发表自己的意见,不承担义务,而等待我们党有机会亲自发表自己的主张,那么,这反而对于党、对于内部组织要好得多。"

最后,他在 1918 年 6 月 7 日这样写道:

"斯德哥尔摩我还是决定不去,原因有二:一是原则,一是效果。原则就是,我不想同已失去作用、失去作为社会党存在意义的政党打交道。效果就是,我不想为缔结和约而斗争,我要进行国际反战斗争。"

他接着写道:

"卡茨列罗维奇和波波维奇是由蒂莫蒂奇和亚诺维奇作为代表委派出去的。但现在委派者对被委派'代表'所发表的意见也在大肆声张地表示反对。"

我还可以援引许多信件,其中不仅有拉普切维奇的,而且有塞尔维亚工人党其他有影响的人物寄来的。但我认为没有这个必要。为了证明塞尔维亚社会党的确没有背弃它的光荣革命立场,我想提请诸位回忆一下不久前发生的两件事。

第一，塞尔维亚社会党不仅拒绝参加南斯拉夫新政府，而且指责克罗地亚社会党派遣一名成员参加新议院。我们党声明社会党人加入资产阶级内阁就等于是做资本主义部长，党只能对他进行谴责并同他进行斗争。

第二，我们党没有参加伯尔尼会议，而这是颇能说明问题的。

鉴于上述事实，我可以向诸位断言，塞尔维亚无产阶级既不是机会主义的，也不是民族主义的。它将一如既往，忠于革命事业和国际主义事业。它将同国际革命无产阶级一道前进；不要很久，它就将建立起自己的苏维埃，成立社会主义共和国，从而加入伟大的共产主义国际苏维埃共和国。根据这个理由，我认为我有权在此宣布：塞尔维亚无产阶级满腔热忱地加入无产阶级国际即第三国际。

1919 年 3 月 3 日于莫斯科

载于《共产国际》1919 年 8 月第 4 期

弗勒利希的报告

（东加里西亚）

早在 1889 年，即在巴黎举行国际社会党代表大会的那一年，加里西亚工人运动就在代表大会的影响下组织起来了，成立了社会党。党从成立之日起，就走上了宣传革命的道路。第二年，加里西亚各工人中心就把五一节作为国际工人节来庆祝，其后，工人的经济斗争与政治斗争就具有社会主义的性质了。但在第二国际成立以后的头十年中，斗争的深度和广度都还非常有限。布隆代表大会曾为奥地利制定了著名的民族纲领，这次代表大会在加里西亚产生的结果是，成立了三个民族政党即波兰社会民主党、乌克兰社会民主党和犹太社会民主党。以伊格纳齐·达申斯基、赫尔曼·迪阿曼德博士和格尔曼·利别尔曼博士为首的波兰社会民主党作为城市无产阶级最有力量的党最先成立，该党一直存在到哈布斯堡王朝灭亡为止。乌克兰社会民主党是仿照波兰社会民主党成立的，但不如前者有力量，人数始终不多，它在城市和农村中的影响大致相同。自 1906 年起，加入波兰社会民主党的犹太无产阶级开始大闹分立，究其原因，一是存在反犹太人主义，二是有其他政党的先例，因而自然而然地也要按民族实行抱团。同时，奥地利宪法不承认犹太人为独立民族，因而波兰社会民主党拒绝承认组织起来的犹太无产阶级的独立性。在这种情况下，许多著名活动家便退出这个党，致使担心党会分裂的一大批犹太无产阶级分子也渐渐脱离党。这样一来，犹太社会民主党在 1908 年就最终变成独立政党，并且得到第二国际的承认。19 世纪末，国内合法存在的各社会党大力宣传工人革命斗争，以实现各种社会基本要求，如普选权、八小时工作制、老年保险，等等，等等。要求得到普选权始终被提到首位，因为党的首领们断言，普选权一旦到手，无产阶级就能通过议会道路实现最低纲领，从而为实现最高纲领打下基础。1899 年成立了五个选民单位，使工人和农民有了被选入奥地利议会的机会，虽然这时进入邦议会的大门反而关得更紧了。在维也纳议会选举中，代表加里西亚的达申斯基当选议员，他加入了由 10 名奥地利社会党议员组成的俱乐部。1904 年，在加里西亚首次发生几起大罢工，起带头作用的是利沃夫的石匠和鲍里斯拉夫油田工人。1905 年，为争取改革奥地利议会选举法，爆发了席卷整个奥地利的强大运动。为实现这次运动的目的，社会民主党全力以赴，并于同年 11 月 25 日宣布在奥地利全国实行 24 小时总罢工，这次总罢工在各地取得很大胜利。和奥地利各地一样，在加里西亚一些地方，工人与当局发生冲突，工人以其英勇果敢行动证明，只要领袖能说服群众相信他们是为重要的革命事业而战，群众就能够建立丰功伟绩。1907 年，根据普遍、平等、无记名与直接选举权首次进行选举，结果，首领们大获成功，无产阶级却大失所望。奥地利工人百折不回，自我牺牲，使社会民主党在这次选举中有89 人当选议员，其中加里西亚有 6 名，即波兰社会民主党 4 名，乌克兰社会民主党 2 名。必须指出，这 6 名议员全部来自东加里西亚，而在西加里西亚，尽管该地实际上属于波兰，尽管当地社会民主党人力求在推行民族主义方面表现得比其他波兰政党更卖力，但以达申斯基为首的波兰社会民主党候选人全部落选。在东加里西亚，议员分别来自：利沃夫（迪阿曼德博士和古德科）、佩列梅什尔（利别尔曼博士）、斯特雷（莫拉切夫斯基）（以上为城市地区，4 名议员是波兰社会民主党成员）；德罗戈贝奇—鲍里斯拉夫—突尔卡（维特克）和塔尔诺波尔—兹巴拉日（奥尔塔普丘克）（以上为农村地区，2 名议员是乌克兰社会民主党成员）。波兰社会民主党在城市选举中获胜的主要原因是，犹太无产阶级出于社会党团结的目的，决定不提出自己的候选人，而把自己的选票交给波兰社会民主党。在竞选活动中，所有的候选人都坚决主张向政府和资产阶级政党作无情的斗争，但是一进议会大门，就立刻改口，实行可耻的妥协，于是很快就获得国王—皇帝陛下的社会民主党人绰号。无产阶级极其失望，在选举期间和选举以后一段时间那种高涨的热情没有了，人们灰心丧气，进而意志消沉。固然，在 1911 年举行的第二次议会选举中，那些人几乎全部重新当选，但是在这次选举中再也看不到像在 1907 年那样的革命激情了。他们再次当选的主要原因是政局发生变化，一大批小资产阶级成了社会民主党人的同路人，他们看出社会民主党人是小资产阶级利益的维护者。

总之，号称奥地利议会人数最多的社会民主党团在世界大战前七年的议会活动平淡无奇，毫无成绩可言，在无产阶级发展史上未必会起什么作用。在长达四年半之久的战争中，社会民主党议会党团的叛卖行径使广大群众蒙受奇耻大辱，受尽欺骗愚弄。人民群众深感不安，进而觉醒起来，决心为实现无产阶级的真正理想而斗争，尤其是在中欧几个帝国主义堡垒相继垮台以后，社会民主党首领纷纷投向沙文主义的阵营，这使工人群众更清楚地看出他们的叛徒嘴脸。自 1918 年 11 月 1 日起，过去的奥匈帝国跨进了新纪元，从此，加里西亚作为奥地利最大的一块国土，成为重要因素。在加里西亚，如同在奥地利各地一样，随着王朝的灭亡，民族纠纷使波兰小贵族阶级和资产阶级同乌克兰民族主义者之间爆发了一场战争。波兰社会民主党首领站在波兰帝国主义者一边，乌克兰社会民主党首领站在乌克兰帝国主义者一边，双方都以响亮的爱国口号吸引其仆从参加新的屠杀。这时，因长达四年半之久的战争而疲惫不堪的无产阶级广大群众早已放下武器，欢庆战争结束，而且遗憾的是，缺少一个革命政党来向群众讲清利害，即无产阶级放下武器将招致不堪设想的后果，决不能允许两个阵营的资产阶级最终保留武器，而无产阶级变得赤手空拳这样一种局面出现。就这样，国家分裂成两个敌对阵营，并且两个阵营都实行反动独裁统治。在东加里西亚，乌克兰民族主义政党收罗正规军士兵和业已瓦解的奥地利军队中主动表示愿意卖命的一切败类，拼凑一支可观的战斗力量，占领全国。但是，他们统治不到一周，就不得不把利沃夫和佩列梅什尔两大城市让给波兰人，那些未能及时逃离、推行乌克兰民族主义政策的显要首领也被波兰人抓获。乌克兰当局对居住在东加里西亚的波兰政治家也采取同样手段。被隔断同国内各大中心联系、失去任何政府机构的加里西亚新主人，如同沙漠游民一样，先是设府塔尔诺波尔，后来又迁都斯坦尼斯拉夫，处境狼狈不堪。政府取名人民书记处，国民拉达代行议会职能，二者对于立法一窍不通，只得抄袭奥地利旧法律和指令，各城市按照政府和国民拉达在新国家中心所实施的法制，实施各自的法律，其实，是没有法律。实行高度戒严倒是它们的一项创造，戒严令规定：没有通行证不得外出，下午7点以后禁止上街。办理通行证不但难上加难，而且大敲竹杠，官员借口捐助红十字会而强行索贿。即使通行证到手，人身安全也并无保障，因为每过一站地，哨卡随便就可以说你那手续完备的证件无效，从而再敲竹杠，此类的事常常发生。这种腐败现象之所以蔓延开来，是因为上行下效，政府首脑亲自出马，为贪污受贿蓄意制造气氛。要想说明当今统治者政治道德的败坏，各种实例比比皆是，举不胜举。不过，有一种犯罪行为我不能不指出，因为它触及我国经济命脉德罗戈贝奇——鲍里斯拉夫油田。隐藏在拉达中的一伙犯罪分子在油田成立了以社会爱国主义者维特克为首的石油特别人民委员部，篡夺了对大量储备的原油、纯煤油、石蜡和蜡烛的支配大权，把国家的这些宝贵财富只配给向他们行贿的投机商人。譬如，一车煤油在德罗戈贝奇售价4万克朗，而投机商人在塔尔诺波尔则以不低于50万克朗的高价转手倒卖。这种罪恶勾当竟然是在光天化日之下，不背着政府，公开干出来的！然而他们如此胡作非为，对无产阶级来说，有弊也有利。无产阶级从中体验到，他们对政治再也不能不闻不问了，于是，无产阶级又活动起来了。

党在各地活跃起来了，尽管这时社会民主党内出现新的积极因素，但人人感到社会民主党的纲领，尤其是策略，有彻底改变的必要。根据以往划分的情况，各党仍按民族重新组织起来，但过去强大的波兰社会民主党因受乌克兰当局迫害，党员人数比过去减少了，况且在经济上较富裕的工人对国外波兰资产阶级政府抱有好感。本来就弱小的乌克兰社会民主党，这时已被占据统治地位的民族主义几乎消解殆尽，只有犹太社会民主党这一个党在全国范围内开展了生气勃勃的组织活动，建立了工人代表苏维埃；工人代表苏维埃在当局心目中有了一定的权威；联合两个兄弟党的工作也开始了。到去年12月，各项工作已初见成效，除此之外，我们还建立了中央机关，并开始出版《红旗》周报。同时，党委会经改选，减少了人员，成立小型委员会，负责承担一切必要的秘密工作。这个由五人组成的小型委员会派遣一位同志到布达佩斯，1 月初，这位代表与当地中央委员会代表举行会谈并建立相应的关系，随后，离开布达佩斯前往莫斯科，同苏维埃政府领导人取得联系。在这位代表从布达佩斯返回以后，于 1 月 18 日和 19 日举行了有几乎全国各地许多代表参加的党代表会议。为期两天的会议几乎全部讨论纲领和策略问题。会议选举了常委会，以便认真研究和起草有关决议。常委会内部出现了彼此严重对立的两派，一派主张实行以工人苏维埃和农民苏维埃为形式的无产阶级绝对专政，彻底抛弃议会道路；另一派则拥护资产阶级议会道路，认为可以殊途同归，速度虽慢，却行之有效。分歧如此之大，协议自然无法达成，于是两派分别提出各自的议案，结果，右翼在常委会中占据多数，我们居于少数。我们只得把我们的议案提交常委会全体会议审议，结果我们反而占了多数，使我们的对手感到极其难堪。顺便提一下，事已到此，共产主义派便提议结束讨论策略问题的会议，岂料，共产主义派的所作所为竟在城内引起种种荒诞离奇的传闻，于是政府军开进城内，我们俱乐部所在的房屋被军队包围，而且就在会议表决议案的那一刹那，军官、士兵和警察闯进会场。主持会议的孟什维克乘混乱之机，要求进行第二次表决，结果，大概是因为一些代表不知哪个议案先交付表决的缘故，温和的议案竟以两票的多数获得通过。但是，即使温和的议案也明确指出，工人苏维埃和农民苏维埃是将来夺取全国政权的新生基层组织。这次代表会议选举了中央委员会，本人是中央委员之一；中央委员会对秘密工作表示赞许。

　　总之，我们仍处在组建时期，目标是建立统一的共产党，党内分三个民族支部，即波兰支部、乌克兰支部和犹太支部。在地方，三个支部受统一的党委会领导，在全国，受执行局统一领导。此外，小型委员会决定将现有的各民族工人代表苏维埃合并，并尽早确定工人代表苏维埃下一次普选日期。本人受小型委员会委派，走访了全国各地，所到之处，人们都在加紧从事共产主义活动。老牌社会民主党首领已无人承认。人们激情满怀，表示要拿起武器，驱逐外来强盗，争取使东加里西亚苏维埃共和国在南起桑河、北临兹布鲁奇河的土地上宣告成立。因为政治制度和民族成分的关系，这个共和国不能同波兰合并。居住在加里西亚的乌克兰人几乎清一色是农业人口，因而，他们在由犹太人和波兰人组成的城市人口中不配居统治地位。至于民族主义分子，倘若苏维埃政府成立的话，这个政府定会把他们扫进垃圾堆里去。

最后，我代表东加里西亚共产党宣布：我们党加入第三国际，我们无保留地赞同并将恪守1919年3月2日至6日在莫斯科举行的代表大会所通过的各项决定和决议，我们期望在无产阶级的这个新的大家庭中成为一名有益的成员。我们退出第二国际无须单独发表声明，我们在伯尔尼代表会议上对无产阶级的掘墓人已经表示了我们的鄙视。至于我党在执行委员会中的代表问题，在我们党中央委员会一时还不能派遣常驻代表之前，本人将临时出任代表，请予认可。

载于《共产国际》1919年8月第4期

艾库尼的报告
（亚美尼亚）

同志们！

今天是我们党成立一周年纪念日，在庆祝这一节日的时候，我们为能出席筹备成立第三国际即共产国际共产党代表大会而感到非常荣幸。无产阶级十月革命开辟了人类历史的新纪元，即国内战争取代帝国主义战争的纪元，国内战争必将导致无产阶级战胜资产阶级，在全世界建立共产主义制度。

同一切压迫和暴力格格不入的无产阶级十月革命在提出其他解放口号的同时，也提出了真正的而不是虚伪的民族口号，包括亚美尼亚自决的口号。

亚美尼亚各族人民获得了安排自己命运的自由，他们破天荒第一次可以自由地呼吸了。不过，也出现了极大的危险，不能不防范各资产阶级民族主义政党利用民族自决口号，进一步煽动狂热的民族主义情绪，并以自决为幌子，把国家变成新的民族战争的战场。必须以亚美尼亚各族劳动群众的阶级团结来对抗民族隔绝政策，必须变民族战争为国内战争，使被剥削被压迫阶级从剥削者和压迫者的剥削和压迫下解放出来。亚美尼亚共产党人肩负的重大任务是，确定正确的行动方针，选择正确的组织步骤，使这些步骤不但在劳动群众争取真正实现自决权的斗争中成为他们手中的有力武器，而且也符合革命的马克思主义原则。

1917 年 11 月，几名亚美尼亚出生的俄国社会民主工党（布）党员倡议讨论成立工党问题，以便联合亚美尼亚各族无产阶级和半无产阶级分子，同资产阶级沙文主义政党相抗衡。经过多次会议，决定派遣一位同志以代表身份到彼得堡向俄国社会民主工党（布）中央委员会交涉有关成立亚美尼亚布尔什维克党的事宜。

1918 年 1 月下旬，经俄国社会民主工党（布）中央批准，组委会便着手下一步的工作。同年 3 月 4 日（俄历 2 月 19 日），党中央以**亚美尼亚共产党**名义发表第一个告亚美尼亚各族人民书。

在达什纳克楚纯党—孟什维克—别克反动黑暗统治下，亚美尼亚共产党登上了政治斗争舞台。资产阶级民族主义政党推行民族隔绝和建立"民族共和国"的罪恶政策。居统治地位的政党被沙文主义迷住心窍，竟不知羞耻为何物。它们把布尔什维主义及其旗手——俄国无产阶级视为头号敌人。为对付布尔什维主义，南高加索的孟什维克—达什纳克楚纯党—别克"民主党"情愿同任何分子结成同盟。南高加索的反革命头目饶尔丹尼亚、格格奇柯利、策烈铁里看中了北高加索的反革命分子菲利蒙诺夫、波洛夫采夫、卡拉乌洛夫之流，把他们视为可靠盟友。在日趋发展的革命运动中，俄罗斯高加索军成了一支强大力量。革命化了的俄罗斯士兵装备精良，是"南高加索民主党"的眼中钉、肉中刺。"南高加索民主党"决计摆脱"无政府主义—布尔什维主义瘟神"，要把俄罗斯士兵赶出南高加索。于是，孟什维克分子饶尔丹尼亚一声令下，数以千计的俄罗斯士兵便被解除武装，惨遭杀害，酿成阴险毒辣、骇人听闻的流血惨案。俄国社会民主工党（布）表示抗议，却遭到反动势力更疯狂的迫害。反动势力到处搜捕所谓"叛军"和"无政府主义—布尔什维克"，顿时，监狱大有人满之患，党的优秀同志身陷囹圄，工人刊物横遭摧残。2 月 10 日，为庆祝南高加索议会开幕，反革命势力对革命的镇压和迫害达到无以复加的地步，竟然残酷枪杀在梯弗利斯城亚历山德罗夫公园参加集会的工人群众。在亚美尼亚和鞑靼人杂居地，人们的处境惨不忍睹。在那里，以亚美尼亚小资产阶级达什纳克党为一方，以鞑靼地主党木沙瓦特为另一方，公开鼓吹两个民族互相残杀。亚美尼亚人见鞑靼人就杀，鞑靼人见亚美尼亚人就斩。卖身投靠亚美尼亚资产阶级的达什纳克楚纯和鞑靼别克代表木沙瓦特分子欺骗人民群众，互相把整村整村的居民斩尽杀绝，他们自己却居然还留在一个政府中，厚颜无耻地坐在一起，而背地里又继续干着彼此陷害的勾当，继续驱使两个兄弟民族的工农群众互相残杀。这两个民族主义政党对内搞反革命活动犹嫌不足，还对外推行简直可以说是叛卖政策，与土耳其封建主大作其肮脏交易。对于这种政策，稍有正直感的民主党人都会表示极大的愤慨。

自称社会党人的孟什维克，继续推行其一贯的秘密外交政策，他们踏破了外交家的门槛，用势利眼上下打量着两个交战的帝国主义集团，准备投靠强者。

正当木沙瓦特为土耳其的进犯而欣喜若狂、胆量越来越大、俨然以太上皇自居的时候，契恒凯里先生及其一伙便迫不及待地跑到特拉布宗讨好土耳其帕沙，出卖巴统，为的是嫁祸于人，丧尽天良地把全部罪责推到布尔什维克身上。

那么格格奇柯利和策烈铁里又如何呢？这两位先生的表演真是精彩！为蒙蔽群众，他们在党的会议上以其三寸不烂之舌大肆攻击契恒凯里，说那是契恒凯里先生个人的变节行为，政府的方针不变，仍以俄国民主党为目标，任何其他方针一概不予承认。这是出于格鲁吉亚王公贵族利益的需要而在群众面前演出的一幕闹剧，意在制造内部意见分歧的假象，使反对格鲁吉亚无产阶级和农民的阴谋早日得逞。格格奇柯利、契恒凯里和策烈铁里几位孟什维克先生按照旨意扮演角色如此成功，也就不足为奇了。

至于可悲的亚美尼亚沙文主义者，他们无所不用其极！他们也推行叛卖政策，只不过是手段更下流、更愚蠢罢了。不是吗？昨天还为沙皇大唱赞歌的老歌手"社会党人"——达什纳克楚纯的哈蒂索夫，今天摇身一变，成了外交家，打着"亚美尼亚劳动群众"的幌子，跟土耳其帕沙进行谈判。在土耳其匪帮入侵之后，有多少地区变成了一片废墟，可是，达什纳克党的一派佯装全力坚守阵地，而另一派即哈蒂索夫和卡恰兹努尼却分别躲在特拉布宗和巴统，一连几周讨好德国和土耳其帝国主义者，在他们面前极尽阿谀奉承之能事。难怪在帝国主义者操纵之下，通过阴险手段，一个个阵地相继被瓦解，一个个城市相继陷落。大批腐败不堪的民族主义军队在小股敌军面前吓得丧魂落魄，不战而逃。

社会党叛徒于是又跳了出来，大骂被他们骂过千百次的布尔什维主义该死，说这都是因为布尔什维克打入部队、涣散军心、瓦解战斗力的缘故。

吃了不光彩的败仗，就不免要在群众面前辩解一番，找个替罪羊。挑来拣去，总也离不开布尔什维主义这个可怕的敌人。真是，布尔什维主义不除，社会爱国主义者——孟什维克和达什纳克楚纯这帮老爷就永无宁日，更使孟什维克—达什纳克和木沙瓦特这帮老爷放心不下的是，巴库已经掌握在苏维埃政权即把自己命运同俄国无产阶级联系在一起的无产阶级政权手中。

巴库是一座令孟什维克—木沙瓦特这群公牛发狂的红色城市。他们策划新阴谋，要出卖革命，而且这一次把矛头对准英勇的巴库无产阶级。

契恒凯里、格格奇柯利、饶尔丹尼亚及其一伙勾结鞑靼别伊，密谋进攻巴库，为此，他们打开梯弗利斯军械库，用数以百万发的子弹、机枪和大炮来武装鞑靼人。

帝国主义走狗对德意志皇帝和土耳其苏丹唯命是从。格鲁吉亚部队开着装甲火车加入鞑靼匪帮，对巴库发动了秘密进攻。这是工人和农民所始料不及的，巴库无产阶级在国内战争中打败反革命势力后，正忙于巩固苏维埃政权。布尔什维克组织被捣毁了，其成员被追转入地下，一句批评的话也说不得，否则就要横遭迫害。就是在这种政局之下，在这样艰难的条件下，亚美尼亚共产党在斗争的舞台上出现了，并且从第一天起，就领导反对孟什维克和达什纳克楚纯党的独立而英勇的斗争。

3月4日（俄历2月19日），在发表告人民书的同时，中央机关报《红日报》也创刊了。我们党列举大量事实，向工农群众揭露孟什维克—达什纳克楚纯党沙文主义者的变节投降政策，阐明已经开始的世界社会主义革命的意义，以此向劳动者展现共产主义纲领。

达什纳克楚纯党和孟什维克这伙帝国主义奴仆在其机关报上对我们的无耻诽谤和攻击、在梯弗利斯和外地对我们同志的打击与迫害、取缔我们的党报和查封我们的印刷所，以至抢占我们所用的房屋，所有这一切不仅没有削弱我们，反而使我们更加坚强了。

党的中央机关报《红日报》创刊之初，发行量仅为250—300份，现已增加到亚美尼亚有史以来报刊发行量最高数额，仅在梯弗利斯，发行量即达3000—3500份，可以同达什纳克楚纯党的中央机关报争高低了。在大街小巷，亚美尼亚士兵和工人三五成群地阅读和出售我们的报纸。农民和工人派代表从亚历山德罗波尔、舒拉维尔及其他各地远道而来，购买我们的报纸，这是因为，他们好不容易弄到手的报纸，一经孟什维克—达什纳克楚纯党暴徒发现，就要被销毁。在洛里，村与村之间互相传阅《红日报》，农民无不对该报的英勇革命精神表示钦佩。《红日报》也打入了从敖德萨、克里米亚和俄国南部调来的民族主义军队内部，先是秘密的，而且免费，后来是公开的，而且收费，运来的报纸每一次多达几百份。士兵读了报纸，在思想和感情上受到革命熏陶，受到共产主义光辉理想的教育。

仅仅一个月，我们的中央机关报就吸引了工人、士兵和农民群众，成了他们的良师益友。他们把《红日报》看成是自己的报纸。

《红日报》大量刊载士兵和工人的通讯报道。每天傍晚，报社编辑部围满了士兵，他们焦急地等待着报纸出版。因此，报纸被销售一空，也就不足为奇了。共产党机关报引起人们的前所未有的关注和兴趣。

在党报取得成功的同时，我们的讲演、会议和群众集会也越来越活跃，参加的人越来越多。

短期内，仅梯弗利斯一地，党员人数即达到几百人。自带武器前来参加游击队的达到300人。应当指出，尚有成千上万的同情者团结在我们党的周围。

驻扎在梯弗利斯的亚美尼亚军队，早在4月份就同亚美尼亚共产党取得联系。我们的同志打入军队，在他们中间生活，我们通过这一途径

　　而开展的共产主义思想宣传鼓动工作取得了辉煌成果。由于同志们的努力，一所达什纳克初级军官学校从上到下同我们建立了联系，他们的机枪、炸弹和其他武器，我们随时都可以使用。驻扎在阿弗拉巴尔和阿尔塔恰尔的炮兵后备部队派代表到我们这里来，表示一旦举行暴动，他们就将孟什维克掌握的汽车开到我们这一边来。

　　在梯弗利斯，听候我们调遣的警察分局就有好几个。而最能说明党的发展和壮大的一个事实是，驻守在军火库旁的 4000 名武装的土耳其亚美尼亚人响应我们党的倡议，举行了群众集会，在会上发言的清一色是我党党员，会议通过了亚美尼亚共产党提出的决议，并高呼"打倒议会"、"俄国无产阶级万岁"、"亚美尼亚共产党万岁"、"第三国际万岁"等口号。达什纳克楚纯党和孟什维克为破坏群众集会，用尽一切手段，直至进行挑衅和调动装甲车，但一概无效，群众集会四面受到同情亚美尼亚共产党的武装部队的保护，一直进行到结束为止。人们激情满怀。荷枪实弹的亚美尼亚共产党员不止一次地到民族委员会门前举行示威游行。亚历山德罗波尔驻军有一个团派人来，代表全团官兵同我党建立联系。阿哈尔齐赫的工农代表苏维埃主席伊·同志报告说，在该城夺取政权的时机已经成熟。在洛里，同志们明确宣布，如果梯弗利斯举行起义，需要支援的话，成千上万的革命农民将下山前去支援。

　　现在，同埃里温也联络上了。

　　在奥塞梯，我们同布尔什维克组织"凯尔缅"建立了可靠的联系。在格鲁吉亚的许多地方，农民起义此起彼伏。

　　就在梯弗利斯市民时刻等待布尔什维克接管政权、南高加索首都一夜之间就可能转归无产阶级管辖的这一紧张气氛中，在经过长期努力造成的这一大好时机，由于一系列意外情况——应当承认，意外情况的发生，同我们某些负责同志犹豫不决有着很大关系——我们的力量开始瓦解和分散。群众显示出来的革命毅力确实是大于领导人的革命毅力。

　　孟什维克眼看大事不妙，便出动军队，包围了梯弗利斯，在城郊高地上架起大炮和机关枪。装甲列车也向车站方向开来。

　　土耳其帝国主义匪帮日益迫近革命运动中心——梯弗利斯。

　　这样，由于一系列内外因素，南高加索和亚美尼亚革命运动暂时遭到挫折，红色巴库只得孤军作战了。革命军队开始被缴械，积极从事革命活动的同志开始受到迫害，其中有不少同志不得不隐蔽起来或流亡北高加索。孟什维克和达什纳克楚纯党因而更加猖狂，对共产党人实行白色恐怖。许多同志被关进监狱，不少人遭枪杀。

　　但是，我们的同志尽管被迫转入地下，但至今仍在继续秘密从事革命工作，出版秘密传单。他们坚信，英美帝国主义必然垮台的日子已经不远了，深信苏俄将成为建立亚美尼亚各族劳动人民政权而斗争的起义者的坚强支柱。

　　我们的组织成员受党中央委员会派遣，参加为在苏呼米市建立苏维埃政权而同反革命势力进行的斗争，这也是亚美尼亚共产党活动的一部分。在北高加索，经我党党员努力，亚美尼亚资产阶级民族主义的反革命组织被取消了。

　　达什纳克党威信扫地，在劳动群众中已无立足之地。

　　在北高加索，流亡的亚美尼亚共产党员在苏维埃机关担任了负责的工作，以巩固劳动人民政权。在北高加索建立了一个以亚美尼亚共产党员为首、以列宁同志命名的团队。党中央委员会在皮亚季戈尔斯克恢复出版中央机关报《红日报》，号召亚美尼亚人参加红军，以便同反革命匪帮作战，巩固北高加索苏维埃政权，攻入南高加索，进而攻入亚美尼亚，驱逐英美帝国主义分子，在亚美尼亚建立工人与农民的统治。

　　由于苏呼米目前处在孟什维克统治之下，在那里，数以百计的亚美尼亚流亡者纷纷躲到山上，建立游击队，手持武器等待着苏维埃共和国红军的到来。

我们知道，亚美尼亚和格鲁吉亚两个资产阶级共和国已成为两具死胎，它们未等降生，就在母体内开始腐烂了。

达什纳克楚纯党和孟什维克这一对昔日"好友"，如今互相争杀，把两个兄弟民族推入血泊之中。但劳动群众的忍耐是有限度的。今天他们保持沉默，是因为在外国暴政之下，力量分散，挺不起腰来；明天，他们一旦团结起来，依靠世界无产阶级兄弟般的有力支援，就必能将万恶的英美帝国主义走狗政权彻底推翻。

"共和政体的亚美尼亚"并不太平。亚美尼亚达什纳克楚纯党枪杀亚美尼亚孟什维克。但同时，在达什纳克楚纯党内部也杀气腾腾，连党内同伙——过去的几个部长也被干掉了。资产阶级和小资产阶级达什纳克楚纯党大势已去，逐渐让位于亚美尼亚大资产阶级了。今天，在英国军事当局指使下，主宰亚美尼亚各族人民的是英国走卒、商人波戈斯·努巴尔帕沙和烟草工厂老板恩菲阿占茨。亚美尼亚大主教对此表示认可，而达什纳克楚纯党首领则在新统治者面前摇尾乞怜，曲意逢迎，其丑态令人作呕。

但是，英国黄金只能收买一小撮已不止一次卖身投靠帝国主义的冒险家。我们坚信，一旦时机成熟，亚美尼亚各族人民就将在推翻帝国主义压迫的口号下立即团结在我党周围。

亚美尼亚共产党谨向国际共产党代表大会致意，并且认为有义务代表亚美尼亚各民族向全世界宣布：

所谓"亚美尼亚共和国"，是歪曲民族自决原则的可耻的伪造品。

"独立的亚美尼亚"，使亚美尼亚有产者和教士获得了自决权，而对亚美尼亚工农群众来说，它是莫大的侮辱。

亚美尼亚政府是英美资产阶级雇用的亚美尼亚强盗者、亚美尼亚勒索者和亚美尼亚刽子手的政府。

亚美尼亚共产党坚决抗议帝国主义施加种种暴行和对灾难深重的亚美尼亚各民族的命运进行干涉。党要坚决阻止英美对亚美尼亚各民族施加暴行。

我们郑重声明，踏破协约国各国政府门槛的亚美尼亚代表团并不代表亚美尼亚劳动群众的意愿，他们也无权代表亚美尼亚劳动群众。

出席黄色国际伯尔尼代表会议的"亚美尼亚社会党人"并不代表亚美尼亚劳动群众的意见。他们是双手沾满工农鲜血的叛徒和变节分子。出席伯尔尼会议的亚美尼亚社会党人是英美帝国主义的走狗。

亚美尼亚共产党是亚美尼亚各民族劳动群众利益的唯一表达者，它蔑视黄色国际中的亚美尼亚"社会党人"，祝贺国际无产阶级共产党代表大会召开，并在此高呼：打倒帝国主义！国内战争万岁！第三国际即共产国际万岁！

亚美尼亚共产党代表

亚美尼亚共产党中央委员会委员

古·艾库尼

载于 1919 年 3 月 11 日《真理报》
第 54 号

亚雷莫夫的报告

（东部）

我代表穆斯林共产主义组织中央局发言。前几天，中央局已改名为东部各民族共产党组织中央常务局。其成员包括：土耳其斯坦和巴什基尔的非俄罗斯族工人共产党员，伏尔加河流域和吉尔吉斯斯坦的鞑靼族共产党员，高加索山民共产党员，以及土耳其、波斯、阿塞拜疆、布哈拉和格鲁吉亚的流亡共产主义小组。按照不同民族，又分别成立了直属中央常务局各支部，即鞑靼、巴什基尔、吉尔吉斯、高加索山民、土耳其斯坦、阿塞拜疆等支部。

如果不把阿塞拜疆、格鲁吉亚、波斯、土耳其和布哈拉计算在内，则中央常务局管辖区其他地方的非俄罗斯人口至少有 3000 万，有组织的穆斯林工人和农民现在至少有 1 万名。至于中央常务局对穆斯林劳动群众在精神上的巨大影响，以及穆斯林红军战士对共产主义的同情，我就不必细说了。目前，至少有 5 万名穆斯林红军战士在东部战场和南部战场同俄罗斯红军战士并肩作战，反对克拉斯诺夫和邓尼金、高尔察克和杜托夫。中央常务局管辖区内有组织的工人之所以较少，一是因为东部各民族摆脱奴隶地位为时不久，文化落后；二是因为从高加索到喀山和从乌法到塔什干这一片民族地区是作战地区，人们正手拿武器，逐步地把这一地区从帝国主义强盗及其走狗白卫军手中解放出来。这一切为有步骤地开展社会主义工作带来许多困难。

我不打算谈论格鲁吉亚白卫军及其同伙——以策烈铁里为首的格鲁吉亚孟什维克党的暴行，这个党去年 1 月在梯弗利斯曾两次枪杀参加群众集会的工人，破坏了格鲁吉亚共产主义组织，并把共产主义组织的负责人关进监狱。叛徒谢德曼和艾伯特现在在德国所干的一切，格鲁吉亚孟什维克党早就干过了。我也不想谈论土耳其斯坦右翼社会革命党人和孟什维克的暴行，他们正扮演着杀害我们同志的英帝国主义刽子手的角色。我们的久经考验的同志贾帕里泽、邵武勉、科尔甘诺夫和彼得罗夫都是被他们杀害的。同样，我也不打算议论加入立宪会议的右翼社会革命党和孟什维克实行惨绝人寰的大屠杀，他们一次就杀害数以百计的工人和农民，把我们穆斯林同志的眼珠活活挖出来。这些事实报刊已公布多次，人所共知。

尽管工作条件如此艰难，但中央常务局并不气馁，继续同俄国共产党齐心协力开展社会主义工作。为说明中央常务局的活动，值得指出的是，去年 12 月组成中央常务局的东部共产党领导人在 1918 年 1 月至 11 月十个月期间，用鞑靼文、土耳其文、吉尔吉斯文出版报纸、小册子和传单达 400 多万份。自去年 12 月这些领导人加入中央常务局以来，到今年 1 月，即在两个月时间内，中央常务局仅在莫斯科就用**阿拉伯文、土耳其文、波斯文、鞑靼文、阿塞拜疆文、乌兹别克文、塔吉克文、吉尔吉斯文、卡尔梅克文**出版报纸、小册子和呼吁书 200 多万份。现在，中央常务局及其地方组织出版 15 种报纸和中央机关报《工人报》（鞑靼文版）和《恩吉—杜尼亚》①（土耳其文版）。我毫不怀疑，有俄国共产党在道义上和思想上对中央常务局的支持，东部共产主义事业必将得到发展，东部各被压迫民族必将在反对帝国主义的斗争中团结在苏维埃俄国周围。一旦东部觉醒，它对西部日趋发展的工人革命将会产生的伟大意义，我就不准备向诸位证明了。东部是世界帝国主义的大后方和供应地。一旦东部站起来并向社会主义的西部伸出援助之手，帝国主义就将被包围，世界社会主义胜利就将来临。正因为如此，中央常务局才把唤醒东部各民族作为自己的主要任务。正因为如此，我要高呼：东部各被压迫民族同俄国和欧洲社会主义工人的革命联盟万岁！

载于《共产国际》1919 年 8 月第 4 期

中国代表的祝词

中国民主派首次派代表出席共产国际代表大会。新国际业已宣布：

---

① 《恩吉—杜尼亚》（Энги-Дуния），音译，未查到中文含义。——编者注

要为反对世界帝国主义和资本主义而斗争。对于帝国主义压迫，5亿中国人民感受最深。千百年来，中国人民与世隔绝，可是，一旦投身到世界生活中来，便招致欧洲列强、美国、日本向中国人民发动空前的进攻。帝国主义列强打着在中国实行西方文化的幌子，而其目的却昭然若揭。它们无不怀有奴役中国、变中国为殖民地的野心，为欧洲资产阶级掠夺中国资源。在历次战争中，欧洲各国凭借发达的科学技术而成为战胜国，此后，表面看来，欧洲列强似乎安于"门户开放"原则，不准备再打中国的主意了。其实，这如同一群豺狼围着猎获物，都要扑上前去咬上一口，但因为各个都嗜血成性，互相牵制，谁也不敢轻举妄动。这是列强之间心照不宣的默契，每一个列强都从幅员辽阔的中国为其银行家和资本家实行掠夺而霸占了一块地盘。

中国人民深知西方列强的狼子野心，眼看着祖国河山一天天横遭外国蹂躏，心急如焚，但又无可奈何。加上清王朝的腐败统治，人民处于水深火热之中，更激起人们忧国忧民之心。中国的有识之士在反对清王朝的国民运动中联合起来，在伟大领袖孙中山领导下，经过努力，终于推翻了清王朝。辛亥革命是中国史无前例的壮举。辛亥革命后所发生的一系列事件更清楚地暴露了欧洲帝国主义的本来面目，帝国主义分子不择手段地压制中国国民运动，不准其超越他们所希望的狭小范围。欧洲列强扶持反动分子袁世凯以及张勋复辟清王朝的疯狂企图，最清楚不过地说明列强对年轻、进步的中国究竟怀有几分真心同情。接着欧战爆发，欧洲资产阶级向中国施加种种压力，迫使中国参战，将中国无产阶级即使不是当做炮灰，也是当做驯服的劳动力使用，迫使他们在俄国北部冻土带、沼泽地、矿井和欧洲战场的后方充当苦力。这是欧洲资产阶级本性所使然，为了战争和资本，它使欧洲无产阶级付出的生命代价何止千百万。

1917 年，中国南方再次爆发革命，目的在于推翻反动政府。还在那时，一部分进步的国会议员就从上海致电俄国临时政府表示祝贺。但在当时，贺电也罢，呼吁共同对付帝国主义也罢，当然不可能在克伦斯基政府中得到反响。后来，当俄国苏维埃政府的声音通过政府告东方各国人民书，特别是契切林同志致中国之光——孙中山的信，越过硝烟弥漫的军事战场与革命战场传到中国革命者中间的时候，中国革命者真是喜出望外。从告各国人民书和信件中，中国第一次听到外国同志亲口说出，他们对于中国梦寐以求的愿望表示理解；第一次听到，与世隔绝的中国民主派有识之士争取实现的理想也正是俄国人民决心通过自己的工农政府所要努力实现的理想。中国南方革命者的斗争艰苦卓绝。在一场力量悬殊的斗争中，他们也许会牺牲，但是俄国的声音其及兄弟般的召唤必将成为鼓舞人心的巨大力量，唤起人们去战斗。

俄国共产党是共产国际的创始者。为了造福世界劳动人民，为了各国人民的自由，俄国共产党领导本国政府向世界帝国主义宣战，中国人民对于这样的政党深表钦佩。

我作为中国组织的代表出席共产国际代表大会，深感荣幸。我不仅代表我所在的小组，也不仅代表千千万万散居俄国各地的中国无产者，而且代表几亿处于苦难深渊的中国人民，谨向高举同世界帝国主义魔鬼作无情斗争的旗帜的第三国际致以热烈的祝贺。

中国社会主义工人党小组代表

刘绍周

载于 1919 年 3 月 6 日《真理报》第 51 号

土耳其代表苏卜希的发言

伟大的第三国际肩负着改变世界前途的使命。今天，我能在莫斯科，在第三国际中心，代表土耳其无产阶级、土耳其被压迫的农民和工人，代表处于帝国主义残酷剥削的苦难深渊、在资本主义和西方暴力文明的铁蹄下呻吟的被压迫人民，为自由、平等和团结而发言，感到无比荣幸。的确，在土耳其，如同在其他国家一样，杀害无辜、吸吮人民血汗的暴徒和叛徒大有人在。我指的是我们的土耳其君主，他们不仅压榨亚美尼亚人的血汗，而且搜刮土耳其贫民、工人和农民。不是被压迫的人民群众，而是土耳其帕沙和君主才是一群暴徒。同志们！十月革命后，在俄国的土耳其工人和农民代表下定决心要同资本作斗争，而首先是压垮和消灭称做统治者的这群野蛮暴徒。

一年以前，当土耳其将领要出兵占领里海沿岸、波斯和土耳其斯坦时，土耳其革命者就在莫斯科，在这决心造福于全世界的革命中心，勇敢地举起土耳其旗帜，反对土耳其将领的冒险企图。为压制我们的抗议呼声，土耳其驻莫斯科大使频频照会俄罗斯共和国政府，要求立即把我们赶出俄国领土，同时，在塔什干、奥伦堡和喀山向穆斯林民族大造反对我们的舆论，千方百计破坏我们的工作。

资产阶级报刊发表文章攻击我们，竟然提出："他们是些什么人？竟敢在全体穆斯林庆祝土耳其军队在亚洲腹地取得胜利的时候，轻慢宗教，亵渎突厥上鞑靼族最神圣的东西！这些人信仰哪种宗教，他们属于哪个民族？"当大使馆企图以这些蛊惑人心的提问来愚弄全体东方穆斯林的时候，我们土耳其共产党人便庄严宣布：世界就是我们的祖国，人类就是我们的民族。就这样，我们勇敢地举起了革命红旗，决心顶住逆流，讨伐追随土耳其帝国主义的一小撮人。在通往实现我们理想的征途中，我们曾经一度孤军作战。如今，整个东方同我们一道前进了。同志们！在英法强盗占领君士坦丁堡以后，那些反对我们的所有伪君子同土耳其帝国主义者一起无影无踪了，大家立刻懂得了：对于被压迫的贫苦人民来说，没有比伟大的十月革命更好的朋友了。

早在1908年，部分土耳其青年就懂得了，青年的出路就在于社会革命。但在当时，社会主义活动受到压制，而饶勒斯这位维护被压迫人民利益的令人难忘的战士所发出的响亮呼声却成了荒漠旷野中的呼喊，无人响应。多亏饶勒斯的朋友们继承他的未竟事业，如今在俄国建立了土耳其革命根据地。他们深信，经过世界社会革命，东方必能实现经济改造和社会改造，他们的这种信念，在伟大十月革命以后更为坚定了。

我举个生动的例子，说明现在只有土耳其无产阶级和土耳其知识分子才怀有这种信念。十月革命后，君士坦丁堡大学曾讨论该把诺贝尔奖金授予谁的问题，土耳其青年学生不顾土耳其教授施加压力，主张把诺贝尔奖金授予列宁同志，这再一次证明，社会革命思想已在东方深深地扎下了根，敬爱的伟大导师列宁同志以其理论、思想和实践而构成完整的革命世界，土耳其青年推举列宁为诺贝尔奖金获得者，证明他们一心向往的就是这个革命世界。

土耳其人民拥护俄国革命，这无须我来多加说明。我只希望那些为了世界社会革命抛头颅、洒热血的俄国社会革命英雄们知道，他们在战场上并不是孤立的，有广大的土耳其无产阶级的支援，土耳其无产阶级及其知识分子同他们同呼吸、共命运。

但愿这些英雄们相信，沐浴在南国阳光之中的被压迫的土耳其无产阶级义愤填膺，同仇敌忾，只盼俄国革命老大哥一声令下。

同志们，以上所说，无非是要证明，在近东，在土耳其人民之中，确有全心全意拥护俄国革命的真正革命者。下面，我要扼要地谈谈东方运动和世界革命的相互关系。我深信，东方革命与西方革命有着直接关系。我们土耳其革命者虽然在俄国革命队伍中工作，但是我们坚信，东方革命不仅对摆脱欧洲帝国主义来说是必不可少的，而且对支援俄国革命来说也是必要的。

同志们，大家知道，如果说英、法资本主义的脑袋是在欧洲的话，那么它的肚子却伏在亚洲肥沃的土地上。因此，我们土耳其社会党人的主要的、第一位的任务就是，拔除资本主义在东方的根子。只有这样，才能使英、法失去生产原料。如果土耳其、波斯、印度、中国及其他国家能把英、法工业拒之门外，那么今后它在欧洲市场上倾销产品也就不可能了，由此必然引起危机，结果，无产阶级就可以接管政权，建立社会主义制度。只有各地方掀起革命运动，只有东方各民族奋起反抗英、法帝国主义，这一目的才能达到。但是，如何能使东方革命化呢？

我经常出席会议，听到人们研究东方问题，议论东方各民族的神秘生活，渴望深入研究这些民族。其实，早在沙皇专制时期，就有人对东方进行"研究"了。不过，那时的出发点是，要寻求剥削这些民族的更阴险的方法。现在研究这一问题，是要解放被压迫的东方。我们让学者研究东方，不可不握紧手中枪，不可忘记我们的目标，即在东方建立革命根据地。东方各民族奋起反抗欧洲资本主义，这无论对俄国革命还是对年轻的德国革命来说都同样是必要的。德国革命前途如何，目前各国无产阶级都深为关心，它随时都处于英、美暴力威胁之下，迫切需要我们东方予以支援。

因此，第三国际的当前任务应当是在东方各民族中建立革命根据地。

目前，在俄国强大的年轻红军中开始建立和加强土耳其军人革命组织的基层组织。在俄国的各个战场，现在有成千上万土耳其红军战士为捍卫苏维埃政权而积极作战。

就地理位置而言，土耳其历来是联结亚洲和欧洲的地方，直接受资本主义压迫。由此可以推断，土耳其无产阶级将在未来世界革命进程中占据光荣的地位。

我们相信，土耳其无产阶级必将为支持和发展世界社会革命而贡献自己的全部力量。

载于 1919 年 3 月 6 日《全俄中央
执行委员会消息报》第 51 号

塞尔维亚社会民主工党致
第三国际执行局的信

亲爱的同志们！

塞尔维亚社会民主工党获悉共产国际第一次代表大会将于 2 月在莫斯科举行，感到十分高兴。非常遗憾的是，因为消息迟到，我们不能派代表出席大会。但是我们感到欣慰的是，能向你们致以热忱而诚挚的祝贺，祝愿你们在成立共产国际的工作中取得圆满成功。

亲爱的同志们！我们党在巴尔干战争以及世界大战期间的表现如何，你们已经知道了。我们党始终忠于我们伟大导师马克思和恩格斯的学说。我们从来就厌恶和蔑视社会主义的叛徒。在危急关头，我们党一刻也没有忘记所肩负的神圣国际主义义务。在本国资产阶级为战胜土耳其和保加利亚而兴高采烈的日子里，在我国居民同军队一起越过阿尔巴尼亚崇山峻岭节节败退的日子里，在我国人民遭受外国占领的苦难日子里，我们只知道对本国资产阶级有一个"义务"，那就是同资产阶级进行不妥协的斗争。什么"国内和平"，我们从来也没有承认过。我们只知道一种战争，即劳动与资本之间的战争。**最近，社会爱国主义者邀请**

我们党派代表出席伯尔尼会议，我们予以拒绝，因为我们党不愿同社会主义的叛徒发生任何联系。

将近六年的战争使我们的队伍十分混乱。我们的优秀同志战死的战死，在强制劳动中累死的累死，更有许多同志死在战俘营中，还有不少人被流行病夺去了生命。党的工作人员几乎损失一半。尽管损失如此巨大，但我们党毫不气馁。我们认识到，欧洲已跨入社会革命时代，所以，在党的生活中断三年之后，我们现在以更大的热情着手把它恢复起来。

目前，各阶层人民群众团结在我们党的周围。积多年痛苦的经验，他们确信，只有我们党才能维护工人群众和贫苦农民的利益。这就是我们党近三个月以来取得巨大成就的原因所在。

物价暴涨，燃料、衣物短缺，奸商投机倒把，铁路运输中断，这一切使广大人民群众越发不满。民族大联合毫无进展。事实证明，"我们的"南斯拉夫资产阶级没有能力将民族革命进行到底。

1 月 25 日至 26 日，在萨格勒布举行了克罗地亚和斯洛文尼亚社会民主党代表会议，会议除其他决议外，还通过了以下决议："代表会议拥护苏维埃俄国，拥护德国与奥匈帝国的社会革命以及其他各国的革命运动。"从这次代表会议可以看出，共产主义派在南斯拉夫无产阶级中的力量不可小看。

八周以后，将举行南斯拉夫社会民主党代表大会，成立南斯拉夫统一工人党。毫无疑问，共产主义派将获得胜利。**塞尔维亚社会民主党、波斯尼亚与黑塞哥维那社会民主党都站在共产主义立场上。**克罗地亚和斯洛文尼亚工人同我们一样坚信，**无产阶级专政是通向社会主义的必由之路**，而无产阶级专政的形式就是**苏维埃政权**。

亲爱的同志们！我们相信，共产国际第一次代表大会定将组成符合全世界革命共同利益的战斗机构。

因此，我们谨向你们再一次表示我们兄弟般的真诚祝贺。

新的共产国际万岁！

塞尔维亚社会民主工党

载于《共产国际》1919 年 5 月 1 日
第 1 期

匈牙利共产党代表的声明

我们作为匈牙利共产党派出参加第三国际第一次代表大会的代表深感遗憾的是，因交通不便，加上乌克兰苏维埃共和国部队同乌克兰"人民共和国"匪帮发生战斗，我们未能准时赶来参加代表大会会议。创立第三国际是具有世界历史意义的事件，我们若能参与，那才是值得自豪和高兴的。

我们代表匈牙利共产党声明：我们同意大会的各项决定，并批准在我们未到会的情况下，代表我党参加代表大会的鲁德尼扬斯基同志所作的一切声明和签字。

鲁道什
柯　恩
1919 年 4 月 10 日于莫斯科

载于《共产国际》1919 年 5 月 1 日
第 1 期

二、 决 议

共产国际行动纲领

世界资本主义体系内部所孕育的各种矛盾，在一次大爆发——世界帝国主义大战中，极其深刻地暴露出来了。

资本主义企图用组织生产的办法来克服**它所固有的无政府状态**。资本家成立了辛迪加、卡特尔、托拉斯一类的强大联合组织，以代替无数分散的、互相竞争的企业主；银行资本同工业资本勾结起来；整个经济生活都处在资本主义金融寡头支配之下，这些金融寡头依靠联合组织取得了独占的统治地位。垄断代替了自由竞争；各个单独的资本家变成了资本主义联合组织的成员。有组织的状态逐渐代替了疯狂的无政府状态。

但是，随着各国资本主义生产方式的无政府状态逐步为资本主义的有组织状态所代替，世界经济的矛盾、竞争和无政府状态却日益加剧起来。最强大的、有组织的强盗国家之间的钩心斗角，必然导致惨绝人寰的世界帝国主义大战。为了攫取利润，世界各国的资本争夺新的销售市场、新的投资场所、新的原料产地和殖民地奴隶的廉价劳动力。帝国主义国家既然瓜分了全世界，既然把亚、非、澳、美各洲的千百万无产者和农民变成了牛马，它们就迟早要在一场大规模的冲突中暴露出资本的无政府的真正实质。这就是掠夺性世界大战产生的根源，也是它们对人类所犯下的滔天罪行。

资本主义还企图克服自己**社会结构**中的矛盾。资产阶级社会是一个阶级社会。"文明"大国的资本力图掩盖社会矛盾。资本靠掠夺殖民地人民来收买雇佣奴隶，使剥削者和被剥削者在对付被压迫的黄种、黑种和红种殖民地人民方面取得一致利益，而对欧美工人阶级，则强迫他们接受帝国主义的"祖国"概念。

但是，这种用来树立工人阶级爱国心和对工人阶级进行精神奴役的一贯收买做法，由于战争而走向自己的反面。人身的消灭，对无产阶级的绝对奴役，骇人听闻的压迫，贫困和堕落以及世界性的饥荒——这都是为换取国内和平而付出的最终代价。国内和平破灭了，**帝国主义战争变成了国内战争**。

一个新的时代，即资本主义解体的时代，资本主义内部崩溃的时代，**无产阶级共产主义革命的时代**已经开始了。

帝国主义体系正在土崩瓦解。殖民地的骚动，尚未独立的弱小民族的骚动，无产阶级的起义，某些国家内节节胜利的无产阶级革命，帝国主义军队的瓦解，统治阶级一手支配人民命运的地位的丧失——这就是当前世界的形势。

人类的全部文化已遭摧残，人类本身也处于完全毁灭的威胁之中，只有一种力量能够拯救人类，那就是无产阶级。旧的资本主义"秩序"已不复存在，也无法继续存在。资本主义生产方式的最终结果就是混乱，这种混乱只有最大的阶级，生产者阶级，也就是工人阶级才能克服。工人阶级必须建立真正的秩序——共产主义秩序。工人阶级必须推翻资本统治，消灭战争的根源，打破国界，把整个世界变成一个自力更生的合作的社会，实现各族人民的自由和友好。

然而，世界资本并不甘心，正在准备决一死战。它打着"国际联盟"的旗号，高唱和平主义，进行最后挣扎，要把自动裂开的资本主义体系弥合起来，集中力量对付方兴未艾的无产阶级革命。

无产阶级必须夺取政权来挫败资产阶级的这个新的大阴谋，反击阶级敌人，并利用政权作为改造社会经济的杠杆。全世界无产阶级最后胜利之日，将是人类解放的真正历史开始之时。

夺取政权

无产阶级夺取政权，就是消灭资产阶级政权。资产阶级手中最强有力的政权工具是资产阶级国家机器，也就是由资产阶级和地主出身的军官指挥的资本主义军队、警察、宪兵、狱吏、法官、神甫和官吏等。夺取国家政权，这绝不只是更换内阁成员，而是消灭敌对的国家机器，由无产阶级掌握实际权力，解除资产阶级、反革命军官和白卫队的武装而把无产阶级、革命士兵和工人赤卫队武装起来；撤换所有资产阶级的法官而组织无产阶级的法庭；消灭反动官吏的统治而建立无产阶级的新的管理机关。无产阶级的胜利系于粉碎敌人的政权而建立无产阶级的政权，也就是说，摧毁资产阶级的国家机器而建立无产阶级的国家机器。无产阶级只有在取得胜利并彻底粉碎资产阶级的反抗之后，才能迫使从前的敌人在无产阶级的监督之下逐渐参加共产主义建设，来为无产阶级效力。

民主与专政

无产阶级国家同任何国家一样，是一个压迫工具，所不同的是，它是压迫工人阶级的敌人的。剥削阶级为了把革命淹没在血泊之中，总要不择手段地作垂死挣扎，所以，这个工具的目的就是要粉碎他们的反抗并使这种反抗不能发生。另一方面，无产阶级专政，即无产阶级居于正式的社会统治地位，又是一种过渡的形式。

随着资产阶级反抗之被摧毁，随着资产阶级之被剥夺，随着资产阶级逐渐变成社会上的一个劳动阶层，无产阶级专政就将消失，国家就将消亡，社会上的阶级划分也将随之消失。

资产阶级的所谓民主，纯粹是伪装起来的资产阶级专政。臭名昭著的"民意"也同人民统一体一样，是并不存在的；真正存在的是在意志上彼此对立、相互排斥的阶级。占人口极少数的资产阶级需要这种欺人之谈，需要这种"民意"的谎言，以便在这些漂亮的字眼掩饰下确立对工人阶级的统治，并把本阶级的意志强加于工人阶级。相反，占人口大多数的无产阶级，则完全公开地运用自己的群众性组织即苏维埃的阶级实力，来取消资产阶级的特权并保证向无阶级的共产主义社会过渡。

资产阶级民主的实质就在于冠冕堂皇地在形式上承认一些权利和自由，但劳动人民即无产阶级和半无产阶级限于物质手段而不能享受这些权利和自由；而资产阶级却能充分利用自己的物质手段、自己的报刊和组织来欺骗蒙蔽人民。与此相反，苏维埃制度这一新型国家政权的实质，就是要使无产阶级真正能够保障自己的权利和自由。苏维埃政权为人民的出版、集会和结社提供了最好的宫殿、房屋、印刷所、纸张等。只有这样，无产阶级民主才可能真正实现。

资产阶级民主及其议会制允许群众参与国家管理，这只不过是空谈。事实上，群众和群众团体完全被排斥在政权机关之外，完全被排斥在真正的国家管理工作之外。而在苏维埃制度下，因为苏维埃吸引越来越多的工人参与国家管理，所以国家事务由群众组织进行管理，也就是由群众自己通过群众组织进行管理，这是逐步引导全体劳动人民真正参与国家管理工作的唯一途径。由此可见，苏维埃制度所依靠的是苏维埃、革命的工会、合作社等无产阶级的群众组织。

资产阶级民主和议会制，由于将立法权和行政权分立，由于规定选民无权撤换议员，而使群众和国家之间的鸿沟愈益加深。与此相反，苏维埃制度，由于规定选民有权撤换代表，由于立法权和行政权结合在一起，并且由于它本身就是一个工作机关，所以能把群众和管理机关二者联系起来。这种联系之所以易于建立，还因为在苏维埃制度下，选举不是以人为划分的选区为基础，而是以生产单位为基础的。

这样，苏维埃制度便真正实现了无产阶级内部的民主，即反对资产阶级的无产阶级民主。在这种制度下，工业无产阶级作为最有组织、政治上最成熟的阶级而成为领导阶级，只有在它的领导下，半无产阶级分子和贫农才能逐渐翻身。必须利用工业无产阶级的这种暂时的优越地位，把农村中贫苦的小资产阶级群众从富农和资产阶级的势力下解放出来，把他们组织起来，使他们一同参加共产主义建设事业。

剥夺资产阶级与生产社会化

由于资本主义体系和资本主义劳动纪律的瓦解，要想在现有阶级关系中，在原有的基础上恢复生产是不可能的。工人争取提高工资的斗争，即便胜利，他们的生活水平也不能得到预期的改善，因为消费品的涨价使每一次胜利都成为泡影。工人的生活只有在不是资产阶级而是无产阶级亲自管理生产之后，才能改善。在那些经济显然已经崩溃的国家中，由于工人为增加工资而奋起进行的坚决斗争来势凶猛，并有蔓延全球之势，资本主义生产已不可能保持下去。为了振兴经济，为了早日粉碎资产阶级的反抗，以免这种反抗延长旧社会垂死的挣扎，从而使经济不致遭到彻底破坏，无产阶级专政必须剥夺大资产阶级和地主，并使生产资料和运输工具成为无产阶级国家的公共财产。

现在，共产主义只能在资本主义的废墟上建立起来。这是历史指给人类的唯一出路。机会主义者妄想恢复资本主义经济体系以推迟国有化，到头来只能推迟危机的解决，造成全盘崩溃的直接危险；而进行共产主义革命，则是保全社会的真正生产力——无产阶级以及社会本身的最有效的也是唯一可行的办法。

无产阶级专政绝不是要对生产资料和运输工具实行任何形式的瓜分。相反，它要使生产力进一步集中起来，并使全部生产服从统一的计划。

经济全面国有化的第一个步骤是：把现在支配工业的大银行收归国有；接管资本主义国家的一切经济机关，将其移交给无产阶级的国家政权；接收一切公用企业；把组成辛迪加和托拉斯的工业部门以及按资本积聚和集中的程度而在技术上可以收归国有的工业部门收归国有；把农村的大庄园社会化，改为公营农场。

至于小企业，无产阶级应视其规模，逐步地加以合并。

同时必须强调指出，小产业不应剥夺，对于不剥削他人劳动的小业主，也不应采取任何强制手段。这一阶层将通过示范和证明新制度优越性的具体实践而被逐渐纳入社会主义领域。新制度将把小农和城市小资产阶级分别从富农、地主的经济压迫和捐税（特别是通过废除公债）等重担下解放出来。

无产阶级专政在经济方面的任务，只有在无产阶级能够建立起集中生产管理机关并能够实现工人管理的条件下，才能完成。在这一方面，无产阶级必须利用同生产过程有密切联系的群众组织。

在分配方面，无产阶级专政应以合理的产品分配制度来代替商业；为此，必须采用的步骤是：大商业由国家经营；资产阶级国家建立的以及市有的一切分配机关一律由无产阶级接收；对在过渡时期仍起重大经济作用的大型合作社组织实行监督。上述机关要逐步地加以集中，组织统一的整体，以便实行产品的合理分配。

无论在生产方面或者在分配方面，都要利用一切熟练的技术专门人才，但是，只有在其政治反抗被粉碎之后，同时又能适应新的生产制度，而不再为资本服务以后，才能任用。

无产阶级并不打算压迫他们，相反地，使他们第一次有机会充分施展创造才能。资本主义历来把体力劳动和脑力劳动分开，无产阶级专政则把二者结合起来，从而把劳动与科学结合起来。

无产阶级除了剥夺工厂、矿山、庄园等以外，还应取消资本主义房产主对居民的剥削，把高楼大厦交给地方工人苏维埃，让劳动人民迁入资产阶级的住宅等。

在这一翻天覆地的变革过程中，苏维埃政权既要坚定地建立越来越集中的庞大管理机关，又要吸收越来越多的各阶层劳动人民参与直接的管理工作。

胜利之路

革命时代要求无产阶级采用能够把它的一切力量集中起来的斗争手段，即群众斗争手段，群众斗争必然导致同资产阶级国家机器公开发生直接冲突。其他一切手段，诸如利用资产阶级议会进行革命活动，都必须服从这一目的。

要取得斗争的胜利，一个先决条件是，不仅要同资本的公开走狗和绞杀共产主义革命的刽子手右翼社会民主党人决裂，而且要同在危急关头背叛无产阶级而去讨好无产阶级公开敌人的"中派"（考茨基分子）决裂。

另一方面，还必须联合革命运动中那些从前虽然不属于社会主义政党，但现在总的说来是赞成苏维埃即无产阶级专政的分子，例如某些工团主义分子。

当前，世界各国革命运动正在高涨；资本主义国家互相勾结起来，随时企图镇压革命；变节的社会民主党企图联合起来（在伯尔尼组织一个黄色"国际"），充当威尔逊的国际联盟的走狗；因此，无产阶级的行动必须绝对协调一致；成立真正革命和真正无产阶级的共产国际，势在必行。

国际能够使所谓国家利益服从国际革命的利益，从而实现各国无产阶级的互相支援，因为，没有经济方面及其他方面的相互支援，无产阶级是不能建成新社会的。另一方面，与社会党的黄色"国际"相反，无产阶级的共产国际将支援被剥削的殖民地人民反抗帝国主义，以促进世界帝国主义体系彻底崩溃。

世界大战爆发时，资本主义强盗口口声声说他们只是在保卫自己的祖国。但是德国帝国主义很快地就以它在俄罗斯、乌克兰、芬兰的血腥暴行暴露了自己的强盗本性。现在协约国列强的面目，甚至在最落后的居民阶层面前，也暴露无遗了，原来他们是世界强盗和屠杀无产阶级的刽子手。他们同德国资产阶级和社会爱国主义分子串通一气，嘴上挂着伪善的和平词句，企图用坦克和穷凶极恶的殖民军队来扼杀欧洲无产阶级的革命。资产阶级暴徒的白色恐怖，惨不忍睹。工人阶级的牺牲，不计其数，工人阶级已经失去了自己的优秀战士——李卜克内西和卢森堡。

无产阶级必须自卫，必须不惜一切代价进行自卫。共产国际号召全世界无产阶级进行这场最后的斗争。以眼还眼，以牙还牙！

打倒资本的帝国主义阴谋！

国际无产阶级苏维埃共和国万岁！

关于资产阶级民主和无产阶级专政的提纲①

1. 各国无产阶级革命运动的增长，使得资产阶级及其在工人组织中的代理人拼命寻找思想论据和政治论据，来替剥削者的统治作辩护。在这些论据中间，首推谴责专政而维护民主这一条。资本主义报刊和1919年2月在伯尔尼召开的黄色国际代表会议用各种方式重复这一论据。一切不愿背叛社会主义的基本原理的人，都清楚地看出它是欺人之谈。

2. 首先，这条论据使用了"一般民主"和"一般专政"的概念，而没有提到是哪一个阶级的民主和专政。这样站在非阶级的或超阶级的、似乎是全民的立场上提问题，就是公然嘲弄社会主义的基本学说——阶级斗争学说，那些投靠资产阶级的社会党人口头上承认这一学说，实际上却把它忘记了。因为在任何一个文明的资本主义国家中都没有"一般民主"，而只有资产阶级民主；这里所说的专政也不是"一般专政"，而是被压迫阶级即无产阶级对压迫者和剥削者即资产阶级的专政，其目的是战胜剥削者为保持自己的统治而进行的反抗。

3. 历史教导我们，从来没有一个被压迫阶级，不经过专政时期，即不经过夺取政权并用暴力镇压剥削者总要不惜采取一切罪恶手段来进行的最猛烈、最疯狂的反抗的时期，就取得了统治，就能够取得统治。尽管反对"一般专政"而竭力吹嘘"一般民主"的社会党人现在替资产阶级的统治辩护，先进国家的资产阶级也是经过一系列起义、内战，用暴力镇压国王、封建主、奴隶主及其复辟尝试才取得政权的。各国社会党人在自己的著作和小册子中，在代表大会的决议中，在鼓动演说

---

① 中译文见《列宁全集》中文第2版第35卷第485—495页。——编者注

中，曾千百万次地向人民说明这些资产阶级革命、这种资产阶级专政的阶级性质。因此，目前借谈论"一般民主"来维护资产阶级民主，借谴责"一般专政"来大反无产阶级专政，就是公然背叛社会主义，在实际上投降资产阶级，就是否认无产阶级有进行无产阶级革命的权利，并且正好在资产阶级改良主义已在全世界遭到破产、战争已经造成了革命形势的历史关头来维护资产阶级改良主义。

4. 所有社会党人在说明资产阶级文明、资产阶级民主和资产阶级议会制的阶级性质时，都提到马克思和恩格斯用最准确的科学语言所表达的一个思想：最民主的资产阶级共和国无非是资产阶级镇压工人阶级的机器，是一小撮资本家镇压劳动群众的机器。[①] 那些现在大反专政而维护民主的人中间，没有一个革命者和马克思主义者不曾在工人面前赌咒发誓，说他承认这个社会主义的基本真理。可是现在，当革命无产阶级正要起来破坏这个压迫机器、争取无产阶级专政的时候，这些社会主义叛徒又改变腔调，说资产阶级把"纯粹民主"恩赐给了劳动者，说资产阶级已不再反抗，愿意服从大多数劳动者的意志，说在民主共和国中过去和现在根本不存在任何资本镇压劳动的国家机器。

5. 一切想以社会党人闻名的人在口头上都推崇巴黎公社，因为他们知道，工人群众热诚地同情公社，可是巴黎公社特别清楚地表明，资产阶级议会制和资产阶级民主虽然比中世纪制度进步得多，但它们是有历史条件的，它们的价值是有限的，在无产阶级革命时代必然要起根本的变化。正是最正确地评价了公社的历史意义的马克思，在对公社进行分析时指出了资产阶级民主和资产阶级议会制的剥削性质，说明在这种制度下，被压迫阶级得到的权利就是每隔几年决定一次究竟由有产阶级

---

① 参看《马克思恩格斯文集》第 3 卷第 111 页。——编者注

中的什么人在议会里"代表和镇压"（ver-und zertreten）人民。[1] 正是现在，当苏维埃运动遍及全世界、谁都清楚是在继续公社事业的时候，社会主义的叛徒们却忘记了巴黎公社的具体经验和具体教训，重新弹起关于"一般民主"的资产阶级旧调。公社不是议会机构。

6. 其次，公社的意义在于它试图彻底打碎和破坏资产阶级的国家机构，即官吏的、法官的、军队的、警察的机构，而代之以立法权和行政权统一的工人的群众性自治组织。一切现代的资产阶级民主共和国，包括社会主义的叛徒称之为无产阶级共和国（这是对真理的嘲弄）的德意志共和国在内，都保存了这个国家机构。这就十分清楚地再次证明了，起劲地维护"一般民主"的人，事实上是在维护资产阶级及其剥削特权。

7. "集会自由"可以看做是代表"纯粹民主"要求的典型口号。任何一个没有脱离本阶级的觉悟工人都不难明白，在剥削者不甘心被推翻而进行反抗、死抱住自己特权不放的时候和情况下，答应给剥削者以集会自由，是很荒唐的。当资产阶级还是革命阶级的时候，无论在1649年的英国，或者在1793年的法国，它都没有把"集会自由"给予那些招引外国军队并"集会"策划复辟活动的君主派分子和贵族。如果现在这些早已变得反动的资产阶级要求无产阶级事先保证，尽管资本家一定会拼命抗拒对他们的剥夺，也要给这些剥削者以"集会自由"，那么工人们只能对资产阶级的虚伪付之一笑。

另一方面，工人们很清楚，即使在最民主的资产阶级共和国，"集会自由"也只是一句空话，因为富人拥有一切最好的公共建筑物和私人建筑物，同时还有足够的空闲时间去开会，开起会来还有资产阶级政权机构保护。而城乡无产者和小农，即大多数居民，既无房屋开会，又无

———————————

① 见《马克思恩格斯文集》第3卷第156页。——编者注

空闲时间，更无人保护。只要情况还是这样，"平等"即"纯粹民主"就是骗局。要取得真正的平等，要真正实现劳动者的民主，首先必须没收剥削者的一切公共建筑物和豪华的私人建筑物，首先必须让劳动者有空闲时间，还必须由武装工人而不是由贵族军官或资本家军官及其唯命是从的士兵来保护劳动者的集会自由。

只有在实行这种变革之后再来谈集会自由和平等，才不是对工人、劳动者和穷人的嘲弄。但是能够实行这种变革的，只有劳动者的先锋队，即推翻资产阶级剥削者的无产阶级。

8. "出版自由"也是"纯粹民主"的主要口号之一。但是工人们知道，而且各国社会党人也曾无数次承认，只要最好的印刷所和大量的纸张被资本家霸占，只要资本还保持着对报刊的控制（在世界各国，民主制度与共和制度愈发达，这种控制也就表现得愈明显，愈露骨，愈无耻，例如美国就是这样），这种自由就是骗局。要为劳动者、为工人和农民争得真正的平等和真正的民主，首先必须剥夺资本雇用著作家、收买出版社和报纸的可能性，要做到这一点，就必须推翻资本的压迫，打倒剥削者，镇压他们的反抗。资本家总是把富人发横财的自由和工人饿死的自由叫做"自由"。资本家把富人收买报刊的自由、利用他们的财富假造所谓社会舆论的自由叫做出版自由。这些事实再次表明，维护"纯粹民主"实际上就是维护使富人能控制群众教育工具的最肮脏最腐败的制度，就是欺骗人民，用冠冕堂皇然而虚伪透顶的言辞诱使人民放弃把报刊从资本的束缚下解放出来的具体历史任务。真正的自由和平等，将是由共产主义者建立的制度，在这种制度下，不会有靠损害别人来发财致富的可能性，不会有直接或间接使报刊屈从于货币权力的客观可能性，不会有任何东西能阻碍每个劳动者（或大大小小的劳动者团体）享有并行使其使用公有印刷所及公有纸张的平等权利。

9. 19世纪和20世纪的历史还在战前就向我们表明，臭名昭著的

"纯粹民主"在资本主义制度下事实上究竟是怎么一回事。马克思主义者一向认为，民主愈发达，愈"纯粹"，阶级斗争就愈公开，愈尖锐，愈残酷，资本的压迫和资产阶级的专政就表现得愈"纯粹"。在共和制的法国发生的德雷福斯案件，在自由民主的共和国美国由资本家武装起来的雇佣军队对罢工者进行的血腥屠杀，这些事实和无数类似的事实都证明了资产阶级枉费心机地企图掩盖的一条真理：在最民主的共和国内，实际上是资产阶级的恐怖和专政居统治地位，每当剥削者开始感到资本的权力发生动摇时，这种恐怖和专政就会公开表现出来。

10. 1914—1918 年的帝国主义战争，甚至使落后的工人也彻底认清了资产阶级民主的真正性质：即使在最自由的共和国，资产阶级民主也是资产阶级专政。为了确定让德国还是英国的百万富翁或亿万富翁集团大发其财，几千万人死于非命，就是在最自由的共和国也建立了资产阶级的军事专政。甚至在德国战败以后，协约国各国还保持着这种军事专政。正是战争大大擦亮了劳动者的眼睛，撕掉了资产阶级民主的漂亮外衣，使人民看到了在战争期间和借战争的机会大搞投机牟取暴利的无数事实。资产阶级假"自由平等"之名进行了这场战争，军火商假"自由平等"之名发了一大笔横财。伯尔尼黄色国际无论怎样努力，都无法对群众掩盖现在已被彻底揭穿的资产阶级自由、资产阶级平等、资产阶级民主的剥削性质。

11. 在欧洲大陆最发达的资本主义国家德国，由于德帝国主义战败而得到的共和制自由刚刚实行了几个月，就使德国工人和全世界看到了资产阶级民主共和国的真正阶级本质究竟是什么。卡尔·李卜克内西和罗莎·卢森堡被害是世界历史上的重大事件，不仅因为这是真正无产阶级的国际即共产国际的优秀人物和领袖惨遭杀害，而且还因为这一事件使欧洲的一个先进国家——可以毫不夸大地说，也是全世界范围内的一个先进国家——的阶级本质暴露无遗。在社会爱国主义者执政的情况下，军官和资本家可以不受惩罚地杀害被捕者即受到国家政权监护的人，这说明能够发生这种事情的民主共和国就是资产阶级专政。有些人对卡尔·李卜克内西和罗莎·卢森堡被害表示愤慨，但又不明白这个道理，这种人不是迟钝，就是伪善。在世界上最自由最先进的共和国之一的德意志共和国，所谓"自由"，就是可以不受惩罚地杀害被捕的无产阶级领袖的自由。只要资本主义还存在，情况就只能是这样，因为民主制度的发展不是使阶级斗争变得缓和，只是使它更加尖锐。而由于战争的一切后果和影响，阶级斗争已经达到白热化的地步了。

现在整个文明世界都在驱逐布尔什维克，追缉他们，把他们关进监狱，例如在最自由的资产阶级共和国之一的瑞士就是如此，在美国则发生了蹂躏布尔什维克的大暴行，如此等等。先进的、文明的、民主的、武装到牙齿的国家，竟会害怕来自落后的、饥饿的、破产的、被几千万份资产阶级报纸称为野蛮和罪恶之乡的俄国的几十个人，从"一般民主"或"纯粹民主"的观点来看，简直是笑话。显然，能够造成这种惊人矛盾的社会环境，实际上就是资产阶级专政。

12. 在这种情况下，无产阶级专政作为推翻剥削者并镇压其反抗的工具是完全合理的，而且是全体劳动群众用来抗御曾经导致战争并且正在准备新战争的资产阶级专政所绝对必需的，因为它是劳动群众在这方面唯一的防卫手段。

社会党人所以在理论上近视、被资产阶级偏见俘虏并在政治上背叛无产阶级，主要是因为他们不懂得，在资本主义社会中，当作为这个社会的基础的阶级斗争稍微严重一些的时候，除了资产阶级专政或无产阶级专政，不可能有任何中间道路。幻想走第三条道路，不过是抒发小资产者的反动哀怨。一切先进国家百多年来资产阶级民主和工人运动发展的经验，尤其是近五年来的经验，都证明了这一点。全部政治经济学，马克思主义的全部内容，也说明了这一点；马克思主义阐明了在任何一种商品经济制度下资产阶级专政的经济必然性，而能够代替资产阶级的，只有那个随着资本主义的发展本身而发展、扩大、团结起来、站稳脚跟的阶级，即无产者阶级。

13. 社会党人在理论上和政治上的另一个错误，在于他们不懂得民主从古代的萌芽时期起，在几千年过程中，随着统治阶级的更迭，必然在形式上发生变化。在古代希腊各共和国中，在中世纪各城市中，在各先进的资本主义国家中，民主的形式都不同，民主的运用程度也不同。如果认为人类历史上最深刻的革命，世界上第一次使政权由剥削者少数手里转到被剥削者多数手里的革命，能够在旧式民主即资产阶级议会制民主的老框框内发生，不需要最急剧的转变，不需要建立新的民主形式以及体现运用民主的新条件的新机构等等，那就荒谬绝伦了。

14. 无产阶级专政同其他阶级专政相似的地方在于，这种专政之所以需要，同任何专政一样，是由于必须用暴力镇压那个失去政治统治权的阶级的反抗。无产阶级专政同其他阶级专政（中世纪的地主专政，一切文明的资本主义国家中的资产阶级专政）根本不同的地方在于，地主资产阶级的专政是用暴力镇压大多数人即劳动人民的反抗。相反地，无产阶级专政是用暴力镇压剥削者的反抗，镇压极少数人即地主资本家的反抗。

由此可以得出结论，无产阶级专政不仅一般地说必然使民主形式和民主机构发生变化，而且要使它们变得能使受资本主义压迫的劳动阶级空前广泛地实际享受到民主。

而已经实际形成的无产阶级专政形式，即俄国的苏维埃政权，德国的苏维埃制度，英国的车间代表委员会，以及其他国家中类似的苏维埃机关，也确实意味着和确实做到了占人口大多数的劳动阶级真正有可能享受民主权利和自由，这样的情况，甚至近似的情况，在最好的最民主的资产阶级共和国中也是从来没有过的。

苏维埃政权的实质在于：正是受资本主义压迫的阶级即工人和半无产者（不剥削他人劳动并经常出卖至少是一部分自己的劳动力的农民）的群众组织，是整个国家政权和整个国家机构的固定的和唯一的基础。正是那些过去在法律上有平等权利、实际上被用各种手法加以排挤而不能参加政治生活、不能享受民主权利和自由（甚至在最民主的资产阶级共和国也是这样）的群众，现在经常被吸引来而且一定要吸引来参加对国家的民主管理并在其中起决定作用。

15. 资产阶级民主无论在何时何地都保证公民不分性别、宗教、种族、民族一律平等，但是它无论在什么地方也没有实行过，而且在资本主义的统治下也不可能实行；苏维埃政权即无产阶级专政则立刻实现、全部实现这种平等，因为只有不从生产资料私有制、不从瓜分和重新瓜分生产资料的斗争中捞取好处的工人政权，才能够做到这一点。

16. 旧式民主即资产阶级民主和议会制被组织得尽量使劳动群众远离管理机构。相反地，苏维埃政权即无产阶级专政则组织得能使劳动群众同管理机构接近起来。也正是为了这个目的，才在苏维埃国家组织中把立法权和行政权合而为一，并用生产单位（如工厂）来代替地域性的选区。

17. 军队不仅在君主国中是压迫机构，而且在一切资产阶级共和国甚至最民主的共和国中也是压迫机构。只有苏维埃政权这个受资本主义压迫的阶级的固定的国家组织，才能使军队摆脱资产阶级的控制，真正把无产阶级同军队融为一体，真正做到武装无产阶级和解除资产阶级的武装，如果做不到这一步，社会主义的胜利是不可能的。

18. 苏维埃国家组织便于无产阶级这个由资本主义高度集中起来和教育出来的阶级发挥领导作用。被压迫阶级的一切革命和一切运动的经验、全世界社会主义运动的经验教导我们，只有无产阶级才能够团结和领导被剥削劳动人民中分散落后的阶层。

19. 只有苏维埃国家组织才能真正一下子打碎和彻底破坏旧的即资产阶级的官吏和法官机构（这种机构在资本主义制度下，甚至在最民主的共和国中一直保存着，而且必然要保存下来，它实际上是实行工人和劳动者的民主的最大障碍）。巴黎公社在这条道路上迈出了具有全世界历史意义的第一步，苏维埃政权迈出了第二步。

20. 消灭国家政权是包括马克思在内并以他为首的一切社会主义者所抱的目的。不实现这个目的，真正的民主即平等和自由就无法实现。只有通过苏维埃民主即无产阶级民主才能真正达到这个目的，因为它通过经常吸引而且一定要吸引劳动者的群众组织参加国家管理，已经立即开始了使一切国家完全消亡的准备工作。

21. 下一事实特别能说明在伯尔尼集会的社会党人已经彻底破产，说明他们完全不理解新式民主，即无产阶级民主。1919年2月10日，布兰亭在伯尔尼宣布黄色国际的国际代表会议闭幕。1919年2月11日，柏林出版的、由黄色国际的参加者主办的报纸《自由报》刊载了"独立党"告无产阶级的一篇宣言。宣言承认谢德曼政府的资产阶级性质，谴责该政府企图取消被称为 Träger und Schützer der Revolution（革命的承担者和保卫者）的苏维埃，建议让苏维埃合法化，给苏维埃以管理国家的权利，给苏维埃以中止国民会议决议的执行并把问题提交全民表决的权利。

这种提议表明那些维护民主却不懂得民主的资产阶级性质的理论家在思想上已经彻底破产。这种把苏维埃制度即无产阶级专政同国民会议即资产阶级专政结合起来的滑稽可笑的企图，彻底暴露了黄色的社会党人和社会民主党人思想的贫乏，他们那种小资产者的政治反动性，以及他们对蓬勃兴起的新式民主即无产阶级民主所作的怯懦的让步。

22. 伯尔尼黄色国际的大多数人谴责布尔什维主义（但由于害怕工人群众，他们不敢正式通过这样的决议），从阶级的观点来看，他们做得对。正是这个大多数，同俄国的孟什维克和社会革命党人以及德国的谢德曼之流的意见是完全一致的。俄国的孟什维克和社会革命党人在抱怨布尔什维克迫害他们时，企图隐瞒这样一个事实：他们受到究办是由于他们在国内战争中站在资产阶级方面反对无产阶级。同样，谢德曼之流及其政党在德国也已经证明，他们在国内战争中也是站在资产阶级方面反对工人的。

因此，伯尔尼黄色国际的大多数参加者都主张谴责布尔什维克，就是非常自然的了。他们这样做，并不是维护"纯粹民主"，而是在自我辩护，因为他们知道和感到，自己在国内战争中是站在资产阶级方面反对无产阶级的。

正因为如此，从阶级观点来看，不能不承认黄色国际的大多数人的决定是正确的。无产阶级应当不怕真理，应当正视真理，并由此作出全部政治结论。

关于资产阶级民主和无产阶级专政的提纲的决议①

根据这个提纲和各国代表的报告，共产国际代表大会声明，在一切尚未建立苏维埃政权的国家中，共产党的主要任务如下：

（1）向工人阶级广大群众说明新式民主即无产阶级民主的历史意义，它在政治上和历史上的必然性：它必然代替资产阶级民主和议会制。

（2）在一切工业部门工人中间，在陆海军士兵中间以及在贫雇农中间推行和组织苏维埃。

（3）争取共产党人在苏维埃内部稳占多数。

---

① 中译文见《列宁全集》中文第 2 版第 35 卷第 502 页。——编者注

关于对各"社会主义"派别和对伯尔尼
代表会议的态度的决议

一

早在 1907 年斯图加特国际社会党代表大会讨论第二国际的殖民地政策和如何对待帝国主义战争的问题时，人们就已经看出，第二国际的多数成员及其领袖对这些问题所持的观点与其说是接近马克思和恩格斯的共产主义观点，还不如说是接近资产阶级观点。

不过，斯图加特代表大会毕竟采纳了革命派**列宁**和**卢森堡**所提出的修正案。修正案说：

"一旦战争爆发，社会党人就必须进行干预，以早日结束战争，并**采取一切手段，利用战争引起的经济危机和政治危机，来发动群众，以加速资本主义统治的崩溃。**"

在 1912 年 11 月巴尔干战争时期召开的巴塞尔代表大会上，第二国际曾发表声明说：

"让资产阶级政府记住，普法战争导致了巴黎公社的革命起义，日俄战争则发动了俄国的革命力量。无产阶级认为，为了资本家的利润，为了各国王朝的称雄争霸，为了外交密约的信誉而互相厮杀，是犯罪行为。"

* * *

1914 年 7 月底和 8 月初，在世界大战爆发前 24 小时，第二国际的领导机关还在谴责迫在眉睫的战争，说它是资产阶级的滔天罪行。

所以，第二国际各主要政党当时所发表的声明，后来竟成了对第二国际领袖的最有力的控诉。

*　　*　　*

帝国主义战争刚一打响，第二国际各主要政党便背叛了工人阶级，以"保卫祖国"为借口，纷纷投降"本国"资产阶级。德国的谢德曼和艾伯特，法国的托马和列诺得尔，英国的韩德逊和海德门，比利时的王德威尔得和德·布鲁凯尔，奥地利的伦纳和佩纳施托费尔，俄国的普列汉诺夫和鲁巴诺维奇，瑞典的布兰亭和他的党，美国的龚帕斯和他的同伙，意大利的墨索里尼之流，纷纷鼓吹无产阶级同"本国"资产阶级实现"国内和平"，拒绝以战争对付战争，从而把无产阶级变成帝国主义者的炮灰。

至此，第二国际便宣告彻底破产和死亡。

*　　*　　*

于是，富强国家的资产阶级趁经济普遍发展之机，以其巨额利润中的区区一小部分来收买利诱工人阶级的上层——工人贵族。属于小资产阶级的社会主义"同路人"纷纷加入官方的社会民主党，并使社会民主党的政策方针逐渐迎合资产阶级的需要。

主张走议会道路的工人和平运动领袖，工会领袖，社会民主党的书记、编辑和成员组成了工人官僚等级，他们一味谋求本集团的私利，对社会主义采取完全敌对的态度。

这样，官方的社会民主党就蜕变为反社会主义的沙文主义政党。

人们通过第二国际已经看出有**三个基本派别**。经过大战，直到欧洲无产阶级革命初期，这三个派别的轮廓已经完全显现出来了！

1. **社会爱国主义派**（"多数派"）。这一派的典型代表人物是德国社会民主党人，他们加入了资产阶级政府，杀害了共产国际领袖卡尔·李卜克内西和罗莎·卢森堡。

现在，社会爱国主义者已经暴露了他们作为无产阶级的阶级敌人的真面目。他们按照资产阶级的旨意，执行所谓"解决"战争的计划：

把绝大部分捐税负担转嫁到劳动人民身上；不触动私有制；让资产阶级继续控制军队；解散各地正在兴起的工人代表苏维埃；让资产阶级继续掌握政权。一句话，实行资产阶级"民主"，反对社会主义。

到目前为止，尽管共产党人对社会民主党多数派进行异常尖锐的斗争，但工人还没有充分认识到这些叛徒给国际无产阶级带来的危险。

因此，向全体劳动人民揭露社会爱国主义者的叛卖勾当，开展武装斗争以使这些反革命政党不能为害，是国际无产阶级革命者的首要任务之一。

2. **中派**（社会和平主义者，考茨基分子，独立党人）。这一派在大战前就已开始形成，主要是在德国。

大战初期，各国"中派"的立场观点与社会爱国主义者几乎基本相同。"中派"的理论头子考茨基替德、法两国社会爱国主义者所奉行的政策辩护，说什么国际只不过是"和平时期的工具"而已，考茨基的口号是"为和平而斗争"，"在和平时期进行阶级斗争"。

战争爆发之后，"中派"就主张"联合"社会爱国主义者。在李卜克内西和卢森堡被杀害以后，"中派"继续鼓吹"联合"的主张，即让工人共产党人同杀害共产主义领袖李卜克内西和卢森堡的凶手实行联合。

在战争初期，"中派"（考茨基、维克多、阿德勒、屠拉梯、麦克唐纳）就开始鼓吹以德、奥两国社会党领袖为一方，以英、法两国社会党领袖为另一方彼此释怨。现在，大战已经结束，"中派"仍在鼓吹这一主张，致使工人无法看清第二国际瓦解的原因。

"中派"已派代表往伯尔尼参加叛徒社会党人的国际代表会议，这样就使谢德曼和列诺得尔之流更容易欺骗工人。

把"中派"中最革命的分子分化出来，这是绝对必要的。要做到这一点，就必须对"中派"的领袖进行无情的批判和揭露。在组织上同"中派"决裂，这是历史的必然。各国共产党人应根据各该国运动的发展阶段来确定决裂的时机。

3. **共产党人**。在第二国际中，这一派始终捍卫共产主义，捍卫马克思主义对战争和无产阶级任务的观点（即1907年在斯图加特通过的列宁—卢森堡修正案），但他们依然居于少数。

这一派中，德国的"左翼激进派"（即后来的斯巴达克派）、俄国的布尔什维克党、荷兰的论坛派、瑞典的青年派和许多国家中青年国际的左翼，构成了新国际的最初核心。

这一派忠于无产阶级的利益，从战争一开始就提出口号："变帝国主义战争为国内战争。"

这一派现在已经组成了第三国际。

二

1919年2月社会党在伯尔尼举行代表会议，是复活第二国际这具僵尸的一次尝试。

伯尔尼代表会议的代表成分清楚地说明，世界革命的无产阶级与这次会议毫不相干。

胜利的俄国无产阶级，英勇的德国无产阶级，意大利的无产阶级，奥地利和匈牙利工人阶级中的共产党人，瑞士的无产阶级，保加利亚、罗马尼亚、塞尔维亚的工人阶级，瑞典、挪威、芬兰的左翼工人政党，乌克兰、拉脱维亚和波兰的无产阶级，以及英国有组织的无产阶级优秀分子，青年国际和妇女国际，都公开拒绝出席社会爱国主义者的伯尔尼代表会议。

在伯尔尼代表会议的参加者之中，那些同目前真正的工人运动还保持一定联系的人，组成了一个反对派，他们至少在谴责俄国革命这个主要问题上抨击社会爱国主义者的政策。法国洛里欧同志痛斥伯尔尼代表会议多数派是资产阶级走狗，他的意见代表了全世界一切有觉悟的工人的真正意见。

在所谓"战犯问题"上，伯尔尼代表会议始终没有跳出资产阶级的思想范畴。德、法两国的社会爱国主义者，像他们本国的资产阶级一样，互相指控。伯尔尼代表会议在无关痛痒的问题上纠缠不休，揪住资产阶级部长们在战前的所作所为不放，却不肯承认战犯就是资本主义，就是两个交战集团的金融资本及其社会爱国主义的走狗。伯尔尼的社会爱国主义多数派力图找出战争祸首。其实，他们只要照一照镜子，就不难找出某些祸首了。

伯尔尼代表会议就领土问题所发表的声明，完全是模棱两可的。这正是资产阶级所求之不得的。因社会爱国主义者的伯尔尼代表会议替帝国主义反动派效劳有功，作为一种褒奖，帝国主义资产阶级最反动的代表人物克列孟梭先生接见了伯尔尼代表会议代表团，并且拉他们加入帝国主义巴黎和会的一切有关委员会。

在殖民地问题上，伯尔尼代表会议显然是迎合自由资产阶级的殖民地政策，这种政策为帝国主义资产阶级对殖民地的剥削和奴役作辩护，所不同的是，它试图用人道和慈善的词句来粉饰这种剥削和奴役。德国社会爱国主义者鼓吹德国殖民地应继续归德国所有，即这些殖民地应继续受德国资本的剥削。由此而出现的分歧证明，协约国的社会爱国主义者实质上是抱着奴隶主的观点，认为英、法两国的资本继续奴役各该国的殖民地是天经地义的。由此可以看出，伯尔尼代表会议已经把"滚出殖民地"的口号忘得一干二净了。

在"国际联盟"问题上，伯尔尼代表会议的态度表明，它是跟那些企图不择手段地扼杀无产阶级革命的资产阶级分子亦步亦趋。伯尔尼代表会议非但不揭露巴黎和会的强盗行径，反而支持巴黎和会，甘当它的驯服工具。

代表会议把劳工法问题交给各国资产阶级政府在巴黎举行的会议去解决，这种奴颜婢膝的态度说明，社会爱国主义者存心要保留资本主义的雇佣奴役制度，使工人阶级为微不足道的改良所欺骗。

社会爱国主义者在资产阶级政策的唆使下，企图使伯尔尼代表会议通过一项决议，以为第二国际将来对俄国进行武装干涉打掩护；只是由于会议反对派竭力反对，这一企图才没有得逞。伯尔尼会议反对派挫败公开的沙文主义分子的这一阴谋，间接地证明：西欧无产阶级同情俄国无产阶级革命，决心反抗帝国主义资产阶级。

这群资产阶级走狗躲躲闪闪不敢讨论工人代表苏维埃这一具有世界历史意义的现象，足以说明他们对工人代表苏维埃必然普遍兴起感到恐惧。

工人代表苏维埃是继巴黎公社之后出现的划时代的事物。伯尔尼代表会议漠视这一事物，就公开暴露了它精神上的空虚和理论上的破产。

共产国际代表大会认为，伯尔尼代表会议企图复活的"国际"是一群工贼的**黄色**国际，这个"国际"只不过是资产阶级的工具而已。

代表大会号召世界各国工人同黄色国际作坚决的斗争，并提醒广大人民群众对这个虚伪诈骗的"国际"加以提防。

关于国际形势与协约国政策的提纲

帝国主义世界大战的经验全面揭露了资产阶级"民主国家"的帝国主义政策，就是大国为瓜分世界和强化金融资本对被剥削被压迫群众的经济政治独裁而进行的角逐。千百万人伤亡、无产阶级受奴役、中等阶级破产、资产阶级上层靠军火合同和贷款等大发横财、各国军国主义势力反动气焰万丈——所有这一切使人们对民族自卫、国内和平和"民主"的幻想开始破灭；而缔结和约的政策更使各国帝国主义者露出马脚，致使"民主国家"的帝国主义政策暴露无遗。

布列斯特-里托夫斯克和约与
德国帝国主义真面目的暴露

布列斯特-里托夫斯克和约以及后来的布加勒斯特和约都暴露了中欧大国帝国主义的掠夺性和反动性。战胜国迫使无力自卫的俄国割地赔款。它们制造了一些仆从国，从而把民族自决原则当成了一块掩盖兼并政策的遮羞布，这些仆从国的反动政府助纣为虐，推行掠夺政策，镇压劳动群众的革命运动。德国帝国主义因为在这场世界范围的较量中未能占据上风，其真正野心还一时无从公开表露，所以不得不同苏维埃俄国勉强和平相处，用伪善的言辞掩饰其反动的掠夺政策。

以世界战胜国自居的协约国列强摘掉了一切假面具，彻底暴露出世界帝国主义的真面目。

协约国的胜利与世界各国的组合

协约国列强的胜利使世界上所谓文明国家分成了几类。第一类是资本主义世界的统治者，即胜利的帝国主义列强（英、美、法、日、意）。第二类是因战争而破败不堪、因无产阶级革命的兴起而摇摇欲坠的帝国主义战败国（德国、奥匈帝国及其以前的仆从国）。第三类是协约国的仆从国。这一类包括同协约国一起作战的资本主义小国（比利时、塞尔维亚、葡萄牙等），以及新近成立的民族共和国和缓冲国（捷克斯洛伐克共和国、波兰、俄国境内白卫分子建立的共和国等）。中立国的地位近乎仆从国，但它们受到经济上和政治上的强大压力，因而它们的地位往往又接近战败国。俄罗斯社会主义共和国则是一个工农国家，独立于资本主义世界，它在社会方面构成对胜利的帝国主义的巨大威胁，使帝国主义胜利果实随时可能断送在世界革命的洪流中。

协约国帝国主义的"和平政策"及其自我暴露

统治世界的五大国即协约国列强的"和平政策"，说穿了，过去是现在仍然是彻底自我暴露的政策。

它们标榜这是"民主外交政策"，其实这只能表明**秘密外交**的全面胜利。它们依靠秘密外交，背着世界各国千百万劳动人民并牺牲劳动人民的利益，任凭金融托拉斯的代理人进行交易，来支配世界的命运。一切重大问题都是毫无例外地由巴黎五国委员会在没有战败国、中立国甚至没有仆从国参加的情况下开秘密会议决定的。

劳合-乔治、克列孟梭、索尼诺等人在演说中竟直言不讳地宣称**兼并和赔款**是必要的，并且是正当的。

他们一面虚伪地宣称要"为普遍裁军而斗争"，一面公开鼓吹必须扩充军备，尤其是借口所谓"保卫海上自由"而要保持英国的海上霸权。

协约国所标榜的**民族自决原则**已遭公开蹂躏，而代替这一原则的则是统治国及其仆从国对**有争议地区的瓜分**。不经当地居民公决，阿尔萨斯-洛林就并入了法国；爱尔兰、印度和埃及被剥夺了自决权。南斯拉夫国家和捷克斯洛伐克共和国是使用武力建立起来的。在瓜分横跨欧亚两洲的土耳其的问题上，无聊的讨价还价正在进行中；瓜分德国殖民地的活动实际上已经开始；等等，等等。

赔款政策已达到**洗劫**战败国的地步。战败国不仅被迫支付几十亿单位的货币账单，不仅被夺走了一切军用物资，而且被协约国抢走了机车、铁路货车、轮船、农具、黄金储备，等等。不仅如此，战俘还沦为战胜国的奴隶。现在协约国又提出了由德国工人缴纳实物贡赋的方案，其目的是要把德国工人变成协约国资本的饥寒交迫的奴隶。

极端民族仇恨政策表现为协约国报刊和占领当局对战败民族大肆进行诽谤，表现为实行粮食禁运，企图置德、奥两国人民于死地。这个政策使得协约国的帮凶——捷克和波兰的沙文主义分子对德意志人以及犹太人施加种种暴行，其野蛮程度较之俄国沙皇专制政府的一切暴行有过之无不及。

协约国的各"民主"国家还奉行极端反动的政策。

无论在协约国各成员国内部，或是在协约国支配的整个资本主义世界，反动势力嚣张已极；法国甚至倒退到拿破仑三世的黑暗时代。协约国在德国、匈牙利、保加利亚等国占领区扼杀革命，并以断绝粮食供应相威胁，唆使战败国的资产阶级妥协派政府迫害革命的工人。协约国扬言：它们要把敢于升起革命红旗的德国舰只一律击沉，它们拒绝承认德国工人代表苏维埃；它们在德国占领区废除了八小时工作制。它们不仅公开支持中立国家的反动政策，不仅指使仆从国家推行反动政策（如波兰的帕代雷夫斯基专制制度），而且唆使这些国家（芬兰、波兰、瑞典等）的反动势力反对革命的俄国，并要求德国出兵进攻俄国。

协约国列强之间的矛盾

统治资本主义世界的列强，虽然在帝国主义政策方面其基本路线是一致的，但在它们彼此之间也存在着种种深刻的矛盾。

矛盾的集中点，主要就是美国金融资本炮制了一个和平纲领（所谓威尔逊纲领）。纲领的要点是："海上自由"、"国际联盟"和"殖民地国际化"。所谓"海上自由"，说穿了，就是取消某些大国（首先是英国）的海上霸权，使美国商船得以在海上畅行无阻。"国际联盟"意味着剥夺欧洲大国（首先是法国）直接统治或兼并弱小国家和弱小民族的权力。"殖民地国际化"也是如此。

炮制这个纲领的背景是，美国资本尚不具备世界第一流的商船队，不能在欧洲直接进行掠夺，因而只得借助于贸易和投资来剥削弱小国家和弱小民族。因此，美国资本想迫使其他列强共建大国辛迪加，以"公平地"分享剥削世界的权益，把大国之间的斗争变成纯粹的经济斗争。高度发展的美国金融资本的如意算盘是，取得霸主地位，进而取得经济和政治的霸权。

"海上自由"同英国、日本的利益，在一定程度上还同意大利（亚得里亚海）的利益，有着尖锐的矛盾。"国际联盟"和"殖民地国际化"不仅同法国、日本的利益背道而驰，而且同其他帝国主义国家的利益也有一定的矛盾。法国限于工业不发达、生产力遭受大战的严重破坏，加上金融资本以放高利贷为主，所以法国帝国主义的政策是不择手段来维持资本主义制度，即野蛮地掠夺德国，对仆从国家直接进行控制和实行强盗式的剥削（如提出"多瑙河联盟"方案，成立南斯拉夫国家），以及向俄国人民强索沙皇政府所欠法国的债款。此外，法国和意大利（在某种意义上说还有日本）既是大陆强国，它们还可以实行直接掠夺的政策。

欧洲列强除了同美国有利害冲突之外，它们彼此也有利害冲突。英国担心法国在大陆上得势。在小亚细亚和非洲，英国的利益同法国的利益也有矛盾。意大利在巴尔干半岛和的黎波里①同法国有利害冲突。日本同英属澳大利亚在太平洋岛屿问题上争执不下，等等。

---

① 原文为 Тирол（提罗尔），恐系的黎波里之误，参见本卷收录的《奥博连斯基作关于国际形势和协约国的政策的报告》。——编者注

协约国内部的两大集团和两个派别

列强之间的上述矛盾必然导致协约国内部形成各种集团。迄今为止，已经形成两大集团：一是针对美国和意大利的**法英日集团**；二是针对其他列强的**英美集团**。法英日集团直到 1919 年 1 月初，即威尔逊总统放弃他取消英国海上霸权的主张时为止，始终占统治地位。后来，英国工人革命运动和英国士兵革命运动的发展，促使各帝国主义国家彼此妥协，一致对付俄国的冒险行动并谋求早日缔结和约，致使第二大集团即英美集团在英国迅速形成。自 1919 年 1 月起，英美集团占据了统治地位，它既反对法国有掠夺德国的优先权，也反对法国过火的掠夺。这个集团对法、意、日三国的兼并要求施加了限制，并阻止新成立的仆从国直接从属于这三国。在俄国问题上，这个集团的态度较为和缓，但其真正的用意是：腾出手来先把世界瓜分完毕，把欧洲革命镇压下去，然后再来镇压俄国革命。

与两大集团相适应，在列强内部形成了两个派别，即极端兼并派和较温和派：威尔逊—劳合-乔治集团支持温和派。

"国际联盟"

鉴于协约国列强内部存在着不可调和的矛盾，"国际联盟"即使名义上成立的话，它也只能扮演资本家为镇压工人革命而结成的神圣同盟的角色。但是，宣传"国际联盟"，这却是扰乱工人阶级革命思想的阴险手段，因为，它取消工人革命共和国实行国际联合的口号，而代之以新的口号，即无产阶级同资产阶级进行阶级合作，以达到虚构的民主国家实行国际联合的目的。

"国际联盟"是一个骗人的口号,社会党叛徒在国际资本的指使下,利用这一口号来分裂无产阶级队伍,为帝国主义反革命势力效劳。

全世界的革命无产者必须同威尔逊的"国际联盟"的主张进行不调和的斗争,并坚决反对加入这个具有掠夺、剥削和帝国主义反革命性质的联盟。

战败国的国内外政策

奥地利和德国帝国主义在军事上的惨败和内部的崩溃,导致资产阶级妥协势力在中欧各国革命初期的纷纷上台。德国社会党叛徒在民主和社会主义的幌子下,对内实行保护和恢复资产阶级经济统治和政治独裁的政策,对外则实行要求归还殖民地并允许德国加入掠夺性的"国际联盟"的政策,以期德国帝国主义东山再起。随着德国白匪势力日益嚣张和协约国营垒日益瓦解,资产阶级和社会党叛徒的大国野心也愈加膨胀。同时,资产阶级妥协派政府秉承协约国的反革命旨意,讨好协约国,唆使德国工人反对俄国工人革命,以此来破坏无产阶级的国际团结,并使德国工人脱离别国工人兄弟。奥地利和匈牙利的资产阶级妥协派也在一定的程度上重复着德国资产阶级妥协派的政策。

协约国的仆从国

协约国帝国主义对协约国的仆从国和由协约国新近建立的国家(捷克、南斯拉夫以及波兰、芬兰等)所奉行的政策是,依靠这些国家的统治阶级和社会民族主义分子,将其变成民族主义的反革命运动中心。运动的矛头指向战败国,并且通过彼此之间的斗争,使新兴国家保持均势,并从属于协约国。此外,还要通过这种运动来阻挠新兴"民族"

共和国内部不断发展的革命运动，最后，还要建立白卫军，以对付国际革命，特别是对付俄国革命。

至于比利时、葡萄牙和希腊等与协约国结盟的小国，由于它们完全从属于大国，并企图倚仗大国兼并小块领土和取得少量赔款，所以它们的政策完全取决于大国的政策。

中立国

中立国的地位相当于不享受特权的协约国帝国主义的仆从国。协约国对中立国所采取的手段与对战败国所采取的手段是一样的，只是方式上略微缓和一些而已。其中一些为协约国较为赏识的中立国向协约国的敌人提出种种要求（如丹麦要求兼并弗伦斯堡，瑞士要求对莱茵河实行国际托管等）。

同时，中立国执行协约国的反革命指示（驱逐俄国大使馆人员，在斯堪的纳维亚国家招募白匪等）。另外一些中立国家，它们的领土则时有被人分割的危险（要求将荷兰的林堡并入比利时和对斯海尔德河口实行国际托管的方案就是如此）。

协约国与苏维埃俄国

协约国帝国主义的掠夺性、残暴性和反动性在对**苏俄**的关系上表现得最为明显。十月革命伊始，协约国列强就站在俄国反革命政党和俄国境内各个反革命政府一边。它们在资产阶级反革命势力的支持下，兼并了西伯利亚、乌拉尔、俄国欧洲部分的沿海地区、高加索和土耳其斯坦的一部分。它们从所兼并的地区中已经和正在盗运木材、石油、锰等各种原料。它们在捷克斯洛伐克雇佣匪帮的帮助下，窃去了俄国的黄金储备。英法间谍在英国外交官洛克哈特的指挥下，阴谋炸毁桥梁、铁路和火车，以破坏粮食供应。协约国用金钱、武器和弹药支持反动将领邓尼金、高尔察克和克拉斯诺夫在罗斯托夫、尤佐夫卡、新罗西斯克、鄂木斯克等地绞杀成千上万的工人和农民。

协约国借克列孟梭和皮雄之口，公开宣布"经济封锁"的原则，即对革命的工农共和国实行饿死的原则，并答应给予邓尼金、高尔察克和克拉斯诺夫匪帮以"技术援助"。

协约国始终拒绝苏维埃共和国一再提出的和平建议。

1919 年 1 月 23 日，协约国列强迫于内部温和派势力的加强，建议俄国境内各个政府派代表出席普林杰沃群岛会议。这项建议无疑也是对苏维埃政府的一种挑衅。2 月 4 日，协约国接到苏维埃政府的肯定的答复，苏维埃政府为使俄国工人和农民摆脱协约国强加给他们的战争，表示愿意向协约国割让领土、提供赔款和租让权。尽管如此，但协约国对苏维埃俄国的这项和平建议仍然置之不理。

由此可见，协约国帝国主义者的反动的兼并野心何其强烈。今后，他们难免不逼迫社会主义共和国进一步地割让领土，难免不对社会主义共和国施展新的反革命阴谋。

协约国的"和平政策"向国际无产阶级彻底暴露了协约国帝国主义和各种帝国主义的本质。同时，这种政策也表明，各帝国主义政府并不能建立公正而持久的和平，金融资本并不能恢复被破坏的经济。金融资本继续统治下去，不是导致文明社会的彻底毁灭，就是导致更加残酷的剥削、更进一步的奴役、在政治上更加反动和进一步扩军备战，最终导致新的毁灭性战争。

共产国际对全世界无产者的宣言

72 年以前，共产党向全世界宣布了自己的纲领，这个纲领就是无产阶级革命最伟大的预言家卡尔·马克思和弗里德里希·恩格斯所写的《共产党宣言》。即便在那时，有产阶级就已经正确地预感到共产主义是自己的死敌，于是对刚刚登上斗争舞台的共产主义百般攻击、诬蔑、仇视和迫害。70 多年以来，共产主义经历了迂回曲折的发展道路，其间，既有迅猛发展的时期，也有低落衰退的时期；既经历过胜利，也遭受过严重的挫折，但基本上是循着《共产党宣言》所预示的道路向前发展的。最后决战的时期虽然比社会革命倡导者所预期的来得迟了一些，但是，这个时期终于来到了。我们作为共产党人，代表欧洲、美洲、亚洲各国革命无产阶级在苏维埃莫斯科集会，深感继承和实现 72 年以前就已提出纲领的共产主义事业，是自己义不容辞的责任。我们在此集会的目的是：总结工人阶级的革命经验，清除共产主义运动中起腐蚀作用的机会主义和社会爱国主义，团结全世界无产阶级一切真正革命政党的力量，从而促使并加速共产主义革命在全世界的胜利。

* * *

在欧洲瓦砾遍地、疮痍满目的今天，十恶不赦的罪魁祸首们竟然忙于追查战争罪犯。为他们摇旗呐喊的有他们的教授、议员、记者、社会爱国主义者和形形色色的资产阶级政治帮凶。

长期以来，社会主义一直断言，帝国主义战争不可避免，认为两大营垒和一切资本主义国家有产阶级出于私有观念的贪得无厌的欲望是战争的根源。大战爆发前两年，各国社会党领袖曾在巴塞尔代表大会上揭露帝国主义，说它是今后引起战争的根源，并警告资产阶级说，军国主义的罪行定将受到无产阶级社会主义革命的惩罚。时至今日，五年战争的历史已经不仅使德国的掠夺野心大白于天下，而且也使协约国与之不相上下的罪恶行径暴露无遗，可是协约国的国家社会党人却跟他们的政府一唱一和，继续把被推翻的德皇说成是战争罪犯。不仅如此，在1914年8月曾把霍亨索伦王朝的外交《白皮书》捧作各国人民神圣福音书的德国社会爱国主义者，现在跟协约国的社会党人一道，低三下四地指控他们从前奴颜婢膝地为之效劳、如今已被推翻的德意志帝国为战争祸首。他们妄图以此使人忘却他们过去所扮演的角色，同时博得战胜国的欢心。殊不知，事态的发展和外交上的揭露已经表明，法国、英国、意大利和美国的统治阶级，正如被推翻的罗曼诺夫王朝、霍亨索伦王朝和哈布斯堡王朝以及这些国家的资本家集团一样，都是罪恶昭彰的。

直到战争爆发前，英国外交界始终没有揭开它那神秘的帷幕。英国政府唯恐吓住柏林政府，使柏林政府不敢发动战争，而始终不肯明确地表露自己打算加入协约国作战的意图。其实，伦敦是希望战争的，因此才故作姿态，一方面使柏林和维也纳指望英国保持中立，另一方面又使巴黎和彼得格勒坚信英国必将参战。

在漫长的几十年间，由事态的发展所逐渐促成的战争，终于在英国直接和蓄意煽动下爆发了。英国政府的如意算盘是，通过支持俄、法而达到既消耗俄、法两国同时也消耗自己的死敌德国的目的。只是由于德国军事实力过于强大，英国才不得不由表面参战变成真正参战。大不列颠按照历来的传统，打算坐山观虎斗，不料，这个角色却落在美国身上了。

英国的封锁很容易地限制了美国利用欧洲流血而进行的投机活动，但是华盛顿政府却俯首就范，因为协约国以巨额的利润补偿了由于违反"国际法"而使美国资产阶级所蒙受的损失。不过，迫于德国军事上的巨大优势，华盛顿政府也终于放弃了虚伪的中立。美国对欧洲大陆所采取的态度，正是英国在以往战争中对欧洲大陆所一贯采取的而在这次战争中又试图采取的态度，即利用一个营垒以削弱另一个营垒，并且只在确有把握捞到好处时才参战。按照美国的标准，威尔逊所下的赌注并不算大，但这是决定输赢的赌注，因而威尔逊赌赢了。

这次大战使人类从饥寒交迫、瘟疫流行和残忍野蛮中认清了资本主义制度的矛盾，从而彻底解决了社会主义运动中关于贫困化和由资本主义逐步过渡到社会主义这一理论的学究式争论。拥护矛盾缓和论的统计学家和老学究，几十年来，挖空心思，不分真伪，从世界各个角落里搜寻材料，企图证明工人阶级的某一些阶层和某一种人的福利正在逐步提高。他们认为，群众贫困化的理论已经在资产阶级御用文人和社会主义的机会主义头子们的轻蔑嘲笑声中被埋葬了。其实，这种贫困化现在已经不单属于社会方面，而且也属于生理和生物方面了，这已是千真万确的、触目惊心的事实。

帝国主义战争的浩劫把工会斗争和议会斗争的成果断送殆尽。这是因为，被战争埋葬于血污之中的经济协定和议会协议正如战争本身一样，都是从资本主义的内在发展趋势中产生出来的。

金融资本使人类陷于战争深渊，但金融资本本身也在战争中发生了灾难性的变化。纸币对生产的物质基础的依存关系完全被破坏了。纸币作为资本主义商品流通的手段和调节者的作用日益缩小，最终变成征集、兼并以及干脆实行军事经济掠夺的工具。

纸币贬值，标志着资本主义商品流通陷入致命的总危机。如果说早在战前几十年，对生产和分配起调节作用的自由竞争就已经在经济活动的主要领域为托拉斯和垄断组织系统所代替，那么，在战争期间，这种调节和指导的职能已从经济联合组织的手中直接转归国家的军政机关手中了。原料的分配，巴库或罗马尼亚的石油、顿涅茨煤炭和乌克兰小麦的利用，德国机车、火车车厢和汽车的遭遇，对饥饿的欧洲的粮食和肉类的供应等一切世界经济生活的基本问题，既不是由自由竞争也不是由本国或国际托拉斯和财团等联合组织来解决的，而是靠直接诉诸武力的办法来解决的，今后应继续诉诸武力。如果说，由于国家政权完全受金融资本的支配而使人类惨遭帝国主义大屠杀，那么，经过这场大屠杀，金融资本就不仅使国家军国主义化，而且也使本身军国主义化了，因而除非采取铁血手段，金融资本就不能履行其基本经济职能。

在世界大战之前，机会主义者借口逐步过渡到社会主义而号召工人实行节制；大战期间，他们打着国内和平和保卫祖国的旗号，要求保持阶级和平；现在，他们又以消除可怕的战争后果为理由，要求无产阶级自我牺牲。如果工人群众依了他们，那么资本主义就要在几代人的白骨上，以更集中和更可怕的新形式重新发展起来，并且不可避免地导致一场新的世界大战。值得人类庆幸的是，这种历史再也不会重演了。

经济生活国有化虽然为资本主义自由主义所极力反对，可是已经成为事实。自由竞争、托拉斯、辛迪加及其他经济垄断组织的统治已经一去不复返，倒退是不可能的。现在的问题就在于，将来生产究竟由什么样的国家来实行国有化：是帝国主义国家，还是胜利了的无产阶级的国家。

换句话说，是全世界的劳动大众将沦为胜利的世界集团（它一旦胜利，就将在国际联盟的幌子下，借助"国际"陆军和"国际"舰队，在一地烧杀抢掠，在另一地施舍利诱，并给无产阶级统统带上镣铐，以达到维持其统治的唯一目的）支配下的丧失人身自由的奴隶呢，还是欧洲和其他各洲先进国家的工人阶级接管支离破碎的经济，并按照社会主义原则使它复兴起来呢？

只有靠无产阶级专政，才能缩短目前的危机时期。无产阶级专政既不承认世袭特权，也不承认财产权；它不是着眼于过去，而是从拯救饥饿的群众的需要出发。为此目的，它将动员一切人力物力，实行普通劳动义务制，规定劳动纪律，以便在数年之内不仅治好战争创伤，而且使人类达到前所未有的崭新的发展阶段。

＊　　＊　　＊

当初，民族国家是促进资本主义发展的强大推动力，现在，它已经成为阻碍生产力发展的绊脚石。至于那些陷于欧洲及其他各洲列强围困中的小国，它们的处境更为困难。这些小国是作为大国分割出来的部分，作为支付各种劳务的辅币，作为战略上的缓冲地带，而在不同时期产生的。它们都有自己的王朝，自己的统治集团，自己的帝国主义野心，自己的外交手腕。战前，它们之所以能保持虚伪的独立，正如当时欧洲列强之所以能保持均势一样，完全是因为两个帝国主义营垒彼此长期对抗的缘故。战争打破了这种均势。战争初期，德国占了巨大的优势，小国只得迎合德意志军国主义，以保留自己的一条活路。德国战败后，小国的资产阶级又和爱国的“社会主义者”一道投靠胜利的协约国帝国主义，把威尔逊纲领中假仁假义的条文看做是维持其独立生存的保证。的确，小国增加了，从奥匈帝国和沙皇帝国的领域中分割出若干新的国家。可是这些国家刚刚成立，就为划定国界而相互争杀。协约国帝国主义趁机把原有的和刚刚成立的小国结为联盟，利用它们互相仇视和软弱无力，把它们束缚起来。

协约国帝国主义者一方面压迫、蹂躏弱小民族，使它们陷于饥饿和屈辱的境地，另一方面又像不久以前中欧同盟国帝国主义者一样，喋喋不休地空谈民族自决权。其实，民族自决权现在无论在欧洲，还是在其他各洲，都已经被践踏无遗了。

只有无产阶级革命才能保证弱小民族自由生存。无产阶级革命将把各国的生产力从民族国家的束缚中解放出来；把各族人民联合起来，根据共同的经济计划进行密切的经济合作；使最弱小的民族能够自由而独立地管理本民族的文化事务，而毫不损害集中统一的欧洲经济和世界经济。

　　这次战争在很大程度上是一场争夺殖民地的战争，同时也是一场在殖民地帮助之下进行的战争。被卷入欧战的殖民地人口之多，是前所未有的。到欧洲大陆来作战的有印度人、黑人、阿拉伯人、马达加斯加人。但是，他们为什么而战呢？是为继续充当英、法的奴隶而战。资本主义对殖民地的罪恶统治从来没有像今天这样黑暗。

　　因此，在所有殖民地都接连发生了公开的起义和革命骚动。在欧洲本土，爱尔兰的流血巷战表明，它仍然是一个被奴役的国家，它本身也意识到自己是一个被奴役的国家。大战期间，在马达加斯加、安南和其他地方，资产阶级共和国的军队曾经一再镇压殖民地奴隶的起义。在印度，革命运动一天也没停止过，最近还导致了一次亚洲规模最大的罢工，吓得英国政府在孟买出动装甲车来对付罢工。

　　可见，殖民地问题已经成为一个亟待解决的问题，不仅在巴黎和会上被列入议题，而且殖民地本身也认为到了非解决不可的时候了。威尔逊纲领至多不过要改换一下殖民地奴隶制度的标签。要解放殖民地，必先解放宗主国的工人阶级。英、法工人推翻劳合-乔治和克列孟梭并接管国家政权之时，也就是安南、阿尔及利亚、孟加拉的工农以及波斯和亚美尼亚的工农获得独立生存之日。即便是现在，比较发达的殖民地的斗争也绝不仅仅是民族解放斗争，它一开始就带有强烈的社会性。资本主义的欧洲强行把世界最落后地区卷入了资本主义关系的旋涡，而社会主义的欧洲将以其技术、组织和思想影响，来援助解放了的殖民地，使它们早日过渡到有计划有组织的社会主义经济。

　　非洲和亚洲的殖民地的奴隶们！无产阶级专政在欧洲实现之时，也就是你们自己解放之日。

＊　＊　＊

　　整个资产阶级世界都在指责共产党人，说他们践踏了自由和政治民主。这是欺人之谈。无产阶级执政时，只是认为资产阶级民主所采用的方法绝对行不通；它要创造新的、更高的工人阶级民主的条件和形式。资本主义的发展过程，特别是在它最后的发展阶段即帝国主义阶段，一直在破坏政治民主，因为这一过程不仅使所有民族分化为两个严重对立的阶级，而且使人数众多的小资产阶级和半无产者阶层以及最贫苦的无产阶级下层处于经济上朝不保夕、政治上毫无权利的境地。

在某些国家里，工人阶级根据本国历史发展的情况而利用政治民主制来组织反对资本的斗争。在无产阶级革命的条件尚未成熟的国家里，将来也只能照此办理。但是，城乡的广大中间阶层却被资本主义远远拖在后面，在历史发展的过程中，落后整整几个时代。目光短浅、只看见本村教堂钟楼的巴伐利亚和巴登农民，因资本主义大酒商掺假而破产的法国小酿酒商，受银行家和议会敲诈勒索的美国小农场主——所有这些被资本主义推出发展大道的社会阶层，只在形式上根据政治民主制度享有参与国家管理的权利，而实际上，关系人类命运的一切重大问题，都是金融寡头不经议会民主制而在幕后决定的。过去在战争问题上是如此，今天，在和平问题上也是如此。

只要金融寡头还认为有必要利用议会表决来掩盖自己的暴行，资产阶级国家便能施展包括欺骗、煽动、攻讦、诬蔑、收买、恐怖等一切手段来达到预期的效果。这些手段是历代压迫阶级留传下来的，如今又因为资本主义技术的种种创造发明而花样翻新。

要求无产阶级在同资本作你死我活的决斗中，虔诚地遵奉资产阶级政治民主制，无异于要求一个为生存而奋起与强盗搏斗的人，遵守法国式角斗中由对手任意规定而不为对手所遵守的限制性规则。

面对不仅生产资料和运输工具而且连政治民主机关也都成了血迹斑斑的废墟这样一种现实，无产阶级就只有建立自己的机关，以首先保持工人阶级内部联系并保证工人阶级能够以革命的方式干预人类未来的发展事业。这种机关就是工人苏维埃。旧的政党，旧的工会，就其领导阶层本身看来，证明是没有能力解决，甚至也没有能力理解新时代所提出的任务。无产阶级已经建立了新型的组织，它有极其广泛的代表性，可以容纳不分职业、不分政治觉悟水平的广大工人群众；它又非常灵活，可以不断更新和扩大，可以广泛地吸收新的阶层，并向所有靠拢无产阶级的城乡劳动阶层敞开大门。工人阶级赖以进行自治、斗争进而夺取国家政权的这种组织是独一无二的，是经过各国检验的，是当代无产阶级最伟大的成就和百试不爽的武器。

在劳动群众觉悟起来的一切国家里，工人、士兵和农民代表苏维埃正在建立和将要建立起来。巩固苏维埃，提高苏维埃的威信，并以苏维埃同资产阶级的国家机器相对抗——这是目前世界各国有觉悟的、正直的工人的首要任务。通过苏维埃，工人阶级能够消除由于战争、饥饿、有产阶级的暴力以及从前领袖的变节等惨重后果而在工人阶级内部所造成的分裂。通过苏维埃，工人阶级最容易而且最有把握在苏维埃已团结了大多数劳动者的国家内夺取政权。通过苏维埃，已经取得政权的工人阶级将能够管理全国经济和文化的一切领域，就像现在俄国所做的那样。

从沙皇统治下的国家直到最"民主"的帝国主义国家，都是随着帝国主义军事体系的崩溃而同时崩溃的。帝国主义所动员的数百万军队之所以能够维持住，只是因为无产阶级尚未摆脱资产阶级的奴役。民族分裂，意味着军队必然瓦解。最初，俄国是这样，后来，德国和奥地利也是这样。其他帝国主义国家也绝不会例外。农民造地主的反，工人造资本家的反，以及工农造君主制或"民主制"官僚政治的反，必然促使士兵起来造军官的反，并进而引起军队中无产阶级分子和资产阶级分子的严重对立。国家对抗国家的帝国主义战争，已经和正在转变为阶级对抗阶级的国内战争。

目前，资产阶级世界反对国内战争和红色恐怖的一片哀号是政治斗争史上一次最大的骗局。本来是剥削阶级使人类濒于死亡边缘的，可又是它们步步阻挠劳动群众前进，又是它们策划阴谋和组织暗杀，又是它们请求外国武装援助以保持或恢复其搜刮民脂民膏的特权。假如没有这一切，那么，国内战争便不致发生。

国内战争是工人阶级的死敌强加给工人阶级的。既然工人阶级不自暴自弃，不放弃自己的前途即全人类的前途，那就必须以牙还牙。

共产党从来不人为地挑起国内战争，每当国内战争不可避免地爆发时，它总是力求缩短战争时间，尽量减少牺牲，并首先保证无产阶级赢得胜利。因此，必须及时解除资产阶级的武装，及时武装工人，及时建立共产主义军队，以保卫无产阶级政权及其神圣不可侵犯的社会主义建设事业。苏维埃俄国的红军就是这样的军队，这支军队是为保卫工人阶级的胜利果实、抵御国内外的一切侵犯而诞生和存在的。苏维埃军队和苏维埃国家二者是不可分割的。

先进工人深知工人阶级的任务具有世界普遍意义，因而从有组织的社会主义运动开展之日起，就力图使这种运动在国际范围内联合起来。1864 年在伦敦成立第一国际，便为这种国际范围内的联合奠定了基石。普法战争造出一个霍亨索伦王朝的德意志，使第一国际一蹶不振，但另一方面也推动了各国工人政党的发展。1889 年，工人政党在巴黎举行代表大会，建立了第二国际。但是这一时期，工人运动的重心完全放在国内，放在民族工业的基础上，局限在民族国家的范围内，未超出本国议会制的范围。几十年来，在组织工作和改革工作的实践中涌现出一大批领袖，但这些领袖大都在口头上承认而在行动上背离社会革命的纲领；他们陷入改良主义的泥潭，甘当资产阶级的奴仆。第二国际各主要政党的机会主义性质，终于在事态的发展要求工人阶级政党采取革命斗争方法的时候彻底暴露出来，造成世界史上最大的一次破产。1870 年的战争暴露出第一国际的社会革命纲领还缺乏群众的坚强有力的支持，从而使第一国际遭到打击；1914 年的战争则暴露出强大的工人群众组织仍然敌不过业已变成资产阶级国家附属机构的政党，从而使第二国际遭到破产。

* * *

这里所说的，不仅包括现在已经公然投靠资产阶级阵营的社会爱国主义者，而且也包括那些态度暧昧、立场动摇的社会主义中派。前者已经成了资产阶级得心应手的代理人、亲信和屠杀工人阶级最可靠的刽子手；后者现在力图恢复第二国际，即恢复第二国际上层领导人物的狭隘性、机会主义和革命软弱性。德国独立社会民主党、目前法国社会党多数派、俄国孟什维克派、英国独立工党，以及诸如此类的党派，实际上是要填补战前第二国际的旧的官方政党所占据的位置，是要照旧鼓吹妥协投降的主张，千方百计瓦解无产阶级的斗志，拖延危机，从而加重欧洲的灾难。因此，同社会主义中派作斗争，是打垮帝国主义的必要条件。

我们这些在第三国际中联合起来的共产党人，决心清除衰朽的官方社会党的不彻底性、欺骗性和腐朽性，并以直接继承和发扬从巴贝夫起直到卡尔·李卜克内西和罗莎·卢森堡为止的历代革命前辈的英勇奋斗和牺牲精神为己任。

第一国际预示了未来的发展，并指出了发展的道路；第二国际联合并组织了千百万无产者；第三国际则是一个公开进行群众斗争的国际，一个实现革命的国际，一个行动的国际。

社会主义已将资产阶级的世界秩序批判得体无完肤。国际共产党的任务就在于推翻资产阶级的世界秩序，并代之以社会主义制度的大厦。

共产主义的旗帜已经引导无产阶级取得头几次伟大胜利，我们号召全世界各国男女工人在共产主义旗帜下联合起来。

全世界无产者，在反对帝国主义暴行、反对君主制、反对特权阶层、反对资产阶级国家和资产阶级所有制、反对形形色色的阶级压迫或民族压迫的斗争中，联合起来！

全世界无产者，在工人苏维埃的旗帜下、在夺取政权和实行无产阶级专政的革命斗争的旗帜下、在第三国际的旗帜下，联合起来！

受各代表团的委托，由下列代表署名：

德国代表团——麦克斯·阿尔伯特

俄国代表团——尼·列宁

德意志奥地利代表团——伊·卡·格鲁贝尔

匈牙利代表团——安·鲁德尼扬斯基

瑞典代表团——奥托·格里姆隆德

瑞士代表团——弗里茨·普拉滕

美国代表团——波里斯·雷恩施坦

巴尔干联盟代表团——克·拉柯夫斯基

波兰代表团——温什里希特（尤罗夫斯基）

芬兰代表团——尤·西罗拉

乌克兰代表团——斯克雷普尼克

拉脱维亚代表团——卡·盖利斯

爱沙尼亚代表团——汉斯·佩格尔曼

亚美尼亚代表团——艾库尼

伏尔加河流域德意志人

   侨居区代表团——古·克林格尔

俄国东部各民族代表团——亚雷莫夫

法国齐美尔瓦尔德左派代表团——昂利·吉尔波

关于白色恐怖的决议

资本主义制度自诞生以来，就是一种杀人越货的制度。造成深重灾难的原始积累；宣扬圣经、传播梅毒、提倡酗酒、推行惨无人道的灭绝部落和民族的殖民地政策；贫穷、饥饿、千千万万被奴役的无产者体质赢弱，早年夭亡；血腥镇压奋起反抗压迫者的工人阶级；杀人如麻，把进行世界生产的场所变为制造死亡的刑场——这就是资本主义的真实写照。

大战爆发以来，统治阶级不仅使1000多万人横死沙场，9000万人成为残废，而且还在国内实行血腥的独裁。沙皇政府绞杀工人，残害犹太人，实行斩尽杀绝的政策；奥地利帝国血腥镇压乌克兰和捷克工农的起义；英国资产阶级灭绝人性地杀害爱尔兰人民的优秀代表；德意志帝国主义在国内横行无阻，首先拿革命水兵开刀；在法国，凡是不愿保卫法国银行家利益的法国士兵都惨遭枪杀；在美国，资产阶级对国际主义者施以私刑，叛处无产阶级优秀分子20年苦役，对罢工工人实行武力镇压。

当帝国主义战争开始转变为国内战争，这些人类历史上罪大恶极的统治阶级的血腥统治行将垮台的时候，统治阶级变得更加残暴凶狠。

为了维护资本主义制度，资产阶级无所不用其极，其手段之残忍，就连中世纪的野蛮暴行、宗教裁判以至殖民主义的抢杀掠烧也都相形见绌。

目前，面临灭顶之灾的资产阶级正从肉体上消灭人类社会的基本生产力——无产阶级，从而赤裸裸地暴露出资产阶级丑恶的反动本质。

俄国将领，这一群沙皇专制制度的活标本，在社会党叛徒的直接间接的支持下，过去和现在对工人实行集体枪杀；在社会革命党人和孟什维克统治时期，成千上万的工人农民身陷囹圄，将领们借口违抗命令，竟把整团整团的士兵拉出去枪杀。如今，克拉斯诺夫和邓尼金博得协约国列强的垂青资助，被他们残害和绞杀的工人何止千千万万，他们的口号是杀掉"十分之一"，在绞刑架上悬尸三日，杀鸡吓猴；在乌拉尔和伏尔加河流域，捷克斯洛伐克白匪砍掉被俘者的四肢，把他们投入伏尔加河，或干脆活埋；在西伯利亚，沙皇将领杀害了数以千计的共产党人与无数的工人和农民。

德国和奥地利帝国的资产阶级分子及社会党叛徒实行白色恐怖，彻底暴露了他们的食人本性。在乌克兰，他们用可移动的金属绞架绞杀被他们洗劫一空的工人、农民和共产党人，就连他们的同乡——我们的奥地利和德国同志也不能幸免。在芬兰这样一个典型的资产阶级民主主义国家中，他们帮助芬兰资产阶级杀害了 12000—14000 名无产者，在监狱里活活被折磨致死的就有 15000 多人；在赫尔辛福斯①，他们为保全自己的性命，竟然驱赶妇女和儿童以身体来阻挡机枪火力。有他们做靠山，芬兰白匪和瑞典走狗才胆敢对遭受折磨的芬兰无产阶级下毒手。在塔默尔福斯②，凶手倚仗他们的势力，强迫死刑犯为自己挖掘墓穴。在维堡，被杀害的芬兰和俄国男女和儿童多达数百人。

在本国，德国资产阶级分子和社会民主党人对工人共产主义起义实行血腥镇压，野蛮地杀害李卜克内西和卢森堡，杀害和摧残斯巴达克派工人，从而表明他们是一群不可救药的反动透顶的杀人魔王。实行集体屠杀和个人暗杀，也就是实行白色恐怖，这就是资产阶级的信条。

在其他各国，情形也是如此。

在民主的瑞士，工人如胆敢违反资本主义法律，定被处死。在美

---

① 即赫尔辛基。——译者注
② 即坦佩雷。——译者注

国，苦役、电椅、私刑已成为民主和自由的司空见惯的标志。在匈牙利和英国，在捷克和波兰，也是如此。资产阶级刽子手作恶多端，坏事做尽。为巩固自己的统治，他们（例如，以孟什维克分子佩特留拉为首的乌克兰资产阶级民主派，以社会爱国主义分子皮尔苏茨基为首的波兰资产阶级民主派等）大肆鼓吹沙文主义，疯狂迫害犹太人，其手段之残酷，较之沙皇警察迫害犹太人时，有过之而无不及。一群反动的波兰"社会党"暴徒竟杀害俄国红十字会代表。不过，对于行将灭亡的资产阶级杀人魔王来说，这只不过是他们作恶的普通事例而已。

"国联"创始人曾口口声声宣称"国联"的宗旨是实现和平，但实际上它却用血腥魔爪来加害各国无产阶级。协约国列强为了维持自己摇摇欲坠的统治，不惜假黑人士兵之手来为惨绝人寰的白色恐怖开拓道路。

共产国际第一次代表大会痛斥资本主义刽子手及其社会民主党帮凶，号召世界各国工人万众一心，全力以赴推翻资本主义统治，以永远消除杀人越货的制度。

关于吸收女工参加社会主义斗争的决议

共产国际代表大会确认，只有全体工人阶级不分男女紧密团结、共同斗争，才能顺利地完成各项任务，赢得世界无产阶级的最后胜利，彻底消灭资本主义制度。

在国民经济各部门中女工越来越多；世界上至少有半数财富是由妇女创造的；此外，在建立新型共产主义制度，特别是在向共产主义的生活方式过渡、改造家庭和对儿童进行社会主义的社会教育方面（这种教育的宗旨是为苏维埃共和国造就有工作能力、充满合作精神的公民），无产阶级妇女的重要作用是大家所公认的。这一切，为加入共产国际的各政党提出一项紧迫的任务，即必须全心全意吸收无产阶级妇女入党，并采取各种方法，在社会生活和家庭生活方面以新的社会风尚和共产主义的道德伦理精神教育妇女。

只有在无产阶级妇女坚决和积极参加下，才能实现和保卫无产阶级专政。

告世界工人书

第三国际第一次代表大会于 1919 年 3 月 5 日在克里姆林宫举行。代表大会谨向革命的俄国无产阶级及领导他们的政党布尔什维克共产党表示感激和敬佩。

伟大的俄国革命使长期以来被机会主义者所歪曲的社会主义学说恢复了马克思主义的本来面目；俄国革命在道德和伦理方面，在集体和个人的政治、经济和社会生活方面，为建立一种新的共产主义制度以代替旧的资产阶级世界，在过去将近一年半的时间内作出了非凡的努力；俄国革命始终援助各国工人为反对独裁的军国主义政府而进行斗争——所有这一切必然会博得各国工人阶级普遍的赞扬，并使他们为之欢欣鼓舞。

在建立以劳动、平等为原则的新社会方面，俄国已经取得辉煌的成就：大工业已全部收归国有，由最高国民经济委员会统一管理，各个部门则由委员会管理。颁布了劳动法令，从而实现了超越社会民主党原来最低纲领的一系列改革。法院、高等学校、医院、宫殿，总之，一切公共机关实际上都由人民接管。在其他各个生活领域，无产阶级的解放不仅已经开始，而且有的已经实现了。

革命把解放和改革的影响也扩展到农村。仅仅把全部土地分给农民，把农民从富农的精神和物质的压迫下解放出来，是不够的。这种改革其实早在 1917 年 11 月和 1918 年 3 月就已完成了。现在，村社和大型国有庄园在大力经营被没收的土地，按照共产主义原则组织耕作。国家在大型国有庄园中采用最新农业科学发明成果，这种庄园堪称精耕细作的典范。

上述改革的直接目的在于提高劳动生产率，并在此基础上增进人民的福利。

这一目的虽然尚未达到，俄国中部居民虽然还在忍受饥饿，日用品日益缺乏，但这不能归罪于苏维埃制度，归罪于布尔什维主义。恰恰相反，今天之所以能根本扭转克伦斯基和资产阶级民主所造成的无政府状态和混乱局面，之所以能使俄国的经济生活维持现有水平，还多亏了苏维埃制度，多亏了布尔什维主义。

目前这种危机完全要由苏维埃政权的国内外敌人负责，他们实行怠工，策划阴谋，进行武装干涉，迫使俄国用很大一部分人力、物力和财力去建立新型军队。

俄国全体人民尽管渴望和平，却勇敢地正视和承认了建军的必要性。众所周知，苏维埃政权已经出色地完成了这项艰巨任务。布尔什维主义是否有罪，是否应受指责，最好的检验办法就是让协约国不再迫使苏维埃政权实行自卫。

为此，协约国不仅应停止派兵到俄国，从俄国港口撤军，而且应停止在俄国国内从事破坏活动，不再以金钱和武器装备支援反革命匪帮，因为，反革命匪帮失去了协约国的支援，很快就会自行瓦解。

这样，红军士兵就可以复员回家，优秀的工作人员、忠诚的组织者和熟练的工程师就可以由苏维埃政权自由调用，因而和平经济建设很快就会取得丰硕的成果。

但是，不应当忽略，年轻的俄国工业离不开外国援助。现在协约国却禁止以前实际经营俄国工业的外国专家返回俄国，以此来破坏新经济的组织工作。协约国阻挠恢复和维持现有工厂，阻挠原料和燃料的运输，禁止向俄国输出机器、车厢和机车，以此来扼杀俄国工业，使人民饱尝失业的苦果。交通工具缺乏，使城市食品供应无法保证。农民得不到以前靠国外进口的必不可少的农具，致使粮食收成都成为问题。

苏维埃共和国屡次正式表示，今后它仍愿得到外国工业和专家的帮助，并声明愿为此付出优厚的报酬，因为在目前，这种帮助是繁荣俄国经济所必不可少的。然而，协约国对上述表示竟不屑理睬，对俄国，甚至对中欧大国以及中立国家进行威胁，施加压力，以达到对俄国实行严密封锁的目的。

各国劳动群众必须要求他们的政府停止对苏维埃俄国进行直接或间接的干涉。为使这种要求具体化，第三国际代表大会向各国人民提出以下行动纲领。

各国无产阶级的尊严、独立及其最基本的利益要求他们立即行动起来，采取各种手段，直至革命手段，实现下列要求。

1. 协约国不干涉苏维埃俄国内政。

2. 立即全部撤退目前驻在俄国欧亚地区的协约国军队。

3. 放弃一切进行直接或间接干涉的政策，无论这种干涉的政策采取的是挑衅的形式还是给予俄国反革命分子或俄国反动匪帮以物质或精神支援的形式。

4. 废除由本国、由俄国反革命分子或由俄国邻国所签订的旨在干涉苏维埃共和国内政的一切条约；立即召回协约国政府为了反对苏维埃共和国而派到俄国北部和南部、罗马尼亚、波兰、芬兰、捷克的所有外交使团和军事使团。

5. 承认苏维埃政权，因为诞生18个月之久的苏维埃政权比以往任何时候都更强大，也更具有威望。

6. 恢复外交关系，包括派出正式驻俄代表（社会主义者），并承认俄国驻外代表。

7. 和会接纳苏维埃政府代表为俄国人民唯一的代表。欧洲和约如果不经俄国参加审议和签订，则难以奏效。如果和会在没有布尔什维克出席的情况下，甚至在有布尔什维克出席的情况下，接纳把持各区域政府的傀儡作为全俄或俄国部分地区的代表，那是卑鄙可笑的，因为傀儡政府是协约国一手制造的，只是由于有协约国做靠山才能存在下去；而这群傀儡几乎都是个人野心家和利己分子。

8. 停止经济封锁，否则俄国经济很快就会陷于崩溃，人民陷于饥饿。

9. 恢复贸易往来，缔结贸易协定。

10. 派遣数百名以至数千名工程师，技术指导、熟练工人，尤其是五金工人到俄国，使这个年轻的社会主义共和国在经济方面，首先是在解决恢复交通、铁路和组织运输这一紧迫任务方面得到实际的帮助。

关于成立共产国际的决定

国际共产主义代表会议决定成立第三国际并定名为共产国际。表决权的比例不变。各政党、组织和小组在八个月以内保有正式申请加入第三国际的权利。

关于齐美尔瓦尔德联盟的决定

共产国际第一次代表大会听取了齐美尔瓦尔德国际社会党委员会秘书巴拉巴诺娃同志的报告和齐美尔瓦尔德联盟成员拉柯夫斯基、普拉滕、列宁、托洛茨基和季诺维也夫同志的声明，兹决定：

齐美尔瓦尔德联盟就此解散。

关于组织问题的决议

为早日开展工作起见，本届代表大会以选举方式成立必要的机构，但认为共产国际的正式组织机构应由下届代表大会根据执行局的报告来决定。

共产国际受执行委员会领导。执行委员会由大国共产党各派代表一人组成。下列各国共产党应立即派代表参加首届执行委员会：

俄国

德国

德意志奥地利

匈牙利

巴尔干联盟

瑞士

斯堪的纳维亚

凡在共产国际第二次代表大会召开之前申请加入共产国际的其他各国政党，将在执行委员会占有一席。

在外国代表尚未到达之前，执行委员会的日常工作由执行委员会所在国的同志承担。

执行委员会选举五人组成的执行局。

代表大会给红军的致敬电

共产国际代表大会谨向苏维埃俄国红军致以亲切的问候，祝愿红军在抗击国际帝国主义的斗争中取得彻底的胜利。

代表大会向乌克兰工人致敬

共产国际代表大会谨向出席乌克兰苏维埃第三次代表大会的乌克兰同志致以衷心的敬意。乌克兰同志终于战胜了本地区的敌人，并向那些为协约国干涉乌克兰事务而叫好的分子表明，乌克兰工人和贫农不是为了任何资产阶级的统治，而是为了苏维埃共和国的彻底胜利而斗争。

无产阶级专政万岁！

社会革命万岁！

三、 共产国际第一次代表大会资格审查委员会会议记录

1919 年 3 月 2 日会议

预备会议经过讨论提出的代表会议参加者名单获得通过。名单并注明各代表所拥有的票数。

关于**雷恩施坦**同志（美国社会主义工人党）的代表资格：其书面代表证在托尔尼奥被扣留，本人是常驻国际执行局代表。他受命，如果成立新的左派国际，即出任新国际代表。雷恩施坦同志所述情况，经鲁特格尔斯同志证明属实。西罗拉同志证明，雷恩施坦同志 1917 年 6 月确曾作为社会主义工人党代表出席在斯德哥尔摩举行的齐美尔瓦尔德会议。现确认代表资格有效。

鲁特格尔斯同志缺少美国社会主义宣传同盟签发的出席本次代表会议的代表证，只有发言权。

鲁特格尔斯同志作为社会民主党（荷兰）创始人之一，作为过去该党常驻美国记者，可以做社会民主党代表，有发言权。

鲁特格尔斯同志带来日本社会党小组的一份议案（载 1918 年 9 月 27 日《真理报》）和致苏俄的贺词①；因他本人只是路过日本，在日本

---

① 见本卷收录的《普拉滕关于决议起草委员会的工作汇报》。——编者注

才停留六周，所以不能代表日本社会党小组。该小组不列名单。

克林格尔同志（俄国境内德意志人侨居区）交来代表证。委员会确认埃宾格尔茨主席签字有效。通过。

确认俄国共产党代表资格有效。

德国共产党：**阿尔伯特**同志的书面代表证未能随身带来；其代表资格，列文同志（罗斯塔社）本可以证实，但他已在途中被捕。**普拉滕**同志证明，共产党中央委员会曾在柏林通知他说，阿尔伯特同志被指派参加这次会议。现确认代表资格有效。

瑞士社会民主党：该党自觉自愿赞成成立第三国际。普拉滕同志能代表该党明确提出此项主张。其书面代表证未带来。确认代表资格有效。

立陶宛—白俄罗斯：越飞来电：两党已合并，代表证发给**盖德里斯**。确认代表资格有效。

芬兰：中央委员会签字的代表证注明共有五名代表。确认代表资格有效。

波兰：越飞来电：代表证发给**温什里希特**。确认代表资格有效。

拉脱维亚：斯图契卡通过密码电报交来**盖利斯**的代表证。确认代表资格有效。

爱沙尼亚：**确认佩格尔曼**代表资格有效。

挪威：交来**格鲁津贝格**代为转交斯坦格同志代表证的全权证书。确认代表资格有效。

交来东部各民族共产党组织中央常务局签发的代表证。经资格审查委员会决定，巴什基尔、吉尔吉斯、鞑靼、高加索山区各民族支部代表组成联合小组，拥有 1 票。其余代表有发言权。

亚美尼亚：确认**艾库尼**同志的代表资格有效。

匈牙利：确认**鲁德尼扬斯基**同志的代表资格有效。

确认捷克小组、保加利亚小组、南斯拉夫小组、法国小组和瑞士共产党人有发言权。

1919 年 3 月 3 日会议

巴尔干革命联盟：**拉柯夫斯基**同志是该联盟书记，他在齐美尔瓦尔德和斯德哥尔摩代表该联盟，是齐美尔瓦尔德委员会中的联盟代表。保加利亚紧密派和罗马尼亚共产党无一例外地、无保留地同意他的观点。确认代表资格有效。

确认乌克兰（两名）、瑞典左派社会民主党（两名）、德意志奥地利（两名）代表资格有效。确认**温什里希特**同志为波兰代表（附代表证）。

1919 年 3 月 4 日会议

确认**巴拉巴诺娃**同志为齐美尔瓦尔德委员会代表，有发言权。

确认**凯恩**（音）同志为朝鲜工人同盟代表，有发言权。

1919 年 3 月 5 日会议

中国社会主义工人党小组代表**刘绍周**和**张永奎**同志有发言权。

1919 年 3 月 6 日会议

吉尔波同志是法国齐美尔瓦尔德左派常驻齐美尔瓦尔德联盟代表。法国齐美尔瓦尔德左派把齐美尔瓦尔德联盟看做是第三国际的基础。吉尔波同志同齐美尔瓦尔德联盟经常保持联系（前不久，还通过自己的妻子同洛里欧进行联系）。确认吉尔波同志出席代表会议的代表资格有效。

麦克斯·阿尔伯特

尤里叶·西罗拉

安·鲁德尼扬斯基

格·契切林

俄罗斯国家社会政治史档案馆

四、 共产国际第一次代表大会代表名单

国别和政党	有表决权的代表	票数
（1）德国共产党	麦克斯·阿尔伯特（胡戈·埃贝莱因）	5
（2）俄国共产党	弗·伊·列宁，列·达·托洛茨基，格·叶·季诺维也夫，约·维·斯大林，尼·伊·布哈林，格·瓦·契切林。 **有发言权的代表：** 瓦·瓦·奥博连斯基（奥新斯基），瓦·瓦·沃罗夫斯基	5
（3）德意志奥地利共产党	伊·格鲁贝尔（卡尔·施泰因哈特），克·佩京	3
（4）匈牙利共产党	安德烈亚什·鲁德尼扬斯基	3
（5）瑞典左派社会民主党	奥托·格里姆隆德	3
（6）挪威社会民主党	埃米尔·斯坦格	3
（7）瑞士社会民主党（反对派）	弗里茨·普拉滕	3
（8）美国社会主义工人党	波里斯·雷恩施坦	5

（续表）

国别和政党	有表决权的代表	票数
（9）巴尔干革命社会民主联盟（保加利亚紧密派和罗马尼亚共产党）	克里斯蒂安·拉柯夫斯基	3
（10）波兰共产党	约·斯·温什里希特（尤罗夫斯基）	3
（11）芬兰共产党	于尔约·西罗拉，库勒沃·曼纳，奥托·库西宁，伊万·拉希亚，埃诺·拉希亚	3
（12）乌克兰共产党	尼·阿·斯克雷普尼克，谢·伊·霍普纳尔	3
（13）拉脱维亚共产党	卡尔·盖利斯	1
（14）立陶宛—白俄罗斯共产党	卡吉米尔·盖德里斯	1
（15）爱沙尼亚共产党	汉斯·佩格尔曼	1
（16）亚美尼亚共产党	古尔根·艾库尼	1
（17）俄国境内德意志人侨居区共产党	古斯塔夫·克林格尔	1
（18）俄国东部各民族联合小组	加济兹·亚雷莫夫，胡塞因·贝肯塔也夫，穆罕默德·阿尔吉米罗夫，曼苏罗夫，卡希莫夫	1
（19）法国齐美尔瓦尔德左派	昂利·吉尔波	1

（续表）

国别和政党		有发言权的代表
（20）捷克共产主义小组		甘德里利亚
（21）保加利亚共产主义小组		斯·焦罗夫
（22）南斯拉夫共产主义小组		伊里亚·米尔基奇
（23）英国共产主义小组		约瑟夫·法因贝格
（24）法国共产主义小组		雅克·沙杜尔
（25）荷兰社会民主党小组 （26）美国社会主义宣传同盟		塞·尤·鲁特格尔斯
（27）瑞士共产主义小组		莱亚·卡谢尔
（28）土耳其斯坦支部 （29）土耳其支部 （30）格鲁吉亚支部 （31）阿塞拜疆支部 （32）波斯支部	东部各民族共产主义组织中央常务局各支部	济兹·亚雷莫夫， 穆斯塔法·苏卜希， 田吉兹·日根季， 巴基罗夫， 侯赛因诺夫
（33）中国社会主义工人党		刘绍周，张永奎
（34）朝鲜工人同盟		凯恩（音）
（35）齐美尔瓦尔德委员会		安热利卡·巴拉巴诺娃
有表决权的代表共计……………………34 有发言权的代表共计……………………18		

附　录

共产国际"一大"前后列宁有关
国际共产主义运动的文献

给美国工人的信①

（1918 年 8 月 20 日）

　　同志们：有一个参加过 1905 年革命、后来在你们国家住过多年的俄国布尔什维克向我建议，我的这封信由他带给你们。我十分高兴地接受了他的建议，因为美国革命无产者正是在目前担负着一个特别重要的使命，就是要毫不调和地反对美帝国主义，反对这个最新最强的、最后参加资本家为瓜分利润而进行的全世界各民族间的大厮杀的帝国主义。正是在目前，美国的亿万富翁们，这些现代的奴隶主们，揭开了血腥的帝国主义的血腥历史上特别悲惨的一页，因为他们赞同英日野兽们为扼杀第一个社会主义共和国而发动的武装进攻，不管这种赞同是直接的还是间接的，是公开的还是伪善地掩盖起来的，都是一样。

　　现代的文明的美国的历史，是从一次伟大的、真正解放的、真正革命的战争开始的；这种战争，同那些因帝王、地主、资本家瓜分已夺得的土地或已攫取的利润而引起的掠夺战争（像目前的帝国主义战争）比较起来，是不多见的。这是美国人民反对英国强盗的战争，这些英国强盗当时压迫美国，使它处于殖民地奴隶地位，就像这些"文明的"吸血鬼现在压迫印度、埃及和世界各地的亿万人民，使他们处于殖民地奴隶地位一样。

　　从那时起，差不多过去了 150 年。资产阶级的文明已经结出了累累

---

　　①　中译文见《列宁全集》中文第 2 版第 35 卷第 47—63 页。——编者注

硕果。美国就人的联合劳动的生产力发展水平来说，就应用机器和一切最新技术奇迹来说，都在自由文明的国家中间占第一位。同时美国也成了贫富最悬殊的国家之一，在那里，一小撮亿万富翁肆意挥霍，穷奢极欲，而千百万劳苦大众却永远濒于赤贫境地。曾经给世界树立过以革命战争反对封建奴隶制榜样的美国人民，竟沦为一小撮亿万富翁的现代的资本主义雇佣奴隶，充当雇佣刽子手的角色，为了满足富有的恶棍们的愿望，1898 年在"解放"菲律宾的借口下扼杀了菲律宾，1898 年又在"保卫"俄罗斯社会主义共和国不受德国侵略的借口下来扼杀俄罗斯社会主义共和国。

但是，四年各民族间的帝国主义大厮杀并没有白白过去。英德这两个强盗集团的恶棍们对人民的欺骗，已被不可争辩的明显事实彻底揭穿了。四年战争的结果表明，资本主义的一般规律，运用在强盗分赃战争上就是：谁最富最强，他聚敛的财富就最多，掠夺的就最多；谁最弱，他遭到的掠夺、蹂躏、压榨和扼杀就最厉害。

英帝国主义强盗就他们拥有的"殖民地奴隶"的数量来说是最强的。英国资本家不但没有丧失"自己的"（也就是他们在数百年间掠夺来的）一寸土地，反而夺取了德国在非洲的所有殖民地，夺取了美索不达米亚和巴勒斯坦，扼杀了希腊，并已开始掠夺俄罗斯了。

德帝国主义强盗就"他们的"军队的组织性和纪律性来说是最强的，但就拥有殖民地来说是较弱的。他们失掉了所有的殖民地，却抢劫了半个欧洲，扼杀了大批弱小国家和弱小民族。从交战双方来看，这是多么伟大的"解放"战争！两个集团的强盗们，英法资本家和德国资本家们，同他们的走狗社会沙文主义者即投靠**本国**资产阶级的社会党人一起，多么出色地"保卫了祖国"！

美国的亿万富翁们几乎是最富的，并且处在最安全的地理位置上。他们聚敛的财富最多。他们把所有的国家，甚至最富有的国家，都变成

　　了自己的进贡者。他们掠夺了数千亿美元。每一块美元都有英国和它的"盟国"、德国和它的附庸国缔结的各种肮脏的秘密条约的污迹,为了分赃、为了在压迫工人和迫害国际主义者社会党人方面互相"帮助"而缔结的各种条约的污迹。每一块美元都有使每个国家的富人发财、穷人破产的"有利可图的"军事订货的污迹。每一块美元都有1000万死者和2000万残废者的血迹,他们在这场为了确定英国和德国强盗谁争得更多赃物、英国和德国刽子手谁在摧残世界弱小民族方面占**首位**而展开的伟大的、高尚的、解放的、神圣的斗争中血流成河。

　　如果说德国强盗在军事屠杀的残暴性方面打破了纪录,那么英国强盗不仅在夺得的殖民地的数量方面,而且在玩弄令人厌恶的虚伪手法的高超方面,也打破了纪录。正是现在,英、法、美三国的资产阶级用几百万份报纸来散布诽谤俄国的言论,同时却虚伪地把自己对俄国的掠夺性进攻说成是要"保卫"俄国不受德国人的侵略!

　　要驳倒这种卑鄙龌龊的谎话,用不着多费唇舌,只要指出一件尽人皆知的事实就够了。1917年10月,俄国工人刚把本国的帝国主义政府推翻,苏维埃政权,革命工人和农民的政权,就公开向**所有**交战国建议缔结没有兼并和赔款的公正的和约,充分保证各民族权利一律平等的和约。

　　正是英、法、美三国的资产阶级没有接受我们的建议,正是他们甚至拒绝同我们商谈普遍和约!正是**他们**背叛了各国人民的利益,正是他们延长了帝国主义大厮杀!正是他们一心指望把俄国重新拖入帝国主义战争而拒绝了和平谈判,从而使得同样是掠夺成性的德国资本家能够为所欲为,把兼并性、强制性的布列斯特和约强加给俄国!

　　很难设想还有什么比英、法、美三国的资产阶级把**签订**布列斯特和约归"罪"于我们的这种虚伪手法更可恶的了。恰好是当时能够把布列斯特谈判变为各国都参加的缔结普遍和约的谈判的那些国家的资本家们，现在竟来"责难"我们！靠掠夺殖民地、靠各民族间的大厮杀发了财的残暴的英法帝国主义者，在布列斯特谈判之后又把战争延长了将近一年之久，却"责难"**我们**这些曾向所有国家建议缔结公正的和约的布尔什维克，"责难"**我们**这些撕毁了以前沙皇和英法资本家签订的罪恶秘密条约并把它们公布出来使它们当众出丑的布尔什维克。

全世界的工人，不论他们生活在哪一个国家，都欢迎我们，同情我们，向我们鼓掌欢呼，因为我们斩断了帝国主义相互勾结、帝国主义肮脏条约、帝国主义压迫的锁链，因为我们不惜付出最大的牺牲而争得了自由，因为我们这个社会主义共和国虽然遭受过帝国主义者的摧残和掠夺，但仍然**摆脱了**帝国主义战争，在全世界面前举起了和平的旗帜，社会主义的旗帜。

毫不奇怪，国际帝国主义匪帮因此憎恨我们，"责难"我们，帝国主义者的一切仆从，包括我国右派社会革命党人和孟什维克在内，也"责难"我们。这些帝国主义走狗对布尔什维克的憎恨，正如同世界各国觉悟的工人的同情一样，使我们更加相信我们事业的正义性。

为了战胜资产阶级，为了把政权转到工人手中，为了**开始**国际无产阶级革命，可以而且应当**不惜任何牺牲**，包括牺牲一部分国土，包括在帝国主义面前遭受严重失败，谁不了解这一点，谁就不是社会主义者。谁**不用行动**证明他有决心为了真正推进社会主义革命事业而使"他的"祖国承担最大的牺牲，谁就不是社会主义者。

英国和德国的帝国主义者为了"自己的"事业，就是说，为了夺取世界霸权，不惜彻底毁灭和扼杀从比利时和塞尔维亚到巴勒斯坦和美索不达米亚等一大批国家。那么，社会主义者为了"自己的"事业，为了使全世界劳动人民摆脱资本压迫，为了争取普遍的持久的和平，难道因为找不到一条没有牺牲的道路就应当观望等待吗？难道因为不能"担保"轻易获得胜利就应当害怕开始战斗吗？难道应当把"自己的"、资产阶级建立起来的"祖国"的安全和完整置于全世界社会主义革命的利益之上吗？应当百倍地鄙视抱有这种想法的国际社会主义的败类和资产阶级道德的奴才。

英、法、美三国的帝国主义豺狼们"责难"我们同德帝国主义达成了"协议"。十足的伪君子！一群恶棍！他们看见"他们"本国工人对我们表示同情而吓得发抖，竟诽谤起工人政府来了！但是他们的伪善面孔一定会被揭穿。他们假装不懂两种协议的差别：一种是"社会主义者"同资产阶级（本国和外国的）达成协议来**反对工人**，反对劳动者；另一种是**为了保卫**战胜了本国资产阶级的工人，为了无产阶级能利用资产阶级不同集团间的对立，而同具有一种色彩的资产阶级达成协议来**反对**具有另一种民族色彩的**资产阶级**。

实际上，每一个欧洲人都很清楚这种差别，而美国人民，正像我就要指出的，在他们本国的历史中特别具体地"感受到了"这种差别。协议和协议不同，正如法国人所常说的：fagots et fagots[①]。

当德帝国主义强盗在 1918 年 2 月派兵进攻没有武装的、把军队复员了的、在国际革命还没有完全成熟之前就信赖无产阶级国际声援的俄国时，我毫不犹豫地和法国君主派达成了一种"协议"。一位口头上同情布尔什维克、实际上忠心为法帝国主义效劳的法国上尉沙杜尔，领了一个叫让·吕贝尔萨克的法国军官来见我。让·吕贝尔萨克向我声明："我是一个君主派分子，我的唯一目的就是使德国失败。"我答道，这是很自然的（cela va sans dire）。这丝毫也不妨碍我和让·吕贝尔萨克达成"协议"，利用愿意帮助我们的、精通爆破技术的法国军官去破坏铁路线，以阻止德国人的进犯。这是每个觉悟的工人都会赞同的、有利于社会主义的"协议"的范例。我和法国君主派分子握手时，明明知

---

①　都是柴捆，各有不同。——编者注

道我们当中每一方都很想把自己的"伙伴"绞死。但是，我们的利益暂时是一致的。为了对付向我们进攻的德国掠夺者，为了维护俄国和国际社会主义革命的利益，**我们**利用了**其他**帝国主义者的同样是掠夺性质的相反利益。我们这样做是为了俄国和其他国家工人阶级的利益，我们加强了全世界的无产阶级而削弱了全世界的资产阶级，我们采用了在**一切**战争中都必须采用的最合理的手段——随机应变，迂回，退却，以便等待一些先进国家中迅速发展着的无产阶级革命**完全成熟起来**。

不管英、法、美三国的帝国主义豺狼怎样凶恶地号叫，不管他们怎样诽谤我们，不管他们怎样花费千百万金钱收买右派社会革命党的、孟什维克的和其他社会爱国主义分子的报纸，如果英法军队对俄国的进攻需要我和德帝国主义强盗缔结**这样的**"协议"，**我将毫不迟疑地**这样做。我很清楚，我的策略将得到俄国、德国、法国、英国、美国，一句话，整个文明世界的觉悟的无产阶级的赞同。这样的策略将促进社会主义革命事业，加速社会主义革命的到来，削弱国际资产阶级，加强正在战胜国际资产阶级的工人阶级的阵地。

而美国人民早就运用过这一策略，并给革命带来了好处。当美国人民进行反对英国压迫者的伟大解放战争的时候，压迫美国人民的还有法国人和西班牙人，现在的北美合众国的一部分领土当时就属于他们。美国人民在争取解放的艰苦战争中，为了削弱压迫者，为了加强从事反压迫的革命斗争的人们的力量，为了被压迫**群众**的利益，也曾和一些压迫者缔结"协议"去反对另一些压迫者。美国人民利用了法国人、西班牙人和英国人之间的纠纷，有时甚至同法国人和西班牙人这些压迫者的军队并肩作战，反对英国压迫者。美国人民先战胜了英国人，然后从法国人和西班牙人手中解放了自己的国土（一部分是赎回的）。

伟大的俄国革命家车尔尼雪夫斯基说过：历史活动并不是涅瓦大街的人行道。谁认为无产阶级革命必须一帆风顺，各国无产者必须一下子就采取联合行动，事先必须保证不会遭到失败，革命的道路必须宽阔、畅通、笔直，在走向胜利的途中根本不必承受极其重大的牺牲，不必"困守在被包围的要塞里"，或者穿行最窄狭、最难走、最曲折和最危险的山间小道，谁认为只有"在这种条件下"才"可以"进行无产阶级革命，谁就不是革命者，谁就没有摆脱资产阶级知识分子的迂腐气，谁就常常会在实际上滚入反革命资产阶级的阵营，像我国右派社会革命党人、孟什维克以至左派社会革命党人（虽然比较少见）那样。

这些老爷喜欢跟着资产阶级责难我们，说我们制造革命"混乱"，"破坏"工业，造成失业和饥荒。这些人明明欢迎和支持过帝国主义战争，或同继续进行这一战争的克伦斯基达成过"协议"，却发出这种责难，多么假仁假义！这一切灾难正是帝国主义战争的罪孽。战争所引起的革命，不能不经受难以想象的困难和痛苦，那都是各民族间进行了多年的毁灭性的反动的大厮杀遗留下来的。责难我们"破坏"工业或制造"恐怖"，这是假仁假义，要不就是极其迂腐，不能理解被称为革命的那种尖锐到极点的激烈的阶级斗争的基本条件。

实质上，这一类"责难者"即使"承认"阶级斗争，也只是口头上承认，实际上往往陷入要各个阶级"协议"与"合作"的小市民空想。因为在革命时代，阶级斗争在一切国家总是不可避免地要采取**国内战争**的形式，而没有极严重的破坏，没有恐怖，没有为了战争利益而对形式上的民主的限制，国内战争是不可想象的。只有甜言蜜语的牧师，不管是基督教牧师，还是沙龙的议会的社会党人这样的"世俗"牧师，才会看不见、不理解和感觉不到这种必然性。只有僵死的"套中人"才会因此避开革命，而不在历史要求用斗争和战争来解决人类最大的问题时以最大的热情和决心投入战斗。

美国人民是有革命传统的，美国无产阶级的优秀代表继承了这种传统，不止一次地表示完全同情我们布尔什维克。这种传统就是 18 世纪的反英解放战争以及后来19世纪的国内战争。1870年，美国在某些方面，如果只拿某些工业部门和国民经济所遭受的"破坏"来说，是**落后于**1860年的。但如果有人根据**这点**而否定美国1863—1865年国内战争的极伟大的、世界历史性的、进步的和革命的意义，那该是多么迂腐、多么愚蠢呵！

资产阶级的代表人物懂得，为了推翻黑奴制度，为了推翻奴隶主的政权，就是使全国经历多年国内战争，遭受任何战争都避免不了的极严重的破坏和恐怖，也是值得的。可是现在要来解决推翻资本主义**雇佣**奴隶制、推翻资产阶级政权这个无比伟大的任务时，这些资产阶级的代表人物和辩护人以及被资产阶级吓倒的、躲避革命的社会党人改良主义者，却不能理解也不愿意理解国内战争的必然性和合理性了。

美国工人是不会跟着资产阶级走的。他们将同我们一起，拥护反资产阶级的国内战争。世界工人运动和美国工人运动的全部历史使我坚信这一点。我还记得美国无产阶级最爱戴的领袖之一尤金·德布兹的话，他在给《向理智呼吁报》（Appeal to Reason）——似乎是在1915年底——写的一篇文章《我将为什么而战》（«What shall I fight for»）里（1916年初，在瑞士伯尔尼一次公开的工人大会上，我曾引用过这篇文章①）说道：他，德布兹，宁愿被枪毙，也不会投票赞成给现在这场罪恶的反动的战争拨款；他德布兹只知道一种神圣的、从无产者观点看来是合理的战争，那就是反对资本家的战争，使人类摆脱雇佣奴隶制的战争。

威尔逊这个美国亿万富翁的头子、大资本家的奴仆把德布兹逮捕入狱，并不使我感到惊奇。让资产阶级去残酷地迫害真正的国际主义者、

---

　　① 见《列宁全集》中文第2版第27卷《在伯尔尼国际群众大会上的讲话》。——编者注

革命无产阶级的真正代表吧！他们愈是残暴，无产阶级革命胜利的日子就来得愈快。

有人责难我们，说我们的革命造成了破坏……这些责难者究竟是什么人呢？他们是资产阶级的走狗。而正是资产阶级在四年帝国主义战争中几乎毁灭了欧洲的全部文化，使欧洲陷入野蛮、粗野和饥饿的境地。正是这个资产阶级现在又要求我们不要在这些破坏的基础上、在文化的废墟中间、在战争造成的废墟中间进行革命，不要同那些被战争弄得粗野的人一起进行革命。这个资产阶级多么人道、多么公正啊！

资产阶级的奴仆们责难我们实行恐怖……英国资产者忘记了自己的1649 年，法国人忘记了自己的1793 年。当资产阶级为了本身利益对封建主实行恐怖的时候，恐怖就是正当的、合理的。当工人和贫苦农民胆敢对资产阶级实行恐怖的时候，恐怖竟成为骇人听闻的和罪恶的！当一个剥削者少数为了代替另一个剥削者少数而实行恐怖的时候，恐怖就是正当的、合理的。当我们为了推翻**一切**剥削者少数，为了真正的大多数，为了无产阶级和半无产阶级——工人阶级和贫苦农民的利益而开始实行恐怖的时候，恐怖竟成为骇人听闻的和罪恶的！

国际帝国主义资产阶级在"自己的"战争中，即在确定由英国强盗还是由德国强盗来称霸世界的战争中杀死了1000 万人，使2000 万人成了残废。

如果**我们的**战争，被压迫者和被剥削者反对压迫者和剥削者的战争，要在世界各国一共牺牲50 万人或100 万人，资产阶级就会说：前一种牺牲是合理的，后一种牺牲是罪恶的。

无产阶级的说法却完全不同。

现在无产阶级通过帝国主义战争的惨祸充分地具体地懂得了一个伟大的真理，它是一切革命给我们的教诲，是工人最好的导师、现代社会主义的创始人给工人留下的遗言。这个真理就是：**不镇压剥削者的反**

抗，革命就不能成功。在我们工人和劳动农民掌握了政权以后，我们的职责就是镇压剥削者的反抗。我们自豪的是，我们一直在这样做。我们惋惜的是，我们在这方面还做得不够强硬，不够坚决。

我们知道，在一切国家中，资产阶级对社会主义革命的疯狂反抗是不可避免的，而且革命愈发展，反抗就愈**厉害**。无产阶级一定能摧毁这种反抗，在打垮资产阶级反抗的过程中完全成熟起来，最后取得胜利，取得政权。

让卖身投靠的资产阶级报刊向全世界大肆宣扬我国革命所犯的每一个错误吧。我们不怕有错误。人们并不因为发生了革命而变成圣人。劳动阶级多少世纪来一直受压迫，受折磨，被迫处于贫穷、愚昧、粗野的境地，他们干革命是不可能不犯错误的。而资产阶级社会的尸体，正如我有一次说过的，又不能装进棺材，埋到地下①。被打死的资本主义在我们中间腐烂发臭，污染空气，毒化我们的生活，用陈旧的、腐败的、死亡的东西的密网死死缠住新鲜的、年轻的、生气勃勃的东西。

资产阶级及其走狗（其中包括我国孟什维克和右派社会革命党人）向全世界大肆宣扬我们所犯的错误，可是我们每犯一百个错误就有一万个伟大的英勇的行动，这些行动是平凡的，不起眼的，是淹没在工厂区或偏僻乡村的日常生活中间的，是由不习惯（也没有可能）向全世界大肆宣扬自己每一个成就的人们做出来的，因此，也就更加伟大，更加英勇。

假定事情完全相反（虽然我知道这种假定不符合事实），假定我们每有一百个正确行动就有一万个错误，我们的革命仍然是**而且在世界历史面前一定是**伟大的，不可战胜的，因为这是**第一次**不是由少数人，不是仅仅由富人、仅仅由有教养的人，而是由真正的群众、由大多数劳动者**自己**来建设新生活，**用自己的**经验来解决社会主义组织工作中的最困

---

① 见《列宁全集》中文第 2 版第 34 卷第 380 页。——编者注

难的问题。

在这项工作中，在这项千百万普通工人和农民真心实意地进行的改造他们整个生活的工作中所犯的每一个错误，都抵得上剥削者少数的一千个、一百万个"没有错误的"成就，在欺骗和愚弄劳动者方面所得到的成就。因为工人和农民只有**通过**这样一些错误才能**学会**建设新生活，学会**不要**资本家也能进行建设，才能给自己开拓出一条穿越千万重障碍而到达社会主义胜利的道路。

我们的农民在进行革命工作时会犯错误，但他们在 1917 年 10 月 25 日（俄历）的一夜之间就一举废除了一切土地私有制，并且现在逐月地克服着莫大的困难，自己纠正自己的失误，切实地解决着极困难的任务：创造新的经济生活条件，同富农作斗争，保证土地掌握在**劳动者**手里（而不是掌握在富人手里），向**共产主义的**大农业过渡。

我们的工人在进行革命工作时会犯错误，但他们只用了几个月时间差不多已经把所有的大工厂收归国有，现正通过日常的艰苦的劳动学习管理整个工业部门的新业务，克服因循守旧、小资产阶级性和利己主义这些巨大的阻力，使国有化企业走上正轨，用一块块基石为**新的**社会联系、**新的**劳动纪律、工会对其会员的**新的**权力奠定基础。

我们的苏维埃，远在 1905 年的群众运动高潮中建立起来的苏维埃，在进行革命工作时会犯错误。工农苏维埃，这是新的国家**类型**，新的最高的民主**类型**，这是无产阶级专政的一种形式，是在**不要**资产阶级和**反对**资产阶级的情况下来管理国家的一种方式。在这里，民主第一次为群众为劳动者服务，不再是富人的民主，而在一切资产阶级的、甚至是最民主的共和国里，民主始终是富人的民主。人民群众现在第一次为亿万人解决实现无产者和半无产者专政的任务，而不解决这一任务，也就**谈不上**社会主义。

让学究们或满脑子资产阶级民主偏见或议会制偏见的人们在谈到我

们的工人、农民和红军代表苏维埃不是由直接选举产生的时候去摇头耸肩表示不解吧。这些人在1914—1918年的大转变时期既没有忘掉什么，也没有学到什么。无产阶级专政与劳动者的新的民主相结合，国内战争与最广泛地吸引群众参加政治相结合，——这样的结合是不可能一蹴而就的，也是保守的议会民主制的陈旧形式容纳不了的。新的世界，社会主义的世界，是以苏维埃共和国的面貌出现在我们面前的。毫不奇怪，这个世界不会一生下来就完美无缺，不会像密纳发那样一下子从**丘必特**脑袋里钻出来。

旧的资产阶级民主宪法大书特书形式上的平等和集会权利，我们的、无产阶级和农民的、苏维埃的宪法则抛弃形式上平等的虚伪词句。当资产阶级共和派推翻帝制时，他们并不关心君主派同共和派的形式上的平等。现在要来推翻资产阶级了，只有叛徒或白痴才会极力为资产阶级争取形式上的平等权利。如果所有好的建筑物都让资产阶级占去了，"集会自由"对工人和农民来说就一文不值。我们的苏维埃把城市和乡村中好的建筑物从富人手里全部**夺了过来**，并把**所有**这些建筑物**交给了**工人和农民，供**他们**集会结社之用。这就是我们的集会自由——劳动者享受的集会自由！这就是我们的苏维埃宪法、我们的社会主义宪法的意义和内容！

正因为这样，我们大家深信，不管我们苏维埃共和国还会遭到什么灾祸，**它是不可战胜的**。

它之所以不可战胜，是因为疯狂的帝国主义的每一次打击，国际资产阶级使我们遭受的每一次失败，都会激励更多的工人和农民起来斗争，使他们从惨重的牺牲中受到教育，使他们受到锻炼，激发起新的群众性的英雄主义。

我们知道，美国工人同志们，你们的帮助也许还不会很快到来，因为革命的发展在不同的国家有不同的形式，不同的速度（也不能不是这样)。我们知道,欧洲的无产阶级革命,不管它近来成熟得多么快,在最近几个星期内还不可能爆发。我们指望国际革命必然发生,但这决不是说,我们像傻瓜一样指望它在**某个**短时期内必然发生。我们国家有过两次大革命(1905 年和 1917 年),所以知道革命是不能按定单或协议制造的。我们知道,形势把**我们**俄国的社会主义无产阶级的队伍推到前面,并不是由于我们的功劳,而是由于俄国特别落后;我们知道,**在国际革命爆发之前**,一些国家的革命遭到失败还是可能的。

虽然如此,我们还是坚定地认为我们是不可战胜的,因为人类不会毁于帝国主义大厮杀,而一定会战胜它。第一个**打碎**帝国主义战争的沉重锁链的就是**我们**国家。我们在打碎这条锁链的斗争中作出了重大牺牲,但是我们把它**打碎**了。我们**摆脱**了对帝国主义的依赖,我们在全世界面前举起了为彻底推翻帝国主义而斗争的旗帜。

在国际社会主义革命的其他队伍来援助我们之前,我们就好像守在一个被包围的要塞里。但这些队伍**是存在的**,他们比我们**人数众多**,他们正随着帝国主义继续肆虐而日益成熟起来,日益成长壮大起来。工人们正在同龚帕斯、韩德逊、列诺得尔、谢德曼、伦纳之流的社会主义叛徒决裂。工人们在缓慢地但是坚定不移地转向共产主义的即布尔什维主义的策略,走向无产阶级革命,因为只有无产阶级革命才能挽救正在毁灭的文化和正在毁灭的人类。

总之,我们是不可战胜的,因为世界无产阶级革命是不可战胜的。

尼·列宁

1918 年 8 月 20 日

载于 1918 年 8 月 22 日《真理报》第 178 号

译自《列宁全集》俄文第 5 版第 37 卷第 48—64 页

致扎钦托·塞拉蒂①

1918 年 12 月 4 日

亲爱的塞拉蒂同志：

　　谨向您和拉查理同志致良好的祝愿。我们都希望在意大利以及协约国其他国家里很快发生无产阶级革命。

　　热忱地握您的手！

　　向意大利同志们致敬！

永远属于您的　列宁

原文是法文
载于 1920 年《意大利社会主义者
年鉴》（米兰）

译自《列宁全集》俄文第 5 版第 50
卷第 215 页

---

① 中译文见《列宁全集》中文第 2 版第 48 卷第 415 页。——编者注

致格·瓦·契切林^①

（1918 年 12 月 27 日或 28 日）

契切林同志：为了建立第三国际，我们应**赶快**（在"斯巴达克派"^② 离开之前由中央委员会批准）筹备国际社会党代表会议。（**比如，1919 年 2 月 1 日**在柏林（**公开地**）或在荷兰（**秘密地**）举行）

总之要**很快**

为此需要

（一）制定纲领的**基本原则**（我看可以

　　（α）采取**布尔什维主义**的理论和实践——委托**布哈林**写成提纲，表述要尽量简洁。请同布哈林商量一下——或许可以**部分采用我的党纲草案**^③

　　（β）其次采取《**斯巴达克联盟的愿望是什么?**》）。

　　　　α＋β 足以明确地提供**纲领的基本原则**；

---

① 中译文见《列宁全集》中文第 2 版第 48 卷第 438—441 页。——编者注

② 指斯巴达克联盟中央委员会委员爱·富克斯。1918 年 12 月底富克斯由柏林来到莫斯科向列宁介绍德国形势。——编者注

③ 见《列宁全集》中文第 2 版第 29 卷第 472—493 页，第 34 卷第 65—71 页。——编者注

（二）规定**第三国际**（与社会爱国主义者没有任何共同点）**的基础**（组织方面的）；

（三）大致按三种类型提出党派名单

（αα）我们有充分根据认为**已经**是站在第三国际立场上并完全拥护**正式**建立第三国际的党派；

（ββ）**接近**于此点的，我们**期待**它们接近和合并的党派；

（γγ）社会爱国主义各党**内部**或多或少接近**布尔什维主义**的**集团**和派别。

我提出一份大致的名单（第 4 页）①，尚需**仔细**补充。

我们**邀请**谁参加我们的代表会议呢？仅仅邀请 αα + ββ + γγ 和仅仅邀请这样一些人，他们（1）坚决主张同社会爱国主义者（即在 1914—1918 年帝国主义战争期间直接或间接地拥护资产阶级政府的人）决裂；（2）**赞成现在的**社会主义革命和**赞成**无产阶级专政；（3）原则上赞成"苏维埃政权"，反对把我们的工作**局限**于资产阶级议会活动、**服从**于资产阶级议会活动，**赞成**苏维埃政权是**更高级的更接近于社会主义的政权类型**。

也许，需要补充一点：我们并不建议第三国际所有党派立即叫做"共产党"，但是我们**要把**坚决摒弃"社会民主"党和"社会"党的名称而改称共产党的**问题提到日程上**（讨论）。

论据：**理论方面的**　恩格斯和马克思

　　　　历史方面的　第二国际的破产

　　　　　　　　　　社会爱国主义的耻辱

①　名单见本信末尾。——编者注

　　实践方面的　已经改称的有

$$\left\{\begin{array}{l}俄国\\芬兰\\德意志\\奥地利\\荷兰\\匈牙利\end{array}\right.$$

　　此事请**赶快**着手，并同布哈林一道根据上述各点拟出一个**草案**。**请马上答复，简短些也可以**。

　　敬礼！

　　　　　　　　　　　　　　　　　　　　　　　　　　列　宁

　　无论如何不能拿"齐美尔瓦尔德派"作尺度。

　　（$\alpha\alpha$）斯巴达克联盟（德国）

　　　　　芬兰共产党

　　　　　德意志奥地利共产党

波兰和 \
立陶宛 \
$\alpha\alpha$ 社会民 \
主党

　　　　　匈牙利共产党
　　　　　荷兰共产党
　　　　　俄国共产党
　　　　　乌克兰共产党
　　　　　爱斯兰共产党
　　　　　拉脱维亚共产党

　　　　　$\beta\beta$ $\left\{\begin{array}{l}保加利亚紧密派\\罗马尼亚党？\end{array}\right.$

$\gamma\gamma$ 瑞士社会民主党中的
左派和青年派

　　　　　$\beta\beta$ 苏格兰社会党

$\alpha\alpha$ 瑞典社会民主党左派

$\beta\beta$ 挪威社会民主党

$\beta\beta$ 丹麦社会民主党小组（玛丽·尼尔森）和接近布
　　尔什维主义的工团主义者

$\gamma\gamma$ 法国洛里欧小组

$\beta\beta$ 美国的"同盟"

　　（或德布兹的志同道合者?）

我们指望接
近和合并的
$\Bigg\{\!\!\Bigg\{$
英国社会党……$\beta\beta$
意大利社会党……$\beta\beta$[①]

[①] 1918 年 12 月 31 日列宁收到了为他准备的一份说明以上名单中的党派和组织的材料。除列宁提出的组织外，材料还提到 8 个组织，并提出邀请中国、朝鲜和波斯的革命工人代表作为来宾参加代表会议。同一天，列宁还收到受他委托并按他的建议拟出的题为《迎接共产国际第一次代表大会召开》的呼吁书草案。列宁对草案作了许多原则性修改和补充。现将草案第 1 章（《宗旨和策略》）的部分文字连同列宁作的修改摘录如下（列宁的补充和修改用黑体字印出，勾掉的文字括在方括号里）：

"我们认为，新的国际应以承认这里作为纲领提出的、根据**德国**斯巴达克联盟和俄国共产党（布尔什维克）的纲领制定的下述原则为基础。

'斯巴达克联盟'的纲领已在他们的小册子《斯巴达克联盟的愿望是什么?》中作了阐述，而且我们即将用各种语言（具体说明哪些）予以再版。

1. 当前的时代是整个世界资本主义体系瓦解和崩溃的时代，如果资本主义及其无法解决的矛盾不被消灭，这种瓦解和崩溃也将意味着整个欧洲文明的崩溃。

2. 现在无产阶级的任务是立即夺取国家政权。而夺取国家政权就是消灭［旧的］资产阶级的国家机构，组织新的无产阶级的政权机构。

3. 这个新的政权机构应当体现工人阶级的（在某些地方——则是和**农村半无产阶级**即贫苦农民的）专政，即应当成为系统镇压剥削阶级和剥夺剥削阶级的工具。不是虚伪的资产阶级的民主——那是金融寡头统治的伪善

(续前注)　形式——及其纯粹形式上的平等，而是有可能实现［广大］**劳动**群众自由的无产阶级民主；不是议会制，而是**这些**群众［自己］通过他们选出的机构实行的自治；不是资本主义的官僚机构，而是群众自己建立的、由这些群众［广泛］**真正**参加国家管理和社会主义建设的管理机构——无产阶级国家就应当是这种类型的。苏维埃或者类似组织的政权就是这种国家类型的具体形式。

4. 无产阶级专政应当成为立即剥夺资本和［实现完全无偿的生产资料社会化］废除生产资料私有制，使之变成全民所有制的杠杆。

对大工业及其组织中心即银行实行社会化（社会化应理解为废除私有财产，使其归无产阶级国家所有，由工人阶级进行社会主义管理），没收地主土地，对资本主义农业生产实行社会化；垄断大商业；对城市和地主庄园中的大房产实行社会化；实行工人管理并把经济职能集中于无产阶级专政机关的手中——这就是当前最重要的任务。"

在第2章（《对待社会党的态度》）中，列宁对第11项进行了修改："最后，必须吸引那些虽未公开拥护左派即革命派、但在其发展中显示出这种倾向的无产阶级团体和组织。"列宁在列出那些被邀请派代表参加大会的政党、团体和派别的第12项中，建议把"洛里欧小组（法国）"改为洛里欧的"志同道合者"或"法国社会主义运动和工团主义运动内部基本上同洛里欧观点一致的团体和组织"。此外，列宁还提出了邀请"日本党"的问题。

在第3章《组织问题和党的名称》之后，列宁写了有关发表呼吁书及其他一些问题的意见。

1919年1月列宁在一些共产主义的和社会主义的政党和团体的座谈会上提出了题为《迎接共产国际第一次代表大会召开》的呼吁书草案。座谈会经过讨论后通过了这个草案。1919年1月24日，呼吁书在报刊上发表。——编者注

给欧美工人的信①

（1919 年 1 月 21 日）

同志们！我在 1918 年 8 月 20 日给美国工人的信的末尾说，在国际社会主义革命的其他队伍来援助我们之前，我们就还守在一个被包围的要塞里②。我还说，工人们正在同本国的龚帕斯和伦纳之流的社会主义叛徒决裂。工人们在缓慢地但是坚定不移地转向共产主义的即布尔什维主义的策略。

从写这几句话到现在还不到 5 个月，但是必须说，由于各国工人转向共产主义和布尔什维主义，世界无产阶级革命在这段时间内异常迅速地成熟起来了。

那时，1918 年 8 月 20 日，只有我们布尔什维克党同帝国主义大战（1914—1918 年）期间遭到可耻破产的旧国际即第二国际（1889—1914年）断然决裂。只有我们党完全走上了新的道路，抛弃了同资产阶级强盗勾结因而名声扫地的社会主义和社会民主主义而转向共产主义，抛弃了各个正式社会民主党和社会党一贯奉行的小资产阶级改良主义和机会主义而采取了真正无产阶级的革命策略。

现在，1919 年 1 月 12 日，已经出现了一系列共产主义的无产阶级政党，不仅在以前沙皇帝国疆界之内的拉脱维亚、芬兰、波兰，而且在西欧的奥地利、匈牙利、荷兰以至德国，都有了这样的政党。现在，拥有李卜克内西、罗莎·卢森堡、克拉拉·蔡特金、弗兰茨·梅林这些闻

---

① 中译文见《列宁全集》中文第 2 版第 35 卷第 442—449 页。——编者注
② 见《列宁全集》中文第 2 版第 35 卷第 63 页。——编者注。

名世界的领袖和工人阶级忠诚拥护者的德国"斯巴达克联盟",已经同谢德曼、休特古姆这类社会党人,这类同德国帝国主义资产阶级强盗和威廉二世勾结而使自己遗臭万年的社会沙文主义者(口头上的社会主义者,实际上的沙文主义者)彻底断绝了联系,并已改称"德国共产党",这样,真正无产阶级的、真正国际主义的、真正革命的第三国际**即共产国际**就**在事实上成立**起来了。第三国际还没有正式成立,但事实上它已经存在了。

现在,一切觉悟的工人,一切真诚的社会党人都不会看不到,俄国的孟什维克和"社会革命党人"、德国的谢德曼和休特古姆之流、法国的列诺得尔和王德威尔得之流、英国的韩德逊和维伯之流、美国的龚帕斯之流在1914—1918年的战争中支持"本国的"资产阶级,是多么无耻地背叛了社会主义。这场战争非常清楚是一场反动的掠夺性的帝国主义战争,不仅从德国方面来看是这样,而且从英、法、意、美等国资本家方面来看也是这样,这些资本家现在就已经为分赃(瓜分土耳其、俄国、非洲殖民地和波利尼西亚殖民地以及巴尔干等等)不均争吵起来了。威尔逊和"威尔逊分子"关于"民主"、"各民族联合"的虚伪词句很快就被事实揭穿了,因为我们看到,法国资产阶级占领了莱茵河西岸,法国、英国、美国的资本家占领了土耳其(叙利亚、美索不达米亚)和俄国的一部分(西伯利亚、阿尔汉格尔斯克、巴库、克拉斯诺沃茨克、阿什哈巴德等地),而意法之间、法英之间、英美之间、美日之间因分赃不均而造成的敌对情绪还有增无已。

在协约国中,固然有畏首畏尾的、很不彻底的、满脑子资产阶级民主偏见的"社会党人",他们昨天保卫"本国的"帝国主义政府,今天也只是假惺惺地"抗议"武装干涉俄国。但除这种人外,今天还有愈来愈多的人正沿着共产主义道路,沿着马克林、德布兹、洛里欧、拉查理、塞拉蒂的道路前进,他们懂得,只有推翻资产阶级,打倒资产阶级议会，只有建立苏维埃政权和无产阶级专政，才能压倒帝国主义，保证社会主义的胜利，保证持久和平。

那时，1918 年 8 月 20 日，只有俄国发生了无产阶级革命，而"苏维埃政权"即全部国家政权归工兵农代表苏维埃，看来还只是（而事实上也只是）俄国的制度。

现在，1919 年 1 月 12 日，不仅在以前沙皇帝国疆界之内的拉脱维亚、波兰、乌克兰，而且在西欧各国，无论是各中立国（瑞士、荷兰、挪威）还是遭受战祸的各国（奥地利、德国），都发生了声势浩大的"苏维埃"运动。德国（作为一个最先进的资本主义国家，它特别重要，特别有代表性）的革命一开始就采取了"苏维埃"形式。德国革命发展的整个进程，特别是无产阶级的真正的和唯一的代表"斯巴达克派"反对卑鄙的叛徒谢德曼、休特古姆之流同资产阶级勾结的斗争，都清楚地表明，历史是怎样对德国提出问题的：

或者是"苏维埃政权"，或者是资产阶级议会——不管是打什么幌子（"国民"会议也好，"立宪"会议也好）的议会。

世界历史就是这样提出问题的。现在已经完全可以而且完全应该这样说了。"苏维埃政权"是无产阶级专政发展过程中具有世界历史意义的第二步或第二阶段。第一步是巴黎公社。马克思在《法兰西内战》一书中对公社的实质和意义所作的天才分析表明，公社创造了一个新型国家，即无产阶级国家。一切国家，包括最民主的共和国在内，都不过是一个阶级镇压另一个阶级的机器。无产阶级国家是无产阶级镇压资产阶级的机器，这种镇压之所以必需，是因为地主和资本家，整个资产阶级及其一切走狗，一切剥削者，当开始推翻他们、开始剥夺剥夺者时，总要疯狂地不顾一切地拼命进行反抗。

资产阶级议会，即使是最民主的共和国中最民主的议会，由于国内还存在着资本家所有制和资本家政权，就总是一小撮剥削者镇压千百万劳动者的机器。**过去，我们的斗争还没有超出资产阶级制度的范围**，社会党人，为劳动者摆脱剥削而斗争的战士，应该利用**资产阶级**议会，把它当做讲坛，当做进行宣传鼓动工作和组织工作的一个基地。现在，世界历史已把摧毁整个资产阶级制度、推翻并镇压剥削者以及从资本主义向社会主义过渡的问题提上日程，如果现在仍然只是在资产阶级议会制即资产阶级民主上面兜圈子，把资产阶级民主美化为一般"民主"，掩盖它的**资产阶级**性质，忘记了只要资本家所有制还存在，普选制就始终是资产阶级国家的一种工具，——如果这样，那就是无耻地背叛无产阶级，跑到它的阶级敌人资产阶级那边去，成为变节分子和叛徒。

布尔什维克报刊从1915年起就时常提到的世界社会主义的三个派别，现在在德国的流血斗争和国内战争中看得特别清楚。

卡尔·李卜克内西是各国工人都知道的名字。在任何地方，特别是在协约国，这个名字象征着一个领袖对无产阶级利益和社会主义革命的无限忠诚，象征着一心一意、舍死忘生、坚决无情地同资本主义作斗争的精神，象征着不是在口头上而是在行动上同帝国主义誓死斗争，即使"自己的"国家正沉浸在帝国主义胜利的狂热气氛中也敢以死相拼的气概。德国社会党人中一切正直的真正革命的分子，无产阶级中一切优秀的坚定的战士，一切义愤填膺和革命决心愈来愈大的被剥削群众，都是同李卜克内西和"斯巴达克派"一起前进的。

同李卜克内西对立的是谢德曼、休特古姆之流以及为德皇和资产阶级效命的一帮小人。这是一些同龚帕斯和维克多·伯杰之流、韩德逊和维伯之流、列诺得尔和王德威尔得之流一样的社会主义叛徒。他们是被资产阶级收买的工人上层分子，我们布尔什维克把这些人叫做"工人运动中的资产阶级代理人"（像我们称呼俄国的休特古姆之流即孟什维克那样），美国优秀的社会党人则送给他们一个惟妙惟肖的外号："labor lieutenants of the capitalist class"——"资本家阶级的工人帮办"。这是

一种最新式、最"摩登"的背叛社会主义的行为，因为一切先进文明国家的资产阶级所掠夺（不论是实行殖民压迫，还是用金融手段从形式上独立的弱小民族身上榨取"油水"）的世界人口要超过"本"国人口许多倍。因此，帝国主义资产阶级在经济上有可能得到"超额利润"，并用其中的一部分来收买无产阶级的某些上层分子，把他们变成改良主义的、机会主义的、害怕革命的小资产阶级。

　　介于斯巴达克派和谢德曼辈之间的是摇摆不定、没有主见的"考茨基分子"，考茨基的志同道合者。他们在口头上是"独立的"，实际上则是完完全全**从属于**别人的——今天**从属于**资产阶级和谢德曼分子，明天又**从属于**斯巴达克派，半条心跟前者走，半条心跟后者走。他们是些没有思想、没有主张、没有策略、没有廉耻、没有良心的人。他们生动地体现了庸人的慌张情绪，口头上拥护社会主义革命，实际上一旦革命爆发又不能理解它，而且像叛徒一样去捍卫一般"民主"，也就是**在实际上捍卫资产阶级**民主。

　　在每个资本主义国家中，凡是有头脑的工人，都能从本国那种由于民族条件和历史条件不同而与别国不同的环境中认出社会党人或工会工作者的上述三大派，因为帝国主义战争和已经开始的世界无产阶级革命在全世界造成了同样的思想政治流派。

＊　　＊　　＊

　　上文是在卡尔·李卜克内西和罗莎·卢森堡惨遭艾伯特和谢德曼政府卑鄙杀害以前写的。这些刽子手为了讨好资产阶级，竟让德国的白卫分子即神圣的资本主义所有制的看家狗私刑杀害了罗莎·卢森堡，竟让他们以企图"逃跑"为借口从背后开枪杀害了卡尔·李卜克内西（俄国沙皇政府在血腥地镇压1905年革命时，也屡次借口被捕者"逃跑"而加以杀害），而且这些刽子手还利用貌似清白、貌似超阶级的政府的威望替白卫分子打掩护！这些所谓的社会党人杀人手段的卑鄙无耻，非笔墨所能形容。显然，历史选择了一条途径，让"资本家阶级的工人帮办"的表演达到野蛮、卑鄙和龌龊的"顶点"。让考茨基派傻瓜们在他们的《自由报》上大谈什么由"所有的""社会"党的代表组成"法庭"吧（这些奴性十足的家伙仍旧把刽子手谢德曼之流叫做社会党人）！这些具有庸人的愚蠢和市侩的怯懦的英雄们甚至不懂得法庭是国家政权机关，而德国的斗争和内战正是为了解决政权由谁掌握的问题：是由刽子手和杀人犯谢德曼辈及颂扬"纯粹民主"的考茨基辈为之"效劳"的资产阶级掌握呢，还是由将要推翻剥削者资本家并粉碎他们的反抗的无产阶级掌握。

　　世界无产阶级国际的优秀人物的鲜血，令人难忘的国际社会主义革命领袖的鲜血，一定会使愈来愈多的工人群众锻炼出进行殊死斗争的坚强意志。这个斗争一定会得到胜利。1917 年夏天我们俄国发生"七月事变"的时候，俄国的谢德曼之流孟什维克和社会革命党人也用"国家"的名义为白卫分子对布尔什维克的"胜利"打掩护，工人沃伊诺夫因为散发布尔什维克小报，在彼得格勒街头被哥萨克活活打死。根据经验我们知道，资产阶级及其走狗的这些"胜利"，只会使群众很快抛弃关于资产阶级民主制、"全民投票"等等的幻想。

＊　　＊　　＊

　　现在协约国的资产阶级和政府中间发生了一些动摇。一部分人意识到：在俄国帮助白卫分子、为最黑暗反动的君主派和地主效劳的盟国军队现在已经开始瓦解；继续进行武装干涉，企图征服俄国，就要长期保持上百万的占领军，这样做必然会把无产阶级革命极其迅速地带到协约国各国去。德国占领军在乌克兰的例子就很能说明问题。

　　协约国资产阶级中的另一部分人仍然主张对俄国进行武装干涉，主张用"经济包围"（克列孟梭）来扼杀苏维埃共和国。英法两国所有为资产阶级效命的报刊，即被资本家收买的大部分日报，都预言苏维埃政权很快要垮台，都竭力渲染俄国人民饥饿的惨状，胡说俄国情况"一团糟"，苏维埃政府"长不了"。白卫分子、地主和资本家的军队，在协约国的军官、弹药、金钱和辅助部队的支援下，切断了俄国饥饿的中部和北部同最富饶的产粮区——西伯利亚和顿河区的联系。

在彼得格勒和莫斯科，在伊万诺沃-沃兹涅先斯克和其他工业中心，工人们忍饥挨饿，遭受了深重的灾难。假使工人群众不懂得他们是在保卫俄国和全世界的社会主义事业，他们是绝对忍受不了协约国武装干涉（这种干涉往往以不派"自己的"军队的伪善保证作掩护，与此同时，运往俄国的"黑人"部队以及弹药、金钱、军官却源源不断）使他们遭受的这种灾难，这种饥饿痛苦的。

"盟国"军队和白卫军占据着阿尔汉格尔斯克、彼尔姆、奥伦堡、顿河畔罗斯托夫、巴库、阿什哈巴德，但是"苏维埃运动"攻克了里加和哈尔科夫。拉脱维亚和乌克兰成了苏维埃共和国。工人们看到，他们承担巨大牺牲是值得的，苏维埃政权的胜利正在全世界发展、扩大、增长和巩固。每作一个月的艰苦斗争和巨大牺牲，都使苏维埃政权在全世界的事业得到加强，而使反对苏维埃政权的剥削者遭到削弱。剥削者还相当强大，他们还能继续杀害世界无产阶级革命的杰出领袖，还能使被占领或被征服国家和地区的工人遭到更大的牺牲和痛苦。但是，全世界的剥削者无力阻止世界无产阶级革命的胜利，这一革命将使人类摆脱资本的桎梏，永远免除资本主义制度下不可避免的新的帝国主义战争的威胁。

尼·列宁

1919 年 1 月 21 日

载于 1919 年 1 月 24 日《真理报》第 16 号和《全俄中央执行委员会消息报》第 16 号

译自《列宁全集》俄文第 5 版第 37 卷第 454—462 页

关于德国独立党宣言[①]

（1919 年 2 月下半月）

　　现在，在俄国很少能得到外国报纸。看来协约国"讲民主的资本家们"正在变本加厉地对我们进行封锁。他们害怕美、英、法有教养的工人了解粗俗野蛮的布尔什维主义，他们生怕这个野蛮的布尔什维主义的国家的人们知道布尔什维主义在西方的胜利。

　　但是，不管新"神圣同盟"的宪兵队怎样卖力，真理终究是掩盖不住的！

　　近来，我看到几张柏林《自由报》，即所谓"独立的"德国社会民主党的机关报。在第 74 号（1919 年 2 月 11 日）的第 1 版上登载了一篇长长的宣言《告德国革命无产阶级》，署名是党中央委员会和该党在德国立宪会议中的党团。这个宣言的思想，或者确切些说宣言的无思想性，不仅对德国的工人运动，而且对全世界的工人运动来说，都是很有代表性的，值得仔细研究一下。

　　但是，首先我想说几句同个人经历的往事有关的题外话。从独立党党团成员的署名中，我顺便看到了泽格和劳坎特的名字，不由想起了三年前的事。在伯尔尼召开的齐美尔瓦尔德派的会议上，我有机会见到了劳坎特。这个颇有影响的柏林工人，给人以双重印象：一方面，在群众

---

　　① 　中译文见《列宁全集》中文第 2 版第 35 卷第 479—480 页。——编者注

中从事严肃的革命工作，另一方面，极端缺乏理论①，目光极为短浅。劳坎特不赞成我对考茨基（独立党人的思想"领袖"，或者说，他们的无思想性的领袖）的激烈抨击，但是，当我对自己蹩脚的德语觉得没有把握，把我用德文写的一篇简短发言稿②给他看时，他并没有拒绝帮助我。在这篇讲稿里，我引用了"美国的倍倍尔"即尤金·德布兹的声明，说他宁愿被枪毙，也不同意投赞成票给帝国主义战争拨款，说他德布兹只同意参加工人反对资本家的战争。另一方面，当我非常气愤地把考茨基这个家伙在一篇文章中把工人上街斥为冒险（而且是在威廉二世统治时期）的地方指给劳坎特看时，他却耸耸肩膀，十分平静地（真把我气死了）回答我说："我们的工人已经不那么认真地读它了！难道我非得同意考茨基的每一句话不成？"

载于1933年《列宁文集》俄文版第24卷

译自《列宁全集》俄文第5版第37卷第485—486页

---

① 手稿中大概遗漏"兴趣"或"知识"一词。——俄文版编者注
② 见《列宁全集》中文第2版第27卷《在伯尔尼国际群众大会上的讲话》。——编者注

对《第三国际基本原则》提纲的意见①

（1919 年 2 月）

关于提纲

第 1 条——改写成为一个讲实际政策的**论点**。承认：

无产阶级社会主义革命已**成熟**

现在进行这一革命是**必要的**

要**转变**为国内战争，作为对历史性口号的确认。

第 2 条——加上：在 1914—1918 年**这次**战争中。

第2条（补）　着重强调"国际联盟"和"社会和平主义"是自由主义者骗人的口号。

第 3 条——强调"打碎"国家机器……和专政，**同机会主义者**和"**中派**"**针锋相对**。

第 4 条——为革命和武装起义**作准备**。

据此精神**进行**全部宣传和鼓动工作（扩大）。

第 5 条——绝对要（加进）：像李卜克内西那样。

第 6 条——加上：鉴于资产阶级到处对合法性进行（对帝国主义说来是）典型的破坏和限制。

第 7 条和第 8 条——同专政并提。

第 9 条——公社和苏维埃（不是一定要"苏维埃"）**类型的**。

---

① 中译文见《列宁全集》中文第 2 版第 35 卷第 481—482 页。——编者注

第 10 条——加上：右派 = 阶级敌人

　　　　　　　中派 = 动摇的小资产

　　　　　　　　　阶级

$\left.\begin{array}{l}\\ \\ \\ \\ \end{array}\right\{$

+

加上：

马克思主义分裂了，

右派和中派不是

马克思主义者

+齐美尔瓦尔德联盟已不适宜，把左派团结起来的必要性。

译自《列宁全集》俄文第 5 版第 54
卷第 502 页

致埃·斯坦格^①

（1919 年 3 月 2 日）

致斯坦格同志

主席团请**斯坦格**同志作为主席团第五位委员参加今天的会议。

列　宁^②

1919 年 3 月 2 日

原文是德文　　　　　　　　　　　译自《列宁文集》俄文版第 37 卷
　　　　　　　　　　　　　　　　第 132 页

---

① 中译文见《列宁全集》中文第 2 版第 48 卷第 520 页。埃米尔·斯坦格是出席 1919 年 3 月 2—6 日在莫斯科举行的共产国际第一次代表大会的挪威社会民主党的代表。——编者注

② 签署该文献的还有弗·普拉滕、麦·阿尔伯特和古·克林格尔。——编者注

共产国际第一次代表大会材料①

（1919 年 2—3 月）

1

议程草稿

（2 月）

各国党的报告
成立第三国际

纲领问题

（α）无产阶级专政和苏维埃政权

（β）对资产阶级民主的态度

国际联盟宪兵。　　（γ）剥夺和社会化

策略问题

（δ）对各国资产阶级政府的态度

（ε）Маз. кр. ②

---

① 中译文见《列宁全集》中文第 2 版第 35 卷第 534—538 页。——编者注
② 这两个词的意思弄不清楚。——俄文版编者注

对其他政党的态度

组织问题。

载于 1930 年《列宁文集》俄文版第 13 卷

译自《列宁全集》俄文第 5 版第 54 卷第 501 页

2
关于资产阶级民主和无产阶级专政的提纲的几个草稿
（2 月底—3 月初）

1. 主要的"论据"：这是什么东西？
2. 非阶级的提法。
3. 历史教导说：从来就有专政。
4. 压迫机器。

————

脑子里还是通常的发展路线和发展速度。

不理解（或"象征性地"理解）资产阶级民主共和国也是资产阶级镇压无产阶级的机器。

"规律"：民主愈多，不可调和的敌对者之间的阶级斗争一旦尖锐起来，就愈可能发生大暴行或国内战争（克伦斯基时期的俄国……瑞士——罢工和示威游行；美国对黑人、对国际主义者；1919 年 1 月的……德国）。

集会自由和出版自由是两个最重要的口号，是典型：它们的实际状况。

　　"平等"……被剥削者同剥削者的。

　　"自由"……剥削者的。

　　曲折发展的**具体**表现，

　　　　经济危机

　　　　群众破产

　　　　资产阶级大发横财

　　　　帝国主义者肆意进行侵略和掠夺

　　　　威廉二世被彻底揭露和目前的协约国

　　　　四年战争中风气的变化

　　　　变得野蛮、残暴：一切都使用暴力

　　　　技术的奇迹：为了什么？尸积如山。

　　危机的重担：谁承担。

在资产阶级独裁的**条件**下投票表决

让全体表决者"理解"，还是墨守成规？

"代表和镇压"！

资产阶级行政机构。

总结＝资产阶级专政，

[它被伪善地用全民族的口号掩盖起来

无产阶级专政——→必须镇压资产阶级的反抗……

——→劳动群众的民主……

——→占大多数的"人民"……

　　　　　　　────────

1. 民主共和国＝镇压的机器。

2. 代表和镇压。

3. 脱离群众。

4. 资产阶级的机构。

5. 集会"自由"（剥削者的自由）。

6. "平等"……出版（剥削者的）。

补 6：战**前**的民主和国内战争。

7. 扩大＝改良主义，资产阶级用它偷换社会主义。

8. 革命＝尖锐化的阶级斗争。

9. 战争及其后果。

10. 1919 年 1 月的德国。

载于 1958 年《苏共历史问题》杂志
第 4 期　　　　　　　　　　　　　　译自《列宁全集》俄文第 5 版第 37
　　　　　　　　　　　　　　　　　卷第 539—540 页

关于共产国际的成立[①]

在全俄中央执行委员会、莫斯科苏维埃、俄共（布）莫斯科委员会、
全俄工会中央理事会、莫斯科工会和工厂委员会联合
庆祝共产国际成立大会上的讲话

（1919 年 3 月 6 日）

　　（热烈欢呼）同志们，我们未能做到世界各国都有代表参加共产国际的第一次代表大会，但是各国都有共产国际的最忠实的朋友，都有完全同情我们的工人。因此，请允许我先摘引一点报道，你们听了就会知道，尽管全世界资产阶级进行种种迫害，尽管他们都已联合起来，看起来无比强大，但我们的朋友比我们所看到的、所知道的和能够请到莫斯科来开会的真不知要多多少。资产阶级的迫害达到了疯狂的地步，他们甚至想用一道万里长城把我们包围起来，他们把布尔什维克一批一批地从世界上最自由的共和国赶出去，似乎担心十来个布尔什维克能感染整个世界，但我们知道，这种担心是可笑的，因为布尔什维克已经感染了整个世界，因为俄国工人的斗争已经使得各国工人群众知道，我们俄国决定着整个世界革命的命运。

　　同志们，我手头是一份法国的《人道报》，在倾向上，它同我国的孟什维克或右派社会革命党人非常相像。这张报纸在战时曾穷凶极恶地攻击同我们观点一致的人。现在它又维护那些在战时跟着本国资产阶级

---

　　①　中译文见《列宁全集》中文第 2 版第 35 卷第 507—512 页。——编者注

走的人。就是这家报纸在 1919 年 1 月 13 日那天报道说，塞纳联邦（一个靠近巴黎的地区，是无产阶级运动和法国全部政治生活的中心）的党和工会的积极分子在巴黎举行了盛大的（按报纸的说法）集会。第一个在会上讲话的是社会党人布拉克。他在整个战争期间同我国孟什维克和右派护国主义者持同一立场。现在他变得非常安分。他对当前的迫切问题只字不提！最后他说，他反对本国政府干涉其他国家的无产阶级斗争。他的话赢得了一片掌声。接着讲话的是他的一个志同道合者，叫什么皮埃尔·赖伐尔的，讲的是当今的法国最迫切的问题——复员问题。法国在这场万恶的战争中遭受的牺牲大概比其他任何国家都大。而法国人现在却看到：复员工作毫无进展，陷于停顿，当局根本无意进行；同时，一场新的战争又在酝酿中，这明明是要法国工人为了确定让法国还是英国的资本家得到更多的赃物而承受新的牺牲。报纸还说，皮埃尔·赖伐尔的讲话大家一直在听，但他讲到敌视布尔什维主义的内容时却引起了强烈的抗议和激愤，甚至会都开不下去了。后来，在他之后的皮埃尔·列诺得尔公民没有讲成话，由佩里卡公民出来讲了几句，大会就结束了。佩里卡是法国工人运动中基本上同我们观点一致的少数代表之一。总之，报纸不得不承认，演讲者刚一开始攻击布尔什维克，大家就不让他讲下去了。

　　同志们，现在我们无法直接从法国请一位代表到这里来。只有一位法国人经过千辛万苦来到了这里，就是吉尔波同志。（热烈鼓掌）他今天要讲话。他在瑞士这个自由的共和国蹲了好几个月监狱，罪名是同列宁有联系，正在瑞士筹划革命。他是在宪兵和军官的押解下经过德国的，显然，他们怕他无意中丢下一根火柴，使德国燃烧起来。但是，没有这根火柴德国照样燃烧起来了。在法国，像我们看到的那样，是有人同情布尔什维主义运动的。法国的群众大概是最老练、最有政治经验、最活跃、最敏感的群众。他们不允许演说者在群众大会上说一句假话，谁要说就制止他。照法国人的脾气，不把他从讲台上拉下来算是好的！因此，看到敌视我们的报纸都承认大会是那样一种情况，我们就可以说，法国的无产阶级是拥护我们的。

我再从意大利的报纸上引一小段话。人们千方百计地企图切断我们同全世界的联系，其他国家的社会党报纸到了我们这里都成了稀世珍品。现在我们就得到了这样一件珍品，一份意大利的《前进报》——意大利社会党的机关报。意大利社会党参加过齐美尔瓦尔德会议，一向反对战争，现在又决定拒绝出席伯尔尼黄色分子的代表大会，即旧国际的代表大会，因为参加这次大会的，是协同本国政府拖延这场万恶战争的人。直到现在，《前进报》的出版都受到严格的检查。但在这一份偶然落到我们手中的报纸上，我看到一篇报道卡夫里阿戈这个小地方（大概是个极偏僻的地方，因为在地图上都查不到）的党内生活的通讯，发现那里的工人开会通过了一项决议，对他们报纸的不调和精神表示赞许，并说他们赞同德国的斯巴达克派，赞同"Sovietisti russi"——这个词虽然是用意大利文写的，但全世界都能懂得。他们在向俄国的"苏维埃派"致敬，并表示希望俄国和德国革命者的纲领能为全世界接受，能帮助把反对资产阶级和军事统治的斗争进行到底。因此，当你读到意大利的某个波舍霍尼耶①的这个决议的时候，你就完全可以对自己说：意大利的群众是拥护我们的，意大利的群众懂得俄国的"苏维埃派"是怎么回事，懂得俄国"苏维埃派"和德国斯巴达克派的纲领是怎么回事。可我们当时还没有这样一个纲领哩！我们同德国斯巴达克派没有任何共同的纲领，而意大利的工人不理睬他们在本国资产阶级报刊上所看

---

① 波舍霍尼耶原为俄国北部一个偏僻的县城。自俄国作家米·叶·萨尔蒂科夫-谢德林的小说《波舍霍尼耶遗风》问世后，波舍霍尼耶即成为闭塞落后的穷乡僻壤的同义语。——编者注

到的一切，不理睬这些为百万富翁和亿万富翁所收买的、发行几百万份的报刊对我们的诽谤。这些报刊欺骗不了意大利的工人。意大利工人懂得斯巴达克派和"苏维埃派"是怎么回事，并说他们赞同两派的纲领，尽管那时根本没有这样的纲领。正因为如此，我们这次代表大会的任务是很容易完成的。我们只要把工人们，甚至那些住在某个偏僻地区、被警察和军队的警戒线同我们隔绝开来的工人们意识中和心灵上已经深深印下的东西写成纲领就成了。正因为如此，我们十分容易地、同心同德地实现了自己的目的，在一切主要问题上通过了一致的决定。我们深信，这些决定一定会在各国无产阶级中引起巨大的反响。

同志们，苏维埃运动这种形式已经在俄国取得胜利，目前正在全世界传播，单是它的名称就给工人提供了一整个纲领。同志们，我希望我们这些非常荣幸地使苏维埃形式取得胜利的人，不会落到让人说我们骄傲自大的地步。

同志们，我们很清楚，我们之所以最先参加了苏维埃的无产阶级革命，并不是因为我们的准备同别国工人一样好，或者比他们更好，而是因为我们不如他们。正因为如此，我们所对付的敌人是最野蛮最腐败的敌人，正因为如此，革命从表面看才有那样磅礴的气势。但是我们也知道，我国的苏维埃至今还存在着，它在同极大的困难作斗争，产生这些困难的根源是我们的文化水平低以及一年多来压在我们身上的担子太重，因为我们是在四面受敌和遭受到（这一点你们都非常清楚）难以设想的痛苦、严重的饥荒和可怕的灾难这样一种情况下孤军作战。

同志们，那些直接或间接站在资产阶级方面的人总想挑起工人的不满，说工人现在遭受的苦难非常深重。我们对工人说：是的，苦难是很深重，我们也不向你们隐瞒。我们对工人就是这样说的，工人们根据亲身的经验对此也深有体会。你们都看到，我们进行斗争，不仅是为了使社会主义在我国获得胜利，不仅是为了使我们的孩子一提起资本家和地主就想到史前的怪物，而且是为了使全世界的工人同我们一起获得胜利。

　　共产国际第一次代表大会认为，苏维埃已经在全世界赢得工人的同情，它向我们表明，国际共产主义革命的胜利是有保证的。（鼓掌）资产阶级在许多国家里还会猖狂肆虐，现在他们不过是刚刚开始杀害社会主义的优秀人物和优秀代表，罗莎·卢森堡和卡尔·李卜克内西惨遭白卫分子杀害就证明了这一点。这样的牺牲是不可避免的。我们决不去同资产阶级妥协，我们要同他们进行最后的斗争。但是我们知道，在经历了战争的痛苦、折磨和灾难之后，既然全世界的群众都在为复员而斗争，都感到自己受了骗，都懂得了资本家（他们为了确定让谁得到更多的利润而杀死了几千万人）加在他们身上的捐税负担是多么沉重，既然如此，这些强盗的统治时代也就一去不复返了！

　　现在，人人都懂得了"苏维埃"这个词的含义，这样，共产主义革命的胜利就有了保证。今天在座的同志们曾经看到第一个苏维埃共和国的成立，现在又看到第三国际即共产国际的成立，（鼓掌）将来他们一定还会看到世界苏维埃联邦共和国的成立。（鼓掌）

载于 1919 年 5 月《全俄中央执行委员会、莫斯科工人和红军代表苏维埃、俄共莫斯科委员会、全俄工会理事会和莫斯科市工厂委员会联合庆祝共产国际成立大会》一书

译自《列宁全集》俄文第 5 版第 37 卷第 515—520 页

给匈牙利苏维埃共和国政府的贺电①

(1919 年 3 月 22 日)

我是列宁。我谨向匈牙利苏维埃共和国无产阶级政府,特别是向库恩·贝拉同志表示衷心的祝贺。您的祝贺我已转告俄国共产党布尔什维克代表大会。大家都很兴奋。我们将尽快地把第三国际即共产国际莫斯科代表大会的决议和关于军事形势的通报拍发给你们。布达佩斯和莫斯科之间建立经常的无线电联系是绝对必需的。

致共产主义敬礼,握手。

列 宁

载于 1919 年 3 月 23 日《人民言论报》第 70 号(匈牙利文)

译自《列宁全集》俄文第 5 版第 38 卷第 216 页

---

① 中译文见《列宁全集》中文第 2 版第 36 卷第 204 页。——编者注

给库恩·贝拉的电报[①]

（1919 年 3 月 23 日）

列宁致库恩·贝拉，发布达佩斯

请告诉我，为了使匈牙利新政府成为真正共产党人的政府，而不仅仅是普通社会党人的，即社会主义叛徒的政府，您有什么切实的保证？

共产党员是否在政府中占多数？什么时候召开苏维埃代表大会？社会党人承认无产阶级专政的实际表现是什么？

毫无疑问，在匈牙利革命的特殊条件下，生吞活剥地全盘照搬我们俄国的策略，会是一种错误，我必须告诚您防止这一错误，但是，我想知道，您认为切实的保证是什么。

为了确切知道是您本人在回答我，请告诉我，您最后一次到克里姆林宫来时，我和您是怎样谈论国民议会的。顺致

共产主义敬礼

列　宁

载于 1932 年《列宁全集》俄文第 2、3 版第 24 卷

译自《列宁全集》俄文第 5 版第 38 卷第 217 页

---

① 中译文见《列宁全集》中文第 2 版第 36 卷第 205 页。——编者注

第三国际——共产国际[①]

今年即 1919 年 3 月，在莫斯科召开了国际共产党人代表大会。这次代表大会建立了第三国际，即共产国际，这个国际是力求在世界各国建立苏维埃政权的全世界工人的联盟。

马克思创立的第一国际存在于 1864 年到 1872 年。英勇的巴黎工人的失败，著名的巴黎公社的失败，标志着第一国际的告终。第一国际是不会被人遗忘的，它在工人争取自身解放的斗争史上是永存的。它奠定了我们有幸正在建设的世界社会主义共和国大厦的基础。

第二国际存在于 1889 年到 1914 年，即存在到大战前。这段时期是资本主义最平稳最平静的发展时期，是没有大革命的时期。在这个时期内，很多国家的工人运动壮大了。但是，大多数工人政党的领袖却因为习惯于平静时期而丧失了从事革命斗争的能力。1914 年爆发了历时四年血染全球的战争，爆发了资本家瓜分利润、争夺对弱小民族统治权的战争，在这样的时候，这些社会党人却跑到本国政府方面去了。他们背叛了工人，帮助拖延这场大厮杀，成了社会主义的敌人，跑到资本家那里去了。

工人群众抛弃了这批社会主义叛徒。全世界开始进入革命斗争。战争表明资本主义已经完蛋。它就要被新制度所代替。社会主义这个老的字眼已被社会主义叛徒玷污了。

---

① 中译文见《列宁全集》中文第 2 版第 36 卷第 218—219 页。——编者注

现在，仍然忠于推翻资本压迫事业的工人，把自己称为共产党人。共产党人同盟正在全世界成长起来。苏维埃政权已经在几个国家取得胜利。在不久的将来，我们就会看到共产主义在全世界的胜利，我们就会看到世界苏维埃联邦共和国的建立。

载于 1924 年 2—3 月《青年近卫军》
杂志第 2—3 期合刊

译自《列宁全集》俄文第 5 版第 38
卷第 230—231 页

关于用无线电同库恩·贝拉通话的通报①

　　当库恩·贝拉同志在俄国做战俘时，我就已经同他很熟悉了，他曾不止一次地到我这里来谈论共产主义和共产主义革命的问题。因此，收到了关于匈牙利共产主义革命的通报并且是库恩·贝拉同志签署的通报以后，我们很想同他谈谈，并想更确切地知道有关这一革命的情况。关于匈牙利共产主义革命的第一批通报使人有些担忧：这是不是所谓的社会党人即社会主义叛徒们的骗局，是不是他们瞒过了共产党人，何况当时共产党人都在狱中。因此，在收到关于匈牙利革命的第一个通报的第二天，我就拍电报到布达佩斯，请库恩·贝拉亲自答话，我向他提出了一些问题，以证实是不是他本人，并且询问他关于政府的性质和政府的实际政策有哪些实在的保证。库恩·贝拉同志的答复十分令人满意，消除了我们的一切疑虑。原来是左派社会党人到监牢里去找库恩·贝拉商量组织政府的。新的政府完全由这些同情共产党人的左派社会党人以及中派分子组成，而右派社会党人，即可说是死硬的和不可救药的社会主义叛徒，则完全离开了党，而且没有带走一个工人党员。以后的通报证明，匈牙利政府的政策十分坚定，完全符合共产主义方针，我们最初是实行工人监督，以后才逐步实行工业社会化，而库恩·贝拉由于他的声望，由于他相信广大群众都拥护自己，立刻实施了一项法令，把过去按资本主义方式经营的匈牙利全部工业企业转变为公共财产。两天过后，

　　① 中译文见《列宁全集》中文第2版第36卷第220—221页。——编者注

　　我们完全相信，匈牙利革命已经极其迅速地一下子走上了共产主义轨道。资产阶级自己把政权拱手交给了匈牙利共产党人。资产阶级向全世界表明，当严重的危机到来的时候，当民族处于危险境地的时候，资产阶级不能管理国家。真正人民的、真正为人民爱戴的政权只有一个，这就是工兵农代表苏维埃政权。

　　匈牙利苏维埃政权万岁！

载于 1924 年 2—3 月《青年近卫军》杂志第 2—3 期合刊

译自《列宁全集》俄文第 5 版第 38 卷第 232—233 页

昂利·吉尔波《战时法国的社会主义和工团主义》 小册子序言①

(1919 年 4 月 13 日)

吉尔波同志的小册子写得非常及时。应当把战时各国的社会主义运动和工会运动史写出来，供世界各国参考。这一历史极其明显地表明，工人阶级在缓慢地但是不断地向左转，向革命思想和革命行动方面转。一方面，这一历史揭示了第三国际即共产国际的深远根源和准备过程，这一过程在每个民族内部因历史特点而有所不同。必须知道第三国际的深远根源，才能了解第三国际产生的必然性以及各国社会党走向第三国际的途径的不同。

另一方面，战时社会主义运动和工会运动史向我们表明，资产阶级民主和资产阶级议会制已开始崩溃，从资产阶级民主到苏维埃民主即无产阶级民主的转变已经开始。还有很多很多的社会党人无论如何也不能理解这一极伟大的具有世界历史意义的更替，他们被保守的锁链束缚着，庸俗地崇拜现有的和昨天的东西，对垂死的资本主义的历史在各国引起的变化像市侩般的盲目无知。

吉尔波同志担负起了写战时法国社会主义运动和工会运动史概论的任务。他明白而确切地列举了事实，使读者具体地看到了社会主义史上的伟大转变的开始。可以确信，吉尔波的小册子不仅会在一切觉悟的工

---

① 中译文见《列宁全集》中文第 2 版第 36 卷第 285—286 页。——编者注

人当中得到广泛的传播，并且会促使人们写出很多类似的小册子来阐明其他国家的战时社会主义和工人运动史。

尼·列宁

1919 年 4 月 13 日于莫斯科

载于 1919 年彼得格勒出版的昂利·吉尔波《战时法国的社会主义和工团主义运动（历史概论）。1914—1918 年》一书（法文版）

译自《列宁全集》俄文第 5 版第 38 卷第 297—298 页

第三国际及其在历史上的地位①

（1919 年 4 月 15 日）

　　"协约国"帝国主义者封锁俄国，把苏维埃共和国看做传染病的发源地，竭力使它与资本主义世界隔绝。这些夸耀本国制度的"民主精神"的人，由于仇恨苏维埃共和国而失去了理智，竟没有察觉到怎样把自己变成了可笑的人物。不妨想一想，这些先进的、最文明的和"民主的"国家，武装到了牙齿，在军事方面称霸全球，却像害怕火那样，害怕从一个受到严重破坏的、饥饿的、落后的、据他们说甚至是半野蛮的国家散播出来的**思想传染病**！

　　单是这个矛盾就擦亮了各国劳动群众的眼睛，帮助我们揭露了克列孟梭、劳合-乔治、威尔逊等帝国主义者及其政府的虚伪。

　　但是，不仅是资本家因仇恨苏维埃而失去理智，而且他们之间互相争吵，互相掣肘对我们都有帮助。他们彼此商定了一种用沉默进行抵制的大阴谋，他们极端害怕传播关于苏维埃共和国的一切真实消息，特别是害怕传播它的正式文件。但是，法国资产阶级的主要报纸《时报》却刊载了在莫斯科建立第三国际即共产国际的消息。

　　为了这点，我们应向法国资产阶级的主要报纸，向法国沙文主义和帝国主义的这位领袖表示极崇高的谢意。我们很想给《时报》写一封公函，感谢它这样成功、这样巧妙地帮助了我们。

---

　　①　中译文见《列宁全集》中文第 2 版第 36 卷第 289—297 页。——编者注

从《时报》如何根据我们的无线电讯来编成自己的消息，可以十分清楚地看出这家富人的报纸的动机。它本想挖苦威尔逊，刺他一下：看，您是在同什么样的人谈判！这些遵照富人的意旨来舞文弄墨的聪明人没有觉察到：他们拿布尔什维克来恐吓威尔逊，在劳动群众看来，就是替布尔什维克作广告宣传。再说一遍，我们应向法国百万富翁们的报纸表示极崇高的谢意！

第三国际是在这样一种国际环境中成立起来的：不管"协约国"帝国主义者或德国的谢德曼之流、奥地利的伦纳之流这类资本主义的奴才颁布何种禁令，玩弄何种卑鄙手腕，都不能阻碍全世界工人阶级听到关于这个国际的消息并同情这个国际。这种环境是由各地迅速发展的无产阶级革命造成的。这种环境是由劳动群众中间的**苏维埃**运动造成的，苏维埃运动已发展成为真正的**国际**运动了。

第一国际（1864—1872 年）奠定了工人国际组织的基础，使工人做好向资本进行革命进攻的准备。第二国际（1889—1914 年）是无产阶级运动的国际组织，这个运动当时是向**横的**方面发展，因此，革命的水平不免暂时降低，机会主义不免暂时加强，而终于使第二国际遭到可耻的破产。

第三国际实际上是在 1918 年创立的，那时，由于多年来特别是战争期间同机会主义和社会沙文主义作了斗争，许多国家都已成立了共产党。第三国际是 1919 年 3 月在莫斯科举行的第一次代表大会上正式成立的。这个国际最突出的特点、它的使命就是执行和实现马克思主义的训诫，实现社会主义和工人运动历来的理想；这个特点一下子就显示出来了，因为新的国际即第三个"国际工人协会"**现时就开始**在一定程度上**与苏维埃社会主义共和国联盟相吻合**了。

第一国际为国际无产阶级争取社会主义的斗争奠定了基础。

第二国际是为这个运动在许多国家广泛的大规模的开展准备基础的

时代。

第三国际接受了第二国际的工作成果，清除了它的机会主义的、社会沙文主义的、资产阶级和小资产阶级的脏东西，并**已开始实现**无产阶级专政。

领导世界上最革命的运动即无产阶级推翻资本压迫的运动的政党的国际联盟，现在有了空前巩固的基地：有了几个**苏维埃共和国**，它们在国际范围内体现着无产阶级专政，无产阶级对资本主义的胜利。

第三国际即共产国际的世界历史意义在于，它已开始实现马克思的一个最伟大的口号，这个口号总结了社会主义和工人运动历来的发展，表现这个口号的概念就是无产阶级专政。

这个天才的预见，这个天才的理论正在变为现实。

无产阶级专政这个拉丁词现在不仅译成了现代欧洲各民族的语言，而且译成了世界上所有的语言。

世界历史的新时代开始了。

人类已在摆脱最后一种奴隶制：资本主义奴隶制即雇佣奴隶制。

人类正在摆脱奴隶制，第一次走向真正的自由。

为什么第一个实现了无产阶级专政、成立了苏维埃共和国的国家竟是欧洲最落后的国家之一呢？我们这样说是不会错的：正是俄国的落后和它向最高形式的民主制的"飞跃"（即越过资产阶级民主而达到苏维埃民主即无产阶级民主）之间的矛盾，正是这个矛盾成了西欧人理解苏维埃的作用特别难或特别慢的原因之一（除社会主义运动大多数领袖受到机会主义习惯和庸人偏见的束缚这个原因以外）。

全世界的工人群众本能地领会到了苏维埃是无产阶级斗争的工具和无产阶级国家的形式。但是为机会主义所腐蚀的"领袖们"还继续崇拜资产阶级民主，把它叫做一般"民主"。

无产阶级专政的实现首先表明了**俄国的落后**和它**越过**资产阶级民主

的"飞跃"之间的"矛盾",这难道奇怪吗?假使历史让我们**不通**过许多矛盾而实现**新式**民主,那倒是奇怪了。

任何一个马克思主义者,甚至任何一个懂得现代科学的人,如果有人问他"各个不同的资本主义国家平衡地或谐和均匀地过渡到无产阶级专政是否可能",他的回答一定是否定的。在资本主义世界中从来没有而且不会有什么平衡,什么谐和,什么均匀。在每个国家的发展中,都是有时是资本主义和工人运动的这一方面、这一特征或这一类特点特别突出,有时是另一方面、另一特征或另一类特点特别突出。发展过程从来都是不平衡的。

当法国实现伟大的资产阶级革命、促使整个欧洲大陆走向历史上新的生活时,资本主义比法国发达得多的英国竟成了反革命同盟的首领。而当时的英国工人运动却英明地预示了未来马克思主义中的许多东西。

当英国发生世界上第一次广泛的、真正群众性的、政治上已经成型的无产阶级革命运动即宪章运动的时候,欧洲大陆发生的革命大都是软弱的资产阶级革命,而在法国却爆发了无产阶级和资产阶级之间的第一次伟大的国内战争。资产阶级在不同的国家用不同的手段把无产阶级队伍各个击破了。

英国,照恩格斯的说法,是资产阶级同资产阶级化的贵族一起造成了极端资产阶级化的无产阶级上层的典型国家。① 从无产阶级的革命斗争来看,这个先进的资本主义国家竟落后了几十年。法国工人阶级在1848年和1871年先后两次举行了反资产阶级的英勇起义,对世界历史作出了重大贡献,在这两次起义中,法国无产阶级的力量好像是用尽了。这以后,即从19世纪70年代起,工人运动国际中的领导权转到了在经济上比英法都落后的德国。而到20世纪第二个十年,当德国在经

① 参看《马克思恩格斯文集》第10卷第164—165页。——编者注

济方面超过了英法两国的时候，领导德国马克思主义工人政党这个全世界的模范政党的，已是一小群十足的恶棍和卖身投靠资本家的最卑鄙的坏蛋，是从谢德曼和诺斯克到大卫和列金这些工人出身的替君主制和反革命资产阶级效劳的最可恶的刽子手。

世界历史始终不渝地走向无产阶级专政，但它所走的远不是平坦笔直的大道。

当卡尔·考茨基还是个马克思主义者，还没有因为主张与谢德曼之流保持统一、拥护资产阶级民主、反对苏维埃民主即无产阶级民主而变成马克思主义的叛徒的时候，他曾在 20 世纪初写了《斯拉夫人和革命》这篇文章。在这篇文章中，他指出由于某种历史条件，国际革命运动的领导权可能转入斯拉夫人的手中。

果然如此。革命无产阶级国际中的领导权暂时（自然只是在一个短时期内）转到俄国人手中去了，正像它在 19 世纪各个不同的时期中曾先后掌握在英国人、法国人和德国人的手中一样。

我屡次说过：与各先进国家相比，俄国人**开始**伟大的无产阶级革命是比较容易的，但是把它**继续**到获得最终胜利，即完全组织起社会主义社会，就比较困难了。

我们开始这个革命比较容易，有下列几个原因。第一，沙皇君主国在政治上的非常落后（就 20 世纪的欧洲来说）使得群众的革命冲击力量异常强大。第二，俄国的落后使得无产阶级反对资产阶级的革命与农民反对地主的革命独特地结合了起来。我们在 1917 年 10 月就是这样开始革命的，不然，我们就不会那样容易取得胜利。马克思在 1856 年谈到普鲁士时，就已指出无产阶级革命有与农民战争独特地结合起来的可能①。布尔什维克从 1905 年初起，就坚持无产阶级和农民的革命民主专

①　参看《马克思恩格斯文集》第 10 卷第 131 页。——编者注

政的思想。第三，1905 年革命使工农群众受到了非常多的政治教育，既使他们的先锋队了解了西欧社会主义运动的"最新成就"，又使他们自己懂得了革命**行动**的意义。没有 1905 年的"总演习"，1917 年的二月资产阶级革命和十月无产阶级革命都是不可能的。第四，俄国的地理条件使它比其他国家更能长久地对抗资本主义先进国家的军事优势。第五，无产阶级同农民的特殊关系便利了从资产阶级革命过渡到社会主义革命，便利了城市无产者去影响农村半无产的贫苦劳动阶层。第六，罢工斗争的长期锻炼和欧洲群众性工人运动的经验，有助于**苏维埃**这种特殊的无产阶级革命组织形式在深刻而迅速尖锐化的革命形势下产生出来。

以上所述当然是不完备的。但暂时可以就列举这几点。

苏维埃民主即无产阶级民主已在俄国产生。与巴黎公社比起来，它是具有世界历史意义的第二步。无产阶级和农民的苏维埃共和国成了世界上第一个稳固的社会主义共和国。作为一种**新的国家类型**，它是不会灭亡的。它现在已经不是孤立的了。

要继续社会主义建设工作，要把这种工作进行到底，还需要做很多很多的事情。文化程度较高、无产阶级的比重和影响较大的国家所建立的苏维埃共和国，只要走上无产阶级专政的道路，就有一切可能超过俄国。

破产的第二国际正在死去，活活腐烂着。它实际上是替国际资产阶级当奴仆。这是真正的黄色国际。它的最大的思想领袖，如考茨基之流，都颂扬**资产阶级**民主，把它称为一般"民主"，甚至更愚蠢更荒唐地称为"纯粹民主"。

资产阶级民主已经过时，正如第二国际已经过时一样，虽然当必须在这种资产阶级民主范围内训练工人群众的时候，第二国际曾做过历史上必要的有益的工作。

　　最民主的资产阶级共和国从来都是而且不能不是资本镇压劳动者的机器，资本政权的工具，资产阶级的专政。资产阶级民主共和国许诺并且宣告政权属于大多数人，但是它从来没能实现过，因为存在着土地和其他生产资料的私有制。

　　资产阶级民主共和国中的"自由"实际上是**富人**的自由。无产者和劳动农民可以而且应当利用这种自由来准备力量，以推翻资本，消灭资产阶级民主，但是在资本主义制度下，劳动群众照例是不能实际享受民主的。

　　苏维埃民主即无产阶级民主在世界上第一次把**民主**给了群众，给了劳动者，给了工人和小农。

　　世界上还从来没有过像苏维埃政权那样的属于**大多数人**的国家政权，**实际上**属于大多数人的政权。

　　这个政权压制剥削者及其帮手的"自由"，剥夺他们实行剥削的"自由"、发饥荒财的"自由"、恢复资本权力的"自由"、勾结外国资产阶级来反对本国工农的"自由"。

　　让考茨基之流去维护这种自由吧。这是只有马克思主义的叛徒、社会主义的叛徒才做得出来的。

　　第二国际的思想领袖如希法亭和考茨基之流的破产，最清楚地表现在他们完全不能理解**苏维埃**民主即无产阶级民主的意义，它同巴黎公社的关系，它的历史地位以及它成为无产阶级专政形式的必然性。

　　德国"独立的"（请读做市侩的、庸人的、小资产阶级的）社会民主党的机关报《自由报》在 1919 年 2 月 11 日第 74 号上，登载了《告德国革命无产阶级》这篇宣言。

　　这篇宣言是由党的执行委员会和"国民议会"即德国"立宪会议"的整个党团签字发表的。

　　这篇宣言斥责谢德曼之流力图取消**苏维埃**，而提议把苏维埃与立宪会议（别开玩笑吧！）**结合起来**，给予苏维埃一定的国家管理权，让它在宪法中占一定的地位。

把资产阶级专政和无产阶级专政调和起来，统一起来！这是多么简单！这是多么了不起的庸人思想！

不过可惜的是，在俄国克伦斯基执政时期，这种思想已经由联合起来的孟什维克和社会革命党人这些自命为社会主义者的小资产阶级民主派试验过了。

谁读了马克思的著作而不懂得在资本主义社会中，在每一个紧急关头，在每一次严重的阶级冲突发生时，都只能或者是资产阶级专政或者是无产阶级专政，谁就是对马克思的经济学说和政治学说都一窍不通。

但是要把2月11日的这篇极美妙、极滑稽的宣言内所充满的经济政治谬论尽行揭露，就需要对希法亭和考茨基之流的把资产阶级专政与无产阶级专政和平结合起来的了不起的庸人思想专门作一次分析。这一点只好留待另文①去做了。

1919 年 4 月 15 日于莫斯科

载于 1919 年 5 月《共产国际》杂志第 1 期

译自《列宁全集》俄文第 5 版第 38 卷第 301—309 页

---

① 即本卷收录的《伯尔尼国际的英雄们》。——编者注

在告匈牙利国际主义者书上加的附言^①

(1919 年 4 月 23 日)

　　我完全赞同号召书，相信各条战线上的匈牙利无产者不会不看到，只要为国际无产阶级利益再奋斗几个月，胜利就将属于我们——这将是决定性的和可靠的胜利。

列　宁

载于 1960 年莫斯科出版的克拉特和
康德拉季耶夫《并肩战斗的兄弟》
一书

译自《列宁全集》俄文第 5 版第 54
卷第 414 页

---

　　①　中译文见《列宁全集》中文第 2 版第 36 卷第 310 页。——编者注

向巴伐利亚苏维埃共和国致敬①

（1919 年 4 月 27 日）

　　感谢你们的祝贺，同时也衷心祝贺巴伐利亚苏维埃共和国的成立。恳请你们更经常更具体地告诉我们：你们采取了什么措施同资产阶级刽子手谢德曼之流作斗争？各市区的工人和仆人苏维埃是否已经建立？工人是否已经武装起来？资产阶级是否被解除武装？库存的衣服和其他物品是否已被用来迅速而广泛地救济工人，特别是救济雇农和小农？资本家在慕尼黑的工厂和财产以及慕尼黑郊区的资本主义农场是否已被没收？小农的押金和地租是否已经取消？雇农和粗工的工资是否已提高一两倍？是否已把所有印刷所和纸张没收，用来印刷通俗的传单和群众性的报纸？是否已实行用六小时工作、用两三小时管理国家的制度？是否已使慕尼黑的资产阶级住得挤些而使工人迅速迁入富人的住宅？是否已把所有银行拿到手里？是否扣留了资产阶级的人质？是否给工人规定了比资产阶级更多的口粮？是否已动员每个工人来担任保卫工作和郊区农村的思想宣传工作？只要发挥工人苏维埃、雇农苏维埃以及与两者不同的小农苏维埃的主动性，最迅速最广泛地实行诸如此类的措施，你们的地位一定会巩固起来。必须向资产阶级征收特别税，必须立即用一切办法使工人、雇农和小农的境况得到真正的改善。

---

　　①　中译文见《列宁全集》中文第 2 版第 36 卷第 311—312 页。——编者注

致以最崇高的敬礼并祝你们胜利。

列 宁

载于 1930 年 4 月 22 日《真理报》
第 111 号

译自《列宁全集》俄文第 5 版第 38
卷第 321—322 页

向匈牙利工人致敬①

（1919 年 5 月 27 日）

　　同志们！我们从匈牙利苏维埃活动家那里得到的消息，使我们感到欢欣鼓舞。匈牙利的苏维埃政权成立以来不过两个多月，但从组织程度方面说，匈牙利的无产阶级看来已经超过了我们。这是可以理解的，因为匈牙利居民的一般文化水平较高，其次，产业工人在全体居民中所占的比重也大得多（现时匈牙利有 800 万人口，300 万集中在布达佩斯），最后，匈牙利过渡到苏维埃制度即无产阶级专政比我国容易得多，和平得多。

　　最后这一点特别重要。欧洲大多数社会党领袖，无论是社会沙文主义派或考茨基派的领袖，都死死抱着几十年来较为"和平"发展的资本主义和资产阶级议会制所养成的纯粹市侩的偏见，根本不可能懂得苏维埃政权和无产阶级专政。无产阶级不把这些领袖抛弃，不把他们赶走，就不能完成自己的具有世界历史意义的解放使命。这班人完全或部分地相信了资产阶级关于俄国苏维埃政权的谎言，不善于把体现在苏维埃政权中的新的无产阶级民主、劳动者的民主、社会主义民主同资产阶级民主从本质上区别开来，他们奴隶似地崇拜资产阶级民主，把它叫做"纯粹民主"或一般"民主"。

　　这些死死抱着资产阶级偏见的盲人，不懂得从资产阶级民主到无产

---

　　① 中译文见《列宁全集》中文第 2 版第 36 卷第 374—378 页。——编者注

阶级民主、从资产阶级专政到无产阶级专政是一个具有世界历史意义的转变。他们把俄国苏维埃政权及其发展史的某些特点同苏维埃政权的国际意义混为一谈。

匈牙利的无产阶级革命甚至使盲人也重见光明。匈牙利过渡到无产阶级专政的形式与俄国截然不同：资产阶级政府自动辞职，工人阶级的统一、社会主义的统一立刻**在共产主义纲领**上恢复起来。苏维埃政权的实质现在表现得更加明显了，现在除了苏维埃政权以外，除了无产阶级专政以外，世界上任何地方不可能有一种政权是得到以无产阶级为首的劳动者拥护的。

这个专政必须采取严酷无情和迅速坚决的暴力手段来镇压剥削者即资本家、地主及其走狗的反抗。谁不了解这一点，谁就不是革命者，就应该取消他的无产阶级领袖或顾问的资格。

但是无产阶级专政的实质不仅在于暴力，而且主要不在于暴力。它的主要实质在于劳动者的先进部队、先锋队、唯一领导者即无产阶级的组织性和纪律性。无产阶级的目的是建成社会主义，消灭社会的阶级划分，使社会全体成员成为劳动者，消灭一切人剥削人现象的基础。这个目的不是一下子可以实现的，这需要一个相当长的从资本主义到社会主义的过渡时期，因为改组生产是一件困难的事情，因为根本改变生活的一切方面是需要时间的，因为按小资产阶级和资产阶级方式经营的巨大的习惯势力只有经过长期的坚忍的斗争才能克服。所以马克思说，无产阶级专政的整个时期是从资本主义到社会主义的过渡时期①。

在整个过渡时期中，反抗这个变革的，有自觉进行反抗的资本家及其在资产阶级知识分子中为数众多的走卒，也有往往是不自觉地进行反抗的大批过分拘守小资产阶级习惯和传统的劳动者（包括农民在内）。

---

① 参看《马克思恩格斯文集》第3卷第445页。——编者注

这些阶层的动摇是不可避免的。农民作为劳动者，倾向于社会主义，更愿意要工人专政而不要资产阶级专政。农民作为粮食出售者，倾向于资产阶级，倾向于自由贸易，就是说，要退到"惯常的"、旧有的、"历来的"资本主义去。

要使无产阶级能**引导**农民和一切小资产阶级阶层前进，就必须有无产阶级专政，必须有一个阶级的政权，必须有这个阶级的组织性和纪律性的力量，必须有这个阶级的以资本主义文化、科学、技术的一切成果为基础的集中的实力，必须以无产阶级感情体会一切劳动者的心理，并在农村或小生产中的涣散的、不够开展的、政治上不够稳定的劳动者面前具有威信。在这里，像市侩化的社会沙文主义者和考茨基派所喜好的那样，空谈一般"民主"，空谈"统一"或"劳动民主派的统一"，空谈一切"劳动者的""平等"等等，是无济于事的。空谈只能蒙蔽眼睛，蒙蔽意识，巩固资本主义、议会制、资产阶级民主制的因循守旧的习气。

消灭阶级要经过长期的、艰难的、顽强的**阶级斗争**。在推翻资本权力**以后**，**在破坏资产阶级国家以后**，**在**建立无产阶级专政**以后**，阶级斗争**并不是消失**（如旧社会主义和旧社会民主党中的庸人所想象的那样），而只是改变它的形式，在许多方面变得更加残酷。

无产阶级应当进行阶级斗争去镇压资产阶级的反抗，去反对小资产阶级的因循守旧和犹豫动摇，以捍卫自己的政权，巩固自己的组织影响，"中立"那些害怕离开资产阶级而很不坚定地跟着无产阶级走的阶层，巩固新的纪律即劳动者的同志纪律，加强劳动者与无产阶级的牢固联系，把他们紧紧团结在无产阶级周围，用这种新的纪律、这种新的社会联系基础去代替中世纪的农奴制的纪律，代替资本主义制度的饥饿纪律，"自由"雇佣奴隶制的纪律。

要消灭阶级，就需要一个阶级的专政时期，一个被压迫阶级的专政时期，这个阶级不仅能推翻剥削者，不仅能无情地镇压剥削者的反抗，而且能在思想上与全部资产阶级民主观念，与关于自由平等的一切市侩空谈决裂（实际上，马克思早已指出，这种空谈意味着**商品所有者**的"自由平等"，即**资本家和工人**的"自由平等"）。

不仅如此。有能力用自己的专政来消灭阶级的，只有这样一个被压迫阶级，它被几十年反对资本的罢工斗争和政治斗争教育、联合、培养和锻炼出来，它吸取了城市的、工业的、大资本主义的全部文化，有决心和本领来捍卫这种文化并保存、发展其全部成果，使之为全体人民、全体劳动者所享用，它经受得住历史所必然加在那些与过去决裂而大胆开拓通向新的未来的道路的人们身上的一切重担、考验、苦难和巨大牺牲，它的优秀分子十分仇恨和鄙弃一切市侩的庸俗的东西，十分仇恨和鄙弃这些在小资产阶级、小职员和"知识分子"身上表现得很突出的品质，它"经过了劳动学校的锻炼"而善于使一切劳动者和诚实的人尊重自己的劳动能力。

匈牙利的工人同志们！你们一下子就在真正无产阶级专政的纲领上把一切社会主义者联合起来了，你们给世界树立了比苏维埃俄国更好的榜样。现在你们面前摆着一个极有希望但极困难的任务，就是要在反协约国的艰苦战争中支持下去。希望你们坚定不移。如果在昨天加入你们无产阶级专政的社会主义者中间或在小资产阶级中间有人表现动摇，你们就要无情地制止这种动摇。枪毙，这是胆怯者在战争中应得的命运。

你们进行着唯一合理的、正义的和真正革命的战争，这是被压迫者反对压迫者的战争，劳动者反对剥削者的战争，争取社会主义胜利的战争。全世界工人阶级中的一切正直的人都是站在你们一边的。世界无产阶级革命一月比一月地接近了。

希望你们坚定不移！胜利是属于你们的！

列　宁

1919 年 5 月 27 日

载于 1919 年 5 月 29 日《真理报》　　　　译自《列宁全集》俄文第 5 版第 38
第 115 号　　　　　　　　　　　　　卷第 384—388 页

伯尔尼国际的英雄们①

（1919 年 5 月 28 日）

在《第三国际及其在历史上的地位》②（载于 1919 年 5 月 1 日《共产国际》俄文版第 1 期第 38 页）一文中，我指出了陈腐的"伯尔尼"国际的代表在思想上破产的一个突出表现。这些反动的不懂得无产阶级专政的社会主义理论家的破产，表现于德国"独立"社会民主党人建议把资产阶级议会同苏维埃政权凑合、联合、结合起来。

旧国际最著名的理论家考茨基、希法亭、奥托·鲍威尔之流，不了解他们的建议是把资产阶级专政同无产阶级专政结合起来！这些曾因宣传阶级斗争和阐述阶级斗争必然性而获得声誉、赢得工人同情的人，在为社会主义而斗争的最紧要的关头却不了解，他们企图把资产阶级专政同无产阶级专政结合起来就是完全放弃阶级斗争学说，完全背弃这个学说，实际上投奔到资产阶级营垒。这听起来似乎不可思议，但这是事实。

真是稀罕，我们现时在莫斯科竟能收到相当多的（虽然是零散的）外国报纸了，于是也就可能稍微详细地（当然是极不完全地）追溯到"独立的"先生们在当代最主要的理论问题和实际问题上动摇的历史。这就是专政（**无产阶级的**）同民主（**资产阶级的**）或者苏维埃政权同

---

①　中译文见《列宁全集》中文第 2 版第 36 卷第 379—388 页。——编者注
②　见本卷收录的《第三国际及其在历史上的地位》。——编者注

资产阶级议会制的关系问题。

考茨基先生在他的《无产阶级专政》（1918 年维也纳版）这本小册子中写道："苏维埃组织是当代最重要的现象之一。它在我们正去迎接的资本同劳动的大决战中将起决定的作用。"（考茨基的小册子第 33 页）接着他加上一句话说，布尔什维克犯了错误，把苏维埃由"**一个阶级的战斗组织**"变成了"**国家组织**"，从而"**破坏了民主**"。（同上）

在《无产阶级革命和叛徒考茨基》这本小册子（1918 年彼得格勒和莫斯科版）中，我详尽地分析了考茨基的这一论断，并指出它的内容就是完全忘记了马克思主义的国家学说的基本原则。[①] 因为国家（任何国家，包括最民主的共和国在内）无非是一个阶级镇压另一阶级的机器。称苏维埃为**阶级**的战斗组织，而否认它有权变为"国家组织"，这就是**在实际上背弃社会主义的起码原则**，宣扬或维护**资产阶级镇压无产阶级的机器**（**即**资产阶级民主共和国，资产阶级国家）的不可侵犯性，在事实上投奔到资产阶级营垒。

考茨基的立场的荒谬是如此突出，要求建立苏维埃政权的工人群众的进攻是如此有力，以致考茨基和考茨基派不得不支吾搪塞，可耻地退却，因为老老实实地承认错误他们是办不到的。

1919 年 2 月 9 日在德国"独立"（独立于马克思主义而完全依赖于小资产阶级民主派）社会民主党的机关报《自由报》（《Freiheit》）上，出现了希法亭先生的一篇文章，他**已经**要求把苏维埃变为国家组织，但要它同资产阶级议会、同"国民议会"**并存**共处。1919 年 2 月 11 日，在告德国无产阶级书中，"独立"党全党采用了这一口号（当然，考茨基先生也采用了，他收回了他在 1918 年秋天所发表的声明）。

企图把资产阶级专政同无产阶级专政结合起来，就是完全背弃了马

---

① 见《列宁全集》中文第 2 版第 35 卷第 258—265 页。——编者注

克思主义和社会主义，就是忘记了**俄国孟什维克和"社会革命党人"**的经验，他们在 1917 年 5 月 6 日至 1917 年 10 月 25 日（俄历）做过"试验"，企图把苏维埃作为"国家组织"同**资产阶级**国家制度凑合起来，但在这次试验中遭到了可耻的失败。

在"独立党人"的党代表大会上（1919 年 3 月初），全党站到了把苏维埃同资产阶级议会制美妙地结合起来的立场。但是，1919 年 4 月 13 日《自由报》第 178 号（《附刊》）报道说："独立党人"党团在苏维埃第二次代表大会上提出了一项决议案：

> "苏维埃第二次代表大会立足于苏维埃制度之上。因此，德国的政治和经济结构应以苏维埃组织为基础。工人代表苏维埃是劳动居民在政治、经济生活各方面的当然代表机关。"

此外，这个党团还向代表大会提出了一个"指示"（Richtlinien）草案，其中说：

> "苏维埃代表大会握有全部政权……凡从事社会必需的和有益的工作而不剥削他人的人，不分性别，都有选举苏维埃代表和被选为苏维埃代表的权利……"

由此我们可以看到，"独立的"领袖原来是一批完全受无产阶级最落后部分的庸俗偏见支配的可怜市侩。1918 年秋天，这班领袖借考茨基之口根本拒绝把苏维埃变为国家组织。1919 年 3 月他们放弃了这一立场，而尾随在工人群众后面。1919 年 4 月他们推翻了自己的代表大会的决定，完全转到了共产党人的"全部政权归苏维埃"的立场。

这样的领袖是没有多大价值的。如果领袖代表的不是走在先锋队前面而是落在它后面的、最落后的那部分无产阶级的情绪，那就不需要领袖了。既然这些领袖这样毫无气节地改变自己的口号，他们也就是一文不值的。对他们不能寄予信任。他们将**永远**是工人运动的累赘和负担。

他们中间一位最"左的"多伊米希（Däumig）先生，在党的代表大会上发表了如下的言论（见 3 月 9 日《自由报》）：

> "……多伊米希说，任何东西都不能使他同共产党人的'全部政权归工人代表苏维埃'的要求分开。但他要反对共产党实际奉行的盲动主义，反对他们不教育群众而对群众曲意逢迎。盲动主义的分散活动不可能推进……"

德国人称之为盲动主义的，就是俄国老革命家在 50 年前所说的"闪击"、"爆发"，即组织一些小小的阴谋、暗杀、暴动等等。

多伊米希先生责备共产党人实行"盲动主义"，这只能证明他在"曲意逢迎"，对小资产阶级的庸俗偏见采取奴才式的讨好态度。这类先生由于在群众面前胆小怕事，重复着"时髦的"口号，**而不了解群众的革命运动**，他们的"左的词句"是一钱不值的。

德国正掀起汹涌澎湃的自发的罢工运动浪潮。1905 年俄国的罢工运动达到了世界空前的高度，看来德国无产阶级斗争的空前高涨和发展已超过了当时的俄国。在这样的运动面前说"爆发"，就等于沦为不可救药的庸人，沦为庸俗偏见的奴才。

以多伊米希为首的庸人先生们，大概正在幻想着一种把群众**一下子十分有组织地**发动起来的革命（如果说他们头脑中还有一点点革命思想的话）。

这样的革命是没有的，也是不可能有的。如不把千百万劳动群众和他们的绝大多数置于受压迫、闭塞、贫困、愚昧之中，资本主义就不成其为资本主义。不通过革命在斗争进程中把从未触动过的群众发动起来，资本主义就不会垮台。自然的爆发在革命的发展中是不可避免的。没有这种爆发的革命一次也未曾有过，而且也不可能有。

说共产党人纵容自发性，这是多伊米希先生的谎话，这同我们从孟什维克和社会革命党人那里多次听到的谎话一模一样。共产党人不纵容自发性，**不主张零星的爆发**。共产党人教导群众发起有组织的、整体的、协同的、适时的、成熟的行动。多伊米希、考茨基等先生的无聊的诽谤是推翻不了这一事实的。

可是这些庸人不能了解为什么共产党人认为——而且十分正确地认为——自己的职责是**同斗争着的被压迫群众在一起**，而不是同那些站在一旁胆小地等待的市侩英雄们在一起。群众既然进行斗争，在斗争中就不免要犯错误，共产党人**始终同群众在一起**，发现错误，向群众进行解释，加以改正，不断地使自觉性战胜自发性。同逐渐在斗争过程中摆脱错误的斗争群众在一起，比同站在一旁等待"完全胜利"的知识分子、庸人、考茨基派在一起要强得多，——这就是多伊米希这班先生所不能了解的真理。

对他们更坏的是，他们在世界无产阶级革命史上是胆小的市侩，反动的抱怨者，昨天的谢德曼们的奴仆，今天的"社会和平"的说教者，不管这种说教是隐藏在把立宪会议同苏维埃结合的幌子下，还是隐藏在正颜厉色地谴责"盲动主义"的幌子下，反正都是一样。

在用反动的市侩的抱怨来代替马克思主义方面打破记录的是考茨基先生。他老是一个调门：痛惜现在，埋怨哭泣，吓唬自己，鼓吹调和！这位愁容骑士平生所写的都是阶级斗争和社会主义，但到了阶级斗争极端尖锐的关头，到了社会主义的前夕，我们这位聪明人却茫然若失，号啕大哭，露出十足的庸人的原形。在维也纳的社会主义叛徒奥斯特尔利茨、伦纳、鲍威尔之流所办的报纸第98号上（1919年4月9日《工人报》维也纳上午版），考茨基第一百次甚至是第一千次大发牢骚了。

> 他哭泣着说："……经济思维和经济见解已被一切阶级置之脑后……长期的战争已使广大无产阶级阶层惯于完全忽视经济条件而坚信暴力的万能……"

这就是我们这位"十分博学的"人的两个"论点"！"崇拜暴力"

和破坏生产，——这就是他不分析现实的阶级斗争条件而大发那种屡见不鲜、自古有之的市侩牢骚的原因。他写道："我们曾期望革命将是无产阶级阶级斗争的产物……革命由于俄国和德国的统治制度在军事上的破产而到来了……"

换句话说，这位聪明人"期望"和平的革命！这是多么美妙啊！

但是考茨基先生已慌乱到这种地步，他竟忘记了，在他过去还是马克思主义者的时候，他曾说战争十分可能成为革命的导火线。而现在，我们这位"理论家"却不去冷静地大胆地分析战争必然使革命形式发生怎样的变化，反而痛惜自己已经破灭的"期望"！

"……广大无产阶级阶层忽视经济条件！"

多么可怜的胡说！这种市侩的调子在克伦斯基时代的孟什维克报纸上我们是多么熟悉啊！

经济学家考茨基忘记了，在一个国家被战争弄得民穷财尽而濒于灭亡的时候，首要的、基本的、根本的"经济条件"是拯救工人。只有工人阶级得救，不致饿死，不致毁灭，被破坏的生产才能恢复。而要拯救工人阶级，就需要无产阶级专政，这是防止将战争的一切重担和后果加在工人身上的唯一手段。

经济学家考茨基"忘记了"，分担失败的后果的问题是由**阶级斗争**决定的，在一个受尽折磨的、破产的、挨饿的、垂危的国家的环境中，阶级斗争**不可避免地**要改变自己的形式。这种阶级斗争已不是为了生产中的份额，不是为了进行生产（因为生产停顿，没有煤，铁路遭到毁坏，战争打乱了人们的生活，机器破旧不堪，如此等等），而是**为了免于饥饿**。只有那些傻瓜（尽管是十分"博学的"）才会在这种场合"谴责""消费者的、士兵的"共产主义，才会妄自尊大地以生产重要性教训工人。

当务之急是拯救工人。资产阶级想保持自己的特权，想把战争的一切后果加在工人身上，这就是要使工人饿死。

工人阶级想免于饥饿，就必须彻底粉碎资产阶级，**首先**保证消费，即使是最起码的消费，因为不这样，就**无法维持**半饥半饱的生活，就**不能坚持**到可以重新开始生产的时候。

吃得饱饱的资产者对着饥肠辘辘、饿得软弱无力的工人说："想想生产吧！"而考茨基则打着"经济科学"的招牌，重复着资本家的这种调子，完全成了资产阶级的奴才。

工人说：让资产阶级也过一过半饥半饱的生活，使劳动者能恢复过来，**不致死亡**。"消费者的共产主义"是拯救工人的条件。为了拯救工人，要不惜任何牺牲！资本家每人半磅，工人每人一磅，——这就是免于饥饿，免于破产的办法。保证忍饥挨饿的工人的消费是恢复生产的基础和条件。

蔡特金对考茨基说得十分对，说他

"正在滚向资产阶级政治经济学。生产是为了人，而不是相反……"

独立的考茨基先生在抱怨"崇拜暴力"时，暴露了他也完全是受小资产阶级偏见支配的。还在 1914 年，布尔什维克就指出帝国主义战争将变为国内战争，那时考茨基先生默不作声，同宣称这一预见（和这一口号）是"丧失理智"的大卫之流待在一个党内。考茨基丝毫不了解帝国主义战争变为国内战争的必然性，这本来是他自己不了解，现在却硬说国内战争中斗争的双方不了解！难道这不是反动市侩的愚蠢的标本吗？

但是，如果说在 1914 年不了解帝国主义战争必然要变为国内战争，**不过**是市侩的愚蠢，那么现在，在 1919 年，这就是更坏的东西了。这是背叛工人阶级。因为无论在俄国、芬兰、拉脱维亚、德国或匈牙利，国内战争都已成为**事实**。考茨基在其以前的著作中曾千百次承认，阶级斗争必然变为内战的历史时期是有的。这个时期已经来到，而考茨基却跑进了动摇懦怯的小资产阶级的营垒。

> "……鼓舞着斯巴达克派的精神，实质上是鲁登道夫精神……斯巴达克派不仅会葬送自己的事业，而且会加强多数派社会党人的暴力政策。诺斯克是斯巴达克派的对头……"

考茨基的这几句话（摘自他的发表于维也纳《工人报》的论文）真是愚蠢、卑鄙、无耻到了极点，不值一提。一个党容忍这班领袖，就是腐败的党。考茨基先生所属的伯尔尼国际，从考茨基的这几句话看来，只配评价为黄色国际。

————

为了开开心，我们还把哈阿兹先生在《论阿姆斯特丹国际》一文中的论断（1919 年 5 月 4 日《自由报》）引来。哈阿兹先生夸耀他就殖民地问题提出了一个决议案，按照这个决议案，"根据国际的建议……而组织起来的民族同盟，其任务是：**在社会主义实现之前……**"（请注意这一点！）"……管理殖民地，首先照顾土著居民的利益，然后照顾参加这个民族同盟的所有民族的利益……"

这不真是妙论吗？按照这位聪明人的决议案，**在社会主义实现之前，管理殖民地**的将不是资产阶级，而是某个善良的、公正的、美妙的"民族同盟"！！实际上这同粉饰最丑恶的资本主义的伪善有什么区别呢？这还是伯尔尼国际的"左派"分子……

————

为了使读者能够把哈阿兹、考茨基之流的大作的全部愚蠢、卑鄙和丑恶同德国的现实情况作一个更鲜明的对照，我还要作一点引证。

大名鼎鼎的资本家瓦尔特·拉特瑙发表了《新国家》（Der neue Staat）一书。这本书写成于 1919 年 3 月 24 日。它的理论价值等于零。但瓦尔特·拉特瑙作为观察家不得不承认说：

"……我们这个诗人和思想家的民族，又兼任着（im Nebenberuf）庸人的角色……"

"……现在有理想主义的只是极端的君主派和斯巴达克派……"

"不加粉饰的真理就是：我们正走向专政，无产阶级的或御用军队的专政。"

（第 29、52、65 页）

这位资产者，看来也自以为是不从属于资产阶级的"独立"人物，正像考茨基、哈阿兹两位先生自以为是不从属于市侩和庸人的"独立"人物一样。

但是瓦尔特·拉特瑙比卡尔·考茨基高出两头，因为后者一味抱怨，胆小地躲避"不加粉饰的真理"，而前者则直截了当地承认它。

1919 年 5 月 28 日

载于 1919 年 6 月《共产国际》杂志第 2 期　　　　　　译自《列宁全集》俄文第 5 版第 38 卷第 389—398 页

《论第三国际的任务》一文提纲①

（1919 年 7 月 14 日以前）

1
拉姆赛·麦克唐纳论第三国际

（1）全文。

（2）典型

"中派"……

补 2。资产阶级的信任 ‖ 俄国的苏维埃政权
‖ 匈牙利

（3）巴塞尔宣言

（α）无产阶级革命

（β）互相射击就是犯罪。

（4）社会沙文主义——"受了帝国主 ⎧ 俄国
和机会主义　　义的毒害"　⎪
　　　　　　　（比较"费边 ⎨ 德国　杀害李卜克内西
　　　　　　　帝国主义"）⎪　　　　和卢森堡的凶手
　　　　　　　　　　　　　⎩ 法国

---

① 中译文见《列宁全集》中文第 2 版第 37 卷第 415—417 页。——编者注

补4：殖民地；援助它们的革命斗争。

再补4：工人阶级的贵族。小资产阶级。恩格斯1852—1892①。

（5）不要把革命挂在嘴上，不要对革命发誓，而应准备革命，宣传革命，同改良主义作斗争。

补5：群众性的罢工等等。

（6）秘密工作。（同公开工作结合。）

（7）工会和合作社的领袖：资本家阶级的工人帮办。

（8）变帝国主义战争为国内战争。

（9）无产阶级的、一个阶级的专政。

（10）国家＝仅仅是工具。

（11）资产阶级民主。

（12）苏维埃政权。

2

0. 拉姆赛·麦克唐纳的文章。

1. 苏维埃和对它的态度。1917。

2. 社会主义和战争。巴塞尔宣言。

3. 沙文主义和机会主义。

4. 改良主义，机会主义。

　　α 不要把革命挂在嘴上，不要对革命发誓，而应准备革命，宣传革命，同改良主义作斗争。

　　β 秘密工作。（同公开工作结合。）

　　γ 工会和合作社的领袖：资本家阶级的工人帮办。

---

① 手稿上这句话已被勾掉。——俄文版编者注

δ 殖民地；援助它们的革命斗争。

ε 群众性的罢工等等。

{{准备}}

5. 变帝国主义战争为国内战争——"李卜克内西"参看巴比塞的《火线》、《光明》。

6. 无产阶级的，一个阶级的专政

国家＝仅仅是工具

资产阶级民主

苏维埃政权。

"中立"

"高于两个极端"

事实上呢？

（α）对国内战争的态度

（β）"交换"，"工业"

（γ）向社会主义方向发展

（δ）改良主义

（ε）"自由"。

载于1933年《列宁文集》俄文版第24卷

译自《列宁全集》俄文第5版第39卷第439—441页

论第三国际的任务①

（拉姆赛·麦克唐纳论第三国际）

（1919 年 7 月 14 日）

1919 年 4 月 14 日，法国社会沙文主义报纸《人道报》（«L'Humanité»）第 5475 号登载了英国所谓"独立工党"（其实是一个始终依附资产阶级的机会主义政党）的著名领袖拉姆赛·麦克唐纳所写的一篇社论。这篇文章很能代表通常称为"中派"的那个派别（在莫斯科举行的共产国际第一次代表大会也这样称呼这一派）的立场，因此，我们把它的**全文**连同《人道报》编辑部的前言一并引来：

第三国际

我们的朋友拉姆赛·麦克唐纳战前是下院中一位有声望的工党领袖。作为一个坚定不移的社会主义者，作为一个有坚强信念的人，他同那些把这次战争当做维护权利的战争来拥护的人相反，认为谴责这次战争是帝国主义战争，乃是自己的职责。因此，8 月 4 日以后他就辞去了"工党"（Labour Party）的领导职位，并同他的"独立工党"（"Independent"）的同志们，同我们大家所称颂的凯尔-哈第一起，毫无畏惧地宣布以战争反对战争。

这样做需要有充分的始终如一的英勇气概。

---

① 中译文见《列宁全集》中文第 2 版第 37 卷第 82—101 页。——编者注

麦克唐纳以他本人的行为表明：勇敢，像饶勒斯所说的，"就是不服从冠冕堂皇的骗人的法律，不随声附和，不跟着愚人鼓掌，不跟着狂热者嘘叫"。

在 11 月底的"奉命"选举①中，麦克唐纳被劳合-乔治击败了。我们可以放心，麦克唐纳一定会东山再起，而且就在不久的将来。

————

社会主义的民族政策和国际政策中分立趋势的产生，是整个社会主义运动的不幸。

当然，社会主义内部存在着意见的差异和方法的不同并没有任何害处。要知道，我们的社会主义还处在实验的阶段。

社会主义的基本原则业已确立，但是，最有成效地运用这些原则的方法，促使革命胜利的策略，以及社会主义国家的组织，——所有这些问题，都还没有得出结论，还必须加以讨论。只有深入地研究这一切问题，我们才能达到更高的真理。

各执一端就会互相冲突，这种斗争能促进社会主义观点的巩固，但是，如果每个人都把对方看做叛徒，看做不受天佑、应被关在党的天国大门之外的信徒，那就会造成恶果。

从前，独断主义精神曾在基督教中燃起消灭魔鬼维护主的荣誉的内战，如果社会主义者受这种精神支配，资产阶级就会高枕无忧了，因为不管社会主义所取得的地方性的和国际性的胜利如何伟大，资产阶级的统治时期现在尚未结束。

不幸得很，目前我们的运动遇到了新的障碍。莫斯科成立了新的国际。

这件事使我本人深为痛心。——要知道，目前社会主义国际的大门对各种社会主义思想都是敞开的，因此，尽管布尔什维主义在其中引起了种种理论上和实践上的分歧，我仍然不了解为什么它的左翼一定要脱离这个中心而组成独立的集团。

————————

① 直译"卡叽选举"，这是奉命投政府候选人票的士兵们对这次选举的叫法。（《共产国际》杂志编辑部原注。——编者注）

首先应当记住，我们还处在革命的诞生时期。从战争所造成的政治和社会的废墟上成长起来的管理形式，还没有经受过考验，因而还不能认为是最终确定的形式。

一把新扫帚最初怪好使，但是使到后来会怎样，就不能过早地下断语了。

俄国不是匈牙利，匈牙利不是法国，而法国又不是英国，因此，谁如果根据某一国家的经验在国际中制造分裂，谁就暴露出他的罪恶的愚蠢。

俄国的经验究竟有什么价值呢？谁来回答这一问题？协约国政府唯恐我们了解全部底细。但有两件事情我们是知道的。

首先我们知道，革命并不是由现在的俄国政府按照预定计划完成的。它是随着事变的进程而展开的。列宁在开始同克伦斯基斗争时，曾要求召开立宪会议。后来事变促使他解散了这一会议。当俄国爆发社会主义革命的时候，谁也没有料到苏维埃会在政府中占有现在这样的地位。

其次，列宁曾完全正确地劝告过匈牙利人，叫他们不要盲目地仿效俄国，要让匈牙利的革命自由地、按照它自己的方式来发展。

我们所看到的那些经验的发展和变动，无论如何不应引起国际内部的分裂。

所有社会主义政府都需要国际的帮助和指导。国际应当以谨慎的和批判的眼光来注视它们的经验。我刚从一位最近见过列宁的朋友那里听说，任何人批评苏维埃政府，都不如列宁本人那样无所顾忌。

* 　 * 　 *

既然战后的混乱状态和革命不能成为分裂的理由，那么，从某些社会主义派别在战时所持的立场是否能找到分裂的根据呢？我坦白地承认，在这里是可以找到较为正当的理由的。但是，即使真的存在着在国际中实行分裂的某种借口，莫斯科代表会议对这一问题的提法也无论如何是极不能令人满意的。

有人认为，伯尔尼代表会议就战争责任问题展开的讨论，**不过是对非社会主义集团舆论的让步**。我是拥护这种观点的。

伯尔尼代表会议不仅没有可能就这一问题作出多少有点历史价值的决定（虽然这种决定可能有一些政治价值），而且问题本身也提得不恰当。对德国多数派的谴责（德国多数派受到这种谴责是完全应该的，因而我曾十分赞同这种谴责）并不能说明战争的起因。

伯尔尼的讨论并没有公开涉及其他社会主义者对战争所持的立场。

伯尔尼的讨论并没有提出社会党人在战时所必须遵循的任何行动公式。国际在战前谈到的只是：如果战争具有民族防御性质，社会党人就应当和其他政党联合起来。

在这种情况下，我们能谴责谁呢？

我们中间有些人知道，国际的这些决定是没有意义的，不能作为实际行动的指南。

我们知道，这次战争必定会以帝国主义的胜利而告终；我们既不是通常所说的和平主义者，也不是通常所说的反和平主义者，我们只是赞同在我们看来是唯一符合国际主义的政策。但国际从未向我们指示过这类的行动路线。

正因为这样，战争刚一爆发，国际就遭到了破产。它丧失了自己的威信，也没有颁布过一项决议，使我们今天可以根据这项决议指责那些忠实地执行了历次国际代表大会决议的人们。

因此，目前必须坚持这样的观点：我们不应由于对以往事件持有不同意见而分裂，而应在我们当前所处的革命和建设时期中，建立一个真正积极的并有助于社会主义运动的国际。

必须恢复我们的社会主义原则。必须为国际的社会主义行动奠定牢固的基础。

如果发觉我们在这些原则上有着重大的分歧，如果我们不能就自由和民主问题达成协议，如果我们对无产阶级夺取政权的条件的看法完全不一致，最后，如果证明战争确已使国际的某些支部受到帝国主义的毒害，——那时，分裂才是可以容许的。

但是，我不认为会发生这样的不幸。

所以，莫斯科的宣言使我感到痛心，至少这一宣言是过早的，当然也是无益的；我希望在最近不幸的四年当中蒙受了这样多的诽谤和灾难的法国同志们，不要失去耐心，不要从自己方面来促成国际团结的破裂。

否则，他们的子孙就得重新恢复这种团结，如果无产阶级注定有一天要管理世界的话。

詹·拉姆赛·麦克唐纳

　　读者们可以看出，该文作者力图证明分裂是不必要的。恰恰相反，正是拉姆赛·麦克唐纳这个第二国际的典型代表，这个谢德曼和考茨基、王德威尔得和布兰亭等人的可敬的战友的议论，证明了分裂的不可避免性。

　　拉姆赛·麦克唐纳的文章是貌似社会主义的千篇一律的花言巧语的最好样本，这些东西在一切先进资本主义国家被用来掩盖工人运动内部的资产阶级政策是由来已久的。

一

　　让我们先从极不重要但很能说明问题的一点谈起。作者和考茨基（在他的小册子《无产阶级专政》里）一样，重复着资产阶级的谎言，似乎在俄国谁也没有预见到苏维埃的作用，似乎我和布尔什维克同克伦斯基展开斗争只是为了召开立宪会议。

　　这是资产阶级的谎言。其实早在1917年4月4日，即我回到彼得格勒的第一天，我就提出了要**苏维埃**共和国而不要**资产阶级议会制**共和国的"提纲"①。在克伦斯基时代，我曾在报刊和会议上多次重申了这一要求。布尔什维克党在1917年4月29日的代表会议的决议②中曾庄严地正式宣布了这一要求。不愿了解这一点，就是**不愿**知道俄国社会主

---

　　①　见《列宁全集》第2版第29卷第107、108、115页。——编者注
　　②　见《苏联共产党代表大会、代表会议和中央全会决议汇编》1964年人民出版社版第1卷第430—456页。——编者注

义革命的真相。不愿了解没有立宪会议的资产阶级议会制共和国比**没有立宪会议的资产阶级议会制共和国**前进了一步，而**苏维埃**共和国则比后者前进了两步，那就是漠视资产阶级和无产阶级间的区别。

以社会主义者自居，但当问题在俄国提出了两年之后，苏维埃革命在俄国胜利了一年半之后，还看不见这种区别，这就是执迷不悟地甘愿做"非社会主义集团舆论"的俘虏，**也就是**甘愿做资产阶级思想和政策的俘虏。

同这种人分裂是必要的，不可避免的，因为决不能同倾向资产阶级的人手携手地进行社会主义革命。

对于像拉姆赛·麦克唐纳或考茨基这样一些人来说，把那些说明布尔什维克对苏维埃政权的态度以及 1917 年 10 月 25 日（11 月 7 日）以前和以后对这一问题的提法的文件熟悉一下，也许是一种困难，但如果这些"领袖们"连这点小小的"困难"都不想克服，那么，指望他们有决心有能力来克服当前社会主义革命斗争中大得无比的困难，岂不是笑话吗？

充耳不闻比聋子还糟。

二

现在我们来谈谈第二个谎言（即充满在拉姆赛·麦克唐纳整篇文章中的无数谎言中的另一谎言，在这篇文章里，谎言大概比字数还要多）。这可以说是最重要的一个谎言。

詹·拉·麦克唐纳断言，似乎在 1914—1918 年的战争以前，国际只说过："如果战争具有民族防御性质，社会党人就应当和其他政党联合起来。"

这是一种令人震惊、令人愤怒的对事实的回避。

大家知道，1912 年的巴塞尔宣言是各国社会党人所一致通过的，在国际的全部文件中，只有它恰好谈到了 1912 年就在公开准备的、1914 年爆发的英德帝国主义强盗集团间的战争。就是针对这次战争，巴塞尔宣言指出了三点，现在麦克唐纳对此避而不谈，这就是对社会主义犯下最大的罪行，同时也证明同麦克唐纳这一类人分裂是必要的，因为事实上他们是为资产阶级服务，而不是为无产阶级服务。

这三点就是：

决不能以民族自由的利益来为日益逼近的战争辩护；

从工人方面来说，在这次战争中互相射击就是犯罪；

战争将导致无产阶级革命。

这就是麦克唐纳"忘掉"的三个主要的根本的真理（虽然他在战前曾签名表示拥护），麦克唐纳"忘掉"它们，**实际**上就是转到资产阶级那边来反对无产阶级，从而证明分裂是必要的。

有的政党不愿承认这个事实，不能以自身**行动**证明自己有决心有诚意有本领使这些真理深入群众意识，共产国际决不能和它们团结一致。

凡尔赛和约甚至向傻子和瞎子、向许许多多近视的人证明，协约国过去是、现在仍然是和德国一样沾满鲜血的龌龊的帝国主义强盗。看不到这一点的，只能是在工人运动中有意执行资产阶级政策的伪君子和造谣家，资产阶级的直接代理人和帮办（美国社会党人所说的 labour lieutenants of the capitalist class，即为资本家阶级效劳的工人长官），只能是那些屈从于资产阶级思想和资产阶级影响的人，他们口头上是社会主义者而实际上是小资产者、庸人、资本家的应声虫。这两类人的差别，从个人来看，即从评价各国社会沙文主义者中的某一个人来看，是重要的。但对于一个政治家来说，即从千百万人之间的关系，从阶级之间的关系来看，这种差别就不重要了。

1914—1918 年的战争，就双方来说，都是罪恶的、反动的、掠夺

性的帝国主义战争，在这场战争期间不懂得这点的社会主义者，就是社
会沙文主义者，即口头上的社会主义者、实际上的沙文主义者；他们口
头上是工人阶级的朋友，实际上却是"本国"资产阶级的奴仆，帮助
"本国"资产阶级欺骗人民，把英德两个帝国主义强盗集团进行的**同样**
肮脏、贪婪、血腥、罪恶、反动的战争说成是"民族的"、"解放的"、
"防御的"、"正义的"……战争。

　　同社会沙文主义者团结一致，就是背叛革命，背叛无产阶级，背叛
社会主义，就是转到资产阶级方面去，因为这就是同"本国"**国内的
资产阶级**"团结一致"而**反对**国际革命无产阶级的团结一致，就是同
资产阶级团结一致而**反对**无产阶级。

　　1914—1918年的战争完全证实了这一点。谁不了解这一点，就让
他留在社会主义叛徒们的伯尔尼黄色国际里好了。

三

　　拉姆赛·麦克唐纳和"沙龙"社会主义者一样，只知信口开河，
丝毫不懂得自己所说的话的严重意义，丝毫不考虑到**说了就要做**，竟幼
稚可笑地宣称：在伯尔尼曾作了"对非社会主义集团舆论的**让步**"。

　　一点不错！我们认为整个伯尔尼国际是黄色的、背叛的、变节的国
际，因为它的全部政策都是对资产阶级"**让步**"。

　　拉姆赛·麦克唐纳很清楚，我们成立了第三国际，并已斩钉截铁地
与第二国际决裂，因为我们确信它已毫无希望，不可救药，它在充当帝
国主义的奴仆，充当资产阶级影响、资产阶级谎言和资产阶级腐化堕落
行为在工人运动中的传播者。拉姆赛·麦克唐纳想议论第三国际，却又
避开问题的实质，兜圈子，说空话，不谈该谈的事情，这是他的过错，
他的罪恶。因为无产阶级需要的是真实，对它的事业来说，没有比冠冕

堂皇的、庸俗的谎言更有害的了。

关于帝国主义以及**它**与工人运动中的机会主义、与工人领袖背叛工人事业的行为有联系的问题，很早很早就提出来了。

马克思和恩格斯在1852—1892年这40年中，经常指出英国工人阶级上层分子由于英国经济的特点（拥有很多殖民地，垄断世界市场等等）而**资产阶级化**的事实。[①] 马克思在19世纪70年代曾光荣地招致当时"伯尔尼"国际派的卑鄙英雄们、机会主义者和改良主义者的痛恨，原因是他痛斥了英国工联的许多领袖，说他们是卖身投靠资产阶级或在工人运动**内部**替**资产阶级**效劳而领取津贴的人物。

在英布战争期间，盎格鲁撒克逊的刊物就已十分清楚地提出了帝国主义是资本主义的最新（和最后）阶段的问题。如果我没有记错，那不是别人，正是拉姆赛·麦克唐纳在那时退出了"费边社"这个"伯尔尼"国际的原型，这个曾被恩格斯在他和左尔格的通信[②]里天才地、鲜明地、正确地描述过的机会主义的温床和模型。　"费边帝国主义"——这就是当时在英国社会主义书报中流行的一个用语。

如果拉姆赛·麦克唐纳忘记了这件事情，那对他就更糟糕了。

"费边帝国主义"和"社会帝国主义"是一个东西：口头上的社会主义实际上的帝国主义，即**机会主义转变为帝国主义**。这种现象在现在，在1914—1918年的战争期间和战后，已成为世界的事实了，不了解这一事实，是"伯尔尼"国际即黄色国际最严重的盲目无知，是它的最大的罪行。机会主义或改良主义必然转变为具有世界历史意义的**社**

---

① 见《马克思恩格斯全集》第18卷第724页；第22卷第320—325、377—382页；第28卷第146页；第29卷第344—345页；第33卷第521、526、637页；第35卷第18、353页；第37卷第314—316页。——编者注

② 同上，第39卷第6—10页。——编者注

会主义帝国主义或社会沙文主义，因为帝国主义造成极少数最富有的先进国家去掠夺全世界，从而使这些国家的资产阶级能够用自己的垄断超额利润（帝国主义就是垄断资本主义）来**收买**这些国家的**工人阶级上层分子**。

只有十足愚昧无知的人或伪君子才看不见帝国主义时代这一事实的经济必然性，这些伪君子欺骗工人，重复着关于资本主义的**老生常谈**，以此来掩盖**社会主义内部整整一个派别**转到帝国主义资产阶级方面去的沉痛事实。

从这个事实中可以得出两个无可争辩的结论：

第一个结论：尽管"伯尔尼"国际的某些成员具有善良的意志和天真的愿望，但按它真正所起的历史作用和政治作用来说，实际上是一**个国际帝国主义代理人的组织**，他们在工人运动内部活动，**在这个运动中**传播资产阶级影响、资产阶级思想、资产阶级谎言和资产阶级腐化堕落。

在具有悠久的民主议会制文化的国家里，资产阶级学得很到家的不仅是使用暴力，而且还有欺骗、收买、阿谀以至这些手法的最巧妙的形式。英国"工人领袖"（即资产阶级哄骗工人的帮办）的赴"宴会"所以人所共知，不是没有原因的，恩格斯早就谈到过他们①。克列孟梭先生对社会主义的叛徒梅尔黑姆的"迷人的"接待，协约国的部长们对伯尔尼国际的领袖的殷勤的招待，以及诸如此类的事情都无不如此。一位聪明的英国女资本家对社会帝国主义者海德门先生说："你们训练他们，我们收买他们。"后者在自己的回忆录里谈到过这位太太——她比所有"伯尔尼"国际的领袖加在一起还要高明——如何估价社会主义知识分子把一些工人训练成社会主义领袖的"功劳"。

---

① 参看《马克思恩格斯文集》第 10 卷第 575—577 页。——编者注

战争期间,当王德威尔得、布兰亭这一帮叛徒们举行"国际"会议时,法国资产阶级报纸曾极刻毒而又极正确地嘲笑说:"王德威尔得这伙人好像得了一种类似颜面痉挛症的病。患这种病的人说不上一两句话,面部肌肉就痉挛起来,露出一副怪相,王德威尔得之流与此相仿,一发表政治言论,就免不了鹦鹉学舌似地重复国际主义、社会主义、工人国际团结、无产阶级革命,等等。让他们去重复那些神圣的公式吧,只要他们在我们进行帝国主义战争和奴役工人时能帮助我们愚弄工人并为我们资本家服务就行。"

英法资产者有时是很聪明的,他们对"伯尔尼"国际的奴才作用做了绝妙的估价。马尔托夫曾在什么地方写道:你们布尔什维克辱骂伯尔尼国际,但"你们的"朋友洛里欧就是其中的一员。

这是骗子的论据。因为谁都知道,洛里欧是公开地、真诚地、英勇地为第三国际斗争的。1902年祖巴托夫在莫斯科召开工人会议,企图用"警察社会主义"愚弄工人时,工人巴布什金(我从1894年起就认识他,那时他在我的彼得堡工人小组里,他是最优秀最忠实的工人"火星派分子"之一,是革命无产阶级的领袖之一,1906年在西伯利亚被连年坎普夫枪杀)**就出席祖巴托夫的会议**,那是去同祖巴托夫主义进行斗争,把工人从它的魔爪下拯救出来。巴布什金丝毫不是"祖巴托夫分子",正如洛里欧丝毫不是"伯尔尼分子"一样。

四

第二个结论:第三国际即共产国际成立的目的,就是要使"社会主义者"不能像拉姆赛·麦克唐纳在他的文章里所做的那样,以口头上承认革命来支吾搪塞。口头上承认革命,实际上掩盖彻头彻尾机会主义的、改良主义的、民族主义的和小资产阶级的政策,这就是第二国际的基本罪恶，我们正在同这种罪恶作殊死的斗争。

当人们说第二国际已经死亡，已经遭到可耻的破产时，应该善于了解这句话的意思。这是说，破产和死亡的是机会主义、改良主义和小资产阶级的社会主义。因为第二国际具有历史功绩，具有觉悟的工人永远不会抛弃的 *els del*（不朽）成果：它创立了群众性的工人组织——合作社的、工会的和政治的组织，利用了资产阶级议会制以及所有一切资产阶级民主机构等等。

为了实际战胜使第二国际遭到可耻死亡的机会主义，为了实际帮助**甚至**拉姆赛·麦克唐纳也不得不承认是行将到来的革命，应当：

第一，要以同改良相对立的革命的观点进行一切宣传鼓动工作，要在理论上和实践上，在议会、工会、合作社等等的每一步工作中，不断地向群众讲清革命和改良的对立。在任何情况下（特殊情况例外）都不要放弃利用议会制和资产阶级民主的一切"自由"，都不要拒绝改良，但是**只**把它看成无产阶级的革命阶级斗争的**副产品**。"伯尔尼"国际的所有政党没有一个能符合这种要求。甚至没有一个政党显示出它已懂得应该怎样进行**一切**宣传鼓动，怎样阐明改良和革命的**区别**，怎样**坚定不移地**教育党和群众**去进行革命**。

第二，要把合法的工作和**不合法的**工作结合起来。布尔什维克经常教导这一点，特别是在1914—1918年战争期间。卑鄙的机会主义的英雄们讥笑这一点，沾沾自喜地赞扬西欧各国、各共和国等等的"法制"、"民主"、"自由"。现在已经只有那些完全用空话欺骗工人的真正骗子才会否认布尔什维克的正确。世界上没有一个最先进最"自由的"资产阶级共和国不笼罩着资产阶级的恐怖，不禁止鼓吹社会主义革命的自由，不禁止在这方面进行宣传和开展组织工作的自由。有的党直到今天还不承认资产阶级统治下的这种情况，还不违背资产阶级和资产阶级议会的法律去进行系统的全面的**不合法**工作，这样的党就是以口头承认革命来欺骗人民的叛徒和恶棍的党。这样的党只有在黄色国际即"伯尔尼"国际中才有地位。共产国际是不要它们的。

第三，必须不断地进行无情的斗争，把那些战前，特别是战争期间，在政治领域里，尤其是在工会和合作社里已经暴露出真面目的机会主义领袖，全部从工人运动中赶出去。"中立"论是一种虚伪和卑鄙的遁词，它在1914—1918年间帮助资产阶级掌握了群众。口头上拥护革命，实际上不进行坚定不移的工作，不在所有一切群众性的工人组织中散播革命政党的（只能是革命政党的）影响，这样的党是叛徒的党。

第四，决不容许口头上谴责帝国主义，实际上却不进行革命斗争使殖民地（和附属民族）从**本国**帝国主义资产阶级手中解放出来。这是假仁假义。这是资产阶级在工人运动中的代理人（资本家阶级的工人帮办）的政策。英、法、荷、比等国的党，都是在口头上仇视帝国主义，实际上却不在"本国"殖民地内进行革命斗争来**推翻**"本国"资产阶级，不经常援助殖民地内已经普遍开始的**革命**工作，不把殖民地革命政党所需要的武器和书报送到殖民地去。这些党是恶棍和叛徒的党。

第五，极端虚伪是"伯尔尼"国际的党的典型的特征，它们口头上承认革命并以漂亮的革命词句来向工人夸耀，实际上却以纯粹改良主义的态度对待革命增长的征候、萌芽和表现，对待群众破坏资产阶级法律和越出一切合法范围所进行的各种行动，如群众性罢工、街头示威、士兵抗议、军队中的群众大会、在兵营内散发传单等等。

随便问一位"伯尔尼"国际的英雄，问他的党是否在进行这种经常性的工作，他就会支吾搪塞地回答说，没有进行这种工作的组织和机构，他的党没有进行这种工作的能力，以此来掩盖他的党没有进行这种工作的事实，也可能装腔作势地说，他的党反对"盲动主义"、"无政府主义"等等。这也正是伯尔尼国际背叛工人阶级、实际上转到资产阶级阵营的表现。

所有这些无赖——伯尔尼国际的领袖们，拼命吹嘘他们"同情"所有革命，特别是同情俄国革命。但只有伪君子或傻瓜才会不了解，俄国革命特别迅速地取得成功是和革命政党按上述方针所进行的长期工作**分不开的**，这些工作就是：用多年的时间建立了领导示威和罢工并在军队中进行工作的经常性秘密机构，仔细地研究了各种方法，创办了总结经验并以必须革命的思想教育全党的秘密刊物，培养了进行上述各种工作的群众领袖，如此等等。

五

最深刻最根本的意见分歧是关于变帝国主义战争为国内战争的问题，关于无产阶级专政的问题，这种分歧概括了上述一切，说明革命无产阶级必然要同"伯尔尼"国际在理论上和政治实践上进行不调和的斗争。

伯尔尼国际为资产阶级思想所俘虏，最明显地表现在它不了解（或者不愿了解，或者装做不了解）1914—1918 年战争的帝国主义性质，因而也不了解这一战争在一切先进国家内变为无产阶级和资产阶级之间的内战的不可避免性。

布尔什维克早在 1914 年 11 月就已指出这种不可避免性，当时各国的庸人，其中包括伯尔尼国际的所有领袖，都报以愚蠢的嘲笑。现在，帝国主义战争变为国内战争，在许多国家里，不仅在俄国，而且在芬兰、匈牙利、德国以至在中立的瑞士，都已经成为事实，而国内战争正在酝酿的情形也可以毫无例外地在一切先进国家中观察到，感觉到，注意到了。

现在，闭口不谈这个问题（如拉姆赛·麦克唐纳），或者说些甜蜜的调和的话来**回避**不可避免的国内战争（如考茨基之流先生们），就等于直接背叛无产阶级，就等于在实际上转到资产阶级方面去。因为真正的资产阶级政治领袖们早已懂得国内战争是不可避免的，并在出色地、周到地、有条不紊地准备这场战争，加强自己进行战争的阵地。

全世界的资产阶级都准备在行将到来的内战中镇压无产阶级，为此，他们竭尽全力，费尽心机，下定决心，不惜犯下任何罪行，使许多国家遭到饥饿和屠杀。可是，伯尔尼国际的英雄们却像傻瓜、虚伪的神父或学究式的教授一样，重复着改良主义的陈词滥调！没有比这更令人讨厌、令人恶心的场面了！

考茨基之流和麦克唐纳之流继续拿革命来**恐吓**资本家，拿内战来**威胁**资产阶级，就是要他们让步，要他们同意走改良主义的道路。整个伯尔尼国际的全部著作、全部哲学、全部政策归结起来都是这样。这种可怜的奴才手法，1905 年我们在俄国自由派（立宪民主党人）那里看到过，1917—1919 年在孟什维克和"社会革命党人"那里看到过。关于应该**教育**群众，使他们意识到必然而且必须在内战中**战胜**资产阶级，应该从这一目标着眼来执行全部政策，从这一观点而且只从这一观点来阐明、提出和解决一切问题，——关于这些，伯尔尼国际的奴才们连想也没有去想。因此，我们的目标只能是：把这些不可救药的改良主义者，即伯尔尼国际十分之九的领袖，完全推到资产阶级仆从们的污水坑里去。

资产阶级**需要**的是这样的仆从，他们能得到工人阶级中一部分人的信任，用可以走改良主义道路的言论给资产阶级脸上贴金，用这种言论来蒙蔽人民，胡吹改良主义道路的美妙和可能，使人民**脱离**革命。

考茨基之流以及我们的孟什维克和社会革命党人的全部著作，归结起来都是这种胡说，都是害怕革命的胆小市侩的抱怨。

这里我们不可能详细重述，到底哪些根本的经济原因使得必须走革命道路和只有走革命道路，使得除内战以外别无其他办法来解决被历史提到日程上来的问题。关于这些，应当写好几卷书，而且将来是会写的。如果考茨基先生们和伯尔尼国际的其他领袖们不懂得这些，那只好说，无知比偏见离真理还近一些。

因为现在，在大战以后，那些无知而真诚的劳动人民和劳动人民的拥护者，已比那些满脑袋学究式改良主义偏见的考茨基之流、麦克唐纳之流、王德威尔得之流、布兰亭之流、屠拉梯之流等等先生们，更易于了解革命、内战和无产阶级专政的不可避免性了。

群众的革命意识正日益增长，这已成为到处都可看到的普遍现象，昂利·巴比塞的小说《火线》(《Le feu》)和《光明》(《Clarté》)，可以说是这种现象的一个极其明显的证据。前一部小说已经译成各种文字，并在法国销售了 23 万册。这本书非常有力地、天才地、真实地描写了一个完全无知的、完全受各种观念和偏见支配的普通居民，普通群众，正是因受战争的影响而转变为一个革命者。

无产者和半无产者群众是拥护我们的，他们不是一天一天地，而是每时每刻地转到我们这边来。伯尔尼国际是一个没有军队的司令部，只要在群众面前把它彻底揭穿，它就会像纸牌搭成的房子一样倒塌下来。

战争期间，卡尔·李卜克内西的名字曾被协约国的所有资产阶级报纸用来欺骗群众，好像法英帝国主义强盗和掠夺者是同情这位英雄，同情这位他们所说的"唯一正直的德国人"的。

现在，伯尔尼国际的英雄们同谋杀卡尔·李卜克内西和罗莎·卢森堡的谢德曼之流，同扮演着工人出身的刽子手角色而为资产阶级执行刽子手职务的谢德曼之流待在一个组织里。口头上虚伪地"谴责"谢德曼之流（好像一"谴责"，事情就会改变似的!），实际上却和凶手们同在一个组织里。

1907 年已故的哈利·奎尔奇被德国政府驱逐出斯图加特，原因是他把欧洲外交家会议称为"强盗会议"。伯尔尼国际的领袖们不仅是一群强盗，而且是一群卑鄙的杀人犯。

他们是逃不脱革命工人的审判的。

六

关于无产阶级专政的问题，拉姆赛·麦克唐纳只敷衍了事地说了几句，认为这是一个需要加以讨论的关于自由和民主的论题。

不，是行动的时候了。讨论已经晚了。

伯尔尼国际最危险的地方，就是口头上承认无产阶级专政。这些人能够承认一切，能够在一切文件上签字，只要保持他们在工人运动中的领袖地位就行。现在，考茨基已经说他不反对无产阶级专政了！法国社会沙文主义者和"中派"已经在拥护无产阶级专政的决议上签字了！

他们是丝毫不值得信任的。

需要的不是在口头上承认，而是在**实际上**与改良主义政策、与资产阶级自由和资产阶级民主的偏见一刀两断，在实际上执行革命阶级斗争的政策。

这些人在口头上承认无产阶级专政，目的是想借此偷运他们那些货色，如"多数人的意志"、"全民投票"（考茨基就是这样做的）、资产阶级议会制，拒绝彻底消灭、炸毁、摧毁全部资产阶级国家机构。对于这种改良主义的新手法和新计谋，应该引起高度的警觉。

如果大多数人口不是无产者和半无产者，无产阶级专政是不可能的。考茨基之流把这个真理歪曲成好像必须"大多数人投票"，才能认为无产阶级专政是"正确的"。

多么可笑的学究啊！他们不了解，局限于资产阶级议会制范围、机构和惯例的投票，是资产阶级国家机构的**一部分**，而**为了**实现无产阶级专政，为了从资产阶级民主过渡到无产阶级民主，必须彻底打碎和摧毁这种国家机构。

他们不了解，当无产阶级专政被历史提到日程上来的时候，**一切**重大的政治问题根本不是用投票来解决而是用内战来解决的。

他们不了解，无产阶级专政是**一个**阶级的政权，这个阶级要掌握**全部**新的国家机构，要**战胜**资产阶级，要**中立**整个小资产阶级，即农民、小市民阶层和知识分子。

考茨基之流和麦克唐纳之流在口头上承认阶级斗争，为的是在无产阶级解放斗争历史的最紧要关头，即在无产阶级已经夺得国家政权并在半无产阶级的支持下借助这个政权**继续**进行阶级斗争去最后**消灭阶级**的时候，实际上忘记阶级斗争。

伯尔尼国际的领袖们是一些十足的庸人，他们重复着资产阶级民主主义关于自由、平等和民主的滥调，而没有看到，他们是在重复早已被粉碎了的关于**商品所有者**的自由和平等的思想，没有了解到，无产阶级需要国家并不是为了"自由"，而是**为了镇压**自己的敌人，剥削者、资本家。

商品所有者的自由和平等已经死去，就像资本主义已经死去一样。考茨基之流和麦克唐纳之流是不能使它复活的。

无产阶级必须消灭阶级，——这就是无产阶级的民主、无产阶级的自由（**摆脱**资本家的自由，摆脱商品交换的自由）和无产**阶级**的平等（不是**阶级**的平等——考茨基之流、王德威尔得之流和麦克唐纳之流就滑入了这种庸俗见解的泥坑——而是**推翻**资本和资本主义的劳动者的平等）的**真实**内容。

只要阶级存在，自由和阶级平等就是资产阶级的欺人之谈。无产阶级要夺取政权，成为**统治**阶级，粉碎资产阶级的议会制和资产阶级的民主，镇压资产阶级，制止其他**一切**阶级想恢复资本主义的**一切**尝试，给予劳动者以**真正的**自由和平等（这只有在**废除了**生产资料私有制的条件下才能实现），不仅给他们"权利"，而且使他们能**实际**享有从资产阶级那里**夺来的一切**。

谁不了解无产阶级专政（也就是苏维埃政权，或无产阶级民主）的**这个**内容，谁就是白使用了这个字眼。

在这里，我不能更详细地来发挥这些我已在《国家与革命》、《无产阶级革命和叛徒考茨基》小册子中阐明了的思想。[①] 到这里可以结束了，我愿意把这些意见献给即将出席 1919 年 8 月 10 日伯尔尼国际卢塞恩代表大会的代表们。

1919 年 7 月 14 日

载于 1919 年 8 月《共产国际》杂志
第 4 期

译自《列宁全集》俄文第 5 版第 39
卷第 90—109 页

[①]　见《列宁全集》中文第 2 版第 31 卷第 1—116 页和第 35 卷第 229—327 页。——编者注

致塞拉蒂同志和拉查理同志[①]

（1919 年 8 月 19 日）

亲爱的同志们和朋友们！感谢你们代表你们党给我们的祝贺。我们对你们的运动知道得很少，我们也没有什么文件。但是，我们所知道的一点材料已向我们证明：我们同你们都是反对欺骗工人群众的伯尔尼黄色国际而拥护共产国际的。黄色国际的首脑们同你们党所进行的谈判，证明他们只是一个没有军队的总司令部。无产阶级专政和苏维埃制度已经在全世界取得了道义上的胜利。尽管存在各种困难，尽管血流成河，尽管有资产阶级的白色恐怖等等，事实上的和最终的胜利一定会在世界各国实现。

打倒资本主义！打倒资产阶级假民主！世界苏维埃共和国万岁！

永远是你们的

弗·列宁

1919 年 8 月 19 日于莫斯科

载于 1919 年 9 月 2 日《前进报》（米兰）第 243 号

译自《列宁全集》俄文第 5 版第 39 卷第 150 页

[①] 中译文见《列宁全集》中文第 2 版第 37 卷第 144 页。——编者注

致美国工人①

（1919 年 9 月 23 日）

　　同志们！大约一年以前我在《给美国工人的信》（1918 年 8 月 20
日）中，向你们说明了苏维埃俄国的情况和它的任务②。这还是德国革
命以前的事。自那以后，世界发生的事变证实了布尔什维克对于
1914—1918 年帝国主义战争的估价，特别是对于协约国帝国主义的估
价是正确的。自那以后，苏维埃政权在全世界工人群众的心目中就成为
可以理解和亲近的了。各国工人群众摆脱掉浸透着沙文主义和机会主义
的旧领袖们的影响，日益相信资产阶级议会腐朽，相信必须有苏维埃政
权，劳动者政权，无产阶级专政，才能使人类挣脱资本的枷锁。不管各
国的资产阶级多么猖獗，多么疯狂，苏维埃政权一定会在全世界获得胜
利。他们同我们作战，唆使主张恢复资本压迫的反革命分子进攻我们，
使俄国淹没在血泊里。资产阶级实行封锁，支持反革命，给俄国的劳动
群众带来了空前未有的苦难。但是，我们击溃了高尔察克，现在正怀着
必胜的信心同邓尼金作战。

尼·列宁

1919 年 9 月 23 日

---

①　中译文见《列宁全集》中文第 2 版第 37 卷第 187—188 页。——编者注
②　见《列宁全集》中文第 2 版第 35 卷第 47—63 页。——编者注

＊　　＊　　＊

常常有人问我：有些美国人（不仅是工人，而且主要是资产者）不赞成同俄国打仗，他们希望在缔结和约后不仅同我们恢复贸易关系，而且能够从俄国获得一定的承租权，他们这样想对不对呢？我再说一遍，他们这样想是对的。持久和平会大大改善俄国劳动群众的处境。毫无疑问，俄国劳动群众是会同意给予一定的承租权的。在社会主义国家和资本主义国家共存的时期，我们也愿意在合理的条件下给予承租权，作为俄国从技术比较先进的国家取得技术帮助的一种手段。

尼·列宁

1919 年 9 月 23 日

载于 1919 年 12 月 17 日《基督教科学箴言报》第 20 号

译自《列宁全集》俄文第 5 版第 39 卷第 196—197 页

向意大利、法国和德国的共产党人致敬[①]

（1919 年 10 月 10 日）

　　我们极少得到国外的消息。帝国主义野兽正以全力实行封锁，世界列强正对我们横施暴力，以图恢复剥削者的政权。俄国资本家和全世界资本家对我们所怀的这种野兽般的凶狠，自然是用空谈"民主"的崇高意义掩盖着的！剥削者营垒总是把资产阶级民主冒充为一般"民主"，而一切庸人，一切小资产者，直到弗里德里希·阿德勒、卡尔·考茨基这班老爷和德国"独立"（即对革命无产阶级独立但对小资产阶级的偏见却是依赖的）社会民主党的大部分领袖，都跟着这个营垒随声附和。

　　但是，我们在俄国得到的国外消息愈少，看到共产主义事业在世界各国工人中间普遍取得巨大成就，看到工人群众同腐朽的叛变的领袖们（从谢德曼到考茨基都已转到资产阶级方面）的决裂取得进展，我们就愈觉得高兴。

　　关于意大利的党，我们只知道它的代表大会以绝大多数通过了加入第三国际的决议和无产阶级专政的纲领。这样，意大利社会党就真正参加到共产主义运动中来了，虽然它还令人遗憾地保留着旧名称。向意大利工人及其政党致热烈的敬礼！

　　关于法国，我们只知道巴黎一地就有两种共产主义的报纸，即雷

----

　　① 中译文见《列宁全集》中文第 2 版第 37 卷第 203—214 页。——编者注

蒙·佩里卡主编的《国际报》和乔治·昂克蒂尔主编的《禁名报》。已经有很多无产阶级的组织加入了第三国际。工人群众无疑是同情共产主义和苏维埃政权的。

关于德国的共产党人，我们只知道在很多城市中有了共产主义的报纸。这些报纸往往取名为《红旗报》。柏林的《红旗报》是秘密出版的，它同刽子手谢德曼—诺斯克之流进行着英勇的斗争，谢德曼—诺斯克之流用自己的行动向资产阶级逢迎献媚，正像"独立党人"用自己的言论和"思想"（小资产阶级思想）宣传向资产阶级逢迎献媚一样。

柏林的共产党人报纸《红旗报》所进行的英勇斗争，使人们感到欢欣鼓舞。德国终于有了不顾一切迫害、在优秀领袖遭到卑鄙杀害后始终坚定不屈的正直而真诚的社会主义者！德国终于有了进行英勇的堪称真正"革命"的斗争的工人共产党员！德国无产阶级群众内部终于成长出了一种把"无产阶级革命"这个口号当做**真理**的力量！

向德国共产党人致敬！

谢德曼之流、考茨基之流、伦纳之流和弗里德里希·阿德勒之流这些老爷们也许在个人的诚实程度上彼此有很大的差别，但都同样是小资产者，同样是最可耻地背叛和出卖社会主义事业而维护资产阶级的分子。他们在1912年就即将来临的帝国主义战争共同草拟了并签署了巴塞尔宣言，他们当时都高谈"**无产阶级**革命"，但事实证明他们都是小资产阶级民主派，是抱着小市民共和幻想，资产阶级民主幻想的骑士，是反革命资产阶级的帮凶。

接连不断的疯狂迫害锻炼了德国共产党人。现在他们在一定程度上是分散的，这正证明他们的运动的广泛性和群众性，证明共产主义在工人群众深处日益增长的力量。他们遭受着反革命资产者及其奴仆谢德曼—诺斯克之流疯狂的迫害，因而不得不保持秘密状态，对于这样一个运动来说，分散性是不可避免的。

运动发展得如此迅速，又遭受到如此严重的迫害，因而产生了很尖锐的意见分歧，这也是很自然的。这里并没有什么可怕。这是成长过程中的毛病。

让谢德曼之流和考茨基之流在他们的《前进报》和《自由报》上，对共产党人中间的意见分歧幸灾乐祸吧。这些腐败的市侩主义的英雄只能靠讥笑共产党人来掩盖自己的腐朽。但是，如果谈到问题的实质，那只有瞎子才会到现在还看不见事实真相。这个事实真相就是，谢德曼派和考茨基派极其可耻地**出卖了**德国的无产阶级革命，**背叛了德国的无产阶级革命，真正地**站到反革命资产阶级方面去了。亨利希·劳芬贝格在他的《第一次革命与第二次革命之间》这本出色的小册子中，非常有力地、鲜明生动地、令人信服地指出了并证明了这一点。有些政党只剩下没有群众的领袖、没有军队的将军因而处于瓦解和死亡之中，谢德曼派和考茨基派内部的意见分歧正是这些政党的意见分歧。至于群众离开谢德曼派跑到考茨基派那边去，那是由于考茨基派中有左翼（这可从任何一篇关于群众大会的报道中看出来），可是这个左翼毫无原则，畏首畏尾，它企图把小资产阶级关于议会民主制的陈旧偏见，同共产党人承认无产阶级革命、无产阶级专政和苏维埃政权结合起来。

腐朽的"独立党人"领袖在群众的压力下**口头上**承认这一切，实际上他们仍旧是小资产阶级民主派，仍旧是马克思无情地嘲笑过斥责过的路易·勃朗和1848年的其他笨蛋那样的"社会主义者"。

这些分歧才是真正不可调和的。这班市侩同1848年的市侩一样，崇拜资产阶级"民主"而不懂得它的资产阶级性质，在这些市侩和无产阶级革命者之间，是不可能有和平的。他们双方是不可能合作共事的。哈阿兹和考茨基、弗里德里希·阿德勒和奥托·鲍威尔可以无休止地兜圈子，连篇累牍地写文章，无止境地发表演说，但回避不了这样一个事实：他们**实际上**暴露出自己对无产阶级专政和苏维埃政权一窍不通，他们**实际上**是市侩民主派，是路易·勃朗和赖德律－洛兰型的"社会主义者"，他们**实际上**至多也不过是资产阶级手中的玩物，弄不好就成为直接替资产阶级效劳的奴才。

"独立党人"、考茨基派和奥地利社会民主党人，**表面上**是统一的政党，实际上这些党的党员群众在基本的、最主要的、最本质的问题上同他们的领袖们都是**不**一致的。只要新的危机一到来，群众**就会去进行**争取苏维埃政权的无产阶级革命斗争，而"领袖们"将和现在一样，仍旧是反革命分子。在口头上脚踏两只船是不难的，德国的希法亭和奥地利的弗里德里希·阿德勒就表明自己是精通这门崇高艺术的典范。

但是在革命斗争的烈火中，那些把不能调和的东西调和起来的人是会成为肥皂泡的。1848年所有的"社会主义"英雄表明了这一点，他们的亲兄弟即1917—1919年的俄国孟什维克和社会革命党人表明了这一点，伯尔尼国际即黄色第二国际所有的骑士也正在表明这一点。

共产党人中间的意见分歧则属于另一类，只有不愿意看的人才看不到这里的根本差别。这是急速发展起来的群众运动的代表人物中间的意见分歧。这是在一个坚如磐石的共同的基础上的意见分歧，这个基础就是承认无产阶级革命，承认要同资产阶级民主幻想和资产阶级民主议会制进行斗争，承认无产阶级专政和苏维埃政权。

在**这种**基础上的意见分歧并不可怕，因为这是成长过程中的毛病，而不是老年人的衰颓。这种意见分歧布尔什维主义也经历过不止一次，它还由于这类意见分歧有过小小的分裂。但是在决定性的时刻，在夺取政权和建立苏维埃共和国的时刻，布尔什维主义是统一的。它把接近自己的各种优秀的社会主义思想流派吸引到自己这方面来，它把**整个**无产阶级先锋队和**绝大多数**劳动者团结到自己的周围。

德国共产党人也会是这样的。

谢德曼派和考茨基派还在谈论一般"民主"，他们还沉溺于1848年的思想，他们口头上是马克思主义者，实际上是路易·勃朗之流。他们一谈到"多数"时，总以为选票的平等就是被剥削者同剥削者平等，工人同资本家平等，穷人同富人平等，饥饿者同饱食者平等。

在谢德曼派和考茨基派看来，善良、诚实、高尚、和气的资本家，从来就没有利用过财富的力量、金钱的力量、资本的权力、官僚政治和军事独裁的压迫，而真正是"按多数"来决定事情的！

谢德曼派和考茨基派（一半是由于虚伪，一半是由于几十年从事改良主义活动所养成的极端愚蠢）替资产阶级民主、资产阶级议会制、资产阶级共和制进行**粉饰**，硬说资本家在决定国家大事时是按多数人的意志，而不是按资本的意志，也没有用富人对穷人采取的欺骗、压迫和暴力等手段。

谢德曼派和考茨基派准备"承认"无产阶级革命，但先必须**在保存**资本和财富的力量、权力、压迫和特权的**条件下**有多数人投票这种（在资产阶级国家政权机关主持选举的情况下）**"赞成革命"**！！观点所暴露出来的市侩式的极端愚蠢，这种对资本家、资产阶级、将军、资产阶级国家政权机关的市侩式的极端轻信态度（Vertrauensduselei），真令人难以想象。

其实，正是资产阶级才始终是伪善的，它把形式上的平等叫做"民主"，实际上却用无数欺骗、压迫等手段来蹂躏穷人、劳动者、小农和工人。帝国主义战争（谢德曼之流和考茨基之流曾无耻地对它进行粉饰）向千百万人揭示了这一点。无产阶级专政是保护劳动者免于资本压迫、免于资产阶级军事专政暴力和免于帝国主义战争的**唯一**手段。无产阶级专政是达到**真正**的平等和民主，达到实际生活中的而不是写在纸上的平等和民主，经济现实中的而不是政治空谈中的平等和民主的唯一步骤。

　　谢德曼之流和考茨基之流不懂这个道理，因此就成了卑鄙的社会主义叛徒和资产阶级思想的辩护士。

＊　　＊　　＊

　　考茨基党（或"独立"党）由于它的大多数革命的党员群众和反革命的"领袖们"之间的意见分歧而正在灭亡，而且必然很快就会瓦解和灭亡。

　　共产党正在经历着实质上是布尔什维主义也经历过的那种意见分歧，它一定会从中壮大起来和得到锻炼。

　　根据我的判断，德国共产党人中间的意见分歧，可归结为"利用合法机会"（1910—1913 年间布尔什维克就是这么说）的问题，即是否利用资产阶级议会、反动工会以及被谢德曼派和考茨基派弄得面目全非的"企业委员会法"（Betriebsratgesetz）的问题，是参加还是抵制这一类机关的问题。

　　我们俄国布尔什维克在 1906 年和 1910—1912 年间所经历的，正是这样的意见分歧。所以我们能清楚地看到，许多年轻的德国共产党人只是表现出革命经验不足而已。如果他们经历了 1905 年和 1917 年那两次资产阶级革命，他们就不会把抵制说得这样绝对，就不会在有些时候犯工团主义的错误。

　　这是成长过程中的毛病。这种毛病会随着运动的发展而消失，而运动正在蓬勃地发展着。对于这些明显的错误当然必须公开进行斗争，但尽量不要去夸大意见分歧，因为大家都应当很清楚，在不久的将来，争取无产阶级专政、争取苏维埃政权的斗争是一定会使大部分的这种意见分歧消除的。

　　无论从马克思主义理论来看，或者从三次革命（1905 年、1917 年 2 月和 1917 年 10 月）的经验来看，我认为拒绝参加资产阶级议会、反动的（列金式的、龚帕斯式的等等）工会以及被谢德曼派弄得面目全非的最反动的工人"委员会"等等，都是绝对错误的。

有时候，在某种情况下，在某个国家中，抵制是正确的。例如，1905 年布尔什维克抵制沙皇杜马就是正确的。然而，同样是布尔什维克，却参加了 1917 年那个反动得多的、公然反对革命的杜马。1917年，布尔什维克参加了资产阶级立宪会议的选举，而在 1918 年，我们却解散了立宪会议，使市侩民主派、考茨基之流以及其他社会主义叛徒大吃一惊。我们参加过最反动的纯粹孟什维克的工会，这种工会就其反革命性说来，丝毫不比德国最卑鄙最反动的列金派工会逊色。甚至在我们取得国家政权两年后的今天，我们也还没有结束对残存的孟什维克工会（即谢德曼派、考茨基派、龚帕斯派等等的工会）的斗争。这是一个多么漫长的过程！小资产阶级思想的影响在某些地方或某些行业中有多么巨大！

从前我们在苏维埃、在工会以及在合作社中都是少数。经过长期的努力和长期的斗争（在夺得政权**以前和以后**），我们才在一切工人组织中，后来又在非工人组织中，再后又在小农组织中，获得了多数。

只有坏蛋或者傻瓜才会认为，无产阶级先应当**在资产阶级压迫下，在雇佣奴隶制压迫下**进行投票来取得多数，然后才去夺取政权。这是绝顶的愚蠢或绝顶的虚伪，这是用旧制度旧政权下的投票来代替阶级斗争和革命。

无产阶级在进行阶级斗争的时候，并不等待投票以后才发动罢工，虽然取得罢工的完全胜利需要大多数劳动者（因而也就是大多数居民）的同情。无产阶级在进行阶级斗争来推翻资产阶级的时候，并不等待任何预先的（由资产阶级主持并在其压迫下进行的）投票，而且无产阶级很清楚，要取得无产阶级革命的胜利，要使推翻资产阶级获得成功，**绝对**需要大多数劳动者（因而也就是大多数居民）的同情。

议会迷和现代的路易·勃朗之流，"要求"必须进行投票，必须进行由资产阶级主持的投票，来判断大多数劳动者是否同情革命。但这是书呆子、头脑僵化的人或者狡猾的骗子的见解。

现实生活，即实际的革命的历史表明，"大多数劳动者的同情"往往不能靠什么投票来证明（更不用说在剥削者和被剥削者"平等"的条件下由剥削者主持进行的投票了！）。"大多数劳动者的同情"往往根本**不是**由投票来证明，而是由许多政党中的一个政党的成长或由这个党在工人委员会中的党员人数的增多来证明，或者由一次因某种原因具有重大意义的罢工的胜利来证明，或者由国内战争的胜利来证明，如此等等。

例如，我国革命的历史证明，辽阔的乌拉尔和西伯利亚的大多数劳动者对无产阶级专政的同情，这不是由投票显示出来的，而是由沙皇将军高尔察克统治乌拉尔和西伯利亚一年的实践显示出来的。而高尔察克政权同样是以谢德曼派和考茨基派（用俄国的说法就是拥护立宪会议的"孟什维克"和"社会革命党人"）的"联合"政权开始的，正像现在德国的哈阿兹之流和谢德曼之流先生们用他们的"联合"来给冯·哥尔茨政权或鲁登道夫政权开路、打掩护和装饰门面一样。附带说一句，哈阿兹和谢德曼在政府中的联合已经结束，但是这些社会主义叛徒在政治上的联合还存在。考茨基的书、施坦普费尔在《前进报》上的文章、考茨基派和谢德曼派议论他们"联合"的文章等等都证明了这一点。

没有绝大多数劳动者对自己的先锋队即无产阶级的同情和支持，无产阶级革命是不可能实现的。然而这种同情和支持并不是一下子得来的，并不是由投票决定的，而是经过长时期困难而艰苦的阶级斗争**争得**的。无产阶级**为争取**大多数劳动者的同情、**为争取**他们的支持而进行的阶级斗争，并不以无产阶级夺得政权而告结束。**在夺得政权之后**，这种斗争仍旧**继续着**，不过换了**另一种**形式，俄国革命时的形势非常有利于无产阶级（为本阶级专政进行斗争），因为无产阶级革命发生的时候，全体人民已经武装起来，全体农民都希望推翻地主的政权，并且已被社会主义的叛徒孟什维克和社会革命党人所实行的"考茨基派的"政策激怒了。

在俄国，发生无产阶级革命的时候形势非常有利，即使当时整个无产阶级、整个军队和全体农民都立刻很好地团结起来了，即使这样，俄国无产阶级在实行专政时为争取大多数劳动者的同情和支持而进行的斗争，也花了很多时间。经过两年，这个斗争差不多才算结束，但无产阶级还没有完全获得胜利。在两年中间，我们只是完全获得了大俄罗斯（包括乌拉尔和西伯利亚）绝大多数工人和劳动农民的同情和支持，但还没有完全获得大多数乌克兰劳动农民（不是剥削的农民）的同情和支持。协约国的军事力量**可能**摧毁我们（但终究摧毁不了我们），可是**在俄国国内，我们现在**却得到绝大多数劳动者的坚决赞助，这表明世界上还没有比俄国更民主的国家。

如果仔细研究一下无产阶级夺取政权的这种复杂而困难的长期的斗争历史——它有多种多样的斗争形式，有无数急剧的变化、转折和从一种斗争形式到另一种斗争形式的转变——就能清楚地看到，有些人想要"禁止"参加资产阶级议会、反动工会、沙皇或谢德曼派的工人代表委员会或工厂委员会等，那是错误的。这种错误的产生，是由于工人阶级中最忠诚最坚定的英勇的革命者缺少革命经验。因此，卡尔·李卜克内西和罗莎·卢森堡1919年1月的做法是万分正确的，当时他们看到了这种错误，指出了这种错误，但是仍然宁愿同这些在不很重要的问题上犯错误的无产阶级革命者在一起，而不愿同社会主义叛徒谢德曼派和考茨基派在一起，这些叛徒虽然在参加资产阶级议会的问题上没有犯错误，但已经成了市侩民主派，成了资产阶级的走狗，而不再是社会主义者了。

但错误终究是错误，必须对它进行批评，必须为纠正它而进行斗争。

同社会主义叛徒谢德曼派和考茨基派要进行无情的斗争，但是这种斗争不要在赞成或反对参加资产阶级议会和反动工会等等这一方面进行。那样做是绝对错误的。但如果离开马克思主义的思想和实践路线（组织一个坚强的集中的政党）而走向工团主义的思想和实践，那错误就更加严重了。应当竭力让党参加资产阶级议会、反动工会以及被谢德曼派弄得面目全非的"工厂委员会"，到一切有工人、可以向工人讲话和能够影响工人群众的地方去。应当坚决地把秘密工作同合法工作结合起来，秘密的党及其工人组织应当经常地一贯地对合法的活动进行最严格的监督。这不是容易的事情，但是"容易的"任务、"容易的"斗争手段在无产阶级革命中是根本没有也根本不可能有的。

无论如何要解决这个不容易的任务。我们同谢德曼派和考茨基派的区别，不仅在于（而且主要不在于）他们不承认武装起义而我们承认武装起义。主要的和根本的区别，在于他们在一切工作领域中（在资产阶级议会中、工会中、合作社中、报刊工作中等等）奉行着不彻底的、机会主义的、甚至是直接叛卖的政策。

反对社会主义叛徒，反对改良主义和机会主义，——这条政治路线在**一切**斗争领域中都可以推行而且应当推行。这样做了，我们就能争取到工人群众。而无产阶级先锋队即集中的马克思主义的政党，就能同工人群众一起，稳稳地把人民引向无产阶级专政的胜利，引向无产阶级民主以代替资产阶级民主，引向苏维埃共和国，引向社会主义制度。

第三国际在几个月内就取得了一系列空前辉煌的胜利。它的成长速度是惊人的。成长过程中的局部性错误和毛病并不可怕。我们要直率地公开地批评这些错误和毛病，要使一切文明国家中受到马克思主义教育的工人群众很快地把**各**国背叛社会主义的谢德曼派和考茨基派（这种人各国都有）驱逐出去。

共产主义必胜。胜利一定属于共产主义。

1919 年 10 月 10 日

载于 1919 年 10 月《共产国际》杂志第 6 期

译自《列宁全集》俄文第 5 版第 39 卷第 212—223 页

致洛里欧同志和所有参加第三国际的法国朋友①

1919 年 10 月 28 日

亲爱的朋友！衷心感谢您的来信，我们很少得到你们的消息，您的来信对我们非常珍贵。

在法国同在英国一样，取得胜利的帝国主义不仅使某些小资产者有可能发财致富，而且能够对工人上层分子即工人阶级贵族施以"小恩小惠"，收买他们，使他们对分享一点帝国主义利润和殖民地赃物等等感兴趣。

但是战争引起的危机是如此严重，连战胜国的劳动群众也不可避免地要遭受可怕的灾难。因此，共产主义运动迅速高涨，对苏维埃政权和第三国际的同情迅速增长，是可以理解的。

当然，你们还必须同龙格那种特别精巧的法国机会主义进行长期的斗争。"经验丰富的"议员们和政客们还会一次又一次地用口头上承认革命策略和无产阶级专政来支吾搪塞，实际上则用新的诡计和遁词来欺骗无产阶级，正如 7 月 21 日龙格、梅尔黑姆之流欺骗了无产阶级一样；他们不会帮助革命，只会继续实行旧的机会主义政策，危害革命和阻碍革命。无论在法国或在英国，旧的腐朽的工人领袖将会千百次地进行这样的尝试。

但是，我们大家相信，在同无产阶级群众保持最密切联系的情况下

---

① 中译文见《列宁全集》中文第 2 版第 37 卷第 245—246 页。——编者注

进行工作的共产党人一定能够粉碎和战胜这些尝试。共产党人愈果断、愈坚决，他们就会愈快地取得完全的胜利。顺致

　　共产主义敬礼

尼·列宁

载于 1920 年 1 月 3 日《工人无畏舰》周刊第 41 号

译自《列宁全集》俄文第 5 版第 39 卷第 251—252 页

就分裂问题给德国共产党中央委员会的信①

致保尔·莱维、克拉拉·蔡特金、埃贝莱因
三位同志和德国共产党全体中央委员

1919 年 10 月 28 日

亲爱的朋友们！我已把 1919 年 10 月 10 日所写的《向法国、意大利和德国的共产党人致敬》这封信寄给你们发表，信中顺便谈到了你们同抵制派、半工团主义者等等之间的意见分歧②。今天我从德国政府播发的无线电讯中（从瑙恩发出）知道你们的党发生了分裂，虽然消息来自一个肮脏的地方，但这一次的消息大概是确实的，因为在我们德国朋友的来信中也谈到了可能发生分裂的问题。

不过，该电台报道说，你们以 25 票对 18 票把少数派**开除**出党，后来少数派自己又建立了一个政党，看来不大可信。我对这个分裂出去的反对派知道得很少，我只看过几号柏林的《红旗报》。我的印象是，他们是一些很有才能然而缺少经验的年轻鼓动家，同 1918 年我国的"左派共产主义者"相类似（就年轻和缺少经验来说）。我认为，只要**在根本问题上**（拥护苏维埃政权，反对资产阶级议会制）意见一致，团结就是可能的，而且是必要的，正像同考茨基派分裂是必要的一样。如果分裂已经不可避免，就应该尽量不要使分裂扩大，请第三国际执行委员

---

① 中译文见《列宁全集》中文第 2 版第 37 卷第 247—248 页。——编者注
② 见本卷收录的《向意大利、法国和德国的共产党人致敬》。——编者注

会进行调解，让"左派"在提纲和小册子中表述他们的分歧意见。从国际的观点来看，恢复德国共产党的统一是既可能又必要的。如果能接到你们关于这个问题的来信，我会非常高兴。附上一封给分裂出党的人的信，希望你们代为转交，并请把我在接到分裂的消息之前写的一篇完全承认你们正确的文章同时刊印出来。

紧握你们的手，并热烈希望你们在艰难的工作中获得成功。共产主义运动正在全世界蓬勃发展，虽然比我们所希望的慢一些，但它是广阔的、强大的、深刻的和不可战胜的。像过去的俄国一样，现在到处都处于"孟什维克和社会革命党人"（即"第二国际"）占统治地位的阶段。在这种统治之后，一定会是共产党人的统治，一定会是无产阶级专政和苏维埃政权的胜利。顺致

共产主义敬礼

尼·列宁

载于 1932 年《列宁全集》俄文第 2、3 版第 24 卷

译自《列宁全集》俄文第 5 版第 39 卷第 253—254 页

致加入过统一的"德国共产党"而现在组成
新党的共产党员同志们①

1919 年 10 月 28 日

亲爱的同志们！我今天刚从德国政府播发的简短的无线电报（从瑙恩发出）中获悉有关分裂的事。《向法国、意大利和德国的共产党人致敬》一文是我在得到分裂的消息以前写的。

在那篇文章中，我只能根据从柏林出版的几号《红旗报》了解的情况，力图从国际共产主义的观点评价你们的立场。我深信，共产党员只要在根本问题上意见相同——指的是争取无产阶级专政和苏维埃政权，毫不妥协地反对各国的谢德曼分子和考茨基分子等根本问题——他们是能够而且应当一致行动的。我认为，次要问题上的意见分歧可以消除，而且一定会消除，这是反对真正凶恶的敌人、反对资产阶级及其公开的走狗（谢德曼分子）和暗藏的走狗（考茨基分子）的共同斗争必然会产生的结果。

我不是第三国际执行委员会委员，但是我认为执行委员会一定会帮助德国共产党人恢复德国共产主义运动的统一。疯狂的迫害使党成了非法的党，使它难于工作，难于正常地交流思想和制定共同的策略，这是不足为奇的。在国际范围内仔细地讨论各种分歧和交换意见会有助于德国共产主义运动及其力量的团结。

---

① 　中译文见《列宁全集》中文第 2 版第 37 卷第 249—250 页。——编者注

如果我们能够就这些问题交换意见，我会感到十分高兴。

　　　　顺致

共产主义敬礼

　　　　　　　　　　　　　　　　　　尼·列宁

载于 1950 年《列宁全集》俄文第 4
版第 30 卷

译自《列宁全集》俄文第 5 版第 39
卷第 255—256 页

致塞拉蒂同志和全体意大利共产党员①

1919 年 10 月 28 日

亲爱的朋友！我们从意大利得到的消息非常少。我们只是从外国的（非共产党的）报纸上知道你们的党在博洛尼亚召开了代表大会，知道共产主义运动取得了辉煌的胜利。我衷心向您及意大利全体共产党员致敬，并祝你们取得最大的成就。意大利党的榜样对全世界将有巨大的意义。尤其是你们的代表大会关于参加资产阶级议会选举的决议，我认为是完全正确的，我希望它会促使因这个问题刚刚分裂的德国共产党统一起来。

在意大利党的议员中，有很多公开的和隐蔽的机会主义者，毫无疑问，他们会想方设法不执行博洛尼亚代表大会的决议，使这些决议化为乌有。同这些派别的斗争还远未结束。但是博洛尼亚的胜利会有利于今后继续取得胜利。

由于意大利所处的国际环境，意大利无产阶级面临着艰巨的任务。英法两国可能在意大利资产阶级参加下，竭力挑拨意大利无产阶级去举行过早的起义，以便轻而易举地把它镇压下去。可是他们的挑拨是不会成功的。意大利共产党员的出色工作，保证他们将会同样成功地争取到整个工业无产阶级、**整个农村**无产阶级和小农，那时，只要国际关系上的时机选择得正确，意大利无产阶级专政一定会取得巩固的胜利。法

---

① 中译文见《列宁全集》中文第 2 版第 37 卷第 251—252 页。——编者注

国、英国和全世界共产党人的胜利也能保证这一点。顺致
　　共产主义敬礼

尼·列宁

载于 1919 年 12 月 5 日《前进报》　　　　译自《列宁全集》俄文第 5 版第 39
（罗马）第 332 号　　　　　　　　　　卷第 257—258 页

致土耳其斯坦共产党员同志们^①

（1919 年 11 月 7—10 日）

　　同志们！请允许我不用人民委员会主席和国防委员会主席的身份，而用一个党员的身份给你们写这封信。

　　可以毫不夸大地说，同土耳其斯坦各族人民建立正常的关系，现在对俄罗斯社会主义联邦苏维埃共和国具有重大的世界历史意义。

　　苏维埃工农共和国对以前受压迫的弱小民族的态度，对于全亚洲，对于世界上所有的殖民地，对于千千万万的人，都具有实际的意义。

　　我恳请你们特别注意这个问题，努力和土耳其斯坦各族人民建立同志的关系，以事实来作出榜样；用实际行动向他们证明我们真心想根除大俄罗斯帝国主义的一切残余，以便同世界帝国主义及其领导者英帝国主义作忘我的斗争；要无限信任我们的土耳其斯坦委员会，要严格遵守该委员会根据全俄中央执行委员会的上述精神制定的指示。

---

　　①　中译文见《列宁全集》中文第 2 版第 37 卷第 297—298 页。——编者注

如果你们能给我回信并把你们的态度告诉我，我是非常感激的。
顺致

共产主义敬礼

弗·乌里扬诺夫（列宁）

载于 1919 年 11 月 7—10 日《土耳其斯坦共产党人报》、《土耳其斯坦共和国苏维埃中央执行委员会消息报》和《红色战线报》出版的《无产阶级时代一世纪的两年》纪念专刊

译自《列宁全集》俄文第 5 版第 39 卷第 304 页

俄共给德国独立社会民主党的复信草稿（提纲）①

（1920 年 1 月 20 日）

　　我们终于接到了（德国）独立党关于谈判的**正式**提议，我们现在，作为一个政党，应该十分坦率地答复他们，不使用共产国际在某种程度上必须使用的那种"外交辞令"。

　　复信应当向赞同无产阶级专政和苏维埃制度的工人群众说明事情的真相，因为不仅在德国，而且在法国、英国以及其他许多国家里，工人的领袖都在**欺骗**工人（有意或无意地，即出于他们的自我欺骗），这些领袖只在口头上赞同工人中间流行的这些口号（无产阶级专政和苏维埃政权），行动上仍和从前一样，不按这些口号的精神，而是按与这些口号背道而驰的精神进行工作，进行宣传和鼓动等等。

　　下面是（俄共给德国独立社会民主党的）复信的提纲初稿：

　　（各点的前后次序**也**还应该重新安排）

　　1. 无产阶级专政意味着有能力、有准备、有决心用革命手段、用剥夺剥削者的办法，把全体被剥削劳动群众吸引过来（吸引到无产阶级革命先锋队这一边来）。

　　德国独立党的日常鼓动（例如《自由报》）不谈这一点。龙格派也不谈这一点。

　　2. 对农村无产者、半无产者以及小农（在收割庄稼等农忙时节也

---

　　①　中译文见《列宁全集》中文第 2 版第 38 卷第 61—68 页。——编者注

不使用雇佣劳动的农民，很少出卖粮食或不出卖粮食的农民），特别需要进行这种鼓动。应该最简明通俗而又非常具体地天天向这些阶层的居民说明，无产阶级掌握国家政权以后，一定会**剥夺地主，使**这些阶层的居民的境况立即得到改善。无产阶级一定会使他们摆脱大土地占有者的压迫，使这个居民阶层作为一个整体获得大地产，使他们摆脱债务的盘剥，等等。对城市中不是无产阶级或不完全是无产阶级的劳动群众也应当这样做。

德国独立党（以及龙格派）不进行这种鼓动。

3. 苏维埃制度就是要揭穿资产阶级的谎话，指出他们所谓"出版自由"就是富人、资本家收买报刊的自由，就是资本家收买几百种报纸来制造所谓"社会舆论"的自由。

德国独立党（我们一说到他们，**总是**同时也指龙格派、英国独立党等等）不认识这一真理，不传播这一真理，不天天为用革命手段来消灭资产阶级民主派虚伪地称之为出版自由的那种资本对报刊的奴役而进行鼓动。

独立党不进行这种鼓动，只在口头上承认（Lippenbekenntniss）苏维埃政权，行动上完全受资产阶级民主派的偏见的束缚。

他们对于为什么要没收印刷厂、仓库和储存的纸张这个**主要问题**都说明不了，因为连他们自己也不明白。

4. 对集会自由（只要有钱人占有最好的建筑物或在购买公共建筑物，这就始终是一句谎话）、"武装**人民**"、信仰自由（＝资本收买许许多多教会组织用宗教鸦片麻醉群众的自由）以及资产阶级民主制的其他各种自由都是这样。

5. 无产阶级专政意味着资产阶级被无产阶级**一个阶级**，也就是它的革命先锋队所推翻。要求这个先锋队**先**通过资产阶级议会、资产阶级立宪会议等的选举，也就是**在存在着雇佣奴隶制**、存在着剥削者、剥削者的压迫和生产资料私有制的情况下，通过选举取得**多数人民的**拥护，——要求这样做或以此为前提，实际上就是完全抛弃无产阶级专政的观点而转向资产阶级民主派的观点。

德国独立党和法国龙格派就是这样做的。这些政党一再重弹小资产阶级民主派所谓"人民"（受资产阶级欺骗和资本压迫的人民）多数的滥调，客观上还是站在资产阶级方面反对无产阶级。

6. 无产阶级专政的前提和标志是清楚地认识到下列事实：无产阶级由于它在任何资本主义社会中的客观经济地位，都**正确地**体现着**一切**被剥削劳动群众、一切半无产者（即部分靠出卖劳动力为生的人）和一切小农等等的利益。

这些居民阶层跟着资产阶级和小资产阶级的政党（其中包括第二国际各国"社会主义"政党）走，并不是出于自由的意志（如小资产阶级民主派所想象的），而是由于资产阶级对他们的露骨欺骗、资本对他们的压迫以及小资产阶级领袖的自我欺骗。

无产阶级要把这些居民阶层（半无产者和小农）吸引过来并且能够把他们吸引过来，只有**在**取得胜利**以后**，只有在夺得国家政权以后，就是说，只有在推翻了资产阶级，使**全体**劳动者摆脱了资本的压迫，并用事实向他们**表明**无产阶级国家政权究竟带来了什么好处（好处就是摆脱了剥削者）以后才能做到。

这个观点是无产阶级专政思想的基础和实质。德国独立党和法国龙格派不理解这个观点，不向群众灌输这个观点，不天天宣传这个观点。

7. 无产阶级专政意味着认识到必须用暴力镇压剥削者的反抗，而且有准备、有能力、有决心做到这一点。既然资产阶级，甚至最主张共和和民主的资产阶级（例如德国、瑞士和美国的资产阶级），也经常用大屠杀、私刑、暗杀、军事暴力和恐怖手段来对付共产党员，实际上也就是对付无产阶级的一切革命行动，那么在这种条件下要放弃暴力和恐怖手段，那就变成了哭哭啼啼的小资产者，就是在散播社会和平这种反动市侩幻想，具体地说，就是害怕耀武扬威的军官。

罪恶滔天、反动透顶的1914—1918年帝国主义战争，在世界各国，甚至在最民主的共和国里，培养了成千上万的反动军官，把他们推上了政治前台，由他们策划并实行恐怖，以维护资产阶级的利益，维护资本的利益，反对无产阶级。

因此，德国独立党和法国龙格派在议会演说、报纸文章以及一切宣传鼓动中所实际表现出来的对恐怖的态度，事实上完全背离了无产阶级专政的实质，实际上采取了小资产阶级民主派的立场，**败坏了**工人的革命意识。

8. 对国内战争也是这样。既然已经发生过帝国主义战争，既然反动将军和军官在对无产阶级实行恐怖，既然**各**资产阶级国家的现行政策**就是为发动新的**帝国主义战争**做准备**（不仅是有意识地在做准备，而且这是它们全部政策的客观必然结果），既然情况是这样，环境是这样，那么看见对付剥削者的国内战争就痛哭、谴责、害怕，那就是真正变成了反动分子。

这是害怕工人取得胜利，为了这一胜利可能要有几万人作出牺牲；这也无疑是在放任帝国主义者再进行一场新的大厮杀，这样的大厮杀昨天已经断送了而且明天还会断送千百万人的性命。

这实际上是**鼓励**资产阶级将军和资产阶级军官们袭用、谋划和准备反动的暴力行动。

德国独立党和法国龙格派对国内战争问题采取的小资产阶级温情感伤的态度，事实上就是这样反动。他们闭眼不看白卫军的阴谋，不管资产阶级怎样训练白卫军，组建白卫军，却假仁假义（或者胆小怕事），不肯为创建一支能镇压剥削者反抗的无产者的赤卫队或红军而工作。

9. 无产阶级专政和苏维埃政权意味着清楚地认识到必须**摧毁**和粉

碎资产阶级的（即使是民主共和制的）国家机构、法院以及民政和军事的官僚机构等等。

德国独立党和法国龙格派没有表明他们已认识到了这一真理，已在天天宣传这一真理。更糟糕的是，他们的一切宣传都是同这种精神**相违背的**。

10. 任何革命（与改良不同）本身都意味着一场危机，而且是一场极其深刻的政治危机和经济危机，这不取决于战争造成的危机。

无产阶级革命政党的任务在于向工人和农民说明，要有敢于应付这场危机的勇气，从革命手段中找到战胜这场危机的**力量泉源**。无产阶级只有以革命热情、革命毅力和不怕惨重牺牲的革命决心来战胜最大的危机，才能打败剥削者，使人类最终摆脱战争、资本压迫和雇佣奴隶制。

别的出路是没有的，因为对资本主义采取的改良主义态度，昨天已经造成了（明天必然还会造成）使千百万人丧命的帝国主义大厮杀和无休止的各种各样危机。

没有这个基本思想，无产阶级专政就是一句空话。但是独立党和龙格派不理解这个思想，在宣传鼓动中看不出有这个思想，也不向群众说明这个思想。

11. 改良主义事实上在第二国际（1889—1914 年）中占优势并葬送了第二国际，独立党和龙格派不是加深和提高群众对改良主义的腐朽性和危害性的认识，而是模糊这种认识，掩盖病症，不揭露病症。

12. 独立党虽然退出了第二国际，在口头上谴责第二国际（例如克里斯平的小册子），但行动上却跟诺斯克之流和谢德曼之流先生们的奥地利党的党员弗里德里希·阿德勒握手言欢。

独立党容忍那些完全否认无产阶级专政一切基本概念的文人留在党里。

这种言行不一致是德国独立党和法国龙格派**领袖们**的全部政策的特

征。就是这些领袖不理睬向往苏维埃制度的工人**群众**的革命心情，而赞同小资产阶级民主派和被改良主义腐蚀了的无产阶级上层分子的偏见。

13. 独立党和龙格派不理解，也不向群众说明：先进国家的帝国主义超额利润曾经使（而且现在正在使）这些国家得以**收买**无产阶级的上层分子，把超额利润（从殖民地得来的和对弱国进行金融剥削得来的超额利润）的零头扔给他们，培植熟练工人的特权阶层，等等。

不揭露这种祸害，不同工联主义的官僚作斗争，也不同染上行会习气的市侩、工人贵族以及工人上层特权的种种表现作斗争，不把这类人物无情地从革命政党中驱逐出去，不面向**下层**，不面向日益广泛的**群众**，不面向被剥削者这一真正的**多数**，就谈不上无产阶级专政。

14. 独立党和龙格派不愿意或者不知该怎样同受帝国主义腐蚀的工人上层分子决裂，还表现在他们不鼓动人们去直接地和无条件地支持各**殖民地**人民的**一切**起义和革命运动。

在这样的情况下谴责殖民政策和帝国主义，那就是假仁假义，或者是愚蠢市侩的无谓叹息。

15. 独立党和龙格派不在军队中进行鼓动工作（争取打入军队，**以便教育军队转到工人方面来反对**资产阶级）。他们不建立这方面的组织。

他们不经常宣传建立**不合法组织**的必要性，也不去**建立**不合法组织，以回击资产阶级的暴力和**他们**不断破坏"法制"（不论在帝国主义战争期间还是**在战争以后**）的行为。

如果不把合法工作和不合法工作、合法组织和不合法组织结合起来，那么无论在德国、瑞士、英国、法国和美国，都根本不会有真正的革命的无产阶级政党。

16. 总而言之，独立党和龙格派的一切宣传、一切鼓动、一切组织都是市侩民主主义的，而不是革命无产阶级的；是和平主义的，而不是社会革命的。

　　因此，他们对无产阶级专政和苏维埃政权的"承认"，就只停留在口头上。

————————

　　结论：鉴于这种情况，俄共认为唯一正确的做法是不同独立党和龙格派结成一个国际，**等到**法国工人和德国工人中的革命群众**纠正了**独立党和龙格派这些政党的弱点、错误、偏见和不彻底性以后再说。

　　俄共认为共产国际不能容纳这样的政党。

　　然而俄共并不拒绝同一切愿意同它磋商、听取它的意见的政党进行**协商**。

载于《共产国际》杂志 1920 年 3 月
22 日第 9 期（非全文）
全文载于《共产国际》杂志 1924 年
第 8 期

译自《列宁全集》俄文第 5 版第 40
卷第 54—61 页

对法国社会党决议草案的意见①

（1920 年 2 月 8 日和 14 日之间）

I 两项"建议"（Ⅰ—13 条 = 各段落；Ⅱ—23 条 = 各段落）

（1）第二国际由于战争脱离了、"放下"了"教育"工作。

（2）战争使第二国际"分裂"（déchirée）了，"一部分"同资产阶级分掌了政权。

（3）第二国际"不适应**革命形势**"……

总计 = 8 + 9 + 8 = 25 行都是水分，废话，托词。人们表示不满，"但是"……有"仍然忠实的"分子（第 11 条）Ⅱ

? 仅仅? 不是这样

（（哪一部分？什么时候？））

应为：

第二国际已成为社会主义的叛徒和资产阶级的同盟者，因为它在 1914—1918 年战争中为"保卫祖国"辩护，而这场战争从**双**方来说都是强盗的、掠夺性的、反动的、帝国主义的战争。

---

① 中译文见《列宁全集》中文第 2 版第 38 卷第 133—137 页。——编者注

（4）第三国际"引证"完整的纲领……加入它的有哪些哪些人

各种人引证。而实际上？

（5）瑞士、合众国和德国独立党人退出了第二国际。

总计 = 14 + 12 = 26 行是水分

（6）法国社会党"考虑到"那些"仍然是可尊敬的"（??）独立党人的决定，确认"它不能留下"（但是不退出？）……德皇的同谋者（（原来如此！而彭加勒的同谋者呢？克列孟梭的呢？劳合-乔治的呢？威尔逊的呢？））

（7）重新组合（什么样的？就像玩内阁游戏？）

{+12 行 是水分}

"国际社会主义的传统原则"。

{不对}

（8）对俄国革命不可能一切都了解得很准确…… **但是第三国际的原则性声明没有一**

（19 行中有 8 行是准确的，是**拥护无产阶级专政和拥护苏**

在这样的战争中不是保卫祖国，即不是保卫掠夺成性的资产阶级，而是用革命的手段推翻它。其途径是建立无产阶级专政，即苏维埃政权。这就是第三国际的基础。

应为：

退出（还是不退出？）。

退还是不退？

{12 行模棱两可的话！}

为什么"传统"导致了破产呢？

工人的领袖和上层。分享帝国主义的超额利润。机会主义，同资产级的联盟。不善于和不愿意进行革命的宣传、鼓动；合法的和非法的组织。

这样，总计 = **94** 行中

个是同社会主义运动的基本原则相抵触的。

无产阶级专
政是一切革命主张的基础。

成立苏维埃
是最有效的手段之一。

维埃的。）

{7行胜过94行

8行是明确的，即不到10%！！
　　留下这8行，其他的去掉，岂不更好？

拥护无产阶级专政！拥护工人和不使用雇佣劳动、不剥削他人劳动的小农的苏维埃！打倒资产阶级议会，苏维埃万岁！只有照这种精神进行全部工作的人才是社会主义者。

(9) 但是……要特别重视现有的工人组织、工会和合作社……并因此要同第三国际"共同讨论"。

{14行模棱两可的话}

在它们的内部工作务必按照这种精神去做，即无情地驱逐机会主义的领袖，建立共产党支部和共产党党团，始终不渝地宣传共产主义。

(10) 谴责与资产阶级同谋，特别是谴责内阁主义。

(8行)

不够。没有"谴责"**社会沙文主义**。

(11) 法国社会党附和德国独立党的建议，并希望努力使"忠于阶级斗争原则的第二国

{9行模棱两可的话}

? 对还是不对？

际成员"（??）和
参加第三国际的
政党联合起来。

（12）"积极的同情"
……（少一些 | 8 行模棱 | 什么样的思潮？是社会沙
同情，多一些 | 两可的话 | 文主义的和机会主义的，
行动!）并同英 | | 还是革命的？
国和美国的**无** | | （α）对分裂避而不谈!!
产者（紧密） | | （β）等待革命。
"团结一致"。

（13）召集持"社会主
义运动的传统原 | 10 行重复
则"立场的各党 | 和模棱两
代表的"预备会 | 可的话。
议"，以便同第
三国际进行谈判。

总计 + $\frac{94}{49}$

143 行

其中 8 行是明白
的，准确的，有道理
的，很重要的。
其余的都是托词。

载于1959年《列宁文集》俄文版第 36 卷

译自《列宁全集》俄文第 5 版第 40 卷第346—350 页

对共产国际执行委员会关于斗争派
问题的决议的意见①

（1920 年 2 月 22 日）

　　1. 我坚决主张，应该谴责斗争派的反革命性和小资产阶级性，而不是它的民族主义。

　　2. 还必须加以谴责的是，他们对他们的乌克兰教师联合会成员并不鄙视（不同这些人进行无情的斗争），不像我们对我们的小资产阶级的"全俄教师联合会"那样。

列　宁

2 月 22 日

载于 1933 年基辅出版的尼·尼·波波夫《乌克兰共产党（布尔什维克）历史概要》一书

译自《列宁全集》俄文第 5 版第 40 卷第 159 页

---

① 　中译文见《列宁全集》中文第 2 版第 38 卷第 172 页。——编者注

在莫斯科苏维埃庆祝第三国际成立
一周年大会上的讲话①

（1920 年 3 月 6 日）

同志们，共产国际创立已经一年了。在这一年中，共产国际获得了出人意料的胜利，可以大胆地说，在它创立时谁也没有料到它会获得这样巨大的胜利。

在革命初期，许多人都存着希望，以为帝国主义战争一结束西欧就会开始社会主义革命，因为当时群众已经武装起来，革命在某些西欧国家中也能取得极大的胜利。假如西欧无产阶级中的分裂没有那么严重，过去的社会党领袖的叛变行为没有那么多，那么这种情况本来是会发生的。

直到现在，我们还不十分清楚，当时军队是怎样复员的，战争是怎样结束的。例如，我们就不清楚荷兰当时的情况如何，我只是从一篇谈到荷兰某个共产党员的言论的文章中（我是偶然从一篇文章中看到的，而这类文章很多很多）才知道，在荷兰这样一个较少卷入帝国主义战争的中立国家中，革命运动的规模已经达到着手组织苏维埃的程度，连机会主义的荷兰社会民主党的一位重要人物特鲁尔斯特拉也承认，工人当时是可以取得政权的。

假如国际当时不是被那些在危急关头拯救了资产阶级的叛徒控制的

---

① 中译文见《列宁全集》中文第 2 版第 38 卷第 213—221 页。——编者注

话，战争一结束，许多交战国，以及人民已经武装起来的某些中立国，很可能会迅速地发生革命，那时候结局就完全不同了。

实际情况并不是这样，革命并没有以这样快的速度获得成功，而必须走完我们走过的发展道路，我们走上这条路是在第一次革命以前，即在 1905 年以前，经过了 1917 年之前十多年的时间，我们才有能力来领导无产阶级。

1905 年可以说是举行了一次革命的演习，部分是由于这个原因，俄国才成功地利用了帝国主义战争再也打不下去了的时机，使无产阶级取得了政权。由于一些历史事件的凑合，由于专制制度的腐朽透顶，我们很容易地开始了革命，但是，对这个孤军作战的国家来说，开始革命愈容易，要把革命继续进行下去就愈艰难，拿过去的一年来看，我们可以说，在工人水平较高、工业较发达、工人人数较多的其他国家中，革命的发展要较为缓慢。革命沿着我们的道路在向前发展，但是要缓慢得多。

工人们继续缓慢地沿着这条道路前进，为无产阶级的胜利开辟道路，无产阶级的胜利正以显然快于我们当时的速度逼近，因为只要看一看第三国际，就会对第三国际迅速扩大队伍，从胜利走向胜利的情况感到惊异。

看看我们所使用的"布尔什维主义"之类的怪字眼怎样在全世界传播吧。尽管我们叫做共产党，尽管"共产党员"这个名称是科学的、全欧洲通用的，但是这个名称在欧洲和其他国家并不像"布尔什维克"这个词那样流行。我们俄语中的"苏维埃"这个词是最流行的通用词之一，其他国家甚至不译它的意思，而都照俄语音译。

尽管资产阶级报纸不讲真话，尽管整个资产阶级进行了疯狂的反宣传，但是工人群众还是同情苏维埃，同情苏维埃政权和布尔什维主义。资产阶级愈是撒谎，就愈有助于我们把我们对付克伦斯基的经验传播到全世界。

一部分从德国回来的布尔什维克在我国曾受到攻击和迫害，受到在"民主共和国"里纯粹按美国方式组织的迫害，克伦斯基、社会革命党人和孟什维克则多方协助这种迫害。这样一来，他们却发动了无产阶级中的一些阶层，使得这些阶层不得不考虑，既然他们这样迫害布尔什维克，那就是说布尔什维克很好。（鼓掌）

即使你只是偶尔从国外得到一些片断的消息，即使你不可能看到所有的外国报纸，而只是读到一份外国报纸，例如读到英国一家最有钱的报纸《泰晤士报》的某一号，看到那上面引用布尔什维克的话来证明布尔什维克在战争期间就已经在鼓吹国内战争，那你就会断定，甚至最聪明的资产阶级代表人物都张皇失措了。英国的报纸提出《反潮流》一书，把它介绍给英国读者，并摘引了一些话来证明布尔什维克是坏人中最坏的人，因为他们一面谈论帝国主义战争的罪恶性，一面又在鼓吹国内战争。从这里你就可以看到，仇恨我们的整个资产阶级都在帮助我们，——让我们向他们鞠躬致谢吧！（鼓掌）

我们在欧洲和美洲都没有出版日报，那里很少报道我们的工作情况，我们的同志在那里受到最残酷的迫害。可是协约国一家最有钱的帝国主义报纸，被成千上万种报纸当做消息来源的一家报纸，竟然完全不知分寸，它为了打倒布尔什维克，竟从战时刊印的布尔什维克著作中摘引了许多话来证明我们一面谈论战争的罪恶性，一面又竭力把战争变为国内战争，——就是说，他们这些最聪明的先生也会变成像我国的克伦斯基及其伙伴们那样的蠢才。因此，我们可以保证，这些英帝国主义的领袖人物一定会干净利落地完成他们帮助共产主义革命这一事业的。（鼓掌）

同志们，在战前，工人运动似乎主要分为社会党人和无政府主义者这两部分人。不仅似乎如此，而且实际就是这样。在爆发帝国主义战争和革命前的漫长时期中，欧洲大多数国家客观上还没有具备革命形势。当时的任务在于利用这个缓慢的工作来作好革命的准备。社会党人开始了这个事业，而无政府主义者却不理解这个任务。战争造成了革命的形势，这种旧的划分也就过时了。一方面，无政府主义者和社会党人的上层分子变成了沙文主义者，他们使人们看清楚了，保卫本国的资产阶级强盗来反对别国的资产阶级强盗意味着什么，就是这些强盗使千百万人在战争中丧了命。另一方面，各个旧政党的下层群众中产生了反对战争、反对帝国主义、拥护社会革命的新派别。这样，战争造成了最深刻的危机，无政府主义者和社会党人都发生了分裂，因为社会党人的上层议会领袖们站在沙文主义者一边，而下层群众中的日益增多的少数派离弃了他们，开始转向革命一边。

因此，一切国家的工人运动开始循着新的路线前进，循着能够导向无产阶级专政的路线而不是循着无政府主义者和社会党人的路线前进。这种分裂在第三国际成立以前就在全世界出现了，开始了。

我们取得了胜利，这是因为我们掌握政权的时候，革命形势已经出现，工人运动已经遍及各国。因此，我们现在看到，社会党人和无政府主义者的内部发生了分裂。这种分裂在全世界造成的结果就是：信仰共产主义的工人纷纷参加建立新组织，并联合到第三国际中去。这样做是非常正确的。

现在又产生了意见分歧，例如关于如何利用议会活动就有意见分歧，但是现在我们有了俄国革命和国内战争的经验，全世界都看到了李卜克内西的榜样，都明白了他在议会代表中间的作用和意义，如果还要否认必须以革命的方式利用议会活动，那就是荒谬的了。旧派代表们已经明白，再像过去那样提出国家问题是不行了，由于有了革命的运动，对这个问题的新的来自实践的提法产生了，以取代那种旧的来自书本的提法。

对于资产阶级整个统一集中的力量，必须用无产阶级的统一集中的力量来对抗。这样，国家问题现在有了新的提法，旧的意见分歧已开始失去意义。工人运动中旧的分野被新的分野所代替，关键是对苏维埃政权和无产阶级专政的态度。

苏维埃宪法清楚地表明俄国革命作出了什么贡献。根据我们的经验，根据对这个经验的研究得出的结论是原来的各类问题都归结为一个问题：是拥护苏维埃政权还是反对苏维埃政权，也就是说，要么是拥护资产阶级政权，拥护民主，拥护那种许诺饱食者同挨饿者平等、资本家同工人投选票平等、剥削者同被剥削者平等以掩盖资本主义奴隶制的民主形式；要么是拥护无产阶级政权，拥护对剥削者的无情镇压，拥护苏维埃国家。

只有拥护资本主义奴隶制的人才会拥护资产阶级民主。我们从高尔察克和邓尼金的白卫分子的著作中可以看到这一点。我们在许多俄国城市里把这些妖孽肃清以后，就把他们的著作收集起来运到莫斯科。可以看看像契里科夫这样的俄国知识分子写的东西或像叶·特鲁别茨科伊这样的资产阶级思想家写的东西。看看他们在帮助邓尼金的时候怎样议论立宪会议、平等等等，是很有意思的。这些有关立宪会议的议论给我们提供了帮助；当他们在白卫群众中间进行这种鼓动时，他们随着国内战争的整个进程、随着事态的变化一直在帮助我们。他们自己用自己的论据证明，拥护苏维埃政权的是那些赞成同资本家作斗争的真诚的革命者。这一点在国内战争的进程中表现得十分清楚。

无产阶级的先进部分要团结起来，发展国家，把国家置于新的基础之上，并牢牢掌握政权，就必须有中央政权、专政和统一意志，在有了以往的经验之后，在有了俄国、芬兰和匈牙利的经验之后，在各民主共和国和德国有了一年的经验之后，再来反对这种必要性，在这个问题上大做文章已经不行了。民主已经彻底自我暴露；所以，在世界各国各种形式的大量迹象而且是愈来愈多的迹象表明，争取苏维埃政权、争取无产阶级专政的共产主义运动正在日益加强。

这种情况甚至影响到了德国独立党和法国社会党这样的政党。这些政党是由那些对新的鼓动、新的情况一窍不通的旧式领袖统治的，他们不但一点没有改变议会活动，反而借议会活动来回避重要的任务，用议会里的辩论来吸引工人的注意力，然而连这些领袖也不得不承认无产阶级专政和苏维埃政权了。这是由于工人群众显示了自己的力量，迫使他们的领袖不得不这样做。

你们从其他同志的讲话中知道，德国独立党的退出，它对无产阶级专政和苏维埃政权的承认，是对第二国际的最后的决定性的打击。根据目前的情况看，可以说第二国际已经完蛋了，德国、英国和法国的工人群众正纷纷转到共产党人方面来。英国也有独立党，这个独立党继续坚持进行合法活动的观点，并谴责布尔什维克使用暴力。不久以前，在他们的报纸上辟了一个辩论栏。所谓辩论，就是讨论。那里正在讨论苏维埃问题，我们看到上面除了一篇英国工人报纸都加以刊载的文章外，还有一个英国人写的一篇文章，这个英国人并不看重社会主义理论，仍然抱着以前那种轻视理论的荒谬态度，但是他在估计英国现实生活情况之后，也作出肯定的结论说：我们不能谴责苏维埃，而应当赞成苏维埃。

这是一种迹象，它表明即使在英国这类国家的落后工人阶层中也起了变化，因此我们可以说，旧形式的社会主义运动已经永远完蛋了。

欧洲现在走向革命的方式和我们过去不同，但是欧洲所要做的实质上是同样的事。每一个国家都应当按照自己的方式进行（它们已经开始进行）内部斗争，来反对本国的孟什维克，反对本国的机会主义和社会革命党的思潮，这种思潮世界各国都有，只是名称不同、程度不同而已。

正因为各国独立地取得这一经验，所以可以保证说，共产主义革命在世界各国的胜利是不可避免的，敌人的队伍愈动摇，愈丧失信心，愈是说布尔什维克是一群罪犯，说他们永远不会同我们媾和，对我们就愈有利。

现在他们说，即使进行贸易，也不承认布尔什维克。我们对此丝毫也不反对。先生们，那就请你们试一试吧。你们不承认我们，我们是理解的。要是你们承认我们，我们倒认为你们犯了错误。但是你们竟然这样颠三倒四，起先说布尔什维克违犯了一切天理国法，说你们不会同他们谈判、和解，后来却说你们要同我们进行交换，但是不承认我们的政策——这就是我们的一大胜利，这个胜利一定会在每一个国家的人民群众中推进共产主义运动，使它深入发展。这个运动是如此深入，以至除了一些人正式参加第三国际外，在先进的国家中还出现了一系列的运动，这些运动不赞同社会主义和共产主义，继续谴责布尔什维主义，同时又因大势所趋而向布尔什维主义靠拢。

20 世纪文明国家的战争迫使各国政府自己揭露自己。法国的一家报纸刊载了前奥地利皇帝查理于 1916 年向法国建议缔结和约的文件。查理的信件一公布，工人就质问社会党的领袖阿尔伯·托马说：您当时担任政府职务，媾和建议是向你们的政府提出的，当时您在做什么？当阿尔伯·托马被质问到这件事情的时候，他始终一声不吭。

这种揭露现在刚刚开始。人民群众是识字的，在欧洲和美洲，他们已不可能像从前那样来对待战争。他们问：1000 万人丧命、2000 万人残废究竟为了什么？提出这个问题，就意味着人民群众非转向无产阶级专政不可。提出这个问题就意味着这样来回答：1000 万人丧命、2000 万人残废，是为了解决是德国资本家还是英国资本家发大财的问题。这是实情，无论怎样掩盖，它总会暴露出来。

各国资本主义政府的崩溃是不可避免的，因为大家知道，只要帝国主义者和资产阶级仍然掌握政权，一场新的同样的战争就不可避免。日本和美国之间新的争吵和冲突有增无已。这些争吵和冲突是两国在几十年的外交斗争中积累起来的。在私有制的基础上战争不可避免。在抢夺了大批殖民地的英国与自认为是受骗上当的法国之间战争不可避免。谁也不知道战争会在什么地方以什么方式爆发，但大家都看见，都知道，都在说战争不可避免，战争又在酝酿中。

20世纪在人人都识字的国家中出现的这种情况，使人们再也不能提出旧的改良主义和无政府主义。旧的改良主义和无政府主义已被战争所埋葬。谈论用各种改良办法来改造这个把几千亿卢布投入战争的资本主义社会，谈论不通过革命政权和暴力、不经过一些极大的动荡来改造这个社会，现在已经不行了。这样说和这样想的人，再也不能发生影响了。

共产国际所以强而有力，在于它吸取了全世界帝国主义大厮杀的教训。在每一个国家中，千百万人的经验愈来愈证实共产国际立场的正确性，而现在靠拢共产国际的动向也比以往广泛和深入百倍。这个动向在一年之内就使第二国际完全破产了。

在世界上一切国家中，甚至在最不发达的国家中，一切有头脑的工人都倾向于共产国际，都在思想上靠拢共产国际了。这充分保证共产国际能在不久的将来在全世界取得胜利，这个胜利是有把握的。（鼓掌）

载于《共产国际》杂志1920年5月11日第10期

译自《列宁全集》俄文第5版第40卷第203—211页

共产主义运动中的"左派"幼稚病①

（1920 年 4—5 月）

一

在什么意义上可以说俄国革命具有国际意义？

无产阶级在俄国夺取政权（1917 年 10 月 25 日，即公历 11 月 7 日）后的最初几个月，人们可能觉得，由于落后的俄国同先进的西欧各国有巨大的差别，西欧各国的无产阶级革命同我国的革命将很少有相似之处。现在我们已经有相当丰富的国际经验，它十分明确地说明，我国革命的某些基本特点所具有的意义，不是局部地区的、一国特有的、仅限于俄国的意义，而是国际的意义。我这里所说的国际意义不是按广义来说的，不是说：不仅我国革命的某些基本特点，而且所有基本特点和许多次要特点都具有国际意义，都对所有国家发生影响。不是的，我是按最狭义来说的，就是说，所谓国际意义是指我国所发生过的事情在国际上具有重要性，或者说，具有在国际范围内重演的历史必然性，因此必须承认，具有国际意义的是我国革命的某些基本特点。

当然，要是夸大这个真理，说它不限于我国革命的某些基本特点，那是极大的错误。如果忽略另外一点，同样也是错误的，那就是：只要

---

① 中译文见《列宁全集》中文第 2 版第 39 卷第 1—95 页。——编者注

有一个先进国家的无产阶级革命取得了胜利，就很可能发生一个大变化，那时，俄国很快就不再是模范的国家，而又会成为落后的（在"苏维埃"和社会主义的意义上来说）国家了。

但在目前历史时期，情况正是这样：俄国这一模范向所有国家展示了它们在不久的将来必然会发生某些事情，而且是极重大的事情。各国先进工人早就懂得了这一点，而在更多的情况下，与其说是懂得了这一点，不如说是他们凭着革命阶级的本能而领悟到了这一点，感觉到了这一点。因此苏维埃政权以及布尔什维主义的理论原理和策略原理具有国际的"意义"（按狭义来说）。第二国际的"革命"领袖们，如德国的考茨基、奥地利的奥托·鲍威尔和弗里德里希·阿德勒之流不懂得这一点，因此他们成了反动分子，成了最坏的机会主义和背叛社会主义的行为的辩护人。例如，1919 年维也纳出版的一本没有署名的小册子《世界革命》（«Weltrevolution»）（《社会主义丛书》伊格纳茨·勃兰德出版社版第 11 册），就异常清楚地表明了这些人的整个思路和整套思想，更确切些说，表明了他们的困惑、迂腐、卑鄙和对工人阶级利益的背叛，已经达到了无以复加的程度，而这一切又都是用"捍卫""世界革命"的思想作幌子的。

但是，对于这本小册子的详细评论，要等以后有机会时再说了。这里我们只想再指出一点：在很久以前，当考茨基还是一个马克思主义者而不是叛徒的时候，他曾经以一个历史学家的态度看问题，预见到可能会有一天，俄国无产阶级的革命精神将成为西欧的模范。这是 1902 年的事，当时考茨基在革命的《火星报》上写了一篇题为《斯拉夫人和革命》的文章。他是这样写的：

"现时〈与 1848 年不同〉可以认为，不仅斯拉夫人加入了革命民族的行列，而且革命思想和革命活动的重心也愈来愈移向斯拉夫人那里。革命中心正从西向东移。19 世纪上半叶，革命中心在法国，有时候在英国。到了 1848 年，德国也加入了革命民族的行列……揭开新世纪序幕的一些事变使人感到，我们正在迎接革命中心的进一步转移，即向俄国转移……从西欧接受了这么多的革命首创精神的俄国，也许现在它本身已有可能成为西欧革命动力的源泉了。轰轰烈烈的俄国革命运动，也许会成为一种最强有力的手段，足以铲除在我们队伍中开始蔓延的萎靡不振的庸俗习气和鼠目寸光的政客作风，促使斗争的渴望和对我们伟大理想的赤诚重新燃起熊熊的火焰。俄国对于西欧来说早已不再是反动势力和专制制度的堡垒了。现在的情况也许恰恰相反。西欧正变成支持俄国反动势力和专制制度的堡垒……俄国的革命者如果不是同时必须跟沙皇的同盟者——欧洲资本作战，也许早就把沙皇打倒了。我们希望，这一次他们能够把这两个敌人一起打倒，希望新的‘神圣同盟’比它的前驱垮得更快一些。但是不管俄国目前斗争的结局如何，那些在斗争中牺牲的烈士（不幸的是，牺牲的人会很多很多）所流的鲜血和所受的苦难，决不会是白费的。他们将在整个文明世界中培育出社会革命的幼苗，使它们长得更茂盛、更迅速。1848 年时，斯拉夫人还是一股凛冽的寒流，摧残了人民春天的花朵。也许现在他们注定要成为一场风暴，摧毁反动势力的坚冰，以不可阻挡之势给各国人民带来新的幸福的春天。"（**卡尔·考茨基**《斯拉夫人和革命》，载于 1902 年 3 月 10 日俄国社会民主党的革命报纸——《火星报》第 18 号）

卡尔·考茨基在 18 年前写得多好啊！

二
布尔什维克成功的基本条件之一

大概，现在差不多每个人都能看出，如果我们党没有极严格的真正铁的纪律，如果我们党没有得到整个工人阶级全心全意的拥护，就是说，没有得到工人阶级中所有一切善于思考、正直、有自我牺牲精神、有威信并且能带领或吸引落后阶层的人的全心全意的拥护，那么布尔什维克别说把政权保持两年半，就是两个半月也保持不住。

无产阶级专政是新阶级对**更强大的**敌人，对资产阶级进行的最奋勇和最无情的战争。资产阶级的反抗，由于资产阶级被推翻（哪怕是在一个国家内）而**凶猛十倍**；资产阶级的强大不仅在于国际资本的力量，在于它的各种国际联系牢固有力，而且还在于**习惯的力量，小生产**的力量。这是因为世界上可惜还有很多很多小生产，而小生产是经常地、每日每时地、自发地和大批地**产生着**资本主义和资产阶级的。由于这一切原因，无产阶级专政是必要的，不进行长期的、顽强的、拼命的、殊死的战争，不进行需要坚持不懈、纪律严明、坚定不移、百折不挠和意志统一的战争，便不能战胜资产阶级。

再说一遍，俄国无产阶级专政取得胜利的经验向那些不善于思索或不曾思索过这一问题的人清楚地表明，无产阶级实现无条件的集中和极严格的纪律，是战胜资产阶级的基本条件之一。

人们时常议论这个问题。但是这到底是什么意思呢？这在什么情况下才是可能的呢？关于这些，他们却考虑得远远不够。在对苏维埃政权和布尔什维克欢呼的同时，是不是应该对布尔什维克**为什么能够建立革命无产阶级所必需的纪律的原因多作些极其认真的分析呢**？

布尔什维主义作为一种政治思潮，作为一个政党而存在，是从1903年开始的。只有布尔什维主义存在的整个时期的历史，才能令人满意地说明，为什么它能够建立为无产阶级胜利所必需的铁的纪律并能在最困难的条件下坚持住这种纪律。

这里首先发生这样一个问题：无产阶级革命政党的纪律是靠什么来维持的？是靠什么来检验的？是靠什么来加强的？第一，是靠无产阶级先锋队的觉悟和它对革命的忠诚，是靠它的坚韧不拔、自我牺牲和英雄气概。第二，是靠它善于同最广大的劳动群众，首先是同无产阶级劳动群众，**但同样也同非无产阶级**劳动群众联系、接近，甚至可以说在某种程度上同他们打成一片。第三，是靠这个先锋队所实行的政治领导正确，靠它的政治战略和策略正确，而最广大的群众根据**切身经验**也确信其正确。一个革命政党，要真正能够成为必将推翻资产阶级并改造整个社会的先进阶级的政党，没有上述条件，就不可能建立起纪律。没有这些条件，建立纪律的企图，就必然会成为空谈，成为漂亮话，成为装模作样。可是另一方面，这些条件又不能一下子就产生。只有经过长期的努力和艰苦的实践才能造成这些条件；正确的革命理论——而理论并不是教条——会使这些条件容易造成，但只有同真正群众性的和真正革命的运动的实践密切地联系起来，这些条件才能最终形成。

布尔什维主义所以能够建立并且在1917—1920年异常艰难的条件下顺利地实现极严格的集中和铁的纪律，其原因仅仅在于俄国有若干历史特点。

一方面，布尔什维主义是1903年在最坚固的马克思主义理论基础上产生的。而这个——也只有这个——革命理论的正确性，不仅为整个19世纪全世界的经验所证实，尤其为俄国革命思想界的徘徊和动摇、错误和失望的经验所证实。在将近半个世纪里，大约从上一世纪40年代至90年代，俄国进步的思想界在空前野蛮和反动的沙皇制度的压迫之下，曾如饥如渴地寻求正确的革命理论，专心致志地、密切地注视着欧美在这方面的每一种"最新成就"。俄国在半个世纪里，经受了闻所未闻的痛苦和牺牲，表现了空前未有的革命英雄气概，以难以置信的毅力和舍身忘我的精神去探索、学习和实验，经受了失望，进行了验证，参照了欧洲的经验，真是**饱经苦难才找到**马克思主义这个唯一正确的革命理论。由于人们在沙皇政府的迫害下侨居国外，俄国的革命者在19世纪下半叶同国际的联系相当广泛，对世界各国革命运动的形式和理论十分熟悉，这是世界上任何一国所不及的。

另一方面，在这个坚如磐石的理论基础上产生的布尔什维主义，有了15年（1903—1917年）实践的历史，这段历史的经验之丰富是举世无比的。这是因为任何一个国家在这15年内，在革命经验方面，在各种运动形式——合法的和不合法的、和平的和激烈的、地下的和公开的、小组的和群众的、议会的和恐怖主义的形式——更替的迅速和多样性方面，都没有哪怕类似这样丰富的经历。任何一个国家都没有在这样一个短短的时期内，集中了现代社会一切阶级进行斗争的如此丰富的形式、特色和方法，而且由于俄国的落后和沙皇制度的残酷压迫，这个斗争成熟得特别迅速，它如饥如渴又卓有成效地吸取了欧美政治经验方面相宜的"最新成就"。

三

布尔什维主义历史的几个主要阶段

革命准备年代（1903—1905年）。处处都感到大风暴即将到来。一切阶级都动了起来，准备应变。国外的侨民报刊，从理论上提出了革命的**一切**基本问题。三个主要阶级的代表，即自由主义资产阶级派、小资产阶级民主派（它挂着"社会民主"派和"社会革命"派的招牌）和无产阶级革命派这三个主要政治派别的代表，在纲领观点和策略观点上进行着十分激烈的斗争，预示着和准备着行将到来的公开的阶级斗争。1905—1907年间以及1917—1920年间导致群众武装斗争的**一切**问题，都可以（而且应当）在当时报刊上找到它们的最初提法。自然，在这三个主要派别之间，还有无数中间的、过渡的、摇摆的派别。确切些说，在各机关报刊、各政党、各派别、各集团之间所展开的斗争中，逐渐形成真正代表阶级的各种思想政治派别；各阶级都在为未来的战斗锻造自己的思想政治武器。

革命年代（1905—1907年）。一切阶级都公开登台了。一切纲领观点和策略观点都受到群众行动的检验。罢工斗争的广泛和激烈是世界上前所未见的。经济罢工发展为政治罢工，政治罢工又发展为起义。领导者无产阶级同动摇不定的被领导者农民之间的相互关系，受到了实际检验。苏维埃这种组织形式在自发的斗争进程中诞生了。当时关于苏维埃的意义的争论，就预示了1917—1920年间的伟大斗争。议会斗争形式和非议会斗争形式的更替，抵制议会活动的策略和参加议会活动的策略的更替，合法的斗争形式和不合法的斗争形式的更替，以及这些斗争形式的相互关系和联系——这一切都具有异常丰富的内容。这个时期的每一个月，就群众和领袖、阶级和政党所受的政治科学原理的训练来说，可以等于"和平""宪政"发展时期的整整一年。没有1905年的"总演习"，就不可能有1917年十月革命的胜利。

反动年代（1907—1910年）。沙皇制度胜利了。一切革命党和反对党都失败了。消沉、颓丧、分裂、涣散、叛卖和色情代替了政治。追求哲学唯心主义的倾向加强了；神秘主义成了掩盖反革命情绪的外衣。但同时正是这一大失败给革命政党和革命阶级上了真正的和大有教益的一课，上了历史辩证法的一课，上了使它们懂得如何进行、善于进行和巧妙地进行政治斗争的一课。患难识朋友。战败的军队会很好地学习。

胜利了的沙皇制度，不得不加速破坏俄国资本主义以前的宗法制度残余。俄国资产阶级性质的发展突飞猛进。非阶级的、超阶级的幻想，认为可以避免资本主义的幻想，都破灭了。阶级斗争采取了完全新的、更加鲜明的形式。

革命政党应当补课。它们学习过进攻。现在必须懂得，除了进攻以外，还必须学会正确地退却。必须懂得——而革命阶级也正在从本身的痛苦经验中领会到——不学会正确的进攻和正确的退却，就不能取得胜利。在所有被击败的反对党和革命党中，布尔什维克退却得最有秩序，他们的"军队"损失得最少，骨干保存得最多，发生的分裂最小（就其深度和难于挽救的程度来说），颓丧情绪最轻，他们最广泛、最正确和最积极地去恢复工作的能力也最强。布尔什维克所以能够如此，只是因为他们无情地揭露了并且驱逐了口头革命家，这些人不愿意懂得必须退却，必须善于退却，必须学会在最反动的议会、最反动的工会、合作社、保险会等组织中进行合法工作。

高潮年代（1910—1914年）。高潮起初来得非常缓慢，1912年勒拿事件后，稍微快了一些。经过1905年，整个资产阶级看清了孟什维克是资产阶级在工人运动中的代理人，于是千方百计来支持他们反对布尔什维克，布尔什维克克服了闻所未闻的困难，才打退了他们。但是，如果布尔什维克不是运用了正确的策略，即既要进行不合法的工作，又必须利用"合法机会"，那他们是永远做不到这一点的。在最反动的杜马中，布尔什维克把整个工人选民团都争取过来了。

第一次帝国主义世界大战（1914—1917年）。在"议会"极端反动的条件下，合法的议会活动使布尔什维克这一革命无产阶级的政党获得了极大的益处。布尔什维克代表被流放到西伯利亚。社会帝国主义、社会沙文主义、社会爱国主义、不彻底的和彻底的国际主义、和平主义以及反对和平主义幻想的革命主张——所有这些形形色色的观点，都在我们的侨民报刊上充分反映出来了。第二国际中的书呆子和老懦夫，看到俄国社会主义运动内部"派别"繁多，斗争剧烈，都高傲地嗤之以鼻，可是战争把**一切**先进国家中夸耀一时的"合法性"夺去以后，他们甚至连近似俄国革命家在瑞士和其他一些国家里组织自由（秘密）交换意见和自由（秘密）探索正确观点这样的事情，都没有做到。正因为如此，各国公开的社会爱国主义者也好，"考茨基主义者"也好，都成了最恶劣的无产阶级叛徒。布尔什维主义所以能在1917—1920年间获得胜利，其基本原因之一，就是它从1914年底就开始无情地揭露社会沙文主义和"考茨基主义"（法国的龙格主义以及英国的独立工党首

领，费边派和意大利的屠拉梯之流的见解，也同"考茨基主义"一样）
的卑鄙龌龊和下流无耻，而群众后来根据自身的经验，也日益相信布尔
什维克的观点是正确的。

俄国第二次革命（1917 年 2 月至 10 月）。沙皇制度的极端腐朽和
衰败（加上极其痛苦的战争的打击和负担）造成了一种摧毁这个制度
的极大力量。在几天之内，俄国就变成了比世界上任何国家都自由（在
战争环境里）的资产阶级民主共和国。反对党和革命党的领袖，也同在
最"严格的议会制"共和国内一样，出来组织政府；而且议会（尽管
是反动透顶的议会）反对党领袖的身份，**使**这种领袖在革命中**容易**继续
发挥作用。

孟什维克和"社会革命党人"在几个星期内就对第二国际的欧洲
英雄们、内阁派以及其他机会主义渣滓的那套方法和手腕、那套论据和
诡辩十分精通了。我们现在读到有关谢德曼和诺斯克之流、考茨基和希
法亭、伦纳和奥斯特尔利茨、奥托·鲍威尔和弗里茨·阿德勒、屠拉梯
和龙格、英国费边派及独立工党领袖等人的一切评述，总觉得是（事实
上也是）旧调重弹，索然无味。所有这些我们已经在孟什维克那里见过
了。历史真是开了个玩笑，竟使一个落后国家的机会主义者抢到许多先
进国家机会主义者的前面去了。

如果说第二国际的一切英雄都破了产，他们在苏维埃和苏维埃政权
的意义和作用这个问题上丢了脸，如果说现在脱离了第二国际的三个非
常重要的政党（即德国独立社会民主党、法国龙格派的党和英国独立工
党）的领袖们，在这个问题上也特别"光彩地"丢了脸而且变得糊涂
透顶，如果说所有这些人都成了小资产阶级民主派偏见的奴隶（同
1848 年自命为"社会民主派"的小资产者一模一样），那么**这一切**我们
已经在孟什维克身上看到了。历史开了这样的玩笑：1905 年俄国产生
了苏维埃；在 1917 年 2 月到 10 月间，孟什维克篡改了苏维埃，他们由

于无法理解苏维埃的作用和意义而破产了;现在,苏维埃政权的思想已经**在全世界**诞生,并且正以空前未有的速度在各国无产阶级中间传播开来,而第二国际的老英雄们也像我国孟什维克一样,由于无法理解苏维埃的作用和意义而**到处**遭到破产。经验证明,在无产阶级革命某些非常重要的问题上,**一切**国家都必然要做俄国已经做过的事情。

布尔什维克发动反对议会制(实际上是)资产阶级共和国、反对孟什维克的胜利斗争,是极其审慎的,所作的准备也绝不像现在欧美各国所常常认为的那样简单。在这一时期的初期,我们**没有**号召去推翻政府,而是说明,**不**预先改变苏维埃的成分并且扭转苏维埃的情绪,是不能推翻政府的。我们没有宣布抵制资产阶级的议会,即立宪会议,而是说,并且从我们党的四月(1917 年)代表会议起就用党的名义正式说,有立宪会议的资产阶级共和国要比没有立宪会议的好,而"工农"共和国即苏维埃共和国,则要比任何资产阶级民主共和国即议会制共和国好。没有这种谨慎的、周到的、细致的和长期的准备,我们就既不能取得 1917 年 10 月的胜利,也不能巩固住这个胜利。

四
布尔什维主义是在反对工人运动内部哪些敌人的斗争中成长、壮大和得到锻炼的?

首先是而且主要是在反对机会主义的斗争中。机会主义在 1914 年彻底变成社会沙文主义,彻底倒向资产阶级方面反对无产阶级。这自然是布尔什维主义在工人运动内部的主要敌人。现在这个敌人在国际范围内仍然是主要敌人。对于这个敌人,布尔什维主义过去和现在都给予极大的注意。布尔什维克在这方面的活动,现在就是国外也知道得很清楚。

　　关于布尔什维主义在工人运动内部的另一个敌人，就不能这样说了。国外还极少知道布尔什维主义是在同**小资产阶级革命性**作长期斗争中成长、成熟和得到锻炼的。这种革命性有些像无政府主义，或者说，有些地方照搬无政府主义；它在任何重大问题上，都背离无产阶级进行坚韧的阶级斗争的条件和要求。马克思主义者在理论上完全认定，并且欧洲历次革命和革命运动的经验也充分证实：小私有者，即小业主（这一社会类型的人在欧洲许多国家中都十分普遍地大量存在着），在资本主义制度下一直受到压迫，生活往往异常急剧地恶化，以至遭到破产，所以容易转向极端的革命性，却不能表现出坚韧性、组织性、纪律性和坚定性。被资本主义摧残得"发狂"的小资产者，和无政府主义一样，是一切资本主义国家所固有的一种社会现象。这种革命性动摇不定，华而不实，而且很容易转为俯首听命、消沉颓丧、耽于幻想，甚至转为"疯狂地"醉心于这种或那种资产阶级的"时髦"思潮——这一切都是人所共知的。可是革命政党光在理论上抽象地承认这些真理，还丝毫不能避免重犯旧错误，这种错误总是会由于意想不到的原因，以稍微不同一点的形式，以前所未见的打扮或装饰，在独特的（多少独特一点的）环境里重新表现出来。

　　无政府主义往往是对工人运动中机会主义罪过的一种惩罚。这两种畸形东西是互相补充的。如果说俄国的无政府主义在两次革命（1905年与1917年）及其准备时期的影响都比较小（尽管俄国居民中的小资产阶级成分大于西欧各国），那么毫无疑义，这不能不部分地归功于布尔什维主义一贯对机会主义进行了最无情最不调和的斗争。我所以说"部分地"，是因为削弱俄国无政府主义势力的，还有另一个更重要的因素，这就是无政府主义在过去（19世纪70年代）曾盛极一时，从而彻底暴露了它是不正确的，不适合作革命阶级的指导理论。

　　布尔什维主义在1903年诞生时，便继承了同小资产阶级的、半无政府主义的（或者是迎合无政府主义的）革命性作无情斗争的传统；革命的社会民主党向来就有这种传统，而在 1900—1903 年俄国革命无产阶级的群众性的政党奠基期间，这种传统在我们这里已特别巩固。布尔什维主义继承并继续了同表现小资产阶级革命性倾向最厉害的政党即"社会革命"党的斗争，这一斗争表现在下列三个主要之点上。第一，这个党否认马克思主义，顽固地不愿（说它不能，也许更确切一些）了解在采取任何政治行动之前必须对各种阶级力量及其相互关系作出极客观的估计。第二，这个党认为自己特别"革命"特别"左"，因为它肯定个人恐怖、暗杀手段，而我们马克思主义者却坚决摒弃这种做法。我们摒弃个人恐怖，自然只是出于对这种手段是否适当的考虑，如果有人竟在"原则上"谴责法国大革命的恐怖行为，或者谴责已经获得胜利的革命政党在全世界资产阶级的包围下所采取的任何恐怖手段，那么这类人早在 1900—1903 年间，就已经受到当时还是马克思主义者和革命家的普列汉诺夫的嘲笑和唾弃了。第三，在"社会革命党人"看来，"左"就是嘲笑德国社会民主党内比较轻微的机会主义罪过，而在某些问题上，例如在土地问题或无产阶级专政问题上，却又效法这个党的极端机会主义者。

附带说明一点，历史现在已经在广大的、世界历史的范围内证实了我们始终坚持的那个意见：**革命的**德国社会民主党（请注意，普列汉诺夫早在 1900—1903 年间就要求把伯恩施坦开除出党，后来布尔什维克始终继承这种传统，在 1913 年揭穿了列金的全部卑鄙、下流和叛卖行为）同革命无产阶级取得胜利所必需的那种政党**最相近**。现在 1920 年，在战争期间和战后最初几年中发生的一切可耻的破产和危机之后，可以清楚地看到，西欧各党中正是革命的德国社会民主党才产生了最优秀的领袖，并且比别的党更早地恢复了元气和健康，重新巩固了起来。无论在斯巴达克派那里，或在"德国独立社会民主党"左翼，即无产阶级一翼那里，都可以看到这种情形。这一翼正在对考茨基、希法亭、累德堡、克里斯平之流的机会主义和毫无气节进行坚定不移的斗争。如果我们现在大致回顾一下从巴黎公社到第一个社会主义苏维埃共和国这一十分完整的历史时期，那么，关于马克思主义对无政府主义的态度，便可以得到一个十分明确的毫不含糊的轮廓。归根到底马克思主义是正确的，虽然无政府主义者曾经正确地指出在多数社会党内所盛行的国家观是机会主义的，但是，第一，这种机会主义是同曲解甚至公然隐匿马克思的国家观（我在《国家与革命》一书中已经指出，恩格斯给倍倍尔的一封信，曾经异常鲜明、尖锐、直接、明确地揭穿了社会民主党内所流行的国家观是机会主义的，可是这封信竟被倍倍尔从 1875 年到 1911年搁置了 36 年①）分不开的；第二，正是欧美社会党中最忠实于马克思主义的派别才最迅速广泛地纠正了这种机会主义观点，承认了苏维埃政权及其对资产阶级议会制民主所具有的优越性。

布尔什维主义同自己党内"左"倾的斗争，有两次规模特别大：一次是 1908 年关于是否参加最反动的"议会"和是否参加受最反动法律限制的合法工人组织的问题；另一次是 1918 年（缔结布列斯特和约时）关于可否容许某种"妥协"的问题。

1908 年，"左派"布尔什维克由于顽固地不愿意了解参加最反动的"议会"的必要性而被开除出党。那时"左派"——其中许多人是优秀的革命者，后来还光荣地成了（而且现在仍然是）共产党员——特别援引 1905 年抵制议会成功的经验作为论据。当 1905 年 8 月沙皇宣布召集咨议性的"议会"时，布尔什维克同一切反对党和孟什维克相反，曾经宣布抵制，而 1905 年的十月革命果然扫除了这个议会。那次抵制所以正确，并不是因为根本不参加反动议会是正确的，而是因为正确地

① 见《列宁全集》中文第 2 版第 31 卷第 61—63 页。——编者注

估计到，当时的客观形势正在由群众罢工迅速转为政治罢工，进而转为革命罢工，再进而转为起义。而且当时的斗争内容是：让沙皇去召集第一个代表机构呢，还是设法把这个召集权从旧政权手中夺过来？后来情况不同，既然没有把握并且也不可能有把握断定是否存在着同样的客观形势，以及这种形势是否按照同样的方向和同样的速度向前发展，那么抵制便不再是正确的了。

1905 年布尔什维克对"议会"的抵制，使革命无产阶级增加了非常宝贵的政治经验，表明在把合法的同不合法的斗争形式、议会的同议会外的斗争形式互相配合的时候，善于放弃议会的斗争形式，有时是有益的，甚至是必要的。但是，如果在**不同的**条件下和**不同的**环境里盲目地、机械地、不加批判地搬用这种经验，那就大错特错了。1906 年布尔什维克抵制"杜马"，虽然是一个不算大的、易于补救的错误①，但毕竟已经是一个错误。至于 1907 年、1908 年以及以后几年中的抵制，就是极其严重而难于补救的错误了，因为当时一方面不能期望革命浪潮会非常迅速地高涨并转为起义，另一方面，资产阶级君主制度正在维新的整个历史环境，使我们必须把合法的工作同不合法的工作配合起来。现在如果回顾一下这个十分完整的历史时期（它同以后各时期的联系也已经完全显示出来了），就会特别清楚地看出：假使布尔什维克当时没有在最严酷的斗争中坚持**一定要**把合法的斗争形式同不合法的斗争形式结合起来，坚持**一定要**参加最反动的议会以及其他一些受反动法律限制的机构（如保险基金会等），那么他们就**决不可能**在 1908—1914 年间保住（更不用说巩固、发展和加强）无产阶级革命政党的坚强核心。

---

① 关于个人所说的话，作适当的修改，也适用于政治和政党。聪明人并不是不犯错误的人。不犯错误的人是没有而且也不可能有的。聪明人是犯的错误不太大同时又能容易而迅速地加以纠正的人。

　　1918 年事情没有弄到分裂的地步。那时"左派"共产主义者只是在我们党内形成了一个特殊集团，或者说"派别"，而且为时不久。"左派共产主义者"最有名的代表，如拉狄克同志、布哈林同志，在1918 年这一年就已公开承认了自己的错误。他们原来认为，布列斯特和约是同帝国主义者的妥协，对于革命无产阶级政党说来，在原则上是不能容许的而且是有害的。这的确是同帝国主义者的妥协，但这种妥协在当时那种情况下恰恰是**必要的**。现在当我听到人们，例如"社会革命党人"，攻击我们签订布列斯特和约的策略的时候，或者当兰斯伯里同志和我谈话，讲到"我们英国工联的领袖们说，既然布尔什维克可以妥协，那他们也可以妥协"的时候，我通常是先用一个简单的"通俗的"比喻来回答：

　　假定您坐的汽车被武装强盗拦住了。您把钱、身份证、手枪、汽车都给了他们，于是您摆脱了这次幸遇。这显然是一种妥协。"Do ut des"① （"我给"你钱、武器、汽车，"是为了你给"我机会安全脱险）。但是很难找到一个没有发疯的人会说这种妥协"在原则上是不能容许的"，或者说实行这种妥协的人是强盗的同谋者（虽然强盗坐上汽车又可以利用它和武器再去打劫）。我们同德帝国主义强盗的妥协正是这样一种妥协。

　　而俄国的孟什维克和社会革命党人，德国的谢德曼派（考茨基派在很大程度上也是这样），奥地利的奥托·鲍威尔和弗里德里希·阿德勒（更不用说伦纳之流的先生们了），法国的列诺得尔和龙格之流，英国的费边派、"独立党人"、"工党分子"（"拉布分子"）等，在 1914—1918 年间以及 1918—1920 年间，同他们本国的资产阶级强盗，有时甚至同"盟国的"资产阶级强盗实行**妥协，反对**本国的革命无产阶级，

────────────

　　①　拉丁文，意为："我给（你）是为了你给（我）。"——编者注

所有这班先生才真是**强盗的同谋者**。

结论很清楚:"原则上"反对妥协,不论什么妥协都一概加以反对,这简直是难于当真对待的孩子气。一个政治家要想有益于革命无产阶级,正是应当善于辨别出那种不能容许的、蕴涵着机会主义和**叛卖行为的具体的**妥协,并善于对**这种具体的**妥协全力展开批判,猛烈地进行无情的揭露和不调和的斗争,决不容许那班老于世故的"专讲实利的"社会党人和老奸巨猾的议员用泛谈"一般的妥协"来推卸和逃避责任。英国工联以及费边社和"独立"工党的"领袖"先生们,正是这样来推卸**他们实行叛卖所应负的**责任,推卸他们实行**那种**确实意味着最恶劣的机会主义、变节和叛卖的妥协所应负的责任。

有各种各样的妥协。应当善于分析每一个妥协或每一种妥协的环境和具体条件。应当学习区分这样的两种人:一种人把钱和武器交给强盗,为的是要减少强盗所能加于的祸害和便于后来捕获、枪毙强盗;另一种人把钱和武器交给强盗,为的是要入伙分赃。这在政治上决不总是像这个极其简单的例子那样容易分辨。但如果有人异想天开,要替工人们打一张包票,能包治百病,或者能保证在革命无产阶级的政治活动中不会遇到任何困难和任何错综复杂的情况,那他简直就是一个江湖骗子。

为了不给人留下曲解的余地,我想把一些基本情况提出来(即使是十分简要地),以便对具体的妥协进行分析。

通过签订布列斯特和约而同德帝国主义者实行妥协的党,从1914年底起就以行动履行自己的国际主义。它敢于提出使沙皇君主政府失败的主张,敢于痛斥在两伙帝国主义强盗的战争中"保卫祖国"。这个党的议会代表,宁愿流放到西伯利亚,也不愿走可以登上资产阶级政府大臣宝座的道路。革命在推翻了沙皇政府和建立了民主共和国以后,又使这个党受到了新的、极大的考验:它不同"本国的"帝国主义者实行任何妥协，而是作了推翻他们的准备，并且果真把他们推翻了。这个党取得政权以后，便彻底摧毁了地主和资本家的所有制。这个党一面公布和废除了帝国主义者缔结的秘密条约，一面向**各国**人民建议媾和，只是在英、法帝国主义者破坏了媾和而布尔什维克为加快德国和其他国家的革命已经做了力所能及的一切以后，它才屈服于布列斯特强盗的暴力。

大家都愈来愈清楚地看到，这样的党在这样的情况下实行这样的妥协是完完全全正确的。俄国孟什维克和社会革命党人（同 1914—1920 年间世界上第二国际的一切领袖一样），一开始就实行叛卖，直接间接地为"保卫祖国"即保卫**本国的**资产阶级强盗辩护。后来他们又进一步实行叛卖，同**本国的**资产阶级联合，同**本国的**资产阶级一起来反对本国的革命无产阶级。他们在俄国起初同克伦斯基和立宪民主党人结成同盟，后来又同高尔察克和邓尼金结成同盟，正如他们国外的同道者同**各自国家**的资产阶级结成同盟一样，都是倒向资产阶级一边反对无产阶级。**他们同帝国主义强盗的妥协，自始至终都表明他们已沦为帝国主义强盗的同谋者。**

五

德国"左派"共产党人。
领袖、政党、阶级、群众间的相互关系

我们现在所要讲的那些德国共产党人，他们不是把自己叫做"左派"，而是叫做——如果我没有记错的话——"原则上的反对派"。但是他们却完全具有"左派幼稚病"的症候，这从下面的阐述中可以清楚地看出。

有一本持这个反对派观点的小册子，叫做《德国共产党（斯巴达克联盟）的分裂》，是由"美因河畔法兰克福地方组织"出版的；这本

小册子把这一反对派的观点的实质，叙述得极其鲜明、确切、清楚、扼要。我们只要从中引证几段，就足以使读者了解这一实质了。

> "共产党是进行最坚决的阶级斗争的政党……"
>
> "……从政治方面来看，这个过渡时期〈在资本主义和社会主义之间〉就是无产阶级专政时期……"
>
> "……现在发生这样一个问题：谁应当是专政的执行者，**是共产党，还是无产阶级？**……**原则上**应该力求实现的是共产党的专政，还是无产阶级的专政？……"

（引文内的着重标记全录自原文。）

往下小册子的作者责难德国共产党"中央"，说这个"中央"在寻求和**德国独立社会民主党结成联盟**的途径，说这个"中央"提出"**原则上承认**"斗争的"**一切政治手段**"（包括参加议会活动）"**的问题**"，只是为了掩饰它想同独立党人结成联盟这一真正的和主要的意图。小册子接着说道：

> "反对派选择了另一条道路。它认为共产党的统治和党的专政问题只是一个策略问题。不管怎样，共产党的统治是一切政党统治的最后形式。**原则上应该力求实现无产阶级的专政**。党的一切措施、党的组织、党的斗争形式、党的战略和策略，都应该适应这一目的。因此，凡是同其他政党妥协，凡是回头再去采用在历史上和政治上已经过时的议会制斗争形式，凡是实行机动和通融的政策，都应当十分坚决地拒绝。""无产阶级所特有的革命斗争方法应该大力加以强调。为了把那些应当参加共产党领导的革命斗争的无产阶级各行业各阶层的最广大群众吸收进来，就必须在最广泛的基础上和最广大的范围内建立新的组织形式。这种汇集一切革命分子的场所，便是以工厂组织为基础而建立起来的**工人联合会**。凡是响应'退出工会！'这一口号的工人，都应当联合在这里。在这里，正在斗争的无产阶级组成最广大的战斗队伍。凡承认阶级斗争、苏维埃制度和专

政的人，都可以加入。至于进一步对正在斗争的群众进行政治教育和在斗争中进行政治指导，则是站在工人联合会之外的共产党的任务……"

"……于是，现在有两个共产党彼此对立着：

一个是领袖的党，它力图从**上面**来组织和指挥革命斗争，不惜实行妥协和参加议会活动，以便造成一种形势，使他们可以参加掌握专政大权的联合政府。

另一个是群众的党，它等待革命斗争从**下面**高涨起来，为了进行这一斗争，它只知道并且只采用一个明确地引向目的的方法，而排斥任何议会方法和机会主义方法；这个唯一的方法就是无条件地**推翻资产阶级**，以便随后建立无产阶级的阶级专政来实现社会主义……"

"……那里是领袖专政，这里是群众专政！这便是我们的口号。"

这就是表明德国共产党内反对派观点的最重要的论点。

凡是自觉参加过或仔细观察过 1903 年以来布尔什维主义发展过程的布尔什维克，读了这些议论，一定会立刻说："这是多么熟悉的陈词滥调！这是多么'左的'孩子气！"

不过，我们还是来进一步考察一下这些议论吧。

"是党专政**还是**阶级专政？是领袖专政（领袖的）**还是**群众专政（群众的党）？"——单是问题的这种提法就已经证明思想混乱到了不可思议的无可救药的地步。这些人竭力要**标新立异**，结果却弄巧成拙。谁都知道，群众是划分为阶级的；只有把不按照生产的社会结构中的地位区分的大多数同在生产的社会结构中占有特殊地位的集团对立时，才可以把群众和阶级对立起来；在通常情况下，在多数场合，至少在现代的文明国家内，阶级是由政党来领导的；政党通常是由最有威信、最有影响、最有经验、被选出担任最重要职务而称为领袖的人们所组成的比较稳定的集团来主持的。这都是起码的常识。这都是简单明了的道理。何必再另来一套胡说八道，另造一套新奇的沃拉皮尤克呢？一方面，大概是由于党的合法状态和不合法状态的迅速更替破坏了领袖、政党和阶级之间那种通常的、正常的和简单的关系，人们面对这种难于理解的情况，思想便发生了混乱。在德国，也像在欧洲其他国家那样，人们过分习惯于合法状态，习惯于由政党定期举行的代表大会自由地正常地选举"领袖"，习惯于通过议会选举、群众大会、报章杂志，通过工会和其他团体的情绪变化等方便办法来检验各政党的阶级成分。但是，由于革命的急剧发展和内战的展开，不得不放弃这种通常的办法，而迅速转为交替使用合法的和不合法的方式，结合使用这两种方式，采用"不方便的"和"非民主的"方法来推选或组成或保留"领导集团"，在这个时候，人们不知所措，开始臆想出一些荒谬绝伦的东西。大概荷兰共产党某些党员由于不幸生在一个具有特别优越和特别稳定的合法状态的传统和条件的小国，根本没有见过合法状态和不合法状态的相互更替，因此思想上发生了混乱而不知所措，助长了这种荒谬的臆想。

另一方面，很明显，这不过是未经很好考虑就胡乱使用"群众"和"领袖"这类当今"时髦"的字眼而已。这些人时常听到并切实学会了怎样攻击"领袖"，怎样把"领袖"同"群众"对立起来；但是他们却不能想一想究竟是怎么回事，不能把事情弄清楚。

在帝国主义战争末期和战后时期，在一切国家里，"领袖"和"群众"的分离表现得特别明显而突出。产生这种现象的基本原因，马克思和恩格斯在1852—1892年间曾以英国为例作过多次说明。① 英国的垄断地位使"群众"分化出一部分半市侩的机会主义的"工人贵族"。这种工人贵族的领袖们总是投靠资产阶级，直接间接地受资产阶级豢养。马克思所以光荣地被这班坏蛋痛恨，就是因为他公开地斥责他们是叛徒。

---

① 见《马克思恩格斯全集》第18卷第724页；第22卷第320—325、377—382页；第28卷第146页；第29卷第344—345页；第33卷第521、526、637页；第35卷第18、353页；第37卷第314—316页。——编者注

现代（20世纪的）帝国主义造成了某些先进国家的垄断特权地位，正是在这个基础上，第二国际中纷纷出现了叛徒领袖、机会主义者、社会沙文主义者这样一种人，他们只顾自己这个行会的利益，只顾自己这个工人贵族阶层的利益。于是机会主义的政党就脱离了"群众"，即脱离了最广大的劳动阶层，脱离了大多数劳动者，脱离了工资最低的工人。不同这种祸害作斗争，不揭露这些机会主义的、背叛社会主义的领袖，使他们大丢其丑，并且把他们驱逐出去，革命无产阶级就不可能取得胜利；第三国际所实行的正是这样的政策。

为此竟把群众专政和领袖专政**根本**对立起来，实在是荒唐和愚蠢得可笑。尤其可笑的是，人们在"打倒领袖"这一口号掩饰下，实际上竟把一些胡说八道、满口谬论的**新领袖**拉出来代替那些对普通事物还能持常人见解的老领袖。德国的劳芬贝格、沃尔弗海姆、霍纳、卡尔·施勒德尔、弗里德里希·文德尔、卡尔·埃勒，就是这样的新领袖。① 埃勒企图使问题"深入一步"，他宣称政党是根本不需要的，是"资产阶级性"的，这真是荒谬绝顶，简直使人啼笑皆非。如果坚持错误，深入一步地来为错误辩护，把错误"坚持到底"，那就往往真要把小错铸成骇人听闻的大错了。

---

① 《共产主义工人报》（1920年2月7日汉堡出版的该报第32号所载**卡尔·埃勒**《论解散政党》一文）上说："工人阶级不消灭资产阶级民主，就不能摧毁资产阶级国家，而不摧毁政党，它就不能消灭资产阶级民主。"

　　罗马语国家的工团主义者和无政府主义者中间头脑最糊涂的人物可以"心满意足"了，因为那些显然以马克思主义者自居的庄重的德国人（卡·埃勒和克·霍纳通过在上述报纸上发表的文章特别庄重地证明，他们认为自己是庄重的马克思主义者，可是同时他们又极其可笑地说出一些荒谬绝伦的话，暴露出他们连马克思主义的起码知识都没有），竟也发表出这种极不恰当的议论。只承认马克思主义还不能保证不犯错误。这一点俄国人特别清楚，因为马克思主义在我国曾特别经常地成为"时髦的东西"。

否定政党和党的纪律，——这就是反对派**得到的结果**。而这就等于完全解除无产阶级的武装而**有利于资产阶级**。这也恰恰就是小资产阶级的散漫、动摇、不能坚持、不能团结、不能步调一致，而这些一旦得到纵容，就必然断送无产阶级的任何革命运动。从共产主义的观点看来，否定政党就意味着从资本主义崩溃的前夜（在德国）跳到共产主义的最高阶段而不是进到它的低级阶段和中级阶段。我们在俄国（推翻资产阶级后的第三年）还刚处在从资本主义向社会主义即向共产主义低级阶段过渡的最初阶段。阶级还存在，而且在任何地方，**在无产阶级夺取政权之后**都还要存在**好多年**。也许，在没有农民（但仍然有小业主！）的英国，这个时期可能会短一些。消灭阶级不仅意味着要驱逐地主和资本家，——这个我们已经比较容易地做到了——而且意味着要**消灭小商品生产者**，可是这种人**不能驱逐**，不能镇压，**必须**同他们**和睦相处**；可以（而且必须）改造他们，重新教育他们，这只有通过很长期、很缓慢、很谨慎的组织工作才能做到。他们用小资产阶级的自发势力从各方面来包围无产阶级，浸染无产阶级，腐蚀无产阶级，经常使小资产阶级的懦弱性、涣散性、个人主义以及由狂热转为灰心等旧病在无产阶级内部复发起来。要抵制这一切，要使无产阶级能够正确地、有效地、胜利地发挥自己的**组织**作用（而这正是它的**主要**作用），无产阶级政党的内部就必须实行极严格的集中和极严格的纪律。无产阶级专政是对旧社会的势力和传统进行的顽强斗争，流血的和不流血的，暴力的和和平的，军事的和经济的，教育的和行政的斗争。千百万人的习惯势力是最可怕的势力。没有铁一般的在斗争中锻炼出来的党，没有为本阶级一切正直的人们所信赖的党，没有善于考察群众情绪和影响群众情绪的党，要顺利地进行这种斗争是不可能的。战胜集中的大资产阶级，要比"战胜"千百万小业主容易千百倍；而这些小业主用他们日常的、琐碎的、看不见摸不着的腐蚀活动制造着资产阶级所需要的，使资产阶级得以**复辟**的那种恶果。谁哪怕是把无产阶级政党的铁的纪律稍微削弱一点（特别是在无产阶级专政时期），那他事实上就是在帮助资产阶级来反对无产阶级。

除了领袖、政党、阶级、群众间的相互关系问题外，还必须提出"反动"工会的问题。但是先让我根据我们党的经验讲几句话来结束前一问题。在我们党内，对于"领袖专政"的攻击**是一直都有的**。我记得这样的攻击最早是在 1895 年，那时党还没有正式成立，但是彼得堡的中心小组已经开始形成，并且就要负起领导该城各区小组的责任。在我们党的第九次代表大会（1920 年 4 月）上，有一个小小的反对派，也声言反对"领袖专政"，反对"寡头政治"等等。所以德国"左派共产党人"的"幼稚病"是毫不足怪的，既没有什么新东西，也没有什么可怕的地方。这种病没有什么危险，一经治愈，机体甚至会更加强壮。另一方面，合法工作和不合法工作的迅速更替，正是要求我们特别要把总指挥部，把领袖们"藏起来"，隐蔽起来，这有时就使我们党内产生十分危险的现象。最糟糕的就是 1912 年奸细马林诺夫斯基混进了布尔什维克中央委员会。他断送了几十个上百个极优秀极忠实的同志，使他们去服苦役，并使其中许多人过早去世。他所以没有能够造成更大的祸害，是因为我们的合法工作和不合法工作配合得正确。为了取得我们的信任，马林诺夫斯基作为党中央委员和杜马代表，曾不得不帮助我们创办合法的日报，这些日报即使在沙皇制度下也能进行反对孟什维克机会主义的斗争，并且能采用适当的隐蔽方式宣传布尔什维主义的原理。马林诺夫斯基一只手把几十个上百个极优秀的布尔什维克活动家送去服苦役，使他们丧生，另一只手又不得不通过合法报刊来帮助培养成千上万个新的布尔什维克。对于这个事实，那些必须学会在反动工会里进行革命工作的德国同志（以及英国、美国、法国、意大利的同志），不妨好好地考虑一下。①

在许多国家里，包括最先进的国家在内，资产阶级无疑正在派遣而且今后还会派遣奸细到共产党里来。对付这种危险，办法之一就是把不合法的工作同合法的工作巧妙地结合起来。

六
革命家应当不应当在反动工会里做工作？

德国"左派"认为对这个问题无疑应当作绝对否定的回答。他们以为只要对"反动的"和"反革命的"工会慷慨陈词，怒气冲冲地叫嚷一番（克·霍纳在这方面干得特别"庄重"，也特别笨拙），就足以"证明"，革命家、共产党人不需要甚至不容许在黄色的、社会沙文主义的、妥协主义的、列金派的、反革命的工会里做工作。

不管德国"左派"怎样确信这种策略是革命的，但实际上这种策略是根本错误的，它只是几句空话，毫无内容。

为了说明这一点，我根据本文总的意图，先从我国的经验说起，因为本文的目的就是要把布尔什维主义历史上和当今策略上普遍适用的、具有普遍意义和必须普遍遵循的原则应用到西欧去。

领袖、政党、阶级、群众间的相互关系，以及无产阶级专政和无产

---

① 马林诺夫斯基后来在德国被俘。他在布尔什维克掌握政权时回到俄国，立即被送交法庭审判，由我们的工人枪头了。孟什维克特别恶毒地攻击我们竟让一个奸细混进了我们党中央的这个错误。可是当我们在克伦斯基执政时期要求逮捕杜马主席罗将柯并且将他提交法庭审判（因为他在战前就知道马林诺夫斯基的奸细活动，却**没有**把这事**告知**杜马中的劳动派和工人）时，同克伦斯基一起执政的孟什维克和社会革命党人都没有支持我们的要求，因此罗将柯得以逍遥法外，自由自在地投奔邓尼金去了。

阶级政党同工会的关系，现时在我国具体表现如下。专政是由组织在苏维埃中的无产阶级实现的，而无产阶级是由布尔什维克共产党领导的。根据最近一次党的代表大会（1920 年 4 月）的统计，我们党有党员611000 人。无论十月革命前还是十月革命后，党员人数的起伏都很大；以前，甚至在 1918 年和 1919 年，党员人数比现在少得多。我们担心党过分扩大，因为那些只配枪毙的野心家、骗子手一定会想方设法钻进执政党里来。最近一次我们敞开党的大门（仅仅是对工农），是在 1919 年冬尤登尼奇离彼得格勒只有几俄里、而邓尼金攻占了奥廖尔（距莫斯科约 350 俄里）的时候，也就是苏维埃共和国危在旦夕的时候，这时候冒险家、野心家和骗子手以及一切不坚定的人，决不可能指望靠加入共产党飞黄腾达（倒可能预料到会因此上绞架或受拷打）。我们党每年召开一次代表大会（最近一次代表大会，每 1000 个党员选代表 1 人参加），由大会选出 19 人组成中央委员会领导全党，而且在莫斯科主持日常工作的则是更小的集体，即由中央全会选出的所谓"组织局"和"政治局"，各由 5 名中央委员组成。这样一来，就成为最地道的"寡头政治"了。我们共和国的任何一个国家机关没有党中央的指示，都不得决定任何一个重大的政治问题或组织问题。

党直接依靠**工会**来进行自己的工作。根据最近一次工会代表大会（1920 年 4 月召开）的统计，现有会员已经超过 400 万。工会形式上是一种非党的组织，而实际上大多数工会的领导机构，首先当然是全俄总工会的中央机构或常务机构（全俄工会中央理事会），都由共产党员组成，执行党的一切指示。总之，这是一个形式上非共产党的、灵活而较为广泛的、极为强大的无产阶级机构。党就是通过这个机构同**本阶级**和**群众**阶级专政保持密切联系的；**阶级专政**就是通过这个机构在党的领导下实现的。如果没有同工会的极密切的联系，没有工会的热烈支持，没有工会不仅在经济建设方面，**而且在军事**建设**方面**奋不顾身的工作，那么别说我们能管理国家和实行专政两年半，就是两个半月也不成。自然，要建立这种极密切的联系，实际上就要进行很复杂的各种各样的工作：进行宣传和鼓动，及时地和经常地与工会领导者以至一切有影响的工会工作者举行会议，还要跟孟什维克作坚决的斗争，因为孟什维克直到现在还有一些信徒（虽然人数不多），直到现在还在教唆他们进行各种反革命勾当，从在思想上维护（**资产阶级**）民主，鼓吹工会"独立"（不受无产阶级国家政权约束而独立！），直到暗中破坏无产阶级纪律，如此等等。

我们认为通过工会来联系"群众"还是不够的。在我们的革命进程中，实践创造了一种机构，这就是**非党工农代表会议**①，我们正在全力支持、发展和推广这种机构，以便考察群众的情绪，接近群众，答复群众的要求，从群众当中提拔优秀的人才来担任公职等等。最近颁布的关于把国家监察人民委员部改组为"工农检查院"的法令中，有一项法令就授权这种非党的代表会议选出国家监察委员来担任各种检查工作等等。

其次，党的全部工作当然都是通过不分职业而把劳动群众团结在一起的苏维埃来进行的。县苏维埃代表大会这种**民主**机构，就是在资产阶级世界最好的民主共和国里也是前所未见的；通过这种代表大会（党对这种代表大会极为关注），以及通过经常把觉悟工人派往乡村担任各项职务的办法，来实现无产阶级对农民的领导作用，实现城市无产阶级的专政，即对富有的、资产阶级的、进行剥削和投机的农民展开经常的斗

---

① 是指 1918—1921 年期间俄共（布）和苏维埃政权联系群众的一种方式。这种会议由地方党政机关召集。参加会议的代表由工厂和农村按照召集机关规定的名额选出。非党工农代表会议在当时起了重大的积极作用，但也曾被孟什维克、社会革命党人和无政府主义者所利用。非党代表会议后来逐渐为共产党员和非党员都参加的代表会议所取代。——编者注

争等等。

"从上面"来看，从实现专政的实践来看，无产阶级国家政权总的结构就是这样。相信读者一定会明白，为什么在俄国布尔什维克看来，在熟悉这种结构、观察过它是怎样在 25 年内从一些不合法的地下小组发展起来的布尔什维克看来，什么"从上面"**还是**"从下面"，什么领袖专政**还是**群众专政等等议论不能不是一派幼稚可笑的胡说，犹如争辩究竟是左脚还是右手对人更有用处一样。

至于德国左派谈论什么共产党人不能而且不应该在反动工会里工作，说什么可以放弃这种工作，说什么应该退出工会，必须另外创立一种崭新的、极纯的、由极其可爱的（也许大部分是极其年轻的）共产党人臆想出来的"工人联合会"等等，这种煞有介事的、非常深奥的和极端革命的论调，在我们看来也不能不是一派同样幼稚可笑的胡说。

资本主义必然遗留给社会主义的，一方面是工人中间旧有的、长期形成的工种和行当的差异；另一方面是各工种的工会，它们只有十分缓慢地、经过许多年才能发展成为而且一定会发展成为规模较广而行会气味较少的产业工会（包括整个生产部门，而不仅是包括同行、同工种、同行当），然后经过这种产业工会，进而消灭人与人之间的分工，教育、训练和培养出**全面发展的**和受到**全面**训练的人，即**会做一切工作的人**。共产主义正在向这个目标前进，必须向这个目标前进，并且**一定能达到**这个目标，不过需要经过许多岁月。如果目前就企图提前实现将来共产主义充分发展、完全巩固和形成、完全展开和成熟的时候才能实现的东西，这无异于叫四岁的小孩去学高等数学。

我们可以（而且必须）利用资本主义遗留下来的人才，而不是利用虚构的和我们特别造就的人才来着手建设社会主义。这当然是很"困难的"，不过，想用其他任何办法来完成这项任务都是异想天开，简直不值一提。

在资本主义发展初期，建立工会是工人阶级的一大进步，使工人由散漫无助的状态过渡到了**初步**的阶级联合。当无产者的阶级联合的**最高形式，即无产阶级的革命政党**（要是这个党不学会把领袖和阶级、领袖和群众结成一个整体，结成一个不可分离的整体，它便不配拥有这种称号）开始成长的时候，工会就不可避免地暴露出**某些**反动色彩，如某种行会的狭隘性，某种不问政治的倾向以及某些因循守旧的积习等等。但是除了通过工会，通过工会同工人阶级政党的协同动作，无产阶级在世界上任何地方从来没有而且也不能有别的发展道路。无产阶级夺取政权是无产阶级这个阶级向前迈出的一大步，这时候党更需要用新的方法而不单纯靠旧有的方法去对工会进行教育和领导，同时不应当忘记，工会现在仍然是、将来在一个长时期内也还会是一所必要的"共产主义学校"和无产者实现其专政的预备学校，是促使国家整个经济的管理职能逐渐转到工人**阶级**（而不是某个行业的工人）手中，进而转到全体劳动者手中所必要的工人联合组织。

上面所说的工会的**某种**"反动性"，在无产阶级专政时期是**难免的**。不懂得这一点，就是完全不懂得从资本主义向社会主义**过渡**的基本条件。害怕**这种**"反动性"，企图**避开**它，跳过它，是最愚蠢不过的了，因为这无异是害怕发挥无产阶级先锋队的作用，即训练、启发、教育工人阶级和农民中最落后的阶层和群众并吸引他们参加新生活。另一方面，如果把无产阶级专政推迟到没有一个工人抱狭隘的行业观念、没有一个工人抱行会偏见和工联主义偏见的那一天才去实现，那错误就更加严重了。政治家的艺术（以及共产党人对自己任务的正确理解）就在于正确判断在什么条件下、在什么时机无产阶级先锋队可以成功地取得政权，可以在取得政权过程中和取得政权以后得到工人阶级和非无产阶级劳动群众十分广大阶层的充分支持，以及在取得政权以后，能够通过教育、训练和争取愈来愈多的劳动群众来支持、巩固和扩大自己的统治。

　　其次，在那些比俄国先进的国家里，毫无疑义，工会的某种反动性显得比俄国严重得多，这也是必然的。在我国，孟什维克过去在工会中所以得到支持（今天在很少数的工会中，也还得到部分支持），正是由于存在着行会的狭隘性、职业上的利己主义和机会主义。西欧的孟什维克在工会里的"地盘"巩固得多，那里形成的"**工人贵族**"阶层比我国的强大得多，他们**抱有行业的、狭隘的观念，只顾自己，冷酷无情，贪图私利，形同市侩，倾向于帝国主义，被帝国主义收买，被帝国主义腐蚀**。这是无可争辩的。同龚帕斯之流，同西欧的茹奥、韩德逊、梅尔黑姆、列金之流的先生们作斗争，要比同我国的孟什维克作斗争困难得多。他们**完全**是同一个社会类型和政治类型的人。但是必须无情地进行这种斗争，必须像我们过去所做的那样把斗争进行到底，直到一切不可救药的机会主义和社会沙文主义领袖丢尽了丑，从工会中被驱逐出去为止。这种斗争没有进行到**一定的**程度，就不能夺取政权（而且也不应该去作夺取政权的尝试）。不过在不同的国家和不同的情况下，这个"**一定的程度**"**是不一样的**；只有每个国家的深谋远虑、经验丰富、熟悉情况的无产阶级政治领导者才能正确地估计这种程度。（顺便提一下，在1917年10月25日无产阶级革命后几天，即1917年11月间所举行的立宪会议选举，就是衡量我国进行这种斗争胜负的尺度。在这次选举中，孟什维克一败涂地，只获得70万票，加上外高加索的票数，一共只有140万票，而布尔什维克却获得了900万票。见《共产国际》第7—8期合刊上我写的《立宪会议选举和无产阶级专政》① 一文。）

　　但是，我们同"工人贵族"作斗争，是代表工人群众进行的，是为了把工人群众争取过来；我们同机会主义和社会沙文主义的领袖们作

---

　　①　见《列宁全集》中文第2版第38卷第1—25页。——编者注

斗争，是为了把工人阶级争取过来。如果忘记这个最浅显最明白的道理，那是愚蠢的。而德国"左派"共产党人做的正是这种蠢事，他们**由于工会上层分子**反动反革命，竟得出结论要……退出工会!! 拒绝在工会中工作!! 建立新的**臆想出来的**工人组织形式!! 这真是不可宽恕的愚蠢行为，这无异是共产党人给资产阶级帮大忙，因为我们的孟什维克正像一切机会主义的、社会沙文主义的、考茨基主义的工会领袖那样，无非都是"资产阶级在工人运动中的代理人"（我们一向都是这样称呼孟什维克的），或者，按美国丹尼尔·德莱昂派使用的一个绝妙的极其中肯的说法，是"资本家阶级的工人帮办"（labor lieutenants of the capitalist class）。不在反动工会里工作，就等于抛开那些还不够十分成熟的或落后的工人群众，听凭他们接受反动领袖、资产阶级的代理人、工人贵族或"资产阶级化了的工人"（参看恩格斯 1858 年写给马克思的论英国工人的信[①]）的影响。

　　正是这种主张共产党人不参加反动工会的荒谬"理论"最清楚不过地说明，这些"左派"共产党人在对待影响"群众"的问题上所采取的态度是多么轻率，说明他们在高喊"群众"时是如何滥用这个字眼的。要想善于帮助"群众"，赢得"群众"的同情、爱戴和支持，就必须不怕困难，不怕那些"领袖"对我们进行挑剔、捣乱、侮辱和迫害（这些机会主义者和社会沙文主义者多半都直接或间接地同资产阶级和警察有勾结），**哪里有群众**，就一定到**哪里去工作**。应该善于作出一切牺牲，克服极大的障碍，在一切有无产阶级群众或半无产阶级群众的机关、社团和协会（哪怕这些组织是最反动不过的）里有步骤地、顽强地、坚定地、耐心地进行宣传和鼓动。而工会和工人合作社，恰恰就是（后者至少有时是）这种有群众的组织。据瑞典《人民政治日报》

---

　　① 见《马克思恩格斯全集》中文第 1 版第 29 卷第 343—345 页。——编者注

1920 年 3 月 10 日所刊登的材料，英国工联会员，从 1917 年底到 1918 年底，已经由 550 万人增加到 660 万人，即增加了 19%。1919 年底，已达 750 万人。我手头没有法、德两国的有关材料，但是证明这两国工会会员也有大量增加的事实，是丝毫不容置疑的，是人所共知的。

　　这些事实同其他千百件事实一样，也最清楚不过地证明，正好是无产阶级群众、"下层"群众、落后群众的觉悟程度正在提高，要求组织起来的愿望日益迫切。当英、法、德各国的几百万工人**第一次**摆脱完全无组织的状态，进入初步的、低级的、最简单的、最容易接受的（对那些满脑子资产阶级民主偏见的人说来）组织形式即工会的时候，那班虽然革命但不明智的左派共产党人却站在一旁，空喊"群众"，"群众"！并且**拒绝在工会内部进行工作**！！借口工会的"反动性"而拒绝去工作！！臆想出一种崭新的、纯洁的以及没有沾染资产阶级民主偏见、没有行会习气和狭隘行业观念的"工人联合会"，一种将会（将会！）具有广泛性而只要（只要！）"承认苏维埃制度和专政"（见前面引文）就可以加入的"工人联合会"！！

　　很难想象谁还会比"左派"革命家更不明智，给革命带来更大的危害！即使现时在俄国，在我们对本国和协约国的资产阶级取得空前胜利的两年半之后的今天，如果我们提出"承认专政"作为加入工会的条件，那我们也是在做蠢事，破坏自己对群众的影响，帮助孟什维克。这是因为共产党人的全部任务，就是要善于说服落后分子，善于**在他们中间进行工作**，而不是臆想出一些幼稚的"左的"口号，**把自己**同他们**隔离开来**。

　　毫无疑义，龚帕斯、韩德逊、茹奥、列金之流的先生们是非常感谢这样一些"左派"革命家的，因为后者像德国的"原则上的"反对派（上帝保佑我们摆脱这种"原则性"吧！）或美国的"世界产业工人联合会"的某些革命者一样，鼓吹退出反动工会，拒绝在那里进行工作。

毫无疑义，机会主义的"领袖"先生们一定会使用各种资产阶级的外交手腕，借助资产阶级政府、神父、警察和法庭的力量，来阻止共产党人进入工会，千方百计地把他们从工会中排挤出去，尽量使他们在工会中工作不顺心，并且对他们进行侮辱、攻击和迫害。我们应当善于对付这一切，不怕任何牺牲，必要时甚至可以采用各种巧妙的计谋和不合法的手段，可以保持缄默，掩饰真情，只求打入工会，留在工会里，想尽方法在那里进行共产主义工作。在沙皇制度下，1905 年以前，我们不曾有过任何"合法机会"，但是当暗探祖巴托夫为了追捕革命者、同革命者进行斗争而召开黑帮工人会议、组织黑帮工人团体时，我们就派遣我们的党员到这种会议上和团体中去（我个人还记得其中有彼得堡的优秀工人巴布什金同志，他在 1906 年被沙皇的将军们枪杀了），同群众建立联系，巧妙地进行鼓动，使工人不致受祖巴托夫分子①的影响。当然，在西欧，由于合法偏见、立宪偏见和资产阶级民主偏见根深蒂固，进行这种工作要更为困难。但是这种工作能够进行而且必须进行，并且要经常不断地去进行。

我个人认为，第三国际执行委员会应当公开谴责并建议共产国际下次代表大会也来谴责不参加反动工会的政策（详细说明这种不参加反动工会的政策是不明智的，是对无产阶级革命事业有极大害处的），还要谴责荷兰共产党的某些党员支持（不管是直接或间接地、公开或隐蔽地、完全或部分地支持，都是一样）这种错误政策的行动路线。第三国际应当同第二国际的策略决裂，对于难以解决的迫切问题不应回避、掩盖，而要直截了当地提出来。我们已经把全部真理公开地告诉了"独立

---

① 龚帕斯、韩德逊、茹奥、列金之流，也就是祖巴托夫式的人物，他们和我国的祖巴托夫所不同的只是穿着欧洲的服装，具有欧洲的风度，在推行自己的无耻政策时采用一些文明、精巧和民主的粉饰手段。

党人"（德国独立社会民主党）①，我们也应当把全部真理公开地告诉"左派"共产党人。

七
参加不参加资产阶级议会？

德国"左派"共产党人以极端鄙视又极端轻率的态度对这个问题作了否定的回答。他们的论据是什么呢？我们在前面的引文中已经看到：

"……凡是回头再去采用在历史上和政治上已经过时的议会制斗争形式……都应当十分坚决地拒绝。"

这话说得狂妄到了可笑的地步，而且显然是错误的。"回头再去采用"议会制！莫非在德国已经建立了苏维埃共和国？恐怕还没有吧！那么，怎么说得上"回头再去采用"呢？难道这不是一句空话吗？议会制"在历史上已经过时了"。就宣传意义上来说，这是对的。但是谁都知道，从宣传到**实际**战胜议会制，还相距很远。早在几十年前，就可以而且完全有理由宣布资本主义"在历史上已经过时了"，但是决不能因此就说不必要**在资本主义基地上**进行很长期很顽强的斗争。就**世界历史**来说，议会制"在历史上已经过时了"，这就是说，资产阶级议会制**时代已经告终，无产阶级专政时代已经开始**。这是毫无疑义的。但是世界历史的尺度是以数十年为单位来衡量的。早10—20年或迟10—20年，这用世界历史的尺度来衡量，是算不得什么的，这从世界历史的角度来看，是微不足道的，甚至是无法大致估计在内的。正因为如此，拿世界

———————
① 见《列宁全集》中文第2版第38卷第61—68页。——编者注

历史的尺度来衡量实际政策问题，便是绝对不能容忍的理论错误。

议会制"在政治上已经过时了"吗？这是另外一回事。如果真是如此，那么"左派"的立场就是稳固的了。不过，这需要十分严肃认真的分析来加以证明，而"左派"连这样做的门径都还摸不着。在《共产国际驻阿姆斯特丹临时办事处公报》第 1 期（《Bulletin of the Provisional Bureau in Amsterdam of the Communist International》，1920 年 2 月）上登载了一篇《关于议会活动的提纲》，这篇提纲显然是反映了荷兰左派或左派荷兰人的意向，其中的分析也是十分拙劣的，这一点，我们在下面就可以看到。

第一，大家知道，同罗莎·卢森堡和卡尔·李卜克内西这样一些卓越的政治领导者的见解相反，德国"左派"早在 1919 年 1 月就认为议会制"在政治上已经过时了"。大家知道，"左派"是错了。单单这一点就立刻从根本上推翻了议会制"在政治上已经过时了"的论断。"左派"应该证明，为什么他们那时的不容争辩的错误，现在却不成其为错误了。他们没有拿出也不可能拿出丝毫的证据来。一个政党对自己的错误所抱的态度，是衡量这个党是否郑重，是否**真正履行**它对本**阶级**和劳动**群众**所负义务的一个最重要最可靠的尺度。公开承认错误，揭露犯错误的原因，分析产生错误的环境，仔细讨论改正错误的方法——这才是一个郑重的党的标志，这才是党履行自己的义务，这才是教育和训练**阶级**，进而又教育和训练**群众**。德国的（以及荷兰的）"左派"没有履行自己的这一义务，没有极仔细地认真地严肃地研究自己明显的错误，这恰恰证明他们不是**阶级的党**，而是一个小组，不是**群众的党**，而是知识分子和沾染了知识分子恶习的少数工人的一个小团体。

第二，在"左派"的法兰克福组织出版的同一本小册子里，除了上面详细摘引的言论之外，我们还可以读到：

"……数百万的仍旧跟着中央党〈天主教"中央"党〉政策走的工人是反革命的。农村无产者正在提供众多的反革命军队。"（上述小册子第3页）

这些话显然说得太随便、太夸大了。但是这里所叙述的基本事实却是不容争辩的；"左派"既然承认这个事实，便特别明显地证实了他们的错误。既然"数百万的"和"众多的"**无产者**，不仅仍旧赞成议会制，而且简直是"反革命的"，那怎么能说"议会制在政治上已经过时了"呢!? 显然在德国，议会制在政治上**还没有**过时。显然是德国"左派"把**自己的愿望**，把自己思想上政治上的态度，当做了客观现实。这对革命家是最危险的错误。在俄国，沙皇制度的压迫异常野蛮、异常残暴，从而在一个特别长的时期里，通过多种多样的形式造就了各种派别的革命家，造就了无限忠诚、热情、英勇和坚强的革命家；在俄国，我们曾经对革命家所犯的这种错误，作过特别真切的观察、特别仔细的研究，我们对这种错误特别熟悉，所以对别人身上的这种错误也看得特别清楚。对于德国共产党人来说，议会制当然"在政治上已经过时了"，可是问题恰恰在于**不能认为对于我们**已经过时的东西，**对于阶级、对于群众**也已经过时。正是在这一点上我们又一次看到，"左派"不善于作为**阶级**的党、作为**群众**的党来判断事理，处理事情。你们决不应该把自己降低到群众的水平，降低到本阶级中落后阶层的水平。这是毫无疑义的。你们应该对他们说不中听的真话。你们应该把他们的资产阶级民主偏见和议会制偏见叫做偏见。但是同时你们也应该**清醒地**注意到正是整个阶级的（而不仅是它的共产主义先锋队的）、正是全体劳动**群众**的（而不仅是他们的先进分子的）觉悟和准备的**实际状况**。

即使不是"数百万的"和"众多的"，而是只有相当数量的**少数**产业工人跟着天主教神父走，只有相当数量的**少数**农业工人跟着地主和富农（Groβbauern）走，那么根据这一点也可以**毫无疑义地**得出结论说，在德国，议会制在政治上**还没有**过时，革命无产阶级的政党**必须**参加议会选举，参加议会讲坛上的斗争，其目的**正是**在于教育**本阶级**的落后阶层，正是在于唤醒和启发水平不高的、备受压抑的和愚昧无知的农村**群众**。当你们还无力解散资产阶级议会以及其他类型的任何反动机构的时候，你们就**应该**在这些机构内部工作，**正是**因为在那里还有受神父愚弄的、因身处穷乡僻壤而闭塞无知的工人；不然，你们就真有成为空谈家的危险。

第三，"左派"共产党人说了许许多多称赞我们布尔什维克的好话。有时我不禁要说：你们还是少称赞我们几句，多研究研究布尔什维克的策略，多熟悉熟悉这些策略吧！1917 年 9—11 月间，我们参加了俄国资产阶级议会即立宪会议的选举。我们当时的策略是否正确呢？如果是不正确的，那就应该明确地说出来，并且加以证明，因为这样做是国际共产主义运动制定正确策略所必需的。如果是正确的，那就应该由此作出一定的结论。当然，不能把俄国的条件和西欧的条件等量齐观。但是在专门谈"议会制在政治上已经过时了"这个概念究竟是什么意思的时候，就必须准确地估计到我国的经验，因为不估计到具体经验，这类概念就很容易流为空谈。我们俄国布尔什维克在 1917 年 9—11 月间，岂不是比西方任何一国的共产党人都**更**有理由认为议会制在俄国在政治上已经过时了吗？当然是这样，因为问题不在于资产阶级议会存在时间长短，而在于广大劳动群众对于采用苏维埃制度、解散（或容许解散）资产阶级民主议会的**准备**（思想上、政治上、实践上），达到了什么程度。至于 1917 年 9—11 月间，由于种种特殊条件，俄国的城市工人阶级、士兵和农民对于采用苏维埃制度和解散当时最民主的资产阶级议会已经有了非常充分的准备，这是丝毫不容争辩的、明明白白的历史事实。虽然如此，布尔什维克还是**没有**抵制立宪会议，而是在无产阶级夺取政权以前**和以后**都参加了立宪会议的选举。这次选举收到了非常可贵的（对于无产阶级极为有益的）政治效果，我想，这一点我在前面提到的那篇详尽分析俄国立宪会议选举材料的文章①中已经证明了。

由此可以得出一个丝毫不容争辩的结论：经验证明，甚至在苏维埃共和国胜利以前的几个星期里，甚至**在胜利以后**，参加资产阶级民主议会，不仅对革命无产阶级没有害处，反而会使它易于向落后群众**证明**为什么这种议会应该解散，**易于**把这种议会解散，**易于**促使资产阶级议会制"在政治上过时"。不重视这种经验，同时却希望留在必须**以国际的观点**来制定策略（不是狭隘的或片面的一国的策略，而正是**国际的策略**）的共产国际，那就是犯极大的错误，那就恰恰是口头上承认国际主义，行动上背弃国际主义。

我们现在来看看"荷兰左派"主张不参加议会的论据。下面就是刚才提到的"荷兰人的"提纲中最重要的一条即第 4 条的译文（译自英文）：

> "在资本主义的生产体系已经崩溃而社会已处于革命状态的时候，议会活动同群众本身的行动比较起来，便逐渐失去意义。在这种条件下，议会正在变成反革命的中心和反革命的机构，而另一方面，工人阶级正在建立自己的政权工具即苏维埃；这时候，拒绝以任何方式参加议会活动，甚至可能是必要的。"

头一句话显然就错了，因为群众的行动，例如大罢工，**任何时候**都比议会活动重要，决不是仅仅在革命时期或在革命形势下才如此。这种显然站不住脚的、从历史上和政治上来看都是错误的论据，只是特别清楚地表明，提纲作者们既绝对没有考虑到全欧洲的经验（法国 1848 年、1870 年革命前的经验，德国 1878—1890 年的经验等等），也绝对没有考虑到俄国的经验（见上面），没有考虑到把合法斗争和不合法斗争**配**

---

① 见《列宁全集》中文第 2 版第 38 卷第 1—25 页。——编者注

合起来的重要性。这个问题，一般说来，或是就特定的情况说来，都具有极其重大的意义，因为在**一切**文明的先进的国家内，由于无产阶级和资产阶级之间的国内战争日益成熟和逼近，由于百般侵犯合法性的共和制政府以及所有资产阶级政府疯狂迫害共产党人（只要看看美国的例子就够了），等等，革命无产阶级的政党愈来愈有必要（有些地方早已有必要）把合法斗争和不合法斗争配合起来的时刻正在迅速到来。荷兰人以至一切左派对这个极为重要的问题却根本不懂。

　　第二句话，首先从历史上来看就是错误的。我们布尔什维克参加过极端反革命的议会，而且经验表明：正是在俄国第一次资产阶级革命（1905年）之后，这样做对于革命无产阶级的政党准备第二次资产阶级革命（1917年2月），以及后来准备社会主义革命（1917年10月），不但是有益的，而且是必要的。其次，这句话说得极其不合逻辑。既然议会正在变成反革命的机构和反革命的"中心"（附带说一句，实际上议会从来没有成为而且也不可能成为"中心"），而工人正在创立自己的政权工具即苏维埃，那么由此得出的结论自然是：工人必须做好准备（在思想上、政治上、技术上做好准备），去开展苏维埃反对议会的斗争，用苏维埃去解散议会。然而决不能由此得出结论说，**在**反革命的议会**内部**有拥护苏维埃的反对派，会使解散议会变得困难或者变得不那么方便。当我们胜利地进行反对邓尼金和高尔察克的斗争时，我们从来没有认为，他们那里有拥护苏维埃的反对派即无产阶级反对派这一点，对我们获得胜利是无关紧要的。我们十分清楚，反革命立宪会议内部有布尔什维克这样彻底的拥护苏维埃的反对派和左派社会革命党人这样不彻底的拥护苏维埃的反对派，这对于我们在1918年1月5日解散立宪会议，不是造成了困难，而是提供了方便。提纲的作者们陷入了混乱，他们忘记了多次革命甚至是所有革命的一条经验，而这条经验证明，在革命时期，把反动议会外的群众行动和议会内部同情革命的（如果是直接

支持革命的，那就更好）反对派的活动**配合起来**，是特别有益的。荷兰
人以至一切"左派"在这方面的言论活像空谈革命的学理主义者，他
们从来没有参加过真正的革命，或者从来没有深入探讨过革命史，或者
天真地以为主观上"否定"某种反动机构，便算是实际上用许多客观
因素合成的力量把这种机构破坏了。使一种新的政治思想（不仅是政治
思想）声誉扫地，受到损害，最有效的方法就是以维护为名，把它弄到
荒谬绝伦的地步。这是因为任何真理，如果把它说得"过火"（如老狄
慈根所说的那样），加以夸大，把它运用到实际适用的范围之外，便可
以弄到荒谬绝伦的地步，而且在这种情形下，甚至必然会变成荒谬绝伦
的东西。荷兰和德国的左派给予苏维埃政权比资产阶级民主议会优越这
一新的真理的，正是这种熊的帮忙①。自然，谁要是按照老套套笼统地
说，在任何条件下都不可以拒绝参加资产阶级议会，那也是不对的。我
不想在这里来说明在哪些条件下抵制议会才是有利的，因为本文的任务
要小得多，只是结合国际共产主义策略中的几个迫切问题来考察俄国的
经验。俄国的经验告诉我们，布尔什维克的抵制一次是成功的、正确的
（1905年），另一次则是错误的（1906年）。我们分析一下第一次抵制
的情形，便可以看到，那一次所以能够**使**反动政权**召开不了**反动议会，
是因为当时群众的议会外的（尤其是罢工的）革命行动正在异常迅速
地发展，无产阶级和农民中任何一个阶层都不会给反动政府以任何支
持，而革命无产阶级通过罢工斗争和土地运动保证了自己对广大落后群
众的影响。十分明显，在欧洲目前的条件下**这个**经验是不适用的。根据
上述理由，同样十分明显，荷兰人和"左派"为拒绝参加议会的主张

---

①　意为帮倒忙，出典于俄国作家伊·安·克雷洛夫的寓言《隐士和熊》。寓言
说，一个隐士和熊做朋友，熊热心地抱起一块大石头为酣睡的隐士驱赶鼻
子上的一只苍蝇，结果把他的脑袋砸成了两半。——编者注

辩护（哪怕是有条件的辩护），是根本错误的，对于革命无产阶级的事业是有害的。

在西欧和美国，议会已经成为工人阶级中先进革命分子深恶痛绝的东西。这是不容争辩的。这是完全可以理解的，因为很难想象还有什么比大多数社会党议员和社会民主党议员战时和战后在议会中的所作所为更卑鄙无耻，更具有叛卖性了。但是，如果在解决应当**怎样**去同这一公认的祸害作斗争的问题时，竟任凭这种情绪来支配，那就不仅不明智，而且简直是犯罪了。在西欧许多国家里出现革命情绪，目前可以说是件"新鲜事"，或者说是"稀罕事"，人们盼望这种情绪太久、太失望、太焦急了，或许正因为这个缘故，人们才这样容易为情绪所支配。当然，没有群众的革命情绪，没有促使这种情绪高涨的条件，革命的策略是不能变为行动的，但是，俄国过于长久的惨痛的血的经验，使我们确信这样一个真理：决不能只根据革命情绪来制定革命策略。制定策略，必须清醒而极为客观地估计到本国的（和邻国的以及一切国家的，即世界范围内的）**一切**阶级力量，并且要估计到历次革命运动的经验。仅仅靠咒骂议会机会主义，仅仅靠否认参加议会的必要，来显示自己的"革命性"，这是非常容易的，但是正因为太容易了，所以不是完成困难的、极其困难的任务的办法。在欧洲各国议会里，建立真正革命的议会党团，要比在俄国困难得多。这是不言而喻的。然而这只是说出了全部真理的一部分，而全部真理是：俄国在1917年那种历史上非常独特的具体形势下，**开始**社会主义革命是容易的，而要把革命**继续下去**，把革命进行到底，却要比欧洲各国困难。我还在1918年年初就指出了这个情况，此后两年来的经验也完全证实了这种看法是正确的。俄国当时的特殊条件是：（1）有可能把苏维埃革命同结束（通过苏维埃革命）给工农带来重重灾难的帝国主义战争联结起来；（2）有可能在一定时期内利用称霸世界的两个帝国主义强盗集团之间的殊死斗争，当时这两个集团不能联合起来反对苏维埃这个敌人；（3）有可能坚持比较长期的国内战争，其部分原因是俄国幅员广大和交通不便；（4）当时农民中掀起了非常深刻的资产阶级民主革命运动，无产阶级政党就接过了农民政党（即社会革命党，他们多数党员是激烈反对布尔什维主义的）的革命要求，并且由于无产阶级夺取了政权而立即实现了这些要求。这些特殊条件，目前在西欧是没有的，而且重新出现这样的或类似的条件也不是很容易的。除其他一些原因外，这也是西欧**开始**社会主义革命比我国困难的一个原因。要想"避开"这种困难，"跳过"利用反动议会来达到革命目的这个难关，那是十足的孩子气。你们要建立新社会吗？可是你们又害怕困难，不去在反动议会内建立一个由坚定、忠诚、英勇的共产党人组成的优秀的议会党团！难道这不是孩子气吗？德国的卡尔·李卜克内西和瑞典的塞·霍格伦甚至在得不到来自下面的群众支持的情况下，尚且能够树立以真正的革命精神利用反动议会的榜样，难道一个迅速发展着的群众性的革命政党，处在战后群众大失所望、愤怒异常的环境中，反而不能在那些最可恶的议会里**锻造出**一个共产党党团来吗？！正因为西欧工人中的落后群众，尤其是小农中的落后群众，受资产阶级民主偏见和议会制偏见的熏染比俄国的要厉害得多，所以共产党人**只有**从资产阶级议会这种机构内部，才能（并且应该）进行长期的、顽强的、百折不挠的斗争，来揭露、消除和克服这些偏见。

　　德国"左派"抱怨他们党的那些"领袖"不好，因此悲观失望，以至于采取"否定""领袖"的可笑态度。然而处在常常必须把"领袖"秘密隐藏起来的条件下，要**造就**可以信赖的、久经考验的和享有威望的好"领袖"是特别困难的事情；要顺利地克服这些困难，就非把合法工作和不合法工作配合起来，**使"领袖"受到考验不可，其中包括议会斗争的考验**。批评，而且是最尖锐、最无情和最不调和的批评，不应该是针对议会斗争或议会活动，而应该是针对那些不善于尤其是**不**

愿意以革命精神、以共产主义精神来利用议会选举和议会讲坛的领袖。只有这种批评（当然同时也要驱逐不称职的领袖，而代之以称职的领袖）才是既有益处又有实效的革命工作，才能一方面教育"领袖"，使他们无愧于工人阶级和劳动群众，另一方面又教育群众，使他们学会正确地分析政治形势，了解在这种政治形势下产生出来的往往是非常错综复杂的任务。①

八
不作任何妥协吗？

我们从上面引自法兰克福出版的小册子的那段话里，已经看到"左派"何等坚决地提出"不作任何妥协"的口号。这些无疑是以马克思

---

① 我很少有机会了解意大利"左派"共产主义者。博尔迪加同志及其"共产主义者抵制派"（Comunista astensionista）维护不参加议会的主张无疑是不对的。可是，根据两号他主编的《苏维埃报》（1920 年 1 月 18 日和 2 月 1 日《苏维埃报》第 3 号和第 4 号）、四期塞拉蒂同志主编的出色的《共产主义》杂志（1919 年 10 月 1 日—11 月 30 日《共产主义》第 1—4 期）以及我所能读到的几份零散的意大利资产阶级报纸看来，我以为他有一点是对的。那就是说，博尔迪加同志和他那一派人对屠拉梯及其同伙的抨击是正确的，因为后者依然留在一个承认苏维埃政权和无产阶级专政的政党里，依然当议员，并继续奉行危害极大的机会主义的老政策。塞拉蒂同志和整个意大利社会党容忍这种现象，当然是一个错误，这种错误也会像在匈牙利那样带来很大的害处和危险，匈牙利的屠拉梯之流的先生们就是从内部暗中破坏党和苏维埃政权的。对机会主义的议员采取这种错误的、不彻底的或软弱的态度，一方面促成"左派"共产主义者的出现，另一方面又在一定程度上证明"左派"共产主义者的存在是对的。塞拉蒂同志指责议员屠拉梯"不彻底"（《共产主义》第 3 期）显然是不对的，其实不彻底的正是意大利社会党，它容忍了屠拉梯之流这样的机会主义的议员。

主义者自居并且愿意做马克思主义者的人，竟忘记了马克思主义的基本真理，这实在使人感到可悲。请看看 1874 年恩格斯反驳 33 个布朗基派公社战士的宣言时说的话吧（恩格斯同马克思一样，都属于那种少见的和极少见的著作家，能做到每一巨著中的每一句话含义都极为深刻）：

> "'……〈布朗基派公社战士的宣言中说〉我们所以是共产主义者，是因为我们要达到自己的目的，不在中间站停留，不作妥协，因为妥协只会推迟胜利到来的日子，延长奴隶制的寿命。'

德国共产主义者所以是共产主义者，是因为他们通过一切不是由他们而是由历史发展进程造成的中间站和妥协，清楚地瞄准和追求最后目的：消灭阶级和建立不再有土地私有制和生产资料私有制的社会制度。33 个布朗基主义者所以是共产主义者，是因为他们以为，只要**他们**抱有善良的愿意，想跳过各个中间站和各种妥协，那就万事大吉了，只要——他们确信如此——日内'干起来'，政权落到他们手中，那么后天'就会实行共产主义'。因此，如果这不能立刻办到，那他们也就不是共产主义者了。

把自己的急躁当做理论上令人信服的论据，这是何等天真幼稚！"（**弗·恩格斯**《公社的布朗基派流亡者的纲领》①，载于德国社会民主党的报纸《人民国家报》1874 年第 73 号，引自《1871—1875 年论文集》俄译本 1919 年彼得格勒版第 52—53 页）

恩格斯在这篇论文中对瓦扬深表敬意，说瓦扬有"不容争辩的功绩"（瓦扬和盖得一样，在 1914 年 8 月背叛社会主义以前是国际社会主义运动影响极大的领袖）。但是，恩格斯对他的明显的错误却没有放过，而作了详尽的剖析。当然，在年纪很轻、没有经验的革命者看来，以及

---

① 见《马克思恩格斯文集》第 3 卷第 363 页。——编者注

在甚至岁数很大、经验很多的小资产阶级革命者看来，好像"容许妥协"是异常"危险的"，是不可理解和不正确的。而许多诡辩家（那班十二分"有经验的"政客）也正像兰斯伯里同志所提到的那些英国机会主义领袖那样，议论什么"既然布尔什维克可以作某种妥协，为什么我们不可以作任何妥协呢?"但是，在多次罢工（我们只拿阶级斗争的这一种表现来说）中受到教育的无产者，对恩格斯所阐明的这一极深刻的（哲学上的、历史上的、政治上的、心理学上的）真理通常都能很好地领会。每个无产者都经历过罢工，都同可恨的压迫者和剥削者作过"妥协"，那就是，在自己的要求完全没有达到，或者只得到部分的满足时，也不得不去上工。每个无产者由于处在群众斗争和阶级对立急剧尖锐化的环境里，都看到了下列两种妥协之间的差别：一种是为客观条件所迫（罢工者的基金告竭，没有外界援助，陷于极端饥饿和苦难的境地）而作的妥协，这种妥协丝毫不会削弱实行这种妥协的工人对革命的忠诚和继续斗争的决心；另一种是叛徒的妥协，他们贪图私利（工贼也实行"妥协"!），怯懦畏缩，甘愿向资本家讨好，屈从于资本家的威胁、利诱、劝说，捧场（这种叛徒的妥协，在英国工人运动史上，英国工联领袖做得特别多，然而所有国家的几乎所有的工人都见到过这种或那种形式的类似现象），却把原因推给客观。

当然，有时也可以遇到异常困难复杂的个别情况，要花极大的气力，才能正确断定某一"妥协"的真实性质，——正像有些杀人案件，很难断定这些杀人行为是完全正当的、甚至是必要的（例如正当防卫），或者是不可原谅的疏忽，或者甚至是经过精心策划的谋害。当然，在政治上有时由于各阶级和各政党之间的（国内的和国际的）相互关系异常错综复杂，有许多情况判断起来，要远比判断什么是罢工中的合理"妥协"，什么是工贼、叛徒领袖等等的叛卖性"妥协"，更为困难。如果要开一张包治百病的丹方，或者拟订一个适用于一切情况的一般准则（"不作任何妥协"！），那是很荒谬的。为了能够弄清各个不同的情况，应该有自己的头脑。党组织的作用和名副其实的党的领袖的作用，也正在于通过本阶级一切肯动脑筋的分子①所进行的长期的、顽强的、各种各样的、多方面的工作，获得必要的知识、必要的经验、必要的（除了知识和经验之外）政治嗅觉，来迅速而正确地解决各种复杂的政治问题。

　　幼稚而毫无经验的人们以为，只要一承认容许**妥协**，就会抹杀机会主义（我们正同它并且必须同它进行不调和的斗争）和革命马克思主义或共产主义之间的任何界限。假使这些人还不懂得，无论自然界还是社会中，**一切**界限都是变动的，而且在一定程度上都是有条件的，那么除了通过长期的训练、培养和教育，让他们取得政治经验和生活经验以外，就没有别的办法可以帮助他们。重要的是在每个个别的或特殊的历史关头，要善于从实际政治问题中识别哪些问题上表现出某种最主要的而且是不能容许的、叛卖性的、危害革命阶级的机会主义的妥协，并且要竭尽全力揭露这种妥协，同它进行斗争。在两个同样进行抢劫、进行掠夺的国家集团间进行帝国主义战争（1914—1918 年）时，这样的最主要的、基本的一种机会主义，就是社会沙文主义，也就是主张"保卫祖国"，在**这样一场**战争中"保卫祖国"，实际上就等于保卫"本国"资产阶级的强盗利益。在大战以后，保卫掠夺性的"国际联盟"；保卫同本国资产阶级订立的直接或间接的联盟而反对革命无产阶级和"苏维埃"运动；保卫资产阶级民主制和资产阶级议会制而反对"苏维埃政

---

　　①　每个阶级，即使是在最文明的国家里，即使它是最先进的阶级，并且由于当前的形势，它的一切精神力量得到最高度发挥，其中也总会有一些分子不动脑筋和不会动脑筋，而且只要阶级还存在，只要无阶级的社会还没有在自己的基础上完全加强、巩固和发展起来，就必然**还会有**这样一些分子。否则，资本主义便不成其为压迫群众的资本主义了。

权"——这些就是不能容许的叛卖性妥协的最主要表现，这些妥协合在一起就是危害革命无产阶级及其事业的机会主义。

德国左派在法兰克福出版的小册子里写道：

> "……凡是同其他政党妥协……凡是实行机动和通融的政策，都应当十分坚决地拒绝。"

也真奇怪，这些左派既抱着这种见解，却没有坚决地斥责布尔什维主义！德国左派不会不知道在布尔什维主义全部历史中，无论在十月革命前或十月革命后，**都充满着**对其他政党包括对资产阶级政党实行机动、通融、妥协的事实！

为了推翻国际资产阶级而进行的战争，比国家之间通常进行的最顽强的战争还要困难百倍，费时百倍，复杂百倍；进行这样的战争而事先拒绝采用机动办法，拒绝利用敌人之间利益上的矛盾（哪怕是暂时的矛盾），拒绝同各种可能的同盟者（哪怕是暂时的、不稳定的、动摇的、有条件的同盟者）通融和妥协，这岂不是可笑到了极点吗？这岂不是正像我们千辛万苦攀登一座未经勘察、人迹未到的高山，却预先拒绝有时要迂回前进，有时要向后折转，放弃已经选定的方向而试探着从不同的方向走吗？而那些如此缺乏觉悟、如此没有经验的人（如果这真是因为他们年轻，那还算好：上帝本来就让青年在一定的时间内说这类蠢话的），居然能得到荷兰共产党内某些党员的支持（不管是直接或间接的，公开或隐蔽的，完全或部分的支持，都是一样）！！

在无产阶级进行了第一次社会主义革命之后，在一国内推翻了资产阶级之后，这个国家的无产阶级**在很长时期内**，依然要比资产阶级**弱**，这只是因为资产阶级有很广泛的国际联系，还因为在这个推翻了资产阶级的国家里，小商品生产者自发地、经常地使资本主义和资产阶级复活和再生。要战胜更强大的敌人，就必须尽最大的努力，同时**必须**极仔细、极留心、极谨慎、极巧妙地一方面利用敌人之间的一切"裂痕",哪怕是最小的"裂痕",利用各国资产阶级之间以及各个国家内资产阶级各个集团或各种类别之间利益上的一切对立,另一方面要利用一切机会,哪怕是极小的机会,来获得大量的同盟者,尽管这些同盟者可能是暂时的、动摇的、不稳定的、不可靠的、有条件的。谁不懂得这一点,谁就是丝毫不懂得马克思主义,丝毫不懂得**现代的科学社会主义**。谁要是没有在相当长的时期内和在各种相当复杂的政治形势下,**在实践上**证明他确实会运用这个真理,谁就还没有学会帮助革命阶级去进行斗争,使全体劳动人类从剥削者的压榨下解放出来。以上所说的一切,对于无产阶级夺取政权**以前**和**以后**的时期,都是同样适用的。

马克思和恩格斯说过,我们的理论不是教条,而是**行动的指南**①;卡尔·考茨基、奥托·鲍威尔这类"正宗的"马克思主义者的最大错误和最大罪恶,就是他们不懂得这一点,不善于在无产阶级革命最紧要的关头按此行事。马克思以前时期的俄国伟大的社会主义者尼·加·车尔尼雪夫斯基常说:"政治活动并不是涅瓦大街的人行道。"(涅瓦大街是彼得堡一条笔直的主要街道,它的人行道清洁、宽阔而平坦。)从车尔尼雪夫斯基那时以来,俄国革命家由于忽视或忘记了这个真理,遭受过无数的牺牲。我们无论如何要使西欧和美国的左派共产党人和忠于工人阶级的革命家,**不至于像落后的俄国人那样**,为领会这个真理付出**如此昂贵的代价**。

在沙皇制度被推翻以前,革命的俄国社会民主党人曾经多次利用资产阶级自由派的帮助,那就是说,同他们作过多次实际的妥协;在1901—1902年间,在布尔什维主义产生之前,旧《火星报》编辑部(当时参加这个编辑部的有普列汉诺夫、阿克雪里罗得、查苏利奇、马

---

① 参看《马克思恩格斯文集》第10卷第557页。——编者注

尔托夫、波特列索夫和我)就曾同资产阶级自由派政治领袖司徒卢威结
成正式的政治联盟(时间固然不长),同时却善于不间断地在思想上和
政治上同资产阶级自由主义及其在工人运动内部反映出来的任何最微小
的影响作最无情的斗争。布尔什维克一直奉行这个政策。从 1905 年起,
他们一贯坚持工农联盟,反对自由派资产阶级和沙皇制度,同时从来也
不拒绝支持资产阶级去反对沙皇制度(例如在第二级选举或在复选
时),从来也没有在思想上和政治上停止对农民的资产阶级革命党,即
对"社会革命党人"作最不调和的斗争,而是揭露他们的面目,揭露
他们是冒充社会主义者的小资产阶级民主派。1907 年,在杜马选举中,
布尔什维克曾同"社会革命党人"结成短期的正式政治联盟。1903—
1912 年期间,我们不止一次地和孟什维克形式上同处在一个统一的社
会民主党内,每次都有好几年,但是**从来没有**在思想上和政治上停止跟
他们这些对无产阶级散布资产阶级影响的人和机会主义者作斗争。在大
战期间,我们同"考茨基派"即左派孟什维克(马尔托夫)以及一部
分"社会革命党人"(切尔诺夫、纳坦松)作过某些妥协,同他们在齐
美尔瓦尔德和昆塔尔一起开过会,发表过共同宣言,但是我们从来没有
在思想上和政治上停止和削弱对"考茨基派"、对马尔托夫和切尔诺夫
的斗争(纳坦松死于 1919 年;他当时已是一个非常靠拢我们、跟我们
意见几乎完全一致的民粹派"革命共产党人"。正当十月革命的时候,
我们同小资产阶级的农民结成了一个非正式的、但又非常重要的(而且
是非常成功的)政治联盟,我们未作任何修改就**全盘**接受了**社会革命党
的**土地纲领,也就是说,我们作了一次明显的妥协来向农民证明,我们
并不想用多数票压他们,而是愿意同他们妥协。同时,我们曾经向"左
派社会革命党人"建议结成(而且不久就实现了)正式的政治联盟,请
他们参加政府;但是在缔结布列斯特和约以后,他们破坏了这个联盟,
到 1918 年 7 月甚至举行了武装暴动,继而又进行武装斗争来反对我们。

因此，很明显，德国左派因为德国共产党中央想跟"独立党人"（"德国独立社会民主党"，即考茨基派）结成联盟，便加以攻击，在我们看来是极不严肃的，而且这种攻击明显地证明"左派"是**错误的**。我们俄国也有过同德国谢德曼之流类似的右派孟什维克（他们参加过克伦斯基政府）和反对右派孟什维克而同德国考茨基派类似的左派孟什维克（马尔托夫）。1917 年，我们明显地看到工人群众逐渐离开孟什维克而转向布尔什维克：在 1917 年 6 月举行的全俄苏维埃第一次代表大会上，我们只占代表总数的 13％，社会革命党人和孟什维克占大多数；在苏维埃第二次代表大会（俄历 1917 年 10 月 25 日）上，我们已占代表总数的 51％。为什么德国工人有**同样的**、完全**相同的**从右向左的转变趋势，却没有立即增强共产党人的力量，而首先增强了中间政党——"独立"党（虽然这个党从来没有过任何独立的政见和任何独立的政策，而只是摇摆于谢德曼之流和共产党人之间）的力量呢？

很明显，原因之一就是德国共产党人采取了**错误的**策略，德国共产党人必须大胆地老老实实地承认这个错误，并且学会纠正这个错误。这个错误就是否认有必要参加反动的资产阶级议会和反动的工会，这个错误就是以多种形式表现出来的"左派"幼稚病，这种病症现在已经暴露出来，这就可以更好更快地把它治好，对于机体会更有益处。

德国"独立社会民主党"内部，显然是不一致的：其中除那些已经证明不能理解苏维埃政权和无产阶级专政的意义，不能领导无产阶级革命斗争的机会主义老领袖（如考茨基、希法亭，看来克里斯平、累德堡等在很大程度上也是如此）以外，还有一个左翼，即无产阶级一翼已经形成，并且正在非常迅速地发展着。该党数十万无产者党员（党员总数似为 75 万）正在离开谢德曼而迅速靠拢共产党人。这个无产阶级一翼已经在"独立党人"莱比锡代表大会（1919 年）上提议无条件地立即加入第三国际。如果害怕同该党的这一翼"妥协"，那简直是可笑的。恰恰相反，共产党人**必须**寻找**而且必须找到**一种同他们妥协的适当形式，这种妥协一方面可以促进和加速共产党人同这一翼实现必要的完全融合，另一方面丝毫不妨碍共产党人对"独立党人"机会主义右翼进行思想上和政治上的斗争。要找到这样一种适当的形式，大概是不容易的，然而只有骗子才会向德国工人和德国共产党人许诺一条"容易"致胜的道路。

　　如果"纯粹的"无产阶级没有被介于无产者和半无产者（一半依靠出卖劳动力来获得生活资料的人）之间、半无产者和小农（以及小手艺人、小手工业者和所有的小业主）之间、小农和中农之间等等为数众多的形形色色的中间类型所包围，如果无产阶级本身没有分成比较成熟的和比较不成熟的阶层，没有乡土、职业、有时甚至宗教等等的区分，那么资本主义便不成其为资本主义了。由于这一切原因，无产阶级的先锋队，无产阶级的觉悟部分，即共产党，就必须而且绝对必须对无产者的各种集团，对工人和小业主的各种政党采取机动、通融、妥协的办法。全部问题在于要**善于**运用这个策略，来**提高**无产阶级的觉悟性、革命性、斗争能力和致胜能力的**总的**水平，而不是降低这种水平。顺便应当指出：布尔什维克为了战胜孟什维克，不仅在 1917 年十月革命以前，**就是在此以后**也需要采取机动、通融、妥协的策略，自然，我们所采取的这种策略是靠削弱孟什维克来促进、增进、巩固和加强布尔什维克的。小资产阶级民主派（包括孟什维克在内）必然要动摇于资产阶级和无产阶级之间，动摇于资产阶级民主制度和苏维埃制度之间，动摇于改良和革命之间，动摇于喜爱工人和畏惧无产阶级专政之间等等。共产党人的正确策略，应该是**利用**这种动摇，决不是忽视这种动摇；既然要利用这种动摇，那就得对那些转向无产阶级的分子，在他们转向无产阶级的时候，实行让步，看他们转的程度，来决定让步的程度；同时要同那些转向资产阶级的分子作斗争。由于我们运用了正确的策略，我国孟什维主义已经而且还在日益瓦解，顽固的机会主义领袖陷于孤立，优秀的工人和小资产阶级民主派中的优秀分子，都转入我们的阵营。这是一个长期的过程，所以"不作任何妥协，不实行任何机动"这种操之过急的"决定"，只会有害于加强革命无产阶级影响和扩大革命无产阶级力量的事业。

最后，德国"左派"十分固执地坚持不承认凡尔赛和约，这也是他们的一个明显的错误。这种观点表述得愈"庄重"、愈"神气"、愈"坚决"、愈武断（像克·霍纳所表达的那样），结果就显得愈不明智。在现时国际无产阶级革命的条件下，仅仅唾弃"民族布尔什维主义"（劳芬贝格等人的）那种竟然主张同德国资产阶级结盟对协约国作战的荒谬立场，是不够的。应当认识到，苏维埃德国（如果苏维埃德意志共和国不久就可以成立的话）在一定的时期内必须承认和服从凡尔赛和约，不容许这样做的策略是根本错误的。当然不能由此得出结论说，当谢德曼之流还待在政府里、匈牙利苏维埃政权还没有被推翻、维也纳的苏维埃革命尚有可能去援助苏维埃匈牙利的时候，**在当时这样的条件之下**，"独立党人"提出签订凡尔赛和约的要求是正确的。"独立党人"当时实行的机动和灵活是很不好的，因为他们多少替叛徒谢德曼之流分担了责任，多少离开了同谢德曼之流进行无情的（和十分冷静的）阶级战争的观点，而滑到了"非阶级的"或"超阶级的"观点上去。

然而，现在的局势却显然是这样的：德国共产党人不应当束缚自己的手脚，不应当许诺，共产党人一旦取得胜利，就一定废除凡尔赛和约。这是愚蠢的。应该说：谢德曼之流和考茨基之流干了一系列的叛卖勾当，阻碍了（就某种程度上说简直是断送了）同苏维埃俄国和苏维埃匈牙利结成联盟的事业。我们共产党人则要采取一切办法**去促成**和**准备**实现这个联盟，至于凡尔赛和约，我们完全没有必要一定而且立刻加以废除。能不能顺利地废除这个和约，不仅取决于苏维埃运动在德国的胜利，而且取决于苏维埃运动在国际上的胜利。谢德曼之流和考茨基之流阻碍了这个运动，而我们却要帮助这个运动。这就是问题的本质所在，这就是根本的差别所在。既然我们的阶级敌人、剥削者、他们的走狗谢德曼之流和考茨基之流，放过了加强德国及国际苏维埃运动、加强德国及国际苏维埃革命的许多机会，那么，这种罪责就应该由他们来承担。德国的苏维埃革命会加强国际苏维埃运动，而国际苏维埃运动则是反对凡尔赛和约、反对整个国际帝国主义的最强大的堡垒（而且是唯一可靠的、不可战胜的、威震全球的堡垒）。硬要迫不及待地把摆脱凡尔赛和约一事放在第一位，放在使**其他**被帝国主义压迫的国家摆脱帝国主义压迫的**问题之上**，这就是市侩的民族主义（很合乎考茨基、希法亭、奥托·鲍威尔之流的身份），而不是革命的国际主义。在欧洲任何一个大国，其中包括德国，推翻资产阶级将是国际革命的一大胜利，为了这种胜利，如果有必要，可以而且应当容忍**凡尔赛和约存在一个较长的时期**。既然俄国一国为了革命的利益能够忍受几个月布列斯特和约，那么苏维埃德国在同苏维埃俄国结成联盟的情况下，为了革命的利益在更长一段时间里忍受凡尔赛和约决不是不可能的。

法、英等国帝国主义者挑动德国共产党人，给他们设下圈套："你们说你们不在凡尔赛和约上签字吧。"而左派共产党人不善于随机应变，同诡计多端而且**目前**比他们强大的敌人周旋，不会回答敌人说，"现在我们要在凡尔赛和约上签字了"，却像小孩子一样上了这个圈套。事先就束缚住自己的手脚，公开告诉那个目前武装得比我们好的敌人，我们是否要同他作战，什么时候同他作战——这是愚蠢行为，而不是革命行为。当应战显然对敌人有利而对自己不利的时候，却去应战，那就是犯罪；革命阶级的政治家如果不善于实行"机动、通融、妥协"，以避免显然不利的战斗，这样的政治家是毫无用处的。

九
英国"左派"共产主义者

　　英国现在还没有共产党，但是工人中间出现了一种崭新的、广泛的、强大的、迅速增长的、令人感到极有希望的共产主义运动；有几个政党和政治组织（"英国社会党"、"社会主义工人党"、"南威尔士社会主义协会"、"工人社会主义联盟"）希望成立共产党，并且正在就这个问题进行谈判。在"工人社会主义联盟"的机关报《工人无畏舰》周刊（1920 年 2 月 21 日第 6 卷第 48 期）上刊载了该刊主编西尔维娅·潘克赫斯特同志的一篇文章：《向建立共产党的目标前进》。这篇文章叙述了上述四个组织谈判的经过，谈判的内容是：在加入第三国际、承认苏维埃制度（而不是议会制）和无产阶级专政的基础上建立统一的共产党。原来，不能立刻成立统一的共产党的主要障碍之一，是它们之间发生了意见分歧，分歧在于要不要参加议会以及新成立的共产党要不要加入旧的、行业性的（大半由工联组成的）、机会主义和社会沙文主义的"工党"。"工人社会主义联盟"以及"社会主义工人党"①都反对参加议会选举，反对参加议会，反对加入"工党"，在这方面它们和英国社会党全体党员或多数党员意见不一致，在它们看来英国社会党是英国"各共产主义政党中的右翼"（西尔维娅·潘克赫斯特的上述文章，第 5 页）。

　　这样看来，基本的分野同德国是一样的，虽然分歧的表现形式（同英国比较起来，德国的表现形式更接近"俄国的"表现形式）以及其

---

　　①　看来，"社会主义工人党"反对加入"工党"，但不是全体党员都反对参加议会。

他许多情况有很大差别。现在让我们来看一下"左派"的论据。

关于参加议会问题，西尔维娅·潘克赫斯特同志引证了同一期周刊上威·加拉赫（W. Gallacher）同志的一篇文章，加拉赫同志以格拉斯哥"苏格兰工人委员会"的名义写道：

"本委员会明确反对议会制度，而且得到了各种政治组织的左翼的支持。我们是苏格兰革命运动的代表，这个运动力求在全国产业部门〈在各个生产部门内〉建立革命组织，并且以各社会委员会为基础建立共产党。长期以来我们同官方的议员们进行争论。我们过去认为没有必要向他们公开宣战，而他们也**害怕**向我们展开进攻。

然而这种状况不会长久继续下去。我们正在全线节节胜利。

苏格兰独立工党的广大党员对议会愈来愈反感，几乎所有地方组织都赞成Soviets〈俄语"苏维埃"一词的英语音译〉或工人苏维埃。当然，这对于那些把政治视为谋生手段〈视为职业〉的先生来说，是极其严重的事情，因此他们用尽一切办法来说服他们的党员重新投入议会制度的怀抱。革命的同志们**不应当**〈所有黑体都是原作者用的〉支持这伙匪帮。我们在这方面的斗争将是很艰巨的。在这场斗争中，最糟糕的就是那些关心个人利益胜过关心革命的人将会叛变。对于议会制度的任何支持，都只会有助于使政权落到我们不列颠的谢德曼和诺斯克之流的手里。韩德逊和克林兹（Glynes）之流已经反动透顶。正式的独立工党愈来愈处于资产阶级自由党人的支配之下，资产阶级自由党人在麦克唐纳和斯诺登之流的先生们的阵营中找到了精神上的安乐窝。正式的独立工党极端仇视第三国际，而群众则支持第三国际。无论用什么方法来支持机会主义的议员，都不过是为上述这些先生效劳。英国社会党在这方面不起任何作用……这里需要一个健全的革命的产业〈工业〉组织和根据清楚的、明确的、科学的原则去行动的共产党。如果我们的同志能够帮助我们建立这两种组织，我们会欣然接受他们的帮助；如果不能帮助，而又不愿意靠着支持反动派来出卖革命，那么，看在上帝的份上，就请千万不要干预此事；这些反动分子正热心猎取'光荣的'（?）〈问号是原作者加的〉议员称号，正渴望证明他们**能够像**

'主子'那个阶级的政治家一样有成效地**实行统治**。"

据我看，这封给编辑部的信出色地表达了年轻的共产主义者或刚刚开始接受共产主义的做群众工作的工人的情绪和观点。这种情绪是极其可喜、极其可贵的；应当善于珍视和支持这种情绪，因为没有这种情绪，英国以及任何其他国家的无产阶级革命的胜利是没有希望的。对于善于表达群众的这种情绪、善于激发群众的这种（往往是朦胧的、不自觉的、下意识的）情绪的人，应该爱护，应该关切地给以种种帮助。但同时应该直言不讳地告诉他们：在伟大的革命斗争中，**单凭**情绪来领导群众是不够的；即使是对革命事业无限忠诚的人所要犯的或正在犯的这样那样的错误，也会给革命事业带来危害。从加拉赫同志给编辑部的这封信中，无疑可以看到德国"左派"共产党人目前所犯的和俄国"左派"布尔什维克在 1908 年和 1918 年犯过的那**种种**错误的苗头。

写信人对资产阶级的"阶级的政治家"满怀着最崇高的无产阶级的憎恨（这不仅是无产者，而且是一切劳动者，即德国人所说的一切"小人物"都能理解和有同感的一种憎恨）。被压迫被剥削群众的代表所表达的这种憎恨，实在是"一切智慧之本"，是一切社会主义运动和共产主义运动及其成功的基础。可是，写信人看来没有考虑到：政治是一门科学，是一种艺术，它不是从天上掉下来的，不费力是掌握不了的；无产阶级要想战胜资产阶级，就必须造就出**自己的**、无产阶级的"阶级的政治家"，而这些政治家同资产阶级的政治家比起来应该毫不逊色。

写信人透彻地了解到，达到无产阶级目的的工具不是议会，而只能是工人苏维埃，凡是至今还不了解这点的人，哪怕他是最有学问的人、最有经验的政治家、最真诚的社会主义者、最渊博的马克思主义者、最诚实的公民和家庭成员，他也必定是一个最恶毒的反动派。然而写信人甚至没有提出，更没有想到有必要提出这样一个问题：如果不让"苏维埃的"政治家**进入**议会，不**从内部**去瓦解议会制度，不从议会内部去准备条件，使苏维埃能够顺利完成它所面临的解散议会的任务，那么，要使苏维埃战胜议会是否可能呢？而同时写信人却提出了一种完全正确的意见，他说英国共产党必须根据**科学**原则来行动。而科学首先要求估计到其他国家的经验，特别是其他同样是资本主义的国家正在经历或不久前曾经经历过的那种非常类似的经验；其次，它要求估计到在本国内部现有的**一切**力量、集团、政党、阶级和群众，要求决不能仅仅根据一个集团或一个政党的愿望和见解、觉悟程度和斗争决心来确定政策。

说韩德逊、克林兹、麦克唐纳、斯诺登之流已经反动透顶了，这是对的。说他们想把政权抓到自己手里（其实，他们宁愿同资产阶级联合执政），说他们想按照资产阶级的那一套老规矩来"实行统治"，说他们一旦当权，就一定会跟谢德曼之流和诺斯克之流一样行事，这也是对的。所有这些全都不错。但由此得出的结论，决不是说支持他们就是背叛革命，而是说工人阶级的革命家为了革命利益，应该在议会方面给这些先生以一定的支持。我现在拿英国目前的两个政治文件来说明这个意思：（1）劳合-乔治首相1920年3月18日的演说（根据1920年3月19日《曼彻斯特卫报》的报道）；（2）"左派"共产主义者西尔维娅·潘克赫斯特同志在她的上述文章中所发表的议论。

劳合-乔治在他的演说中同阿斯奎斯（此人曾接到出席会议的特别邀请，但他拒绝了），同那些不愿意跟保守党人联合而想接近工党的自由党人进行了论战。（在加拉赫同志给编辑部的信中，我们也看到他指出了自由党人转入独立工党的事实。）劳合-乔治证明自由党人必须同保守党人联合起来，而且要**紧密地**联合起来，否则，工党——劳合-乔治"喜欢称之为"社会党——就会取得胜利，而这个党是力求实现生产资料"集体所有制"的。这位英国资产阶级的领袖向他的听众，向那些至今大概还不了解这点的自由党议员通俗地解释道："这在法国叫做共产主义，在德国叫做社会主义，在俄国叫做布尔什维主义。"劳合-乔治说，这是自由党人所根本不能接受的，因为自由党人从根本上说是拥护私有制的。这位演讲人声称："文明正处在危险之中"，因此自由党人同保守党人必须携起手来……

> 劳合-乔治说："……如果你们到农业地区去，我相信你们一定会看到，那里党派的划分仍然保持着原样。那里离危险还远。那里还没有什么危险。可是，事态一旦发展到了农业地区，那里的危险也会同今天的某些工业地区一样大。我国居民五分之四从事工商业，而从事农业的几乎不到五分之一。这是我每想到将来我们会遇到的危险时始终不忘的一种情况。法国的居民大都从事农业，在那里，确定的观念有着牢固的基础，这种基础不会变动得很快，也不太容易受到革命运动的激荡。我国的情况则不然。我国比世界上其他任何一个国家都容易颠覆；如果它一开始动摇，那么，由于上述原因，它将比其他国家崩溃得更厉害。"

读者从这里可以看出，劳合-乔治先生不仅是一个很聪明的人，而且他还从马克思主义者那里学到了不少东西。我们不妨也向劳合-乔治学习学习吧。

我们还想指出劳合-乔治演讲之后在讨论过程中发生的如下一个插曲：

> "华莱士（Wallace）先生问：现在产业工人中间有很多是自由党人，我们从他们那里得到了很多支持，请问首相，您认为您在工业地区对这些产业工人所采取的政策会得到什么结果？可能的结果会不会使目前真心帮助我们的工人转过去大大加强工党的势力？
>
> 首相答：我的看法完全相反。自由党人互相倾轧这一事实，无疑使很多自由党人感到绝望而倒向工党方面，现在已经有为数不少的很能干的自由党人参

加了工党,他们在破坏政府的威信。结果无疑是社会上同情工党的情绪大大增强。现时社会舆论不是支持工党外的自由党人,而是支持工党,这是最近几次部分改选所表明了的。"

附带说说,这段议论特别表明,连资产阶级中最聪明的人物也弄糊涂了,不能不干出无法补救的蠢事来。就凭这一点也会把资产阶级断送的。尽管我们的人也会做蠢事(自然,条件是这些蠢事不很大,而且能及时得到改正),但是他们终究会成为胜利者。

另外一个政治文件是"左派"共产主义者西尔维娅·潘克赫斯特同志的下述一段议论:

"……英克平同志〈英国社会党书记〉把工党叫做'工人阶级运动的主要组织'。英国社会党的另一个同志在第三国际代表会议上把该党的观点表述得更加明确,他说:'我们把工党看做组织起来的工人阶级。'

我们不赞同对工党的这种看法。工党党员虽然非常多,但很大一部分是无所作为和不关心政治的。这就是那些加入工联的男女工人,他们之所以加入工联,是因为他们厂里的工友都是工联会员,是因为他们想领取补助金。

但是我们认为工党所以拥有这样多的党员也是由这样一个事实造成的:工党是英国工人阶级的多数还没有摆脱的一种思潮的产物,虽然在人民的头脑里正酝酿着巨大的变化,人民很快就要改变这种情况……"

"……英国工党同其他国家的社会爱国主义组织一样,在社会的自然发展过程中,必然要上台执政。共产主义者的任务就是要聚集力量,以便推翻这些社会爱国主义者,我们在英国既不应当拖延这种活动,也不应当犹豫不决。

我们不应当分散自己的精力去增加工党的力量;工党上台执政是不可避免的。我们必须集中力量创立起一个共产主义运动来战胜工党。工党很快就要组成政府;拥护革命的反对派必须准备好冲击这个政府……"

总之,自由派资产阶级正在放弃那种历史上被数百年来的经验奉若神明的、对剥削者异常有利的"两党"制（剥削者的"两党"制），而认为必须联合两党的力量同工党作斗争。一部分自由党人好像覆舟时的老鼠，纷纷跑到工党方面去。左派共产主义者认为政权转到工党手中是不可避免的，并且承认现在多数工人都拥护工党。他们由此得出一个奇怪的结论，这个结论由西尔维娅·潘克赫斯特同志表述如下：

> "共产党不应当实行妥协……它必须保持自己学说的纯洁，保持自己的独立性，不为改良主义所玷污；共产党的使命是勇往直前，中途不停顿，不转弯，径直走向共产主义革命。"

恰恰相反，既然英国多数工人现在还跟着英国的克伦斯基之流或谢德曼之流走，既然他们还没有取得跟这批人组成的政府打交道的经验，而俄国和德国的工人所以大批转向共产主义，正是因为取得了这种经验，那么毫无疑义，由此应该得出结论说，英国共产主义者**必须**参加议会活动，必须从议会**内部**帮助工人群众在事实上认清韩德逊和斯诺登政府所造成的结果，必须帮助韩德逊和斯诺登之流去战胜联合起来的劳合-乔治和邱吉尔。不这样做，就会增加革命事业的困难，因为工人阶级多数人的观点如果不转变，进行革命是不可能的，而要实现这种转变，必须由群众取得政治经验，单靠宣传是永远不能奏效的。既然现在显然无力的少数工人知道（或者至少应当知道），要是韩德逊和斯诺登战胜了劳合-乔治和邱吉尔，多数工人经过一个很短的时间，就会对自己的领袖感到失望，转而拥护共产主义（或者至少会对共产主义者保持中立，而且多半是善意的中立），那么这少数工人提出"不妥协，不转弯地前进"这样的口号，就显然是错误的。这很像1万名兵士跟5万名敌兵交战，在应当"停顿"、"转弯"、甚至实行"妥协"以等待不能立即出动的10万援兵的情况下，却要去同敌人硬拼。这是知识分子的孩子气，而不是革命阶级的郑重的策略。

　　一切革命,尤其是 20 世纪俄国三次革命所证实了的一条革命基本
规律就是:要举行革命,单是被剥削被压迫群众认识到不能照旧生活下
去而要求变革,还是不够的;要举行革命,还必须要剥削者也不能照旧
生活和统治下去。只有"**下层**"**不愿**照旧生活而"**上层**"也**不能照旧**
维持下去的时候,革命才能获得胜利。这个真理的另一个说法是:没有
全国性的(既触动被剥削者又触动剥削者的)危机,进行革命是不可
能的。这就是说,要举行革命,第一,必须要多数工人(或至少是多数
有觉悟、能思考、政治上积极的工人)充分认识到革命的必要性,并有
为革命而牺牲的决心;第二,必须要统治阶级遭到政府危机,这种危机
甚至把最落后的群众都卷入政治活动(一切真正的革命的标志,就是在
以前不关心政治的被压迫劳动群众中,能够进行政治斗争的人成十倍以
至成百倍地迅速增加),削弱政府的力量,使革命者有可能很快地推
翻它。

　　顺便提一下,正是从劳合-乔治的演说中可以看到,在英国,这两
个可以使无产阶级革命成功的条件显然正在成熟。左派共产主义者的错
误目前之所以特别危险,正是因为有些革命者对这两个条件都抱着一种
不够认真、不够重视、不够自觉、不够慎重的态度。既然我们不是一个
革命的小团体,而是一个革命**阶级**的政党,既然我们要把**群众**争取过来
(不这样,我们就有成为不折不扣的空谈家的危险),那么,第一,我
们就必须帮助韩德逊或斯诺登去打倒劳合-乔治和邱吉尔(更确切点甚
至可以这样说,必须迫使前者去打倒后者,因为前者**不敢去争取胜**
利!);第二,我们就必须帮助工人阶级的多数根据切身经验确信我们是
正确的,也就是确信韩德逊和斯诺登之流是毫不中用的,确信他们具有
小资产阶级的和叛卖的本性,确信他们必然要遭到破产;第三,我们就
必须促使这样一种时机迅速到来,即**由于多数工人对韩德逊之流感到失**
望,可以有很大的成功把握一举推翻韩德逊之流政府,因为那个极其精

明老练的、不是小资产阶级而是大资产阶级的劳合-乔治尚且表现得十分惊慌，并且由于他昨天同邱吉尔"摩擦"，今天又同阿斯奎斯"摩擦"而不断削弱自己（以及整个资产阶级）的力量，那么韩德逊之流的政府就一定会更加惊慌失措了。

现在我来更具体地谈一谈。在我看来，英国共产主义者应当根据第三国际的原则，在**必须**参加议会的条件下，把自己的四个党派（四个党派都很弱，其中有的非常非常弱）合并成一个共产党。由共产党向韩德逊和斯诺登之流提议达成"妥协"，达成竞选协议：共同反对劳合-乔治和保守党人的联盟，按照工人投给工党和共产党的票数（不是选票，而是另行投票）来分配议席，并保留各自进行鼓动、宣传和政治活动的**最充分的自由**。没有最后这个条件，当然就不能同他们结成同盟，否则就是背叛了；英国共产主义者绝对必须保持和坚持揭露韩德逊和斯诺登之流的最充分的自由，如同俄国布尔什维克曾经保持（1903—1917 年的 **15 年内**）和坚持了揭露俄国的韩德逊和斯诺登之流，即揭露孟什维克的最充分的自由一样。

如果韩德逊和斯诺登之流同意根据这些条件跟我们结成同盟，那我们就得到好处了，因为议席的多少，对我们完全无关紧要，我们并不追求这个，在这一点上我们尽可以让步（而韩德逊之流，尤其是他们的新朋友们，也可以说是他们的新主子们，即那些转入独立工党的自由党人，对于猎取议席却最起劲）。我们所以得到好处，是因为正当劳合-乔治**自己**把群众"挑动起来"的时候，我们能够在**群众**中展开**我们的**鼓动工作，并且我们不仅能够帮助工党更快地组织起他们的政府，而且还能够帮助群众更快地了解我们的全部共产主义宣传，我们将毫无保留、毫不隐讳地去进行这种宣传来反对韩德逊之流。

如果韩德逊和斯诺登之流拒绝根据这些条件跟我们结成同盟，我们就会得到更大的好处，因为我们可以立即向**群众**指明（请注意，甚至在纯粹孟什维主义的和十足机会主义的独立工党内部，**群众**也是赞成苏维埃的）：韩德逊之流宁愿自己靠近资本家，而不愿使一切工人联合起来。那时我们就可以立即得到**群众**的支持，因为这些群众特别在听了劳合-乔治的一番精彩的、高度正确的、高度有益的（对于共产主义者来说）说明之后，都会支持全体工人联合起来去反对劳合-乔治和保守党人的联盟。我们所以能够立即得到好处，还因为我们可以向群众表明，韩德逊和斯诺登之流害怕战胜劳合-乔治，害怕单独取得政权，力求**暗中**得到劳合-乔治的支持，而劳合-乔治却**公开**伸出手去帮助保守党人反对工党。应当指出，布尔什维克在我们俄国1917年2月27日（俄历）革命之后所进行的反对孟什维克和社会革命党人（即俄国的韩德逊和斯诺登之流）的宣传，也正是由于同样的情况而得到好处的。那时我们对孟什维克和社会革命党人说：请你们撇开资产阶级而掌握全部政权吧，因为你们在苏维埃中占多数（在1917年6月召开的全俄苏维埃第一次代表大会上，布尔什维克总共只占代表总数的13%）。但是俄国的韩德逊和斯诺登之流却害怕撇开资产阶级而单独掌握政权；资产阶级很清楚，立宪会议一定会使社会革命党人和孟什维克（这两个政党结成了紧密的政治联盟，实际上它们只代表小资产阶级民主派）获得多数①，因而一再拖延立宪会议选举，这时，社会革命党人和孟什维克却不能毅然决然地同这种拖延行为斗争到底。

要是韩德逊和斯诺登之流拒绝同共产主义者结成同盟，那么共产主义者就可以立刻博得群众的同情，并使韩德逊和斯诺登之流威信扫地，即使我们因此而失去几个议席，那也完全无关紧要。我们只在极少数绝

---

① 俄国1917年11月立宪会议的选举，据悉有3600多万选民投票，结果布尔什维克得票占25%，地主和资产阶级的各个政党得票占13%，小资产阶级民主派即社会革命党和孟什维克以及同类的各小团体得票共占62%。

对有把握的选区内，即在我们提出候选人时不至于使自由党人战胜"拉布分子"（工党党员）的选区内，才提出我们的候选人。我们将进行竞选鼓动，散发宣传共产主义的传单，并且在没有我们的候选人的**一切**选区内，吁请选民**投票选举"拉布分子"，不选资产者**。如果西尔维娅·潘克赫斯特同志和加拉赫同志认为这样便是背叛共产主义，或者是放弃对社会主义叛徒的斗争，那他们就错了。恰恰相反，共产主义革命事业无疑会因此得到好处。

现在英国共产主义者甚至要接近群众，要群众听他们讲话，往往都是很困难的。如果我以共产主义者的身份出来讲话，请他们投票选举韩德逊而不选劳合-乔治，那他们一定会听我讲的。那时我不仅可以向他们通俗地说明，为什么苏维埃比议会好，无产阶级专政比用资产阶级"民主"作招牌的邱吉尔专政好，而且还可以说明：我要投票支持韩德逊，这就像用绳索吊住被吊者一样；只要韩德逊之流很快地组织起他们的政府，那就会证实我是正确的，就会使群众转到我这方面来，就会加速韩德逊和斯诺登之流在政治上的死亡，这正像他们的俄国和德国的同伙所遭遇的一样。

如果有人反驳我，说这种策略太"难以捉摸"，太复杂，不能为群众所了解，它会分散和分裂我们的力量，妨碍我们集中力量去进行苏维埃革命等等，那我便要回答这些"左派"反驳者说：请不要把自己的学理主义强加给群众吧！俄国群众的文化程度大概不比英国群众高，而是比英国群众低。可是他们却理解了布尔什维克；布尔什维克在苏维埃革命的**前夜**，即在 1917 年 9 月，曾提出参加资产阶级议会（立宪会议）的候选人名单，而**在苏维埃革命后的第二天**，即在 1917 年 11 月，又参加了立宪会议的选举，这种情况不但没有妨碍布尔什维克，反而帮助了他们，1918 年 1 月 5 日他们就把这个立宪会议解散了。

关于英国共产主义者之间的第二种意见分歧，即是否要加入工党的问题，我在这里不能多谈。关于这个问题，我手头的材料太少，而这个问题又特别复杂，因为英国"工党"的情况异常独特，它本身的结构和欧洲大陆上通常的政党大不相同。不过，第一，毫无疑义，即使在这个问题上，要是有人认为"共产党必须保持自己学说的纯洁，保持自己的独立性，不为改良主义所玷污；共产党的使命是勇往直前，中途不停顿，不转弯，径直走向共产主义革命"，并且根据这一类原则来制定革命无产阶级的策略，那么他必然要犯错误，因为提出这一类原则无非是重犯法国布朗基派公社战士在 1874 年宣布"否定"任何妥协和任何中间站的错误。第二，毫无疑义，即使在这个问题上，共产主义者的任务，像在任何时候一样，也是要善于针对各阶级和各政党相互关系的**特点**，针对共产主义客观发展的**特点**来运用共产主义普遍的和基本的原则；要看到这种特点每个国家各不相同，应该善于弄清、找到和揣摩出这种特点。

但是讲到这一点就不能仅仅联系到英国一国的共产主义运动，还必须联系到同一切资本主义国家的共产主义运动发展有关的共同结论。现在我们就来讲这个问题。

十

几点结论

1905 年的俄国资产阶级革命显示了世界历史上的一个异常独特的转变：在一个最落后的资本主义国家里，罢工运动范围之广和力量之大在世界上第一次达到了空前未有的程度。**单单 1905 年头一个月**的罢工人数就等于以往十年（1895—1904 年）平均**每年**罢工人数的十倍，而且从 1905 年 1 月到 10 月，罢工还在不断和急剧地发展。由于许多完全特殊的历史条件，落后的俄国第一个向世界不仅表明了被压迫群众在革

命时的主动精神的飞跃增长（在一切大革命中都是如此），而且表明无
产阶级的作用大大超过了它在人口中所占的比例，表明经济罢工怎样和
政治罢工结合，而政治罢工又怎样变成武装起义，表明受资本主义压迫
的各阶级怎样创造出了苏维埃这种群众斗争和群众组织的新形式。

　　1917 年的二月革命和十月革命使苏维埃在全国范围内得到了全面
的发展，后来又使它在无产阶级社会主义革命中获得了胜利。不到两年
功夫就显示出：苏维埃具有国际性质，这种斗争形式和组织形式已经扩
展到全世界的工人运动，苏维埃的历史使命是充当资产阶级议会制以及
整个资产阶级民主制的掘墓人、后继人和接替人。

　　不仅如此，工人运动的历史现在表明：在一切国家中，工人运动都
必然（而且已经开始）经历一种斗争，即正在成长、壮大和走向胜利
的共产主义运动首先而且主要是同**各自的**（对每个国家来说）"孟什维
主义"，也就是同机会主义和社会沙文主义的斗争；其次是同"左倾"
共产主义的斗争（这可以说是一种补充的斗争）。第一种斗争看来已经
毫无例外地在一切国家内展开了，这就是第二国际（目前事实上它已被
击溃）和第三国际之间的斗争。第二种斗争则存在于德国、英国、意大
利、美国（至少"世界产业工人联合会"和无政府工团主义各派还有
相当**一部分人**在坚持左倾共产主义的错误，虽然他们几乎普遍地、几乎
绝对地承认苏维埃制度）和法国（如一部分过去的工团主义者对于政
党及议会活动采取不正确态度，虽然他们也承认苏维埃制度），也就是
说，毫无疑义，这种斗争不仅在国际这个组织范围内存在，而且在全世
界范围内都存在。

　　然而，每个国家的工人运动在取得对资产阶级的胜利之前虽然都要
预先经过本质上相同的锻炼，但这一发展过程又是**按各自的方式**来完成
的。在这条道路上，先进的资本主义大国走得比布尔什维主义**快得多**；
布尔什维主义在历史上用了 15 年时间才使它这个有组织的政治派别作

好夺取胜利的准备。第三国际在短短一年的时间里就取得了决定性的胜利，击溃了黄色的社会沙文主义的第二国际；而第二国际仅仅在几个月以前，还远比第三国际强大，还显得坚强有力，还得到全世界资产阶级各方面的，即直接和间接的、物质上（部长的肥缺、护照、报刊）和思想上的帮助。

现在全部问题就是要使每个国家的共产党人十分自觉地既考虑到同机会主义以及"左倾"学理主义进行斗争这个主要的基本任务，又考虑到这种斗争由于各国经济、政治、文化、民族构成情况（例如爱尔兰等）、所属殖民地以及不同宗教信仰等方面的特征而具有的并且必然具有的**具体特点**。现在到处都可以感到对第二国际的不满，这种不满正在蔓延和增长，这既是由于它推行机会主义，又是由于它不善于或没有能力建立一个真正集中的、真正能进行指导的中心，一个能在革命无产阶级为建立世界苏维埃共和国而进行的斗争中指导无产阶级的国际策略的中心。必须清楚地认识到，这样的领导中心无论如何不能建立在斗争策略准则的千篇一律、死板划一、彼此雷同之上。只要各个民族之间、各个国家之间的民族差别和国家差别还存在（这些差别就是无产阶级专政在全世界范围内实现以后，也还要保持很久很久），各国共产主义工人运动国际策略的统一，就不是要求消除多样性，消灭民族差别（这在目前是荒唐的幻想），而是要求运用共产党人的**基本**原则（苏维埃政权和无产阶级专政）时，把这些原则**在某些细节上正确地加以改变**，使之正确地适应于民族的和民族国家的差别，针对这些差别正确地加以运用。在每个国家通过**具体的**途径来完成**统一的**国际任务，战胜工人运动内部的机会主义和左倾学理主义，推翻资产阶级，建立苏维埃共和国和无产阶级专政的时候，都必须查明、弄清、找到、揣摩出和把握住民族的特点和特征，这就是一切先进国家（而且不仅是先进国家）在目前历史时期的主要任务。争取工人阶级的先锋队，使它转向苏维埃政权而反对议会制度，转向无产阶级专政而反对资产阶级民主，在这方面主要的（当然这还远远不是一切，然而是主要的）事情已经做到了。现在要把一切力量、一切注意力都集中在**下一个**步骤上，也就是说，要找到**转向**或**走向**无产阶级革命的形式；这个步骤看来似乎比较次要，并且从某种观点上说，也的确比较次要，但是在实践上却更接近于实际完成任务。

无产阶级的先锋队在思想上已经被争取过来了。这是主要的。没有这一点，那就连走向胜利的第一步都迈不出去。可是，这离胜利还相当远。单靠先锋队是不能胜利的。当整个阶级，当广大群众还没有采取直接支持先锋队的立场，或者还没有对先锋队采取至少是善意的中立并且完全不会去支持先锋队的敌人时，叫先锋队独自去进行决战，那就不仅是愚蠢，而且是犯罪。要真正使整个阶级，真正使受资本压迫的广大劳动群众都站到这种立场上来，单靠宣传和鼓动是不够的。要做到这一点，还需要这些群众自身的政治经验。这是一切大革命的一条基本规律，现在这条规律不仅在俄国，而且在德国都得到了十分有力而鲜明的证实。不仅没有文化、大都不识字的俄国群众，而且文化程度高、个个识字的德国群众，都必须亲身体验到第二国际骑士们的政府怎样懦弱无能、毫无气节、一筹莫展、对资产阶级奴颜婢膝、卑鄙无耻，亲身体验到，不是无产阶级专政，就必然是极端反动分子（俄国的科尔尼洛夫、德国的卡普之流）的专政，然后才能坚决转到共产主义运动方面来。

国际工人运动中觉悟的先锋队，即各个共产主义政党、小组和派别的当前任务就是要善于**引导**广大的（现在大半还是沉睡、消沉、因循守旧、尚未觉醒的）群众采取这种新的立场，确切一点说，就是**不仅**要善于领导自己的党，而且要善于在这些**群众**走向和转向新立场的过程中领导他们。如果说从前不在思想上和政治上彻底战胜机会主义和社会沙文主义，就不能完成第一个历史任务（把觉悟的无产阶级先锋队争取到苏维埃政权和工人阶级专政方面来），那么，现在不肃清左倾学理主义，不彻底克服和摆脱左倾学理主义的错误，也就不能完成已经提到日程上来的第二个任务，即善于引导群众采取能够保证先锋队取得革命胜利的新立场。

以前的问题是（而现在在很大程度上也还是）把无产阶级先锋队争取到共产主义运动方面来，因而宣传工作就提到了第一位；这时候甚至那些带有小组习气种种弱点的小组，也是有益的，也能做出成绩来。但是现在是群众实际行动的时候了，是部署（假使可以这样说的话）百万大军，配置当今社会的**一切**阶级力量，进行**最后的斗争**的时候了，这时候单凭宣传的本领，单靠重复"纯粹"共产主义的真理，是无济于事的。这时候已不能像还没有领导过群众的小组的宣传员实际上所做的那样，以千来计算群众；这时候要以百万、千万来计算了。这时候我们不仅要问自己，我们是不是已经把革命阶级的先锋队说服了，而且要问，当今社会**一切**阶级（必须是一切阶级，一无例外）的起历史作用的力量是不是已经部署就绪，以至决战时机已经完全成熟，也就是说：（1）一切与我们敌对的阶级力量已经陷入困境，它们彼此进行混战，而力不胜任的斗争已经使它们疲惫不堪；（2）一切犹豫动摇、不坚定的中间分子，即和资产阶级不同的小资产阶级、小资产阶级民主派，已经在人民面前充分暴露了自己，由于在实践中遭到破产而丑态毕露；（3）在无产阶级中，群众支持采取最坚决、最奋勇的革命行动来反对资产阶级，这种情绪已经开始产生并且大大高涨起来。那时候，革命就成熟了；那时候，如果我们正确地估计到上面所指出的、所粗略勾画的一切条件，并且正确地选定了时机，我们的胜利就有保证了。

邱吉尔之流和劳合-乔治之流（这种政治类型的人**各**国都有，只是依国家不同而稍有差别）的分歧以及韩德逊之流和劳合-乔治之流的另一种分歧，从纯粹共产主义，即抽象共产主义，也就是从还没有成熟到采取实际的、群众性的政治行动的共产主义的观点来看，完全是无关紧要、无足轻重的。但是从群众这种实际行动的观点来看，这些分歧却是极其极其重要的。一个共产党人如果不仅想做一个觉悟的、信仰坚定的、思想先进的宣传家，而且想在革命中做一个**群众**的实际领导者，那他的全部工作、全部任务就是要估计到这些分歧，确定这些"朋友"之间不可避免的、使**所有这些"朋友"一齐**削弱的冲突完全成熟的时机。应当把对共产主义思想的无限忠诚同善于进行一切必要的实际的妥协、机动、通融、迂回、退却等等的才干结合起来，以加速韩德逊之流（如果不指名道姓的话，那就是第二国际的英雄们，即自称为社会党人的小资产阶级民主派的代表们）的政权的建立和倒台；加速他们在实践中的不可避免的破产，从而启发群众接受我们的观点，转到共产主义运动方面来；加速韩德逊之流、劳合-乔治之流、邱吉尔之流相互之间（即孟什维克和社会革命党人、立宪民主党人、君主派之间，谢德曼之流、资产阶级、卡普派之间，等等）不可避免的摩擦、争吵、冲突和彻底分裂；并且正确地选择这些"神圣私有制的支柱"分崩离析的时机，来发起无产阶级坚决的进攻，把它们全部打垮，把政权夺过来。

　　全部历史，特别是历次革命的历史，总是比最优秀的政党、最先进阶级的最觉悟的先锋队所想象的更富有内容，更形式多样，更范围广阔，更生动活泼，"更难以捉摸"。这是不言而喻的，因为最优秀的先锋队也只能体现几万人的意识、意志、热情和想象；而革命却是在人的一切才能高度和集中地调动起来的时刻，由千百万被最尖锐的阶级斗争所激发的人们的意识、意志、热情和想象来实现的。由此可以得出两个很重要的实际结论：第一，革命阶级为了实现自己的任务，必须善于毫无例外地掌握社会活动的**一切**形式或方面（在夺取政权以后，有时还要冒着巨大的风险和危险去做它在夺取政权以前没有做完的工作）；第二，革命阶级必须准备最迅速最突然地用一种形式来代替另一种形式。

　　一支军队不准备掌握敌人已经拥有或可能拥有的一切斗争武器、一切斗争手段和方法,谁都会认为这是愚蠢的甚至是犯罪的。但是,这一点对于政治比对于军事更为重要。在政治上更难预先知道,将来在这种或那种条件下,究竟哪一种斗争手段对于我们是适用的和有利的。倘若我们不掌握一切斗争手段,当其他阶级的状况发生了不以我们的意志为转移的变化,从而把我们特别没有把握的一种活动形式提到日程上来的时候,我们就会遭到巨大的有时甚至是决定性的失败。如果我们掌握了一切斗争手段,哪怕当时情况不容许我们使用对敌人威胁最大、能最迅速地给予致命打击的武器,我们也一定能够胜利,因为我们代表着真正先进、真正革命的阶级的利益。由于资产阶级经常(尤其是在"平静"时期,非革命时期)用合法斗争手段欺骗和愚弄工人,没有经验的革命者往往就以为合法斗争手段是机会主义的,而不合法斗争手段才是革命的。然而,这是不对的。至于1914—1918年那样的帝国主义战争时期,当时最自由民主的国家的资产阶级采取闻所未闻的蛮横无耻的手段欺骗工人、禁止人们说这场战争具有掠夺性这一真理,有些政党和领袖却不善于或不愿意(不要说"我不能",还是说"我不想"吧)采用不合法斗争手段,在这种情况下说他们是机会主义者,是工人阶级的叛徒,那是对的。但是那些不善于把不合法斗争形式和**一切**合法斗争形式结合起来的革命家,是极糟糕的革命家。在革命已经爆发、已经热火朝天的时候,什么人都来参加革命,有的是由于单纯的狂热,有的是为了赶时髦,有的甚至是为了个人飞黄腾达,在这种时候做一个革命家是不难的。而在这以后,在胜利以后,无产阶级要"摆脱"这种糟透了的革命家却要费极大气力,可以说要历尽千辛万苦。要在**还没有**条件进行直接的、公开的、真正群众性的、真正革命的斗争的时候,善于做一个革命家,要在非革命的、有时简直是反动的机构中,在非革命的环境里,在不能立刻了解必须采取革命的行动方法的群众中,善于捍卫革命的利益(通过宣传、鼓动和组织),那就困难得多,因而也可贵得多。善于找到、善于探索到和正确判定能够**引导**群众去作真正的、决定性的、最后的伟大革命斗争的具体道路或事变的特殊转变关头——这就是西欧和美国目前共产主义运动的主要任务。

拿英国来说吧。我们无法知道，而且任何人也无法预先断定，什么时候那里将要爆发真正的无产阶级革命，**什么缘由**最能唤醒、激起和推动目前还在沉睡的非常广大的群众去进行斗争。所以我们必须做好我们的全部准备工作，把四只脚都钉上马掌（正如已故的普列汉诺夫在他还是马克思主义者和革命家的时候所爱说的那样）。能"冲开缺口"、"打破坚冰"的也许是议会危机，也许是由极端错综复杂、日益恶化和日益尖锐的殖民地的矛盾和帝国主义的矛盾所引起的危机，也许是什么别的，等等。我们谈的不是哪一种斗争将**决定**英国无产阶级革命命运的问题（这个问题，任何一个共产主义者都不会发生疑问，这个问题对于我们大家来说，已经解决了，并且彻底解决了），我们谈的是什么**缘由**将唤起目前还在沉睡的无产阶级群众行动起来，并且把他们一直引向革命的问题。我们不要忘记，譬如资产阶级的法兰西共和国，当时无论从国际或国内环境来说，革命形势都不及现在的百分之一，但是，只要有反动军阀千万次无耻行径中的一次（德雷福斯案件），只要有这样一个"意外的"、"小小的"缘由，就足以把人民径直引向国内战争！

在英国，共产主义者必须坚持不断、始终不渝地利用议会选举，利用不列颠政府的爱尔兰政策、殖民地政策和全球性的帝国主义政策所遇到的波折，利用社会生活中其他一切领域、一切部门和一切方面，并且要在所有这些方面，用新的方式，用共产主义的方式，照第三国际那样而不是照第二国际那样来进行工作。在这里，我没有时间也没有篇幅来叙述"俄国式的"、"布尔什维克式的"参加议会选举和议会斗争的方法，但是我可以肯定地告诉外国的共产党人说，这和通常的西欧议会活动是完全不同的。人们往往由此得出结论说："是啊，那是在你们俄国，

我们这里，议会活动却是另一个样子。"这个结论是不正确的。世界上
所以要有共产党人，第三国际在各国的拥护者，正是要在各个系统，在
生活的各个领域里，把旧的、社会党的、工联主义的、工团主义的议会
工作，**改造成新的**、共产主义的议会工作。过去在我国的选举中，机会
主义的和纯粹资产阶级的、专讲实利的、资本主义招摇撞骗的情况也是
屡见不鲜的。西欧和美国的共产主义者必须学会创造一种新的、不寻常
的、非机会主义的、不贪图禄位的议会活动，使共产党能够提出自己的
口号，使真正的无产者能在没有组织的、备受压抑的贫民的帮助下传送
和散发传单，走访工人住所，走访农村**无产**者和穷乡僻壤（好在欧洲大
陆的穷乡僻壤比俄国要少得多，英国就更少）农民的茅舍，走进最下层
的平民酒馆，进入真正的平民会社、团体，参加他们的临时集会，不用
学者口吻（也不要太带议会腔）跟人民说话，丝毫也不追求议会的
"肥缺"，而是到处启发思想，发动群众，抓住资产阶级说过的话，利
用资产阶级设立的机构，利用它规定的选举以及它向全体人民发出的号
召，并使人民了解布尔什维主义，而在资产阶级统治下，除了选举期
间，是从来没有这种机会的（大罢工当然例外，因为在大罢工时期，**这
样的**全民鼓动机构在我国曾经更紧张地工作过）。在西欧和美国，要做
这些事情是很困难的，是万分困难的，但这是可以做到而且应该做到
的，因为共产主义运动的一切任务不花气力都是无法完成的，而气力必
须花在完成日益多样化的、日益涉及社会生活各部门的、**从资产阶级手
中逐一夺取**各个部门、各个领域的**实际任务上**。

　　在英国，还应当在军队中，在"**本**"国被压迫的、没有平等权利
的民族（如爱尔兰和各殖民地）中，按新的方式（不是按社会党的方
式，而是按共产主义的方式，不是用改良办法，而是用革命办法）来进
行宣传、鼓动和组织工作。要知道，在整个帝国主义时代，尤其是在战
后的今天，当各国人民受尽战争的煎熬而迅速地擦亮眼睛，认清了真相

（真相就是：几千万人死亡和残废只是为了解决应由英国强盗还是德国强盗掠夺更多的国家这样一个问题）的时候，社会生活的所有这些领域都布满了易燃物，可以触发冲突和危机、激化阶级斗争的机会也特别多。目前在世界性经济危机和政治危机的影响下，在一切国家中都有无数火星从各方面迸发出来，我们不知道而且也无法知道，哪点星星之火能燃起熊熊之焰，就是说，能够彻底唤醒群众，因此我们必须本着我们新的、共产主义的原则，去"耕耘"一切园地，甚至包括最陈腐的、臭气熏人的、看来毫无指望的园地，不然我们就将肩负不起自己的任务，不能照顾到各个方面，不能掌握一切种类的武器，既不能准备好去战胜资产阶级（资产阶级过去按自己的方式安排了各方面的社会生活，现在又按它自己的方式把它们破坏了），也不能准备好在战胜资产阶级之后按共产主义的方式去改造全部生活。

俄国无产阶级革命之后，这个革命在国际范围内取得了出乎资产阶级和庸人们意料的若干胜利之后，全世界现在已经变了样，各处的资产阶级也都变了样。资产阶级被"布尔什维主义"吓坏了，对它恨得咬牙切齿，正因为如此，资产阶级一方面在加速事态的发展，另一方面把注意力集中在用暴力镇压布尔什维主义上，因而削弱了自己在其他许多方面的阵地。一切先进国家的共产党人在自己的策略中应当估计到这两种情况。

俄国立宪民主党人和克伦斯基在对布尔什维克发动疯狂攻击（特别是从1917年4月起，而到6月和7月就更加猖狂）的时候，做得"太过火了"。发行数百万份的资产阶级报纸用各种腔调痛骂布尔什维克，这就帮助了群众来认识布尔什维主义；正是由于资产阶级的"热心"，不但是报纸，而且整个社会生活都充满了就布尔什维主义进行的争论。现在各国百万富豪在国际范围内的所作所为，使我们不能不对他们衷心感谢。他们正同过去克伦斯基之流一样，全力恶毒攻击布尔什维主义；

他们同克伦斯基一样，在这方面也做得"太过火了"，同样也**帮助**了我们。法国资产阶级把布尔什维主义当做竞选鼓动的中心问题，责骂比较温和的或动摇不定的社会党人，说他们倾向布尔什维主义；美国资产阶级则完全丧失了理智，以涉嫌布尔什维主义为理由把成千成万的人抓起来，并到处散布关于布尔什维克阴谋的消息，造成人心惶惶的气氛；世界上"最老练的"英国资产阶级，尽管它很有头脑，很有经验，却也干着难以置信的蠢事，建立各种经费充足的"反布尔什维主义协会"，出版专门抨击布尔什维主义的书报，增雇很多学者、鼓动家、神父来同布尔什维主义作斗争，——为此我们应该对这些资本家先生鞠躬致谢。他们在为我们效劳。他们在帮助我们使群众对布尔什维主义的实质和意义问题发生兴趣。他们现在也不可能有别的做法，因为要用"缄默"来扼杀布尔什维主义他们**已经**办不到了。

但是同时，资产阶级看到的几乎只是布尔什维主义的一个方面：起义、暴力、恐怖；因此资产阶级特别在**这一**方面极力准备进行反击和抵抗。在个别场合，在个别国家，在某些短时期内，资产阶级也许能够得逞，我们必须估计到这种可能性；然而，即使它能得逞，对我们来说也决没有什么可怕的。共产主义确实正在从社会生活的各个方面"生长出来"，它的幼芽确实到处可见，"传染病"（这是资产阶级及其警察很喜欢用的最"得意的"比喻）已经深深侵入机体并且感染了整个机体。即使煞费苦心，"堵住"一处，"传染病"也会从另一处，有时甚至是最意外的一处冒出来。生活总是会给自己开辟出道路的。就让资产阶级疯狂挣扎，暴跳如雷，肆意横行，干出许多蠢事来吧！让它对布尔什维克杀一儆百，错杀（在印度、匈牙利、德国等国）几百、几千以至几十万个明天的或昨天的布尔什维克吧！资产阶级这样做，正和历史上一切注定要灭亡的阶级所做的一样。共产党人应当知道，未来终究是属于他们的，因此我们可以（而且应当）把进行伟大革命斗争的最大的热情同对资产阶级的疯狂挣扎的最冷静最清醒的估计结合起来。1905 年，俄国革命被残酷地镇压下去了；1917 年 7 月，俄国布尔什维克也遭到过镇压；谢德曼和诺斯克伙同资产阶级和君主派将军们用巧妙的挑拨手段和狡诈的阴谋诡计杀害了 15000 多个德国共产党人；芬兰和匈牙利的白色恐怖十分猖獗。然而无论在什么情况下，在所有的国家里，共产主义运动都在经受锻炼和日益发展；它已经如此根深蒂固，种种迫害削弱不了它，损害不了它，反而加强了它。我们要更有信心、更坚定地向胜利前进，现在只缺一点，这就是一切国家的一切共产党人要普遍而彻底地认识到必须使自己的策略具有最大的**灵活性**。特别是先进国家中蓬勃发展着的共产主义运动，目前缺少的就是这种认识，就是在实践中运用这种认识的本领。

考茨基、奥托·鲍威尔等等这样通晓马克思主义和曾经忠于社会主义的第二国际领袖们的经历可以（而且应当）作为有益的教训。他们完全认识到必须采取灵活的策略，他们自己学习过并向别人传授过马克思的辩证法（他们在这方面的著作，有许多东西永远是社会主义文献中有价值的成果），但是他们在**运用**这种辩证法的时候，竟犯了这样的错误，或者说，他们在实践中竟成为这样的**非辩证论者**，竟成为这样不会估计形式的迅速变化和旧形式迅速注入了新内容的人，以致他们的下场比海德门、盖得和普列汉诺夫好不了多少。他们破产的根本原因就在于他们只是"死盯着"工人运动和社会主义运动发展的某一形式，而忘记了这个形式的片面性，他们不敢正视由于客观条件的改变而必然发生的急剧变化，而继续重复那种简单的、背熟了的、初看起来是不容争辩的真理：三大于二。然而政治与其说像算术，不如说像代数，与其说像初等数学，不如说更像高等数学。实际上，社会主义运动的一切旧形式中都已注入了新内容，因此在数字前面出现了一个新符号即"负号"，可是我们那些圣哲仍然（现在还在）固执地要自己和别人相信："负三"大于"负二"。

应该设法使共产党人不再犯"左派"共产党人所犯的同样的、不过是从另一方面犯的错误，确切一点说，要较早地纠正，较快地、使机体较少受损害地消除这一同样的、不过是从另一方面犯的错误。不仅右倾学理主义是一种错误，左倾学理主义也是一种错误。当然，目前共产主义运动中左倾学理主义错误同右倾学理主义（即社会沙文主义和考茨基主义）错误比较起来，其危害性和严重性不及后者的千分之一，然而这只不过是由于左倾共产主义是一种刚刚产生的还很年轻的思潮。只是因为这个缘故，这种病症在一定条件下容易治好，但是必须用最大的努力去医治。

旧形式破裂了，因为旧形式里面的新内容，即反无产阶级的反动的内容有了过度的发展。现在我们工作的内容（争取苏维埃政权、争取无产阶级专政），从国际共产主义运动的发展看来，是这样扎实，这样有力，这样宏大，它能够而且应该在任何形式中，不论新的或旧的形式中表现出来，能够而且应该改造、战胜和驾驭一切形式，不仅是新的，而且是旧的形式，——这并不是为了同旧形式调和，而是为了能够把一切新旧形式都变成使共产主义运动取得完全的、最终的、确定无疑和不可逆转的胜利的手段。

共产党人要竭尽全力来指导工人运动以及整个社会发展沿着最直最快的道路走向苏维埃政权在全世界的胜利，走向无产阶级专政。这是无可争辩的真理。然而，只要再多走一小步，看来像是朝同一方向多走了一小步，真理就会变成错误。只要像德国和英国的左派共产主义者那样，说我们只承认一条道路，一条笔直的道路，说我们不容许机动、通融和妥协，这就犯了错误，这种错误会使共产主义运动受到最严重的危害，而且共产主义运动部分地已经受到或正在受到这种危害。右倾学理主义固执地只承认旧形式，而不顾新内容，结果彻底破产了。左倾学理主义则固执地绝对否定某些旧形式，看不见新内容正在通过各种各样的形式为自己开辟道路，不知道我们共产党人的责任，就是要掌握一切形式，学会以最快的速度用一种形式去补充另一种形式，用一种形式去代替另一种形式，使我们的策略适应并非由我们的阶级或我们的努力所引起的任何一种形式的更替。

惨绝人寰、卑鄙龌龊的帝国主义世界战争和它所造成的绝境，极其有力地推动和加速了世界革命，这场革命向广度和深度的发展如此迅猛，更替的形式如此丰富，在实践上对一切学理主义的驳斥如此富有教益，使人有充分的理由指望能够迅速而彻底地把国际共产主义运动中的"左派"共产主义者的幼稚病医治好。

1920 年 4 月 27 日

增　补

全世界帝国主义者为了对无产阶级革命进行报复，把我国劫掠一空，并且不顾对本国工人许下了怎样的诺言，继续实行掠夺和封锁，因此直到我国出版机构已经把这本小册子的出版任务安排停当时，我才从国外得到了一些补充材料。我绝不奢望把这本小册子看做超过匆匆草就的政论家札记的著作，因此只扼要地再谈几点。

一

德国共产党人的分裂

德国共产党人的分裂已成事实。"左派"或"原则上的反对派"另行组织了"共产主义工人党"，以别于"共产党"。在意大利，事情想必也会弄到分裂的地步——我说"想必"，是因为我仅有新到的两号

（第 7 号和第 8 号）左派的《苏维埃报》（«Soviet»），报上在公开讨论分裂的可能性和必要性，同时还谈到了"弃权派"①（或抵制派，即反对参加议会的派别）的代表大会，这一派目前还留在意大利社会党内。

　　同"左派"即反议会派（其中也有一部分人反对政治，即反对政党和反对在工会内工作）的分裂，像过去同"中派"（即考茨基派、龙格派、"独立党人"等等）的分裂一样，恐怕会成为一种国际现象。就让它这样吧！分裂总比混乱好，因为混乱既妨碍党在思想上、理论上、革命精神上的发展和成熟，也妨碍党和衷共济地开展真正有组织的、真正为无产阶级专政准备条件的实际工作。

　　让"左派"在国内和国际范围内把自己实际检验一番吧，让他们不要严格集中的具有铁的纪律的政党，不要掌握各个方面、各个门类、各种形式的政治工作和文化工作的本领，而去试一试为实现无产阶级专政进行准备（并进而实现这一专政）吧。实际经验很快就会开导他们的。

　　不过，必须竭尽全力使同"左派"的分裂不致妨碍或尽量少妨碍工人运动中一切真心诚意拥护苏维埃政权和无产阶级专政的人在不久的将来必然要面临的、不可避免的合并成一个统一政党的事业。俄国布尔什维克特别幸运的是，他们在直接争取无产阶级专政的群众斗争爆发以前很久，已经对孟什维克（即机会主义者和"中派"）和"左派"进行了 15 年的一贯的和彻底的斗争。而欧美，现在不得不以"强行军"的方式来完成这项工作。个别的人，特别是那些觊觎领袖职位而未能如愿

---

　　① 弃权派（抵制派）是意大利社会党的左派，因抵制资产阶级议会选举而得名。领导人是阿·博尔迪加。该派曾同意大利社会党内的改良主义者作过有力的斗争，但他们反对参加资产阶级议会的策略是错误的。1921 年 1 月 21 日，在里窝那党代表大会上该派同社会党决裂，随后参加创建意大利共产党。——编者注

的人，会长期坚持错误（如果他们缺乏无产阶级的纪律性和"光明正大的态度"的话），但是一旦时机成熟，工人群众便会迅速而容易地自己联合起来，并且把一切真诚的共产主义者联合起来，组成一个统一的党，组成一个能够实行苏维埃制度和无产阶级专政的党。①

二
德国的共产党人和独立党人

我在这本小册子里说过，共产党人和左翼独立党人之间的妥协对于共产主义运动是必要的和有益的，但是要实现这种妥协并不容易。此后我收到的几份报纸也证实了这两点。1920 年 3 月 26 日出版的德国共产党中央机关报《红旗报》（《Die Rote Fahne》，Zentralorgan der Kommunistischen Partei Deutschlands，Spartakusbund②）第 32 号上，载有德共中央

---

① 关于"左派"共产党人，即反议会派，将来同一般共产党人合并的问题，我还要指出如下一点。根据我对德国"左派"共产党人以及德国一般共产党人的报纸的了解，前者的长处是他们比后者更善于在群众中进行鼓动工作。某种类似的现象我在布尔什维克党的历史上也看到过不止一次，不过是在较小的规模上，在个别的地方组织里，而不是在全国范围内。例如在1907—1908 年间，"左派"布尔什维克有的时候在有些地方鼓动群众，比我们更有成效。这在某种程度上是由于在革命的时刻或在人们对革命记忆犹新的时候，采取"简单"否定的策略比较容易接近群众。然而这并不能证明这种策略就是正确的。有一点是绝对不容有丝毫怀疑的：一个共产**党**要想在事实上成为革命**阶级**的即无产阶级的先锋队或先进部队，并且还要想学会领导广大**群众**，不仅是无产阶级的**群众**，而且包括**非**无产阶级的**群众**，被剥削的劳动群众，那么它就必须善于用城市工厂区"市井小民"和乡村居民都最容易接受、最容易了解、最明白而生动的方式去进行宣传、组织和鼓动。

② 斯巴达克联盟。——编者注

就卡普、吕特维茨军事"叛乱"（阴谋，冒险）和"社会主义政府"问题发表的"声明"。这篇声明，无论从基本前提或实际结论来看，都是完全正确的。它的基本前提是：目前还没有实现无产阶级专政的"客观基础"，因为"多数城市工人"拥护独立党人。它的结论是：答应"在排除各资产阶级资本主义政党的条件下，对社会主义"政府采取"守法的反对派"的态度（即不进行用"暴力推翻"政府的准备工作）。

无疑，这个策略基本上是正确的。我们固然不应当在措辞上吹毛求疵，但是对有些地方则不能默不作声，例如不该把社会主义叛徒的政府（在共产党的正式声明中）称为"社会主义"政府；又如谢德曼之流的党和考茨基—克里斯平之流先生们的党既然是小资产阶级民主派的政党，那就不该说排除"各资产阶级资本主义政党"这类话；也不该写出像声明第4条里这样的语句：

　　"……不受限制地享用政治自由和资产阶级民主可以不再成为资本专政的情况，对于向无产阶级专政发展，对于进一步把无产阶级群众争取到共产主义方面来，是极为重要的……"

这种情况是不会有的。小资产阶级的领袖，如德国的韩德逊之流（谢德曼之流）、斯诺登之流（克里斯平之流），没有跳出也不可能跳出资产阶级民主的圈子，而资产阶级民主又不能不是资本的专政。要达到德国共产党中央所完全正确地力求获得的实际效果，根本不需要写出这些原则上错误的、政治上有害的东西。要达到这一点，只要这样说就够了（如果要讲讲议会式的客套话）：当多数城市工人还跟着独立党人走的时候，我们共产党人不能妨碍这些工人通过对"他们的"政府的体验去消除自己最后的小市民民主派的（也就是"资产阶级资本主义的"）幻想。这就足以证明必须实行一种真正必要的妥协，即在一定时期内不试图用暴力推翻为多数城市工人所信赖的政府。然而在进行日常的群众鼓动，不受官场、议会的客套拘束的时候，当然还可以补充说一下：让谢德曼之流这批恶棍，让考茨基—克里斯平之流这班庸人在实际中揭穿他们自己如何受骗而又如何骗了工人吧；他们那个"干净的"政府会"最干净地"做一番"清扫"工作，把社会主义、社会民主主义以及其他种种背叛社会主义的行为这些奥吉亚斯的牛圈①打扫干净。

　　"德国独立社会民主党"目前的领袖们（有人说这些领袖已经丧失任何影响，那是不对的，实际上他们对于无产阶级，要比那些自称为共产党人并答应"拥护"无产阶级专政的匈牙利社会民主党人更加危险）的真面目，在德国的科尔尼洛夫叛乱，即卡普和吕特维茨先生们的政变中，再一次暴露无遗。②《自由报》（«Freiheit»，独立党人机关报）1920年3月30日和4月14日发表的两篇短文，即卡尔·考茨基写的《决定关头》（«Entscheidende Stunden»）和阿尔图尔·克里斯平写的《论政局》，就是一个小而鲜明的例证。这两位先生绝对不善于像革命家那样思考和推理。这是一些只会嘤嘤啜泣的小市民民主派，既然他们自称是苏维埃政权和无产阶级专政的拥护者，他们对无产阶级就要更加危险一千倍，因为事实上每当困难和危急时刻，他们必然会干叛卖的勾当……同时却"极其真诚地"自信他们是在帮助无产阶级！要知道，改称共产党人的匈牙利社会民主党人，由于胆小怕事和毫无气节，曾认为匈牙利苏维埃政权的处境已毫无希望，并开始在协约国资本家和协约国刽子手的走狗面前啜泣，当时他们也是想要"帮助"无产阶级！

---

　①　奥吉亚斯的牛圈出典于希腊神话。据说古希腊西部厄利斯的国王奥吉亚斯养牛3000头，30年来牛圈从未打扫，粪便堆积如山。"奥吉亚斯的牛圈"常被用来比喻藏垢纳污的地方。——编者注

　②　关于这一点，1920年3月28日和30日奥地利共产党杰出的机关报《红旗报》（1920年维也纳出版的《红旗报》第266号和第267号所载的 L. L. 《德国革命的新阶段》一文）用马克思主义的观点说得非常简明而中肯。

三
意大利的屠拉梯之流

我在这本小册子里说过，意大利社会党容忍这样一些党员，甚至这样一批议员留在党内是错误的。前面提到的那两号意大利《苏维埃报》完全证实了我的话。英国资产阶级自由派报纸《曼彻斯特卫报》驻罗马记者这样一位旁观者，更进一步证实了这一点。1920年3月12日该报登载了这位记者对屠拉梯的一篇访问记。他写道：

"……屠拉梯先生认为革命的危险还没有达到在意大利引起过分忧虑的程度。最高纲领派把苏维埃理论当火来玩，只是为了使群众经常处于兴奋紧张的状态。然而这种理论纯属海外奇谈，是尚未成熟的纲领，毫无实际用处。它只能使各劳动者阶级处于期待的状态。那些把这种理论当做诱饵去迷惑无产者的人，发现自己不得不进行日常的斗争，以获得某些往往是微小的经济改善，好来迁延时日，使各劳动者阶级不致立即失去幻想，失去对心爱的神话的信心。因此，发生了一连串大大小小的、各种原因的罢工，一直到最近的邮政和铁路部门的罢工，——这些罢工使得本来就很严重的国内形势越发严重了。亚得里亚海问题所造成的困难，使全国愤愤不满，积欠外债和滥发纸币，使得全国消沉颓丧，但是我们的国家还远未意识到有推行劳动纪律的必要，而只有这种纪律，才能恢复国内秩序和繁荣……"

非常清楚，屠拉梯自己以及庇护他、帮助他、教唆他的意大利资产阶级显然要加以隐瞒、粉饰的真情，却被这位英国记者泄漏出来了。这种真情就是：屠拉梯、特雷维斯、莫迪利扬尼、杜果尼之流先生们的思想和政治工作，确实是而且恰恰就是这位英国记者所描写的那样。这是彻头彻尾背叛社会主义的行为。单拿他们主张处于雇佣奴隶制度下、为资本家发财致富而劳动的工人必须遵守秩序和纪律这一点来说就足够了！所有这些孟什维克式的言论，我们俄国人是多么熟悉啊！他们承认群众**赞成**苏维埃政权，这该是多么宝贵啊！他们看不出自发开展的罢工运动的革命作用，这又是多么愚蠢，多么像资产阶级那样庸俗啊！是的，英国资产阶级自由派报纸的记者像熊那样给屠拉梯之流的先生们帮了忙，而且出色地证实了博尔迪加同志及其《苏维埃报》中的友人们所提出的要求是正确的，他们要求，如果意大利社会党想真正**拥护**第三国际，那就该把屠拉梯之流先生们搞臭，赶出党的队伍，使自己成为名副其实的共产党。

四
由正确的前提作出的错误结论

但是博尔迪加同志和他的"左派"友人们，却从对屠拉梯之流先生们所作的正确批评中得出了错误的结论，认为凡是参加议会都是有害的。意大利"左派"拿不出丝毫郑重的论据来为这种观点辩护。他们简直不知道（或尽量想忘掉）国际上有过以真正革命的和共产主义的方式、以确实有益于为无产阶级革命做准备的方式来利用资产阶级议会的范例。他们简直想象不出有"新"方式，而对利用议会的"旧"方式、非布尔什维克的方式叫喊不休。

他们的根本错误也就在这里。共产主义运动不仅在议会这一活动场所，而且在**一切**活动场所**都应该提供**（如果不进行长期的、顽强的、坚持不懈的工作，它就**无法**提供）在原则上是新的、同第二国际传统彻底决裂的东西（同时要保持并发扬第二国际所贡献的好东西）。

就拿报刊工作来说吧。报纸、小册子、传单等都是用来进行必要的宣传、鼓动和组织工作的。在一个多少文明一点的国家里，任何群众运动都非有报刊机构的帮助不可。无论你怎样大叫大嚷反对"领袖",无论你怎样赌咒发誓要保持群众的纯洁,使他们不受领袖的影响,终究还不能不利用资产阶级知识分子出身的人来做这项工作,还不能摆脱在资本主义制度下进行这项工作所不可避免的资产阶级民主的、"私有制的"气氛和环境。甚至在推翻资产阶级、无产阶级取得政权已经两年半的今天,我们在自己的周围还能看到资产阶级民主的、私有制的关系大量存在(在农民和手工业者当中)的这种气氛和环境。

议会活动是一种工作形式,报刊工作是另一种工作形式。如果做这两种工作的人,是真正的共产主义者,是真正的无产阶级的群众性政党的党员,那这两种工作的内容都可以是共产主义的,而且也应当是共产主义的。但是,无论在前一种或后一种工作中(而且在资本主义制度下,以及在从资本主义向社会主义过渡的时期里,**无论在哪一种工作中**),无产阶级要利用资产阶级出身的人来为自己的目的服务,要战胜资产阶级知识分子的偏见和影响,要削弱小资产阶级环境的阻力(进而彻底改造这个环境),都不可避免地会遇到种种必须克服的困难,种种必须完成的独特的任务。

在1914—1918年大战以前,各国非常"左的"无政府主义者、工团主义者以及其他人物都痛骂议会制度,嘲笑像资产阶级那样平庸的社会党议员,抨击他们的钻营勾当,如此等等,可是他们自己却**通过**报刊工作,**通过**工团(工会)工作,去干**同样的**资产阶级式的钻营勾当。当时我们看到的这样的例子难道不是非常之多吗?只就法国来说,难道茹奥和梅尔黑姆这些先生的例子还不典型吗?

"拒绝"参加议会活动之所以幼稚,就是因为人们想用这种"简单的"、"容易的"、似乎是革命的方法,来**"完成"**在工人运动**内部**对资产阶级民主影响作斗争这一困难任务,其实他们只是妄想逃开自己的影子,只是闭眼不看困难,只是用空话来回避困难罢了。无耻透顶的钻营勾当，按照资产阶级方式享用议会肥缺，对议会工作的惊人的改良主义曲解，庸俗的市侩式的因循守旧，——凡此种种，毫无疑义都是资本主义到处产生着的，不仅在工人运动之外，而且在工人运动之内产生着的通常的和重要的特征。然而资本主义及其所造成的资产阶级环境（这种环境，就是在推翻了资产阶级以后，也消逝得很慢，因为农民经常在复活资产阶级），毫无例外地在工作和生活的一切领域，都产生着形式上稍有差别而本质上完全相同的资产阶级钻营勾当、民族沙文主义和市侩庸俗习气等等。

可爱的抵制派和反议会派，你们觉得自己"极端革命"，但事实上**你们却在跟工人运动内部的资产阶级影响作斗争时被一些并不很大的困难吓倒了**，而你们一旦胜利，就是说无产阶级一旦推翻资产阶级而夺得政权，就会遇到**同样的**困难，而且是大得多、大得无可比拟的困难。你们像小孩一样，被今天摆在你们面前的小困难吓倒了，却不懂得在明天和后天你们仍然必须学会，必须补上一课来学会克服同样的然而大得无可比拟的困难。

在苏维埃政权下，会有更多的资产阶级知识分子出身的人钻到你们的和我们的无产阶级政党里来。他们将钻进苏维埃，钻进法院，钻进行政机关，因为我们不用资本主义所造就的人才，就不能建设也没有别的人才可用来建设共产主义，因为我们不能赶走和消灭资产阶级知识分子，而应当战胜他们，改造他们，重新陶冶和重新教育他们，——正像应当在长期斗争中，在无产阶级专政的基础上也重新教育无产者自己一样，因为无产者不能用神术，不能遵照什么圣母的意旨，不能遵照口号、决议、法令的意旨，一下子就摆脱自己的小资产阶级偏见，而只有对广泛的小资产阶级影响，展开长期的艰苦的广泛的斗争，才能摆脱这种偏见。反议会派现在这样趾高气扬地、这样目空一切地、这样轻率地、这样幼稚地想一挥手就抛开的**那些**任务，在苏维埃政权下，**在苏维**

埃**内部**,在苏维埃的行政机关内部,在苏维埃的"法律辩护员"当中会重新遇到(我们在俄国废除了资产阶级的律师制,这是做得很对的,可是它在"苏维埃的""法律辩护员"的名义下,又在我国复活起来)。在苏维埃的工程师当中,在苏维埃的教员当中,在苏维埃工厂内享受特权的,即技术最熟练、待遇最好的**工人**当中,我们可以看到,资产阶级议会制度所固有的**一切**弊端都在不断地复活着,我们只有用无产阶级的组织性和纪律性,作再接再厉的、坚持不懈的、长期的、顽强的斗争,才能逐渐地战胜这种祸害。

当然,在资产阶级统治下,要克服我们自己党内,即工人党内的资产阶级习惯,是很"困难的":要把那些为人们熟悉的、被资产阶级偏见完全腐蚀了的议员领袖驱逐出党,是"困难的";要使我们绝对必需的(相当数量的,即使是很有限的)资产阶级出身的人服从无产阶级的纪律,是"困难的";要在资产阶级的议会里建立真正无愧于工人阶级的共产党党团,是"困难的";要做到共产党议员不玩弄无谓的资产阶级议会游戏,而能在群众中从事最迫切需要的宣传、鼓动、组织工作,是"困难的"。用不着说,这一切都是"困难的",从前在俄国是困难的,现时在西欧和美国更是困难无比,因为在西欧和美国,资产阶级要强大得多,资产阶级民主传统等等要强大得多。

然而所有这些"困难",如果同无产阶级为了争取胜利,在无产阶级革命时期以及在无产阶级取得政权以后,终归必须完成的完全**同样的**任务比较起来,简直就是儿戏了。在无产阶级专政下,必须重新教育千百万农民和小业主,数十万职员、官吏和资产阶级知识分子,使他们都服从无产阶级的国家和无产阶级的领导,战胜他们中间的资产阶级的习惯和传统,——如果同**这些**真正巨大的任务比较起来,那么,在资产阶级统治下,在资产阶级议会里,建立真正无产阶级政党的真正共产党党团,就是易如儿戏的事情了。

　　如果"左派"和反议会派的同志们，现在连克服这种小困难都学不会，那么，可以肯定地说，他们将来或者是没有能力实现无产阶级专政，不能大规模地管理和改造资产阶级知识分子和资产阶级机构，或者是不得不**仓促补课**，而由于如此仓促，就会给无产阶级的事业带来巨大的危害，会比正常情况下犯更多的错误和表现得更软弱更无能，如此等等。

　　只要资产阶级没有被推翻，不仅如此，只要小经济和小商品生产没有完全消失，那么资产阶级环境、私有者的习惯、小市民的传统，就会从工人运动的外部和内部来损害无产阶级的工作，这不仅在议会这一活动领域内是如此，而且在社会活动的各个领域里，在一切文化场所和政治场所也必然一无例外。在某个工作领域中，遇到**一个**"令人不愉快的"任务或困难，就打算退避、躲开，是极其错误的，将来一定要因此付出代价。应当学习并且学会毫无例外地掌握一切工作领域和一切活动领域，在一切场合，在每个地方，战胜所有的困难和所有的资产阶级风气、传统和习惯。除此以外，问题的其他提法都是很不严肃、很幼稚的。

1920 年 5 月 12 日

五

　　在本书俄文版中，关于整个荷兰共产党在国际性的革命政策方面的行为，我说得有点不正确。因此，我乘这个机会把我们荷兰同志关于这个问题的一封来信发表在下面，并且把我在俄文版中所用的"荷兰论坛派"一词，改为"荷兰共产党的某些党员"。

尼·列宁

怀恩科普的来信

亲爱的列宁同志:

承蒙您的好意,我们这些出席共产国际第二次代表大会的荷兰代表团的团员们,在您的《共产主义运动中的"左派"幼稚病》一书译成西欧各种文字出版以前,就有机会读到它。您在您的这本书中,对荷兰共产党的某些党员在国际性的政策上所起的作用,再三表示不能同意。

但是,您把这些人的行为的责任放到共产党身上,我们不能不提出抗议。这是极不正确的。而且,这是不公正的,因为荷兰共产党的这些党员很少参加或者完全不参加我们党目前的工作;他们还企图直接或间接地在共产党内推行反对派的口号,而对这些口号,荷共及其一切组织不仅过去,而且直到今天还在进行最坚决的斗争。

谨以荷兰代表团的名义,致兄弟般的敬礼!

戴·怀恩科普

1920 年 6 月 30 日于莫斯科

1920 年 6 月在彼得格勒由国家出版社印成单行本

译自《列宁全集》俄文第 5 版第 41 卷第 1—104 页

致印度革命协会①

（1920 年 5 月 10 日）

　　我高兴地获悉，工农共和国宣布的自决原则以及被压迫民族摆脱外国和本国资本家剥削而取得解放的原则，在为争取自由而英勇斗争的觉悟的印度人中得到了如此热烈的反应。俄国劳动群众始终如一地关注着印度工农的觉醒。劳动者的组织性、纪律性、坚毅精神以及同全世界劳动者的团结一致，是取得最后胜利的保证。我们欢迎穆斯林和非穆斯林结成紧密的联盟。我们衷心希望这一联盟能包括东方的一切劳动者。只有在印度、中国、朝鲜、日本、波斯、土耳其的工人和农民携起手来一起进行共同的解放事业的时候，彻底战胜剥削者才有了保证。自由的亚洲万岁！

载于 1920 年 5 月 20 日《真理报》第 108 号和《全俄中央执行委员会消息报》第 108 号

译自《列宁全集》俄文第 5 版第 41 卷第 122 页

---

　　①　中译文见《列宁全集》中文第 2 版第 39 卷第 111 页。——编者注

给英国工人的信^①

(1920 年 5 月 30 日)

同志们！首先请允许我对你们派代表回来访问苏维埃俄国表示感谢。你们的代表团向我建议，通过它带信给英国工人，也可以通过它向英国政府提出建议。我答复说，我衷心地接受前一个建议，但是同政府打交道，我不应当通过工人代表团，而应当通过契切林同志直接以我国政府的名义来进行。我们已经多次而且是很多次用这种方式向英国政府提出关于进行和平谈判的最正式最郑重的建议。我国的代表李维诺夫同志、克拉辛同志，还有其他同志，都在继续不断地提出这种建议。可是英国政府却固执地不接受我们的建议。因此，我只是以一个共产党员的身份而不是以苏维埃俄国政府代表的身份来接见作为工人使者的英国工人代表团，这就不足为奇了。

你们代表团的若干团员不是站在工人阶级的立场上，而是站在资产阶级、剥削阶级的立场上，这并不使我惊奇，因为在所有资本主义国家中，帝国主义战争完全暴露了一个经久未愈的脓疮：议会和工联中的工人领袖多数转到资产阶级方面去了。他们打着"保卫祖国"的骗人的幌子，实际上保卫世界两大强盗集团，即英美法集团或德国集团的掠夺利益；他们同资产阶级勾结在一起，反对无产阶级的革命斗争；他们用和平演进、宪政方法和民主等等市侩感伤主义的、改良主义的、和平主义的词句来掩盖这种叛卖行为。各国都是如此，所以你们代表团的成分

---

① 中译文见《列宁全集》中文第 2 版第 39 卷第 117—121 页。——编者注

也反映了英国这种同样的现象，是并不奇怪的。

我谈到，英国不顾我们的多次和平建议，不顾自己政府的屡次声明，继续进行干涉，同我们作战，援助克里木的弗兰格尔和波兰的白卫分子。我说的这些大概使你们代表团的团员肖和格斯特感到惊奇和委屈，他们问我，这样说有没有证据，能不能指出英国给波兰送去了多少列车的军火等等。我回答说，要获得英国政府订立的秘密条约，就得用革命手段推翻这个政府，把它对外政策的一切文件拿过来，就像我们在1917年所做的那样。每个有学识的人，每个真正关心政治的人，在我国革命以前就已经知道，沙皇同英、法、美、意、日等国强盗政府缔结过关于分赃，关于君士坦丁堡、加里西亚、亚美尼亚、叙利亚、美索不达米亚等等的秘密条约。只有撒谎者和伪君子（当然，除开那些极其愚昧无知的文盲）才能否认这一点，或者佯装一无所知。但是不革命，我们就永远得不到资本家阶级强盗政府的秘密文件。英国无产阶级的那些领袖或代表人物——无论是议会的、工联的、新闻界的还是其他方面的领袖或代表人物都一样——装出一副样子，好像他们不知道英、法、美、意、日、波有掠夺其他国家，进行分赃的秘密条约，并且他们也不进行革命斗争来揭露这些条约，这不过再一次表明他们是资本家的忠实奴仆而已。我们早就知道这一点；我们正在本国和世界各国揭露这一点。英国工人代表团访问俄国也会加速对英国这类领袖的揭露。

5月26日，星期三，我同你们的代表团谈了话。第二天，电讯报道说，博纳·罗在英国议会里承认在10月间"为了防御俄国进攻"，曾经给波兰军事援助（当然，只是为了防御，只是在10月间！英国竟还有这种"有影响的工人领袖"在帮助资本家愚弄工人！），而一家温和之至的市侩报纸《新政治家》谈到，向波兰提供的坦克比战时用来对付德国人的坦克威力还大。有些英国工人"领袖"装出无故受辱的样子问别人有什么"证据"可以说明英国在同俄国作战，在帮助波兰和克里木的白卫分子，可是有了这些材料以后，他们又怎能不被人耻笑呢？

代表团团员问我：哪件事更重要，是建立彻底革命的英国共产党，还是立即发动英国工人群众促进对俄媾和？我总是回答说，这是一个信念问题。凡是真心赞成工人摆脱资本桎梏的人决不会反对建立共产党，而只有共产党才能不按资产阶级的方式、不按市侩的方式教育工人群众，只有共产党才能真正揭露、嘲笑和羞辱那些对英国是不是帮助了波兰这类事实都发生怀疑的"领袖"。用不着担心英国的共产党员会太多，因为英国现在连一个很小的共产党也没有。但是，如果谁仍然充当资产阶级思想上的奴才，仍然抱着"民主"（**资产阶级**民主）、和平主义之类的市侩偏见不放，而这种人忽然要自称为共产党人，要参加第三国际，那么他们当然只会给无产阶级带来更大的害处。这种人除了用市侩的花言巧语写一些动听的"决议"来反对干涉之外，是什么都做不成的。在某种意义上说，这种决议也还是有益处的，就是说，这些老"领袖"（醉心资产阶级民主、和平方式等等的人）会使自己在群众心目中成为可笑人物，他们愈玩弄空洞的、毫无约束力的、不见诸任何革命行动的决议，就会愈快地暴露自己。还是各走各的路吧：让共产党员直接通过自己的政党来致力于提高工人的革命意识吧；让那些在瓜分世界的帝国主义战争中赞成"保卫祖国"的人，让那些赞成"保卫"英国资本家和沙皇签订的共同掠夺土耳其的秘密条约的人，让那些"没有看见"英国帮助波兰和俄国白卫分子的人，让他们更快地使自己的"和平决议"达到荒唐可笑的数字吧；这会使他们更快地重蹈俄国克伦斯基、孟什维克和社会革命党人的覆辙。

你们代表团的某些团员惊奇地向我提出关于红色恐怖、关于俄国没有出版自由和集会自由以及我们迫害孟什维克和孟什维克工人等等问题。我总是回答说，制造恐怖的真正祸首是英帝国主义者及其"盟友"，他们过去和现在都一直在芬兰和匈牙利，在印度和爱尔兰实行白色恐怖，过去和现在一直都支持尤登尼奇、高尔察克、邓尼金、皮尔苏茨基和弗兰格尔。我国的红色恐怖则是保卫工人阶级免受剥削者的侵害，是镇压为社会革命党人、孟什维克和一小撮孟什维克工人所支持的剥削者的反抗。资产阶级民主的出版自由和集会自由是富人坑害劳动者的自由，是资本家贿赂和收买报纸的自由。这一点我已经在报刊上解释过很多次，再来重复我已经感到很乏味了。

在我同你们的代表团谈话两天之后，报上的消息说，继法国逮捕莫纳特和洛里欧之后，英国又逮捕了西尔维娅·潘克赫斯特。瞧，英国政府绝妙地回答了那些囿于资产阶级偏见的非共产主义的英国工人"领袖"连提都不敢提出的问题：恐怖究竟是针对哪一个阶级的？是针对被压迫者、被剥削者呢，还是针对压迫者和剥削者？问题是资本家掠夺、欺骗和愚弄劳动者的"自由"呢，还是劳动者摆脱资本家、投机商、私有者桎梏的"自由"？西尔维娅·潘克赫斯特同志代表千百万受英国以及其他国家资本家压迫的人的利益，因此她受到白色恐怖的迫害，被剥夺了自由，如此等等。而那些奉行非共产主义政策的工人"领袖"，却百分之九十九地代表资产阶级，替它制造骗局，散布偏见。

同志们！最后我再一次感谢你们派代表团访问我国。尽管代表团里有许多人敌视苏维埃制度和无产阶级专政，尽管他们在很大程度上囿于资产阶级偏见，但是代表团对苏维埃俄国的了解，必然会加速全世界资本主义的崩溃。

尼·列宁

1920 年 5 月 30 日

载于 1920 年 6 月 17 日《真理报》第 130 号和《全俄中央执行委员会消息报》第 130 号

译自《列宁全集》俄文第 5 版第 41卷第 124—128 页

《共产主义》①

为东南欧国家办的共产国际杂志（德文版），维也纳，自 1920 年
2 月 1 日第 1—2 期合刊至 1920 年 5 月 8 日第 18 期

（1920 年 6 月 12 日）

　　维也纳出版的《共产主义》杂志是一份出色的杂志，它提供了很多有关奥地利、波兰和其他国家共产主义运动发展情况的令人极感兴趣的材料，同时也登载了国际运动的新闻、关于匈牙利和德国的文章、关于总任务和策略等等的文章。但是只要把杂志翻一下就立刻可以发现，它有一个不容忽视的缺点。这就是"共产主义运动中的'左派'幼稚病"的明显症候，这个杂志正害着这种幼稚病，我的那本在彼得格勒刚刚出版的小册子②分析了这种病症。

　　我想现在就扼要地指出《共产主义》这份出色的杂志的幼稚病的三个症候。在第 6 期（1920 年 3 月 1 日）上登载了卢·乔·同志的一篇文章：《论议会活动问题》，编辑部称它为供讨论的文章，而库·贝·同志，即《论抵制议会的问题》一文（1920 年 5 月 8 日第 18 期）的作者（幸而）干脆否定了这篇文章，也就是声明他不同意这篇文章。

　　卢·乔·的文章左得很，糟得很。文章中的马克思主义纯粹是口头上的；"防御"策略和"进攻"策略的区分是臆想出来的；对十分明确

---

　　① 中译文见《列宁全集》中文第 2 版第 39 卷第 127—129 页。——编者注
　　② 即本卷收录的《共产主义运动中的"左派"幼稚病》。——编者注

的历史情况缺乏具体分析；没有注意到最本质的东西（即必须夺取和学会夺取资产阶级借以影响群众的一切工作部门和机关等等）。

库·贝·同志在第 14 期（1920 年 4 月 17 日）《德国发生的事件》一文中批评了德国共产党中央委员会 1920 年 3 月 21 日的声明，我在上面提到的那本小册子中也批评过这个声明。但是我们两人的批评性质根本不同。库·贝·同志是援引马克思的话来进行批评的，但是这些话所指的情况跟目前的情况不同，他全盘否定了德国共产党中央委员会的策略，完全忽略了最主要的东西。他忽略了马克思主义的精髓，马克思主义的活的灵魂：对具体情况作具体分析。既然多数城市工人离开谢德曼派靠拢考茨基派，而在考茨基那个（"独立"于正确的革命策略的）党内他们又继续离开右翼靠拢左翼，即实际上靠拢共产主义运动，既然事情是这样，那么是否可以一点不考虑**对这样的工人**采取一些过渡的、妥协的办法呢？布尔什维克在 1917 年 4—5 月间实行的实质上正是妥协的政策，那时他们声明，不能简单地把临时政府（李沃夫、米留可夫、克伦斯基等）推翻，因为苏维埃中还有工人支持它，必须首先使这些工人中的多数或者相当一部分人**改变观点**。对于布尔什维克的这一经验，是否可以不加考虑，只字不提呢？

我认为是不可以的。

最后，上面提到的《共产主义》第 18 期上的库·贝·同志的那篇文章，特别明显、清楚、有效地揭示了他的错误在于赞同目前欧洲那种抵制议会的策略。作者在摒弃"工团主义的抵制"、摒弃"消极的"抵制的同时，臆想出一种特殊的"积极的"（哦，多么"左"呀！……）抵制，这就异常清楚地表明他的论断的错误极其严重。

> 作者写道："所谓积极的抵制，就是共产党不要满足于传布反对参加选举的口号，为了有利于抵制，就要像党参加了选举那样，像党的鼓动和行动（工作、

活动、行为、斗争）指望获得尽可能更多的无产阶级的选票那样，展开广泛的
革命的鼓动工作。"（第 552 页）

这真是精彩的妙论。这比任何批评都更能置反议会派于死地。臆想
出"积极的"抵制，"就像"我们参加了选举那样！！大批愚昧无知的
和半愚昧无知的工人和农民是认真地参加选举的，因为他们还相信资产
阶级民主偏见，还是这些偏见的俘虏。而我们不去帮助这些愚昧无知的
（虽然有时也还有"文化水平很高的"）小市民通过自身的经验抛掉他
们的偏见，反而要回避参加议会，并以**臆想**出一种没有日常的资产阶级
恶习的策略来作消遣！！

好极了，好极了，库·贝·同志！您为反对议会活动进行的辩护，
比我的批评能更快地杜绝这种愚蠢行为。

1920 年 6 月 12 日

载于《共产国际》杂志 1920 年 6 月
14 日第 11 期

译自《列宁全集》俄文第 5 版第 41
卷第 135—137 页

在共产国际执行委员会会议上的讲话①

（1920 年 6 月 19 日）

报　道

　　列宁同志这样提出问题：实际上承认无产阶级专政是什么意思？这就是说，每天通过宣传、鼓动、演说，使无产阶级为夺取政权、为镇压剥削者、为镇压无产阶级形形色色的敌人做好准备。列宁同志根据一系列文件和报刊材料，指出在第三国际与法国党的全部政策之间，存在着极大的**分歧**。列宁还彻底揭露了意大利党内屠拉梯派的腐朽性，该派妨碍全党贯彻完全正确的路线。

载于 1920 年 6 月 20 日《真理报》第 133 号和 1920 年 6 月 22 日《全俄中央执行委员会消息报》第 134 号

译自《列宁全集》俄文第 5 版第 41 卷第 152 页

---

　　① 中译文见《列宁全集》中文第 2 版第 39 卷第 150 页。——编者注

给英国共产党临时联合筹备委员会的回信[①]

（1920 年 7 月 8 日）

　　"英国共产党临时联合筹备委员会"（Joint Provisional Committee for the Communist Party of Britain）6 月 20 日来信收到，我现在根据他们的请求立即作复，我完全支持他们已在推行的立即建立统一的英国共产党的计划。我认为，西尔维娅·潘克赫斯特（Pankhurst）同志和工人社会主义联盟（W. S. F.）不愿同英国社会党、社会主义工人党等组织联合组成统一的共产党的策略是错误的。我个人更是主张在保证共产党人可以充分自由和独立地开展工作的条件下，参加议会并加入"工党"（Labour Party），我将在 1920 年 7 月 15 日在莫斯科召开的第三国际第二次代表大会上为这一策略进行辩护。依我看，最好是根据第三国际的各项决议，迅速地把统一的共产党建立起来，并使它同"世界产业工人联合会"（I. W. W.）和"车间代表委员会"（Shop Stewards Committees）建立最密切的联系，以便在不久的将来同它们完全合并。

尼·列宁

1920 年 7 月 8 日

载于 1920 年 7 月 22 日《号召报》第 224 号（伦敦）

译自《列宁全集》俄文第 5 版第 41 卷第 157 页

---

　　①　中译文见《列宁全集》中文第 2 版第 39 卷第 154 页。——编者注

在彼得格勒卡·李卜克内西和罗·卢森堡纪念碑奠基典礼群众大会上的讲话①

（1920 年 7 月 19 日）

报　道

同志们，各国的共产主义带路人遭到了空前的牺牲，在芬兰、匈牙利以及其他国家里，遭到杀害的数以千计。但是，任何迫害也阻挡不住共产主义的发展，而且像卡尔·李卜克内西和罗莎·卢森堡这样一些战士的英雄气概使我们精神奋发，对共产主义的彻底胜利充满了信心。（列宁同志的讲话被雷鸣般的"乌拉"声所淹没。奏《国际歌》。）

载于 1920 年 7 月 21 日《彼得格勒真理报》第 159 号

译自《列宁全集》俄文第 5 版第 41 卷第 158 页

---

① 中译文见《列宁全集》中文第 2 版第 39 卷第 156 页。——编者注

图书在版编目（CIP）数据

共产国际第一次代表大会文献/戴隆斌主编.
—北京:中央编译出版社,2012.12（2019.8重印）
（国际共产主义运动历史文献/王学东主编；29）
ISBN 978 – 7 – 5117 – 1539 – 5

Ⅰ.①共…

Ⅱ.①戴…

Ⅲ.①共产国际 – 代表会议 – 会议文献

Ⅳ.①D165

中国版本图书馆 CIP 数据核字（2012）第 292644 号

共产国际第一次代表大会文献

出 版 人:刘明清
出版统筹:薛晓源
责任编辑:苗永姝
责任印制:尹 珺
出版发行:中央编译出版社
地 址:北京西城区车公庄大街乙 5 号鸿儒大厦 B 座（100044）
电 话:（010）52612345（总编室） （010）52612335（编辑室）
 （010）52612316（发行部） （010）52612346（馆配部）
传 真:（010）66515838
经 销:全国新华书店
印 刷:北京环球画中画印刷有限公司
开 本:710 毫米 × 1000 毫米 1/16
字 数:447 千字
印 张:34.75
版 次:2012 年 12 月第 1 版
印 次:2019 年 8 月第 2 次印刷
定 价:200.00 元

网 址:www.cctphome.com 邮 箱:cctp@ cctphome.com
新浪微博:@ 中央编译出版社 微 信:中央编译出版社（ID: cctphome）
淘宝店铺:中央编译出版社直销店（http://shop108367160. taobao.com）
 （010）55626985

本社常年法律顾问:北京市吴栾赵阎律师事务所律师 闫军 梁勤
凡有印装质量问题,本社负责调换,电话:（010）55626985